사회·문화편

가족제도(1)
– 법과 관습을 통한 통제와 가족의 변화

사회·문화편 　　　　　　　　　　　　　　　　　일제침탈사 자료총서 64

가족제도(1)
― 법과 관습을 통한 통제와 가족의 변화

동북아역사재단 일제침탈사 편찬위원회 기획

소현숙 편역

동북아역사재단
NORTHEAST ASIAN HISTORY FOUNDATION

발간사

　일본이 한국을 침탈한 지 100년이 지나고 한국이 일본의 지배로부터 벗어난 지 70년이 넘었건만, 식민 지배에 대한 청산은 이루어지지 못하고 있다. 일본의 독도영유권 주장은 도를 넘어섰다. 일본은 일본군'위안부', 강제동원 등 인적 수탈의 강제성도 인정하지 않고 있다. 일본군'위안부'와 강제동원의 피해를 해결하는 방안을 놓고 한·일 간의 갈등은 최고조에 이르고 있다. 역사문제를 벗어나 무역분쟁, 안보위기 등 현실문제가 위기국면을 맞고 있다.

　한·일 간의 갈등은 식민 지배의 역사를 어떻게 볼 것인가 하는 역사인식에서 기인한다. 역사는 현재와 과거의 대화이며 이를 기반으로 미래로 나아갈 수 있다. 과거 침략의 역사를 미화하면서 평화로운 미래를 말하는 것은 불가능하다. 식민 지배와 전쟁발발의 책임을 인정하지 않고 반성하지 않으면 다시 군국주의가 부활할 수 있고 전쟁이 일어날 위험성도 배제할 수 없다. 미래지향적 한일관계를 형성하고 나아가 동아시아의 평화와 번영의 기틀을 조성하기 위해 일본은 식민 지배의 책임을 인정하고 그 청산을 위해 노력해야 할 것이다.

　식민 지배의 역사를 청산하기 위해서는 식민 지배는 어떻게 이루어졌는지 그 실상을 명확하게 규명하는 일이 긴요하다. 그동안 일본제국주의에 맞서 조국의 독립을 위해 헌신한 독립운동가들의 활동을 찾아내고 역사적으로 평가하는 일에는 상당한 성과를 거두었다. 반면 일제 식민침탈의 구체적인 실상을 규명하는 일에는 충분한 노력을 기울이지 못했다. 제국주의가 식민지를 침탈했다는 것은 너무나 당연한 사실로 여겨졌기 때문에, 굳이 식민 지배에서 비롯된 수탈과 억압, 인권유린을 낱낱이 확인할 필요가 없었는지도 모른다. 그러는 사이 일본은 식민 지배가 오히려 한국에 은혜를 베푼 것이라고 미화하고, 참혹한 인권유린을 부인하는 역사부정의 인식을 보이는 데까지 이르고 있다. 일제의 통치와 침탈, 그리고 그 피해를 종합적으로 조사하고 편찬할 필요성이 여기에 있다.

　일제침탈사를 체계적으로 정리하는 일은 개인이 감당하기 어렵다. 이에 우리 재단은 한국학계의 힘을 모아 일제침탈사 편찬위원회를 꾸렸다. 편찬위원회가 중심이 되어 일제의 식민지 침탈사를 정치·경제·사회·문화 모든 방면에 걸쳐 체계적으로 집대성하기로 했다. 일제 식민침탈의 실체를 파악하기 위해 2020년부터 세 가지 방면으로 사업을 추진하고 있다. 하나는 일제침탈의 실상을 구체적이고 생생한 자료를 통해서 제공하는 일로서 〈일제침탈사 자료총서〉로 편찬한다. 다른 하나는 이들 자료들을 바탕으로 연구한 결과물을 〈일제침탈사 연구총서〉로 간행한다. 그리고 연구의 결과를 대중들이 이해하기 쉽게 〈일제침탈사 교양총서〉를 바로알기 시리즈로 간행한다. 자료총서 100권, 연구총서 50권, 교양총서 70권을 기본목표로 삼아 진행하고 있다.

〈일제침탈사 자료총서〉에서는 정치·경제·사회·문화 모든 방면에 걸쳐 침탈의 역사를 자료적 차원에서 종합했다. 침략과 수탈의 역사를 또렷하게 직시할 수 있도록 생생한 자료를 제공하는데 목표를 두었다. 그동안 관련 자료집도 여러 방면에서 편찬되었지만 원자료를 그대로 간행한 경우가 많았다. 이번에 발간되는 자료총서는 해당 주제에 대한 침탈의 실상을 체계적으로 이해할 수 있는 구성방식을 취했으며, 지배자의 언어로 기록되어 있는 자료들을 독자들이 쉽게 읽을 수 있도록 모두 번역했다. 자료총서를 통해 일제 식민 지배의 실체와 침탈의 실상을 있는 그대로 이해할 수 있게 되기를 기대한다.

2023년
동북아역사재단 이사장

편찬사

 1945년 한국이 일제 지배로부터 해방된 지 78년의 세월이 지났다. 그럼에도 불구하고 일본 사회 일각에서는 여전히 일제의 한국 지배를 합리화하고 미화하는 주장이 나오고 있으며, 최근에는 한국 사회 일각에서도 일제 지배를 왜곡하고 옹호하는 주장이 나오고 있다. 이는 한국과 일본 사회, 한일 관계와 동아시아 국제관계의 미래를 위해서도 결코 바람직하지 않은 일이다.

 이에 동북아역사재단은 일제의 한국 침략과 식민 지배에 대한 학계의 연구 성과를 총정리한 〈일제침탈사 연구총서〉를 발간하기로 하였다. 이에 따라 2019년 9월 학계의 전문가를 중심으로 편찬위원회를 구성하였으며, 편찬위원회는 학계의 연구 성과를 토대로 정치·경제·사회·문화 부문에서 일제의 침탈이 어떻게 이루어졌는지 정리하여 연구총서 50권을 발간하기로 하였다.

 주지하듯이 1905년 일제는 러일전쟁에서 승리한 뒤, 한국에 군대를 주둔시키면서 한국의 외교권을 빼앗고 통감부를 두어 내정에 간섭하였다. 1910년 일제는 군사력으로 한국 정부를 강압하여 마침내 한국을 강제 병합하였다. 이후 35년간 한국은 일제의 식민 통치를 받았다.

 일제는 한국의 영토와 주권을 침탈하였을 뿐만 아니라, 군사력과 경찰력으로 한국을 지배하면서, 정치·경제·사회·문화의 모든 부문에서 한국인의 권리와 자유, 기회와 이익을 박탈하거나 제한하였다. 정치적으로는 군사력과 경찰력, 각종 악법을 동원하여 독립운동을 탄압하고, 한국인의 정치활동을 억압하고 참정권을 박탈하였으며, 집회와 결사의 자유를 억압하였다. 경제적으로는 일본자본이 경제의 주도권을 장악하고, 일본인 위주의 경제정책을 수행했으며, 식량과 공업원료, 지하자원 등을 헐값으로 빼앗아 갔고, 농민과 노동자 등 대다수 한국인의 경제생활을 어렵게 하였다. 사회적으로는 한국인들을 차별적으로 대우하고, 한국인의 교육의 기회를 제한하고, 한국인으로서의 정체성을 박탈하여 결국은 일본의 2등 국민으로 만들고자 하였다. 문화적으로는 표현과 창작의 자유, 종교와 사상의 자유를 억압하고, 한

글 대신 일본어를 주로 가르치고, 언론과 대중문화를 통제하였다. 중일전쟁, 아시아태평양전쟁을 도발한 뒤에는 인적·물적 자원을 전쟁에 강제동원하고, 많은 이들을 전장에 징집하여 생명까지 희생시켰다.

〈일제침탈사 연구총서〉는 침탈, 억압, 차별, 동화, 수탈, 통제, 동원 등의 단어로 요약되는 일제의 침략과 식민 지배의 실상과 그 기제를 명확히 밝히고자 하였다. 이를 통해 일제의 강제 병합을 정당화하거나 식민 지배를 미화하는 논리들을 비판 극복하고, 더 나아가 일제 식민 지배의 특성이 무엇이었는지, 식민 통치의 부정적 유산이 해방 이후에 어떤 영향을 미쳤는지를 밝히고자 하였다.

편찬위원회는 연구총서와 함께 침탈사와 관련된 중요한 주제들에 관하여 각종 법령과 신문·잡지 기사 등 자료들을 정리하여 〈일제침탈사 자료총서〉도 발간하기로 하였다. 아울러 일반인과 학생들이 보다 쉽게 읽을 수 있는 〈일제침탈사 교양총서〉를 바로알기 시리즈로 발간하기로 하였다.

일제의 한국 침략과 식민 지배의 역사는 광복 후 서둘러 정리해냈어야 했지만, 학계의 연구가 미흡하여 엄두를 내기 어려웠다. 이제 학계의 연구가 어느 정도 축적되어 광복 80주년을 맞기 전에 이와 같은 작업을 할 수 있게 된 것을 다행으로 생각한다. 한일 양국 국민이 과거사에 대한 올바른 역사인식을 갖고 성찰을 통해 미래를 향해 함께 나아갈 수 있기를 기대하면서 삼가 이 책들을 펴낸다.

2023년
동북아역사재단 일제침탈사 편찬위원회

| 차례

발간사 ················ 4
편찬사 ················ 6
편역자 서문 ················ 11

I 갑오개혁기~통감부 시기 「민적법」의 도입과 조선인 통제

해제 ················ 18

1 조선 말기 가족 개혁 입법 ················ 20

2 통감부 시기 「민적법」의 도입과 조선인 통제 ················ 49

3 친족·상속 관습조사의 추진 ················ 74

II 1910년대 「조선민사령」의 도입과 가족 관습에 대한 통제

해제 ················ 96

1 「민적법」 시행 실태와 「민적법」 개정 ················ 98

2 「조선민사령」 도입과 관습에 대한 통제 ················ 126

3	「조선민사령」 및 「민적법」 개정 논의	············	368
4	재판 기록	············	403

참고문헌	············	453
자료목록	············	454
찾아보기	············	459

일러두기

1. 국한문 혼용 자료는 현대어로 바꾸되 최대한 원문을 훼손하지 않는 방향으로 정리하였다. 내용 이해에 큰 문제가 없을 경우 한자어를 그대로 두었고, 현재 사용하지 않는 용어의 경우 현대어로 바꾼 후 괄호 안에 한자를 써주거나 내용이 길면 주석으로 설명했다. 한문 번역에 가까운 경우, 한문 부분의 해석을 해주고 괄호로 해당 한문 문구를 넣었다. 어려운 한자어는 각주로 설명했다.
2. 모든 사료는 현대어로 번역하거나 풀어쓰는 것을 원칙으로 했다. 단 인명, 지명 등의 고유명사나 특정 한자어 등 원 상태로만 의미가 분명하게 전달되는 단어는 한자나 원어를 괄호 속에 병기하였다. 풀어 쓴 단어, 외국인명의 원음 표기 등의 경우에도 괄호로써 병기하였다.
3. 각 장과 절의 서두에 배치된 해제에서는 시대적 배경과 사료의 역사적 의미를 서술하였다.
4. 원 자료에 각주가 있는 경우 각주에 '*원저주'로 표기하였다. 편자의 각주는 일반 각주 처리를 하였다. 원 자료에 있는 '중략'은 '중략-원문', 편자가 중략한 경우 '중략-편자' 등으로 기재하여 구분하였다.
5. 원문이 보이지 않는 경우에 '■■'로 입력했다. '…' 등으로 입력한 것은 원문 그대로 입력한 것이다.

| 편역자 서문

　일제의 식민지 지배는 식민지 조선인들을 정치적으로 지배하고 경제적으로 수탈하는 데에만 머물지 않았다. 병합 후 조선총독부의 통치 목표는 조선인을 일본의 충량한 신민으로 만들어 제국의 팽창에 자발적으로 이바지할 수 있는 존재로 육성하는 데 있었다. 이를 위해 일상과 개인에 대한 통제와 지배의 체제를 만들어 갔는데, 가족은 그 중요한 통로였다.

　가족을 통한 일제의 지배는 법 제도를 정비하는 것으로 시작되었다. 국가가 민(民)을 파악하기 위한 신분등록 제도라 할 수 있는 호적제도를 도입하고 「조선민사령」을 통해 혼인·이혼·양자·상속·친족 관계 등 가족에 관한 전반적인 사항을 법적으로 규율해 감으로써, 일제는 식민지 조선인을 파악하고 식민지적 법적 구조 속으로 편입시켜 나갔다. 이를 통해 일본 제국주의의 행정·사법의 시선과 규율하에 조선인을 배치하고, 관리·통제해 나가고자 했다.

　언뜻 보면 이 과정은 근대국가의 대민 지배체제 강화라는 근대의 일반적 사회변화로서 이해되기 쉽다. 그러나 이민족의 식민 지배라는 정치적 상황 속에서 이루어진 이러한 대민 통제는 호주를 정점으로 하는 일본식 '이에(家)'제도의 이식을 통해 조선의 가족제도를 일본식으로 재편하고 조선인을, 천황을 정점으로 하는 가부장적인 일본제국주의의 일원으로 편재해 가는 과정이기도 했다. 이 과정에서 조선인이 오랫동안 축적해 온 고유한 가족 관습과 생활방식은 부정되고 일본식 가족제도가 강제적이고 폭력적인 방식으로 강요되었다. 동화주의로 치달은 일제 말기 창씨개명의 도입은 일본식 가족제도의 강제적 이식이 갖는 폭력성을 잘 보여 준다.

　일본식 '이에'제도의 이식은 호적제도와 「조선민사령」이라는 법적인 수단을 동원함으로써 이루어졌다. 1909년 도입된 「민적법」은 그 출발점이었다. 이 법의 제정을 통해 일본 「민법」의 주요 개념들이 친족법상의 용어로 수용되기 시작하였으며, 1910년대 전반부터는 각종 통첩을 통해 '가(家)' 및 본적의 관념을 확립하고, 민적의 등록 원칙을 변경하는 등 일본 「민법」과 유사하게 민적을 재편해 나갔다. 그러나 이 시기까지도 호주의 지위 결정은 여전히 조선 재래의 제사 관계에 따라 규정되는 등 일본식 '이에'제도가 온전히 정착되지는 못하였다. '가'의 법적인 정비는 「민적법」을 대체하여 1922년 「조선호적령」을 제정하면서 완료되었다. '가'의 구성원에 대한 호주의 지배적 권리를 인정하고 호주 상속 관념을 공식적으로 확인함으로써 일본식 호주제에 기반한 이에제도의 도입을 사실상 완료해 나갔다.

이러한 호적제도의 도입·변경과 더불어 1912년 제정된 「조선민사령」은 조선인의 신분관계를 규율하는 민법으로써 기능하였다. 일제는 조선인들의 반발을 고려하여 「조선민사령」 제11조에 조선인 간의 친족 및 상속에 관한 사항은 조선의 '관습'에 따른다고 하여 관습법주의를 채택하였다. 그러나 관습에 따른다는 표면적인 태도와 달리, 관습에 대한 해석의 변경을 통해서 그리고 때에 따라서는 「조선민사령」의 거듭된 개정을 통해서 일본 민법의 의용을 확대하는 방식으로 법적인 내용을 일본적인 것으로 변경해 나갔다. 그러나 일본 민법이 의용된 경우에도 실제 법의 적용에서 일본과 조선에서 판결의 내용이 달라지는 경우가 빈번했다. 조선의 낮은 '민도'와 '관습'을 존중한다는 이름으로 일본에서는 허용되었던 진보적인 법 해석을 조선에는 적용하지 않았던 것이다. 법적 동화주의를 표방했지만, 그것은 어디까지나 식민지적 차별의 구조에 바탕한 것이었다.

한편, 호적제도와 「조선민사령」의 개정을 통하여 일본식 호주제를 이식해 나갔지만, 호주와 가족이 소속된 '가'의 표시물인 일본의 '씨(氏)'와는 달리, 부계혈통주의에 입각한 조선의 '성(姓)'은 계속해서 유지되었다. 부계혈족의 표시로서 '성'은 혼인이나 입양 등으로 인하여 신분 및 호적상의 변동이 있어도 변하지 않는 특징을 가지고 있다. 조선총독부는 겉으로는 조선의 친족상속에 대해서 관습주의를 고수하고 있었으나 내부적으로는 이 같은 전통적인 관습을 성문법의 힘으로 부정하는 입법을 추진하고자 했다. 1920~1930년대 '사법법규개정조사위원회'를 설치하여 동성동본금혼제도의 개정 혹은 폐지 문제를 논의해 나간 것은 이를 보여 준다.

결국 1937년 중일전쟁 발발에 따라 전시동원체제가 확립되면서 가족에서의 내선일체 정책이 강화되기 시작했다. 일제는 조선인의 반발을 억제하면서 일본 민법의 씨제도를 시행하기 위해 1939년 「조선민사령」 및 「조선호적령」을 개정하고 서양자제도(壻養子制度) 및 창씨개명을 도입하였다. 이를 통해 조선인도 동일한 가적(家籍)에 편입된 개인들은 모두 '가'의 칭호인 씨를 새롭게 사용하도록 강제해 나갔다.

그러나 호적제도와 「조선민사령」 등을 통한 가족에 대한 법적 통제 및 동화정책은 일본이 의도한 대로 쉽게 진척되지는 못하였다. 가부장적인 일본식 이에제도에 대한 조선인들의 반응은 수용과 거부 사이에서 다양하게 나타났고, 젠더에 따라서도 달랐다. 조선의 관습과 부합하는 가부장적인 호주제는 조선의 가부장제와 호응하면서 쉽사리 안착해 갔고 심지어 해방 이후까지 지속될 정도로 뿌리 깊게 자리 잡았다. 그러나 부계혈통에 기반한 조선인들의 혈연 중심의 전통, 문중을 약화하고자 일제가 추진했던 동성동본금혼제 개폐 시도, 창씨개명을 통한 일본 씨제도의 도입은 조선인들의 반발 때문에 좌초되거나 뒤늦게 추진되었다.

일제의 가족정책 관련 자료를 번역 수록한 이 책은 동북아역사재단이 편찬하는 일제침탈사의 일환으로 편찬되었다. 이 책에서는 「민적법」, 「조선민사령」, 「조선호적령」 등 가족과 관련된 각종 법령의 내용과 1, 2, 3차에 이르는 「조선민사령」 제11조의 개정 내용을 번역·수록하였다. 또한 이 법령들이 도입되었던 배경이나 그것이 실시되는 과정 등을 보여 주는 자료들로 「민적법의 설명」, 「민적사무개요」 등 일제가 편찬한 자료와 조선총독부 관료의 회고담을 실은 잡지 자료 등을 수록하였다. 「조선민사령」이 관습주의를 표방했기 때문에 총독부 및 사법관료들은 관습의 해석을 두고 많은 논의가 있었다. 이 책에 실린 『민사관습문답휘집』, 구관및제도조사위원회 결의사항 및 관련 언론 보도 등은 관습의 해석을 두고 총독부 및 사법 관료들이 주고받은 문답 내용과 결정 사항을 담고 있다. 한편, 총독부는 조선의 가족 관습을 일제의 가족제도와 부합하는 방식으로 변경하려는 의도 속에서 가족법을 개정하려는 시도를 게을리하지 않았다. 1918년 '조선민사령과민적법개정조사위원회' 및 1920~1930년대의 '사법법규개정조사위원회'의 활동은 이를 보여 준다. 이와 관련하여 이 책에는 『제국의회설명자료』, 『사법관회의자문사항답신서』, 『제회의관계서류』 등에 실린 관련 자료를 번역·수록하였다. 특히 1930년대 동성동본금혼제의 폐지 또는 개정을 위한 시도는 중추원의 반발에 부딪혔는데, 『중추원회의참의답신서』는 일제의 동성동본금혼제도 개정 혹은 폐지 시도에 대한 조선인들의 태도를 흥미롭게 보여 준다.

한편, 「조선민사령」의 혼인, 이혼, 상속 등의 조항들을 통해 일제는 조선인의 가족 생활을 통제해 나갔다. 일제는 조선의 관습에 따른다고 표방하면서도 관습에 대한 해석을 변경하거나, 혹은 아예 일본 민법을 의용하도록 법제를 변경하면서 일본식 가족제도를 점진적으로 이식시켜 나갔다. 그러나 일본 민법을 의용하는 경우에도 실제적인 소송에서 법리의 해석은 일본에서와 다른 경우들이 발생했다. 이 책에서는 『조선고등법원판결록』의 주요 판결문을 수록하여 실제 현실에서 어떤 문제들이 법적으로 문제가 되고 재판에서 일제가 어떻게 판결을 내리고 있었는지를 살펴보았다.

이외에 총독부가 발행한 신문인 《매일신보》와 조선어 신문인 《동아일보》, 《조선일보》, 《개벽》, 《신여성》, 《여성》, 《삼천리》 등 일제시기 발간된 신문과 잡지에서 가족정책과 관련된 다양한 내용을 선별하여 수록하였다. 이를 통해 일제의 가족정책이 조선인들의 삶에 어떤 파장을 낳고 있었는지, 그리고 조선인들은 그에 어떻게 대응해 갔는지 등에 대해서도 구체적인 양상을 살펴볼 수 있도록 자료를 선별·배치하였다.

이 책은 모두 4장으로 구성되었다. 장별 구성은 시기별 변화를 기준으로 삼았다.

제1장에서는 가족개혁 논의가 대두한 19세기 말부터 조선이 식민화하기 직전인 통감부 시기까지를 대상으로 가족개혁을 위한 우리의 주체적인 노력이 어떻게 이루어지고 있었는지, 그리고 그것이 통감부 설치 이후 「민적법」 도입을 통해 일제에 의해 어떻게 변경되어 갔는지를 보여 주는 자료들을 수록하였다.

제2장에서는 식민화 이후인 1910년대를 중심으로 「조선민사령」의 도입과 그에 따른 변화를 보여 주는 자료들을 실었다. 「조선민사령」 제11조의 규정에 따라 친족 상속 등에 관하여 조선인은 조선의 관습에 따른다는 관습주의를 채택하였다. 그러나 관습에 대한 새로운 해석을 통해 점차 조선의 가족 관습을 개편하는 한편, 1910년대 중반부터는 관습법을 성문법으로 전환하는 방침을 세우고 「조선민사령」 및 「민적법」 개정 논의에 착수하였다. 이 장에서는 「민적법」과 「조선민사령」 도입과 관습에 대한 새로운 해석, '조선민사령및민적법개정조사위원회' 관련 자료들을 통해 1910년대 이후 변화해 간 양상을 보여 주는 자료들을 수록하였다.

제3장에서는 「조선민사령」의 제1, 2차 개정이 진행되었던 1920~1930년대를 중심으로 일본 민법의 의용이 확대되면서 가족법이 어떻게 변화해 갔는지를 보여 주는 자료들로 구성하였다. 특히 이혼, 상속과 관련된 자료들을 통해 일제의 가족정책이 조선인의 일상에 가져온 파급효과와 그에 대한 조선인들의 반응을 살펴볼 수 있는 자료들을 수록하였다. 또한 1920년대 중반부터 1930년대 초까지 이어진 「조선민사령」 개정 문제와 이와 관련하여 중

요한 쟁점이 되었던 동성동본 금혼 개정 문제와 관련된 자료들을 수록하였다. 이들 자료를 통해 1910년대보다 더욱 적극적으로 조선의 가족법을 변경하고자 했던 조선총독부 측의 개입 양상과 그에 대한 조선인들의 반응을 살펴볼 수 있다.

제4장에서는 일제 말기인 1930년대 후반부터 1945년까지를 중심으로 일제의 동화주의 정책이 노골화하면서 창씨개명 등 일본식 가족제도의 이식과 관련된 법적 변화를 보여 주는 자료들을 수록하였다. 1930년대 후반 친족상속법 개정 논의로부터 씨제도를 이식해 나갔던 과정을 살펴볼 수 있다. 이와 더불어 조선인과 일본인의 결혼을 의미하는 내선결혼과 관련된 실태와 정책에 대한 자료도 수록하여, 일제 말기 내선일체의 구호 속에서 가족정책이 어떻게 변화하고 있었는지를 살펴볼 수 있도록 하였다.

자료의 양이 방대하여 자료집 제1권에 1, 2장을, 제2권에 3, 4장을 나누어 수록하였다. 각 장의 설정 배경과 내용, 자료의 내용에 관해서는 장별 해제와 자료에 대한 설명에서 자세히 밝혀 두었다.

이상의 자료를 통해 가족에 대한 일본제국주의 지배와 그 상처, 그리고 그에 따른 부의 유산을 기억하는 것은 일제 침탈사를 보다 풍부하게 이해하도록 도울 것이다. '가족정책'을 통해 식민 지배의 실상을 살펴봄으로써 우리는 다음과 같은 점들을 보다 깊이 있게 이해할 수 있다.

첫째, 일제 식민지배의 폭력성이 일상적 수준에서 어떻게 관철되고 있었는지를 구체적으로 이해할 수 있다. 일제의 지배는 단순히 정치적이고 경제적인 지배, 혹은 거시적인 차원의 지배만이 아니었다. 혼인, 이혼, 양자, 상속 등 개인의 생애와 가족관계의 가장 기본적인 행위에 대한 간섭과 통제를 통해 조선인들의 미시적인 삶의 영역을 일본식으로 탈바꿈시킴으로써 조선인을 일본제국주의의 하위 구성원으로 배치해 나가는 과정이었다. 이러한 일상적이고 미시적인 차원에서의 식민지배의 실상과 침탈의 역사를 가시권에 넣을 때, 식민지배의 의미는 좀 더 입체적으로 조망될 수 있다.

둘째, 일제의 지배정책이 제대로 관철될 수 없었던 현실, 즉 일본제국주의의 한계 또한 시야에 넣을 수 있다. 가족, 친족과 관련된 관습은 조선인들의 가장 기본적인 생활방식과 연결되어 있으므로 일제가 이를 변경하기 쉽지 않았다. 조선인들은 법령의 변화에 적응하면서도 자신들 방식대로 대응하며 전유해 나갔다. 가부장적인 제도로서 호주제는 흔쾌히 받아들이면서도 창씨개명은 거부하거나 형식적으로만 따르며 성과 본관을 활용하여 씨를 만드는 방식으로 어떻게든 조선식 '성'을 지키고자 애썼던 모습을 통해 이를 확인할 수 있다. 이처럼 가족을 통해 식민 지배의 실상을 들여다봄으로써, 일본제국주의의가 직면해야 했던 지배력의 한계와 조선인 나름의 대응 과정, 그리고 조선인 내부의 차이 등을 구체적으로 확인할 수 있다. 침탈사를 쓴다고 해서 총독부를 무소불위의 권력이었던 것으로 표상한다면, 식민지 조선인들의 역사적 주체성은 그만큼 침해될 수밖에 없다. 침탈사를 이해하면서도 주체적인 역사 인식의 태도를 잃지 않기 위해서는 이러한 지배권력의 한계도 염두에 두어야 한다.

셋째, 일제하 가족정책의 실태를 살펴봄으로써 해방 이후까지 이어진 식민주의의 뿌리 깊은 부의 유산을 성찰할 수 있다. 정치적인 식민 통치는 1945년 해방으로 끝났지만, 일상에 침투한 식민 지배의 흔적과 그 피해는 해방 이후에도 고스란히 남았다. 특히 일제하에서 도입된 가부장적 호주제는 1960년 새로운 민법의 제정에도 불구하고 그대로 유지되어, 여성들의 반발 속에서 가족법 개정운동의 핵심 대상이 되었다. 해방 직후부터 시작된 호주제 폐지운동이 근 반세기를 지나 2000년대나 되어서야 비로소 결실을 보게 된 점은 일제 침략의 상흔과 그 피해가 우리 일상에 얼마나 깊숙이 녹아 있는지를 실감하게 하며 식민지 유산에 대한 깊이 있는 성찰의 기회를 제공한다.

이 자료집을 통해 독자들이 일본 식민지 지배의 실태와 그 성격을 보다 깊이 있게 이해할 수 있게 되기를 기대한다.

2023년 12월
소현숙

Ⅰ

갑오개혁기 ~ 통감부 시기 「민적법」의 도입과 조선인 통제

해제

　조선 사회는 유교를 사회질서 구현을 위한 기본 원리로 삼았고, 그 핵심에 가족이 있었다. 가족은 유교적 사회구조의 원형이었고, 유교 사회에서는 가족주의가 인간의 개념과 가치 규범을 결정할 뿐 아니라 인간은 가족주의적 관점에서 이해되었다. 즉 개인은 그 자체로 성립하는 독립된 존재라기보다는 가족이라는 조화로운 전체의 한 지체(肢體)로 간주되었다. 따라서 개인의 자아는 그의 가족과의 관계 안에서, 다시 말해 가족 안에서의 위치와 역할에 의해서 비로소 성립되었다. 조선시대 가족의 원리는 국가와 사회를 구성하는 운영 원리일 뿐 아니라 가족을 떠난 개인의 삶이 허락되지 않았기 때문에 개인은 가족을 통해서만 자신의 정체성을 완성할 수 있었다.

　그러나 이러한 가족의 위상은 19세기 말에 이르러 심각한 도전에 직면하였다. 열강의 침략이 가시화되는 상황에서 국가를 위기로부터 구하기 위해서는 부국강병을 목표로 한 근대 국가를 건설하는 것이 주요 과제가 되었다. 가족은 국가를 구성하는 '국민'이라는 새로운 인간을 길러 내는 기능을 부여받은 단위로서 새롭게 포착되었고, 개화의 물결 속에서 국가의 문명화를 위해서는 가족의 변화, 가족의 문명화가 우선되어야 한다는 발상이 나타나기 시작했다.

　이에 따라 가족은 개화되어야 할 대표적인 공간이 되었다. 문명한 개화국인 서구의 가족제도가 조선에 소개되면서 남존여비의 남녀관과 이를 바탕으로 한 내외법, 축첩제, 과부의 개가 금지, 조혼 등 기존의 가족제도에 대한 비판이 나타났다. 전통적인 가족제도를 유지하는 것만으로는 근대 문명국가로 나아갈 수 없다는 위기의식 속에서 새로운 가족상을 모색하면서 가족을 개혁하려는 움직임이 구체화하기 시작했다.

　조선 정부는 1894년 갑오개혁을 통해 새로운 국가체제로의 전환을 모색하였고, 그 과정에서 기존 가족제도의 개혁을 추진하였다. 군국기무처는 새 법령을 제정·공포하였는데, 과부 재가 허용, 조혼 금지 등 가족개혁 내용이 포함되었다. 한편, 개항 이후 교류가 증가한 외국인을 자국인과 구별하고 의무교육과 징병제 등 문명국으로 진입하기 위한 제도를 시행하려면 모든 국민을 빠짐없이 등록하고 개개인을 구별할 수 있는 제도가 필요했다. 조선 정부는 1896년 「호구조사규칙」과 「호구조사세칙」을 공포하여 새로운 호적제도를 도입하였다.

이 장에서는 가족 개혁 논의가 대두한 조선 말기부터 조선이 식민화되기 직전인 통감부 시기까지 가족개혁을 위한 조선 정부의 노력이 어떻게 이루어지고 있었는지, 그리고 그것이 통감부 설치 이후 일제에 의해 어떻게 변경되어 갔는지를 보여 주는 자료들을 실었다.

1. 조선 말기 가족 개혁 입법

1) 의안 및 조칙

해제

19세기 말 가족은 국민을 생산하는 기관으로서 새롭게 발견되었다. 국가의 문명화는 가족의 문명화를 통해 달성될 수 있는 것으로 간주되었고, 이에 따라 전통적인 가족제도의 타파는 조선이 문명사회로 진입하기 위한 선결과제로 인식되었다. 서구의 가족생활이 소개되는 한편, 조선 가족을 변화시키기 위한 개혁안이 정치적 과제로서 제기되기 시작했다. 1888년 박영효가 고종에게 올린 개화 상소에는 28개의 개화 요구에 과부의 재가 허락, 축첩 폐지, 조혼 금지, 내외법 금지 등이 포함되어 있었다. 1890년대에 이르면 불합리한 가족제도의 폐단은 농민들 사이에서도 문제로 간주되어, 1894년 농민군의 〈폐정개혁안〉에도 각종 폐단에 대한 시정 요구와 더불어 "청춘과부(靑春寡婦)의 개가를 허락할 것"이 포함되기에 이른다.

이러한 요구 속에서 조선 정부는 1894년 갑오개혁 당시 입법 활동을 통해 가족개혁에 대한 의지를 천명하였다. 1894년 6월 23일 고종은 윤음을 내려 종래의 봉건적인 제도를 타파하고 새로운 통치체제의 수립과 사회제도의 개혁을 단행하겠다는 요지를 천명하고 이 개혁을 주관할 기관으로서 군국기무처를 설치하였다. 군국기무처는 근대적 의미의 입법권을 행사할 수 있는 초정부적 기관으로, 약 3개월 동안의 존속기간 중에 무려 250건에 달하는 새 법령을 제정·공포하였다. 여기에는 신분제 철폐, 과거제 및 연좌제 폐지와 더불어 과부 재가 허용, 조혼 금지 등 가족개혁 내용이 포함되었다. 당시 법령 제정과 개혁의 집행기구로 역할을 한 군국기무처에는 실무 능력을 갖춘 개혁 관료들이 포진해 있었는데, 이들 중 상당수가 서자 출신으로 전통적인 정치사회체제에 불만을 품고 있었으며 외교 및 문화사절단, 혹은 유학생으로서 일본, 청, 미국, 러시아 등 해외 경험을 통해 근대문물에 눈을 뜬 개혁 세력으로 가족개혁의 필요성에 공감했던 것으로 보인다.

여기에 제시된 자료는 갑오개혁 당시의 가족 관련 개혁 의안들이다. '적처와 첩에게 모두 자식이 없는 경우에 비로소 양자를 들일 수 있다, 과부의 재혼은 신분에 상관없이 그 자유에 맡긴다, 남녀의 조혼을 금하며 남자는 20세, 여자는 16세 이후에 비로소 혼인하는 것을 허가한다'는 등의 내용이 포함되어 있다. 아직 민법전을 편찬하려는 노력이 본격화되지 않은 상황에서 반포된 이러한 의안들은 가족에 관한 포괄적인 개혁 구상하에서 이루어진 것이라기보다는 폐단으로 지적된 단편적인 사안들에 대한 개혁안에 불과했고 구체적인 시행 방안을 담은 시행세칙이 마련되지 않아 선언에 그치는 한계를 지녔다.

〈자료 1〉   의안(議案) (『(구한국)관보』 1894.6.28.)

1. 이후부터 국내외의 공사문첩(公私文牒)에는 개국기년(開國紀年)을 사용한다.
1. 청국과의 약조(約條) 개정한 것은 다시 특명전권공사(特命全權公使)를 파송한다.
1. 문벌과 양반, 상민 등의 계급을 타파하며 귀천에 불구(不拘)하고 인재를 선용(選用)한다.
1. 문부존비(文武尊卑)의 구별을 철폐하고 다만 품계(品階)에 따라 상견의(相見儀)를 규정한다.
1. 죄인 자기(自己) 외의 연좌율(緣坐律)을 폐지한다.
1. 적처와 첩(妾)에 자식이 없는 후에 비로소 양자 들이기를 허락하여 옛 법을 거듭 밝힌다.
1. 남녀의 조혼을 금지하여 남자는 20세, 여자는 16세 이후에 비로소 시집가거나 장가드는 것을 허가한다.
1. 과녀(寡女)의 재가(再嫁)는 귀천을 논하지 않고 그 자유에 맡긴다.
1. 공사노비의 전(典)을 일절(一切) 혁파하고 인신의 판매를 금한다.
1. 비록 평민이라 하더라도 국가에 이롭고 민인에게 편리할 수 있는 의견이 있다면 군국기무처에 상서(上書)토록 하여 회의에 붙이게 한다.
1. 각 아문 관서의 급예(皂隸)는 가감(加減)을 헤아려서 항상 두게 한다.
1. 조관(朝官)의 의복제도를 간이화하여 공식 복장은 사모(紗帽)에 반영착수(盤領窄袖)[1], 품대(品帶)[2]로 하고 연거(燕居)의 사복(私服)은 칠립(漆笠), 탑호(搭護), 사대(絲帶)로 하며 사서인(士庶人)의 복장은 칠립, 주의(周衣), 사대(絲帶)로 하고 병변(兵弁)의 의제(衣制)는 근례(近例)대로 존행(遵行)하되 장관(將官)과 병졸의 구별을 명백히 한다.

---

1   둥근 깃에 좁은 소매.
2   혁대.

〈자료 2〉 「조혼 금지에 관한 건」(조칙(詔勅), 1907.8)

아뢰기를(詔曰), 사람이 태어나 나이 서른에 아내가 있는 것[人生三十而有室]과 스물에 시집 가기[二十而嫁]는 옛 삼대의 성법[古昔三代盛法]이어늘, 최근에[挽近] 조혼의 폐가 국민의 병의 근원(病源)이 막심한 고로 연전 금령이 유(有)하되 시행되지 못하니[迄未實施] 어찌 유사의 잘못이 아니리오[豈非有司之過]. 지금(今)에 새로운 가을[維新之秋]을 맞아서 풍속을 개량함이 가장 시급한 일이라[最是急務]. 부득불 옛 제도를 참고하고 지금의 제도를 참작하여[不容不叅古酌今] 남자 만 17세, 여자 만 15세 이상으로 비로소 시집가고 장가드는 것을 허락하여[許嫁娶] 삼가 공경하고 따라 위반함이 없게[懍遵無違] 하라.

2) 「호구조사규칙」 및 「호구조사세칙」

해제

1896년 9월 칙령 제61호 「호구조사규칙」과 내부령 제8호 「호구조사세칙」의 공포로 새로운 호적제도가 도입되었다. 이 새로운 「호구조사규칙」에 따라 작성된 호적은 흔히 '신호적', '광무호적', '한말호적' 등으로 불린다. 「호구조사규칙」은 국민의 이익과 권리를 보호하기 위해서 국민을 등록한다는 입장을 그 제1조와 제4조에 명시하였다. 모든 국민을 등록하기 위해 「호구조사규칙」은 실제 가옥을 호적의 편제 단위인 호(戶)로 삼고 그 가옥의 동거자를 한 장의 호적에 편제하는 주민등록 방식을 채택하였다. 이에 따라 모든 가옥에 고정된 통호(統戶) 번호를 부여하고, 호마다 문 앞에 지명(地名)과 통호 번호, 호주의 성명과 직업을 기재한 호패(戶牌)를 걸게 했다. 그리고 호주의 부모, 형제, 자손이라도 분거(分居)할 때는 호주의 호적에 기재하지 않으며, 호주라도 호적 편제 후 다른 호에 별거할 때는 호적을 새로 만들고 편의상 원적지(原籍地)를 표시하게 했다. 또 무가무의(無家無依)하여 따로 원적(原籍)을 편제하지 못하고 다른 집에 기거하는 사람은 그 호의 기구(寄口)로 파악하여 인구가 중복되거나 누락되지 않게 했다.

내부는 또 전국의 호적 사무를 중앙에서 통할하기 위해 기재 사항을 표로 인쇄한 호적 양식을 호주에게 배부하고, 10호를 단위로 통(統)을 설정해 통수(統首)가 호적 통계표인 통표(統表)를 서식에 따라 작성하게 했다. 호주와 통수는 호적과 통표를 작성한 후 지방 행정관청에 제출하고, 각 관청은 이를 다시 내부에 정납(呈納)했다. 호적 양식에는 호의 통호 번호, 호주의 이름·나이·본(本)·직업·사조(四祖)(양자일 때는 생부 포함), 이전 거주지(前居地), 이거월일, 동거친속, 남녀별 기구와 고용의 수, 남녀별 현존 인구수, 소유 형태별(己有, 借有) 가택 형태(瓦, 草)와 간수(間數)를 기재하는 칸이 인쇄되었다.

「호구조사규칙」은 개별 가옥을 호로 삼아 호적을 편제하고 그 호에 동거하는 사람들을 등록하는 방식으로 모든 인구를 파악하고자 한 호별 주민등록제도였다. 호적사무의 중앙 통할, 가옥을 기준으로 한 호구 파악, 가옥의 형태와 소유 현황 기재, 호주라는 용어의 사용, 호적 통계표를 작성하는 방식 등은 일본 최초의 전국 단위 호적법인 1871년(明治 4) 제정한 「호적법」과 유사하다. 그렇지만 1871년 일본 호적법은 호적 소재지를 의미하는 본적(本籍)과 실거주지를 의미하는 주소 개념을 구분해 본적지 외에 거주하는 사람도 호적에서 제적하지 않고 별도의 장부에 등록했기 때문에, 일정 범위의 가족이 하나의 호적에 편제되었다. 반면 「호구조사규칙」은 부모, 자식 간이라도 별거하면 다른 호적에 편제했다. 일본 호적법이 혼인과 입양을 신고 항목에 포함한 데 비해, 「호구조사규칙」은 1909년 폐지될 때까지 이를 신고하게 하지 않았다.

조선과 일본은 둘 다 종래의 호적을 모든 국민을 파악하는 근대적 국민등록제도로 활용하려 했지만, 일본은 호적을 점차 가족 단위의 신분등록제도로 전환한 반면, 조선은 주민등록제도로 전환한 것이다. 그러나 일제의 침략에 따라 1906년 설치된 통감부는 「호구조사규칙」이 실제 호구를 반영하지 못한다는 이유로 1909년 「호구조사규칙」을 대신할 새로운 제도로서 「민적법」을 도입하고 「호구조사규칙」을 폐지하였다. 이후 「민적법」은 다시 「호적법」으로 대체됨으로써 주민등록제도가 아닌 신분등록제도로서 가족을 파악하는 호적제도가 한국에 도입되기에 이른다.

여기에서는 『관보』에 실린 「호구조사규칙」과 세칙의 내용을 수록하였다.

〈자료 3〉 「호구조사규칙」(1896년 9월 1일, 칙령 제61호)(『(구한국)관보』 420, 1896.9.4.)

제1조 전국 내 호수와 인구를 상세히 편적하여 인민으로 하여금 국가가 보호하는 이익을 균점(均霑)³케 함.

제2조 10호를 연합하여 1통으로 만들고 해당 통 내에 글과 셈이 가능하고 품행이 단정한 사람을 통수(統首)로 정하여 1통 내의 인민을 영솔(領率)함.

제3조 호적과 통표(統表)는 한성 5서(署)와 각 부·목·군에서는 매년 1월 내로 취합·수정하여 2월 내로 한성부와 각 해당 도의 관찰부에 송치하면 한성부는 3월 내로 내부에 봉납[呈納]하고 각 도 관찰부에서는 4월 내로 내부에 봉납하면 내부에서 5월 내로 호적과 통표를 편집하여 상주케 함.

제4조 인민 중에 원호(原戶)를 은닉하여 누적(漏籍)⁴이 되거나 원적 내의 인구를 고의로 누락하는 자는 인민의 권리를 허락하지 아니할 뿐 아니라 법률에 비추어 징벌함.

제5조 본 규칙을 고의로 위반하거나 기한을 위반하는 때는 인민은 해당 장관이 처벌하고 주무관리는 한성판윤과 해당 관찰사가 내부에 전보하여 징벌하고 한성판윤과 각 해당 관찰사는 내부대신이 경중에 따라서 징계함.

제6조 호적·통표·호패 양식을 집행하는 세칙은 내부대신이 상황에 따라 부령(部令)으로 함.

제7조 본령은 반포일로부터 시행함.

〈자료 4〉 「호구조사세칙」(1896년 9월 3일, 내부령 제8호)(『(구한국) 관보』 423, 1896.9.8.)

제1관 호적

제1조 호적지(戶籍紙)는 내부에서 양식을 새로 만들어 각 관찰부에 하달하면 관찰부에서는 각 부·목·군으로 전달하고 각 부·목·군에서는 각 면집강(面執綱)⁵에게, 면집강

---

3 만인(萬人)이 혜택을 고르게 받거나 이익을 고루 얻음.
4 호적, 병적(兵籍), 학적 따위의 기록에서 빠짐.
5 면장.

은 이존위(里尊位)⁶에게 이존위는 각 해당 호주에게 전달함.

제2조 호적은 제1호 양식에 의하여 각기 호주가 지정된 사항대로 각 난(欄) 내에 작성하되, 호적지 두 장으로 합하여진 (나머지) 한 장에도 동일하게 작성하여 해당 관할 관청에 봉납하면 해당 관청에서 관인을 날인한 후에 두 장이 합하여진 곳을 분할하여 오른편은 해당 관청에 보존하고 왼편은 해당 호주에게 나누어 줌.

제3조 호주의 부모·형제·자손이라도 각호에서 따로 거주하여 호적이 별도로 있는 때에는 해당 호적 내에 기입하지 아니하여 인구가 중복 기재되지 않게 하며 한 호주가 원호는 만들었으나 다른 호에 별거하여 별거하는 호적을 새로 만드는 때에는 해당 호적 내에 원적 모(某) 지방을 난 외 별도의 행에 설명하여 자세히 살펴보고 열람하기 편하게 함.

제4조 인민 중에 거주지도 의탁할 곳도 없어 원적을 따로 만들지 못하고 친인척·오랜 친구 사이의 호 내에 기거하거나 혹 혼자만 얹혀살아도[寄食] 그 기구(寄口)에 입적하여 인구의 누락함이 없게 함.

제5조 분가한 호[分戶]가 있으면 원적을 해당 관할 관청에 증빙하고 분적함.

제6조 이주하는 호가 있으면 전 거주지 소관 관청에 보고하고 현 거주지의 해당 관할 관청에 구 호적을 증빙하여 호적을 경신(改籍)함. 단, 본 통(統) 내에서 제 몇 호가 제 몇 호로 이주하는 때에도 해당 관할 관청에 알리어 호적을 경신케 함.

제7조 호적을 유실하거나 혹은 소실된 때에는 해당 관할 관청에 설명하여 다시 만들게 함.

제8조 호주가 사망한 때에는 원적을 해당 관할 관청에 증빙하고 그의 자손·형제간에 새로 대체하는 호주의 성명으로 호적을 경신함.

제9조 가옥을 신축하거나 증축하거나 혹은 철거하거나 혹은 소실되거나 인구가 출생하거나 사망한 때에는 해당 관할 관청에 알리어 호적을 경신함.

제10조 제5조의 분적과 제6조·제7조·제8조·제9조의 호적 경신은 수시로 즉시 행하되 20일을 넘기지 못함.

제11조 각 부·목·군에서 호적을 만들어 발급한 후에 한 본을 등서(謄書)하여 관찰부에 송

---

6 이장.

치하면 관찰부에서는 각 읍소(邑所)에서 받은 호적은 해당 부(府)에 보존하고 한 부를 등서하여 내부(內部)에 봉납함. 단, 한성부에서는 5서(署) 구역 내 호적을 해당 부에 보존하고 한 부를 등서하여 내부에 봉납함.

제2관 작통

제12조 통표(統表)는 통수(統首)가 해당 통 내의 호적을 조사하여 제2 별표에 의하여 지정된 사항대로 기재함.

제13조 작통(作統)하다 남은 호가 있어 5호에 미만이거든 본리(本里)의 어느 통 내에 부속하고 5호 이상은 미성통(未成統)이라 칭하여 본리 최근통 통수의 지휘를 받게 함. 단, 본조의 나머지 호는 해당 마을의 가호 증축을 기다려 10을 채우면 한 통을 만듦.

제14조 통수가 통표를 수정하여 한 본은 해당 통 내에 보존하고 한 본은 이존위에게 송치하면 이존위가 해당 마을 내의 모든 통표를 취합하여 책자를 편성하여 본리에 보존하고 한 본을 등서하여 면집강에게 송치하면 면집강이 해당 면 내의 각 리의 모든 통표를 취합하여 책자를 편성하여 본면에 보존하고 한 본을 등서하여 각 해당 부·목·군청에 봉납하면 각 부·목·군청에서 해당 지방 내의 각 면리의 모든 통표를 취합하여 책자를 편성하여 본 관청에 보존하고 한 본을 등서하여 해당 도의 관찰부에 송부하면 관찰부에서 해당 도 내의 각 부·목·군 모든 통표를 취합하여 책자를 편성하여 관찰부에 보존하고 한 본을 등서하여 내부에 봉납함. 단, 한성부 내 5서 구역에서는 통수가 해당 방(坊) 내의 순검교번소(巡檢交番所)에, 교번소에서는 각 해당 서(署)에게, 각 해당 서에서는 한성부에게, 한성부에서는 내부에 봉납함.

제15조 제2조의 호적을 새로 만드는 때와 제5조의 분적하는 때와 제6조·제7조·제8조·제9조의 호적을 경정하는 때에는 호주는 통수에게, 통수는 이존위에게, 이존위는 면집강에게, 면집강은 해당 관할 관청에 직접 청함. 단, 한성 5서 구역에는 호주가 통수에게, 통수는 해당 방 내의 순검교번소에게, 교번소에서는 해당 서에게, 해당 서에서는 한성부에 직접 청함.

제3관 호패

제16조 호마다 해당 지명과 제 몇 통 제 몇 호와 호주의 성명·직업을 상세히 기재하여 호패를 문 위에 걸되 양식은 제3별표와 같음.

제17조 이거(移居)하는 때에는 호패를 다시 걸되 (호주가 변경되거나 호주의 직업이 바뀐 때에) 호주의 성명과 직업만 개정되며 제 몇 통 제 몇 호는 이전대로 하여 해당 호의 위치를 변경하지 말도록 함. 단, 본 통 내에서 이주하여도 본 조에 의함.

⟨자료 5⟩ 「호구조사세칙 중 개정에 관한 건」(1899년 7월 7일, 칙령 제31호)(『(구한국) 관보』 1309, 1899.7.10.)

1896년(개국 505) 칙령 제61호 「호구조사세칙」 중 제3조 중 1월의 (1) 자는 (2) 자로 2월의 (2) 자는 (3) 자로 3월 (3) 자는 (5) 자로, 4월의 (4) 자는 (6) 자로 개정하고 (5월 내로 호적과 통표를 편집하여) 14자는 (조사 편집하여 12월 20일에 호구 총수를) 18자로 개정함.

3) 언론 보도

해제

　1890년대 이후 근대적 언론매체가 등장하면서 신문과 잡지에 가족과 관련된 기사들이 실리기 시작하였다. 기사들은 가족과 관련된 일반적인 사건·사고뿐만 아니라, 타파해야 할 가족 관련 폐습들에 대한 비판 의견을 담았다. 특히 조혼, 과부 재가 금지, 축첩 등을 비판하는 기사들이 많았는데, 그 내용을 보면, 조혼은 어린아이들의 신체적 건강을 상하게 하고 완전히 성장하지 못한 성인이 자녀를 낳음으로써 쇠잔한 국민을 양성한다는 우생학적 관점, 그리고 혼인 당사자들의 의견을 반영하지 않는 강제 결혼이라는 점에서 비판되었다. 과부 재가 금지는 국민 생산의 기능을 보유한 젊은 여성에게 수절을 강요하는 것으로 '인종'의 감소를 초래한다는 점에서 비판되었다. 마지막으로 축첩은 가정의 불화를 조장한다는 점에서 비판되었다. 이와 같은 비판 기사를 통해 가족 개혁론이 일반인들에게도 확산해 갔다.

　한편, 정부가 조혼을 금지하자 부인교육회 등은 조혼을 하지 않기로 결의를 하며 이에 호응하는 모습을 보여 주었다. 그러나 밤에 몰래 혼인하는 암혼이 유행하기도 하는 등 민간의 반응은 다양했다.

　1900년대 신문과 잡지에 실렸던 기사들을 통해 이 시기 가족 개혁 관련 내용과 민간의 동향을 살펴볼 수 있다.

〈자료 6〉 본회(本會)에서 오는[來] 26일 하오 1시에《황성신문》, 1906.5.25.)

광고 ○ 본회에서 오는 26일 하오 1시에 연설회를 독립관에 개최하고 방청을 허하오니 여러분[僉君子]은 조량(照亮)[7]하시오.

1906년(光武 10) 5월 23일
일진회(一進會) 고백(告白)

연설 문제 좌개(左開)
농공은행론(農工銀行論)   한석진(韓錫振)
지방제도론(地方制度論)   염중모(廉仲模)
조혼고폐론(早婚痼斃論)   남정의(南廷懿)
북간도개식론(北墾島開植論) 홍긍섭(洪肯燮)
유사닉직론(有司溺職論)   송병준(宋秉畯)

〈자료 7〉 조혼금지의(早婚禁止議)《황성신문》, 1906.7.18.)

대한자강회(大韓自強會) 평의원 여병현(呂炳鉉) 씨가 제출한 의안(議案)으로 해회(該會)에서 장차 정부에 건의한다는데 해당 안건인즉 우리 한국이 중엽 이후로 남녀 조혼의 폐가 성행한 까닭으로 체육이 건강치 않고 생성(生成)하는 혈기가 쇠퇴하여 인종 번식과 위생연수(衛生年壽)에 위험 손해가 다대한 즉 불가불 정부에서 특별히 법률을 반포하여 가취법(嫁娶法)[8]을 새로이 정하되, 남자는 18세 여자는 만 16세 이상으로 성혼케 한다 하니 가위 문명정도(文明程度)의 달론(達論)이라 건의만 하면 정부에서는 으레 실시할 것이니 전국 인민에 다 대한 행복이 되리라고들 하더라.

---

7 (형편이나 사정을) 밝히어 앎.
8 시집가고 장가드는 법, 혼인법.

〈자료 8〉 자강질문(自强質問)(《황성신문》, 1906.7.25.)

작일(昨日) 상오 10시에 대한자강회(大韓自强會) 총대(総代) 현은(玄檃) 심의성(沈宜性) 양씨가 정부에 전왕(前往)하여 참정대신 박제순(朴齊純) 씨를 접견하고 조혼 금지하자는 건의서를 제출하니, 참정 왈, 정부에서도 숙사(熟思)[9]하든 바이오, 을미년(乙未年)에 내각에서 의안으로 결정한 것도 있으니 방편대로 의론하여 실행할 터인데 그 방편은 어찌하면 양호(良好)하겠소. 심의성 씨 왈, 을미년에 결정한 의안이 있어도 내각 결의안뿐이오, 또 법률로 반포하였을지라도 다년을 실행치 아니하였으면 법률이 자멸에 이르렀으니 다시 법령으로 반포한 연후에야 그 효력이 있을 줄로 생각합나이다. 참정 왈, 그러하오 하고 또 왈, 참정이 독단(獨斷)할 수 없으니 각의에 제출하여 방편을 연구 실시할 터이니 그대로 귀회(貴會)에 보고하시오. 심의성 씨 또 물어 말하길, 부동산증명서에 관한 건의안은 그 좌우간 여하한 회답이 없으니 심히 괴이하고 의심스럽[訝惑]소이다. 참정 왈, 금일은 조혼에 관한 건의 총대인즉 그 사건을 함께 물음은 무슨 까닭이오. 현은 씨 왈, 위 양 사건에 관한 총대로 위임이 된 고로 질문하나이다. 참정 왈, 그러한즉 그 사건은 법부에서 『형법대전』을 개정하는 중에 편입하기로 하였으나 기한이 천연(遷延)[10]할 경우에는 단독 법률로 속히 실행하기로 정하였으니 그대로 보고하시오 하였다더라.

〈자료 9〉 제의미결(提議未決)(《대한매일신보》, 1906.10.20.)

삼작일(三昨日) 정부 회의에 참정대신이 자강회에서 제의한 조혼 금지와 무복(巫卜) 금지령을 제출하였다가 맹복자(盲卜者) 구처(區處)가 무로(無路)함으로[11] 미결(未決) 유안(留案)[12] 하였다더라.

---

9 곰곰이 잘 생각함.
10 시일을 미루어 감, 지체함.
11 구처가 무로함으로: 변통하여 처리할 길이 없으므로.
12 안건의 처리를 보류함.

⟨자료 10⟩ **일박서안(一拍書案)**(《대한매일신보》, 1907.6.13.)

(상략)

일전(日前) 통감부 대신회의에 모 대신이 결발(結髮)과 조혼은 원래 한국의 폐풍인즉 즉위엄금(卽爲嚴禁)하자고 제출하였는데 제씨소언(諸氏所言)이 시기가 상조하니 십분 강구 후 실시함이 가하다고 유안(留案)하였다니 모 대신은 누구신지 모르되 회의에 제출할 사건이 있으면 정부에 제의하는 것이 가(可)하거늘 한국 폐습을 통감부에 제의하는 것은 납미정태(納媚情態)[13]에 가깝도다.

(하략)

⟨자료 11⟩ **삼교결심(三校決心)**(《대한매일신보》, 1907.7.18.)

수원 삼일학교 생도는 열심으로 부지런히 공부하였는데[勤課] 근일 해교(該校) 생도들이 합석 결의하기를, 오직 우리 서생(書生)의 조혼함은 비단 교규(敎規)의 위반될 뿐 아니라 실로 교육상에 대단 방해가 된즉 우리는 졸업하기 전에는 결단코 아내를 맞지[娶室] 아니하는 것이 가(可)하다고 결심한 후에 이미 혼인한 학도는 자기의 이미 혼인하였음을 한탄하며 정혼만 하고 아직 성례(成禮)치 아니한 학도는 즉시 파약하고 실상 주과(做課)에만 일심(一心)한다더라.

⟨자료 12⟩ **불복일성례(不卜日成禮)**(《대한매일신보》, 1907.8.18.)

학부대신 이재곤(李載崑) 씨가 그 영윤[14]을 민영소(閔泳韶) 씨의 영양과 정혼하였는데 조

---

13 남의 환심을 사려고 아첨하는 태도나 마음씨.
14 윗사람의 아들을 높여 부르는 말.

혼금령 반포되던 전일(前日)에 불복일(不卜日)[15]하고 작수성례(酌水成禮)[16]하였다더라.

〈자료 13〉 시사평론 (《대한매일신보》, 1907.8.18.)

(상략)

▲ 학부대신 이재곤(李載崑) 씨의 15세 된 아들과 보국 민영소 씨의 15세 된 딸이 재작일에 불복일하고 성례하였다니 학대가 내각에서 조혼을 금하기로 같이 제의하고 자기가 먼저 범법을 하였은즉 이는 윗물부터 먼저 흐린 것이 아닌가.

(하략)

〈자료 14〉 암혼[17]도 못하는 법 (《대한매일신보》, 1907.8.22.)

「조혼령」을 반포한 후로 근일에 밤이면 혼인을 지내는 자가 무수한 고로 재작일 법부대신 조중응(趙重應) 씨가 사진[18]하여 말하기를 금혼령 이후 지내는 혼인은 암혼이니 암혼도 율문이 있을뿐더러 암혼하여 낳은 아들은 사생자라 하니 사생자는 성(姓)도 없는 사람이라고 대단히 개탄하였다더라.

〈자료 15〉 한중만평(閒中謾評) (《황성신문》, 1907.8.23.)

(상략)

△ 남북촌에 조혼에 열(熱)난 사람 대낮에 성례(成禮)를 못하고 밤중에 행례(行禮)한다니

---

15 혼인이나 장사지내는 날을 받지 아니하고 급히 서둘러서 함.
16 물 한 그릇만 떠 놓고 혼례를 치름.
17 밤에 몰래 하는 혼인.
18 벼슬아치가 규정한 시각에 출근함.

정작 혼인은 밤에 지내는 법이니까 관계치 않지 △ 개가법(改嫁法)은 튼다 튼다 하면서 왜 아니 트나. 제 속으로 난 자식을 제가 못 기르고 다리 구멍에 내버리니 사람이 차마 할 노릇인가.

〈자료 16〉 조혼의 폐해를 통론(痛論)함 《황성신문》, 1909.9.3~4.)

심하다 조혼의 폐해여, 인(人)의 나라를 망하게 하고 인(人)의 족(族)을 멸케 하는 것은 아, 이것이 조혼의 폐해가 작용하였도다. 대저 스물에 관례를 치르고 서른에 아내를 맞음은 『예경(禮經)』에 특별히 저술한 바이오, 주문공(朱文公)이 『소학(小學)』에 명훈(明訓)한 바라. 우리 민족사회에 문자를 대강 깨치어 안 자는 모두 이를 통독(誦讀)하며 전수(傳授)하면서 하나도 실행하는 자가 있지 않았으니 이와 같아서 예의를 숭상하며 성현을 사모하는 인사로 자처할 면모가 있는가. 오직 우리 대황제 폐하께옵서 조혼의 폐해를 통촉(洞燭)[19]하셔서 조칙(詔勅)으로 법령을 반포하사 남녀 17세 이상의 혼인을 허하셨으니 신민(臣民) 된 자가 마땅히 진심으로 대양(對揚)[20]하고 십분 법을 따를[恪遵]지어늘 소위 세신거실(世臣巨室)[21]에서 법령 반포의 때를 앞질러 불복일(不卜日)[22]하고 무릅쓰고 행한 자도 있으며 마을 사이(閭巷之間)에는 밤을 틈타 잠행하는 자가 많이 있으니 이렇게 하고서 황실을 존중히 하며 국법을 봉준(奉遵)하는 인민이라 자칭하겠는가. 내가 요전에 지방 모처 학교를 왕관(往觀)하니 학도가 근 100명이라. 내가 강사에게 물어 말하길 이 중에 지기 괴걸(魁傑)[23]하고 재지(才智)[24] 특이한 자가 몇 명이 있는가, 강사 왈 별로 그러한 사람이 없다고 하거늘 내가 놀라서 이르길 이곳은 산천이 맑고 깊어서 인재가 많이 나올 것이거늘 어찌된 까닭이오 하니, 강사 왈 그 까

---

19 윗사람이 아랫사람의 사정이나 형편 따위를 깊이 헤아려 살핌.
20 임금의 명령을 받들어 널리 알림.
21 대대로 이어 내려오는 권세 있는 신하.
22 혼사나 장사 따위를 급히 치르느라고 날을 가리지 아니하는 것을 이르는 말.
23 생김새나 재주가 뛰어남.
24 재주와 지혜.

닭을 연구하건대 이곳은 조혼의 풍습이 성행하여 일반 청년의 뇌수(腦髓)[25]가 충실치 못한 까닭이라 하거늘 내가 이 말에 감촉한바 되어 그 폐해의 큰 것을 조목조목 열거하여 통론하길 다음과 같이 하나니, 오직 우리 이천만 형제자매는 이에 살피고 깨달아 이에 주의할지어다.

1. 인종의 감소

대저 우리나라의 인종이 타국과 같이 증식치 못하고 도리어 감손(減損)하는 정황이 있는 것을 논하는 자는 모두 말하길 의학이 발달치 못하여 위생이 적합하지 못한 까닭이라 하니 그 말이 본디 그러하나 그 원인을 깊이 연구하건대 조혼의 폐로 말미암음이 명료하도다. 왜 그런가 하면 사람이 태어남이 선천적 품부(稟賦)[26]가 완전히 잘 성숙하여 체격이 건강하여야 질병의 액을 지나가며 춥고 더움의 침해를 받지 않아야 천수를 능히 누리고 꺾이는 근심이 없거늘 우리 대한(我韓)의 생육(生育)으로 보면 모두 선천의 품부가 완전히 성숙치 못하고 체격이 건강치 못하여 두역(痘疫),[27] 온역(瘟疫),[28] 별증(鱉症), 풍증(風症)에 걸리면 요절의 근심을 면할 수 있는 자가 적으니, 이는 조혼의 폐해로 인하여 국적의 인구가 점차 감소하는 바이오.

1. 인재의 결핍

대개 사람의 정신과 지혜는 신령한 기운이 모여 드는 곳[靈氣所鍾]인 뇌수가 즉 그 흐르는 물의 근원[活水源頭]이라. 이런 까닭으로 뇌수가 충실하여야 활발한 정신과 심원한 지혜가 있을지라. 나의 선조시대에 입었던 갓옷(冠裳)과 저술한 문자로 보면 그 체격의 장대(壯大)와 사상의 깊음이 지금의 인물로는 감히 비견치 못하겠으니 이는 다름이 아니라 당시에는 조혼의 폐습이 있지 않았고 근세에 이르러 상하 사회를 막론하고 안일무고(安逸無辜)에 익

---

25 뇌.
26 선천적으로 타고 남.
27 천연두.
28 급성 전염병의 하나.

숙하고 원려(遠慮)²⁹가 전무하여 자녀의 혼취(婚娶)로 목하 완롱(玩弄)의 도구를 삼아 10세 이상에 겨우 이르면 중매가 가서 혼인을 의론함을 하지 않는 사람이 없으니 이에 어린 시절에 완전히 굳지 못한 뇌수를 손상하니 정신이 부족하고 지혜가 얕고 짧아 위대한 인물을 성취치 못하고 혹은 선천 부족으로 작고 납작하며 치료가 어려운[華扁難醫] 정질(貞疾)을 자손에게 유전하여 공규청상(空閨青孀)³⁰이 대대로 끊이지 않는 가족도 있으니 이는 사회상 인재의 결핍이 조혼의 폐해로 말미암음이오.

1. 교육의 추락

대저 교육의 시작과 끝은 말하기를 가정교육, 학교교육, 사회교육인데 가정교육이 특히 근본이라. 가정교육은 모름지기 부모 된 자의 학식이 있어서 자제 교육의 방법을 안 연후에야 유치한 아동의 지식이 싹틀 때에 개도(開導)하고 배양하는 방향이 어긋나지 아니할지나 늘 지금에 혼인이 너무 빨라 부모 된 자의 도리를 알지 못하는 자가 자녀를 양육하니 어찌 가정교육의 근본이 있으리오. 가정교육의 근본이 없는즉 학교교육과 사회교육이 거부감이 생겨 그 가르침을 받기 어려운[扞格難入]³¹ 근심[患]이 있음을 면치 못할지니 이는 조혼의 폐해로 말미암아 국민의 교육이 타락하는 바오.

1. 산업의 조잔(凋殘)³²

사람의 산업은 남녀를 불문하고 모두 그 직분을 스스로 맡고 그 힘을 스스로 써서 생활을 스스로 꾀하는 능력이 있고 의뢰하는 사상이 없어야 산업의 풍족을 가히 얻을지어늘 이제 혼인이 너무 빨라 연령 겨우 약관(弱冠)³³ 이상이면 일찍이 간고(幹蠱)³⁴하는 자식이 있어서 그 노(勞)를 대신하게 하고 자기는 누워 먹는 신세로 일체 가사를 간섭하지 않고 해당화 밑

---

29 앞으로 올 일을 헤아리는 깊은 생각.
30 젊어서 남편 없는 과부.
31 격식을 막아 깨달음에 들기 어려움.
32 빼빼 말라 시들어 떨어짐.
33 남자의 스무 살 된 때를 일컫는 말.
34 문젯거리가 되었던 정치나 사업을 맡아 잘 처리한다는 말. 곧 자식이 부모의 사업을 이어받아 잘 조처하여 바로잡는 것을 뜻함.

에서 손자를 안고 놀면서 무상복락(無上福樂)³⁵을 삼으니 그 의뢰의 마음과 안일의 습관이 이와 같고서 어찌 산업을 진흥케 할 능력이 있으리오. 이는 조혼의 폐해로 말미암아 국민의 산업이 조잔(凋殘)하는 바오.

1. 지기(志氣)의 박약

사람이 이 세상에 태어나[人生斯世] 청년시대에는 반드시 그 여러 방면에 뜻이 있어야 각기 천부의 성능(性能)대로 걸출한 인물과 어진 이가 되기를 스스로 결심하는 자도 있으며 영웅이 되고 호걸이 되기를 스스로 결심하는 자도 있으며, 학문가(學問家)와 사업가를 자기(自朝)하는 자도 있어야 일생의 결과가 이 시대에 기초하거늘 지금에 혼인이 너무 빨라 방년 불과 이팔³⁶에 처자식이 있는 신분을 만드나니 안타깝다. 응양준일(鷹揚駿逸)³⁷의 지기(志氣)를 규문(閨門) 안에서 쇠하여 세월이 흐름에 머리가 희도록 이룬 바가 없는 시절이 문득 이르니 이는 조혼의 폐해로 말미암아 남아(男兒)의 지기를 박약케 함이오.

1. 집안의 괴화(乖和)³⁸

대저 혼인이란 것은 백성을 낳는 시작이오, 만복의 근원이라. 이런 까닭으로 옛부터 성인이 혼례를 신중히 하며 배필을 신중히 택함이 곧 가정의 화기(和氣)로써 사회의 화기와 국가의 화기를 이끌어 맞이하고 조절하는[導迎調劑] 뜻이 미치는 바가 있음[至意所在]이라. 가정의 화기를 보존코자 할진대 그 자녀의 배필을 구할 때에 그 덕성 여하와 품행 여하를 상세히 살피고 익히 알고서 바야흐로 혼사를 의론할 수 있을지니 덕성과 품행은 성인 이상인 자라야 가히 알 수 있을지라. 지금에 불과 10세 이상의 남녀는 덕성과 품행이 겉으로 나타남이 없으니 비록 비범한 조감(藻鑑)³⁹이 있는 자라도 그 장래 여하를 미리 알기 어렵거늘 헛되이 무식한 중매장이[媒妁]의 말을 듣고 믿어 인륜의 대사를 경솔히 의론하니 그 배필을 택하는

---

35 최상의 복락.
36 16세를 말함.
37 매가 날아오르고 준마가 달아나는.
38 어그러지고 화합함.
39 사람은 고를 때에 겉만 보고, 그 됨됨이나 인품을 잘 알아보는 식견(識見).

규모(規模)⁴⁰가 심히 소홀하도다. 이런 까닭으로 불행히 경박한 남자는 정처(正妻)를 푸대접[疎待]하며 사납고 시기하는[悍妬] 부녀는 시부모[舅姑]를 순종하지 않는[不順] 악풍(惡風)으로 가정의 화기(和氣)를 손상하는지라. 일가(一家)의 실화(失和)가 사회와 국가에 미치는 영향이 있으니 어찌 작다고 하리오. 이는 가정의 괴화(乖和)가 조혼의 폐해로 말미함이오.

1. 책망(責望)의 과중

저 서양제국의 풍속은 사람이 태어나 3, 40세까지는 유년의 자격으로 대우하며 유년의 예절로 책망하는 고로 대재만성(大材晚成)의 효과가 있으니 이는 조혼의 습이 없는 까닭이오, 우리나라는 20 이전의 사람을 장성자의 자격으로 대우하고 장성자의 예절로 책망하니 일찍 피어서 먼저 시들고[早發先萎] 속히 이루어 굳지 못하는[速成不牢] 결점이 반드시 있으니 이것도 조혼의 폐해로 말미암음이로다. 이상 조혼의 폐해가 대략 이와 같으니 그 결과의 여하를 추측하면 나라를 망케 하고 민족[族]을 멸케 하는 장본(張本)이 아닌가. 오직 우리 이천만 형제자매는 이러한 폐습을 속히 개량하여 그 남녀가 나이 장성하고 학식의 기초가 있는 때를 기다려 배필을 택정(擇定)하여 가정과 사회와 국가의 무궁한 복지를 기초할지어다.

〈자료 17〉 고씨결심(高氏決心)(《대한매일신보》, 1910.5.4.)

강화 남문 내 거주하는 고성수(高聖壽) 씨는 지금 대한의원부속의학교(大韓醫院附屬醫學校)에서 수업 중인데 그 부모가 고씨를 위하여 동군 거주하는 김씨가와 매작(媒妁)을 통하고 혼례를 성사시키고자 하되 고씨는 조혼의 폐해를 각지(覺知)⁴¹할뿐더러 의학을 졸업하기 전에는 성혼치 아니하기로 결심하였다더라.

---

40 법.
41 깨달아 앎.

⟨자료 18⟩ 부인교육회 의안(議案)(《황성신문》, 1910.6.28.)

　부인교육회 의안. 대구군 애국부인교육회에서 총회를 개최하고 양개(兩個) 의안(議案)을 제출하였는데 하나는 풍속개량에 관한 건이니, 무녀·맹인·승니(僧尼)·산마(山魔)·공진·관상·사주복서(四柱卜筮) 등을 미신(迷信)하여 민인의 기복탁액(祈福度厄)[42]과 피흉취길(避凶就吉)[43] 등 허탄무리(虛誕無理)[44]한 일을 일절 엄금할 일이오. 다른 하나는 혼인 예절에 관한 건이니 조혼은 생명과 인종에 상해가 크므로 나라에서 금지한 일이 있은즉 이를 쫓지 말 일, 빙례(聘禮)[45] 절차는 풍속을 따르되 납폐 ■배시(■盃時)에 예물과 연수(宴需)[46]는 절약에 힘쓸 일인데, 해당 의안을 가결한 후 회장 서춘화(徐春化) 씨가 국문으로써 축조번등(逐條飜謄)[47]하여 각 사회에 윤포(輪佈)[48]하고 실시하기를 기도함으로 당지 여자계에 교육 상황이 나날이 발전됨을 감탄하지 않는 사람이 없다[無不讚歎]더라.

⟨자료 19⟩ 조혼 금지(《대한매일신보》, 1910.5.31.)

　각 경찰서에서 근일에 호적을 상고한즉 일찍 혼인한 자가 많은 고로 장정대로 시행키 위하여 지금 조사하는 중이라더라.

⟨자료 20⟩ 교회의 금조혼(禁早婚)(《황성신문》, 1910.7.20.)

　우리나라 사람의 조혼의 폐해는 극단에 달한지라, 연전 대황제폐하 칙령으로 남자 17세

42　복을 빌며 액을 다스림.
43　흉한 일을 피하고 좋은 일에 나아감.
44　어이없고 거짓되며 이치에 맞지 않는.
45　혼인의 예절. 혼례.
46　잔치에 드는 물건과 비용.
47　한 조목 한 조목씩 옮겨 쓰다.
48　널리 알림.

이상 여자 15세 이상으로 혼기를 제정하셨으나 대관 이하로 여■소민(閭■小民) 등이 금지를 무릅쓰고 방자히 행하는[冒禁恣行] 자가 끊이지 않고 일반 신문, 잡지 등 문자와 변사 연설에도 조혼의 폐해를 통론극언(痛論極言)[49]함이 있으나 종시(終是)[50] 금지되는 실효를 볼 수 없더니 지금에 평안북도 야소교회에서 조혼 금지의 방법을 실행하여 남자 18세 이상 여자 16세 이상으로 혼기를 제정하였다더라.

〈자료 21〉 첩 두는 자를 경계함 (《대한매일신보》, 1910.5.8.)

오호라, 세계에 문명이 점점 진보되고 인도가 점점 발달된 이후로는 저 국가 인류의 사상이 막연한 사회 이외에는 첩을 두는 악풍이 거의 그 영향이 끊어졌도다.

대개 한 지아비와 한 지어미는 하늘 이치에도 당연한 바이오, 사람의 일에도 당연한 바이어늘, 다만 일시 정욕을 인하여 첩을 두는 것이 이 하늘 이치와 사람의 일을 어기기만 할 뿐 아니라 첩을 두는 것은 곧 그 집을 찍어 넘기는 독한 도끼와 같으며 그 나라를 해롭게 하는 악한 조짐이라. 이것을 인하여 가정의 화기가 끊어지며 이것을 인하여 부자의 의가 성기어지며 이것을 인하여 일가의 정의가 불목하며 이것을 인하여 사회의 질서가 문란하며 이것을 인하여 가산이 탕패되며 이것을 인하여 음란한 풍속이 생기며 이것을 인하여 아비가 그 자식을 학대하고 자식이 그 아비를 원망하는 악습을 만들어 내며 이것을 인하여 남편이 그 아내를 쫓아내고 아내가 그 남편을 떠나는 참경을 일으켜서 그 집이 이것을 인하여 쇠하느니. 오호라, 첩을 두는 해가 또한 어찌 적다 하리오. 혹 이런 참 독한 해가 없는 첩이 있다 하나 이것은 천만 뜻밖의 혹 있는 바이오, 으레히 있는 것이 아니며 비록 그러할지라도 하늘 이치와 사람의 일로 의론할진대 정리가 아니라 할 바이라.

이러함으로 더 문명을 발달하며 인도를 존숭하는 국가 사회에서는 반드시 첩 두는 것을 엄금하여 첩을 두는 것은 장안 큰길 위에서 조리를 돌리는 것같이 부끄러워하며 첩이 되는 것은 종으로 팔려 가는 것같이 원통히 여겨 첩을 두는 악풍이 없어져서 그 집이 화락함을 누

---

49 통절히 논하고 극진히 말함.
50 끝내.

리고 그 나라가 행복을 더하거늘.

애석하도다. 이 한국에는 자전으로 첩을 두던 악풍이 오히려 없어지지 아니하여 남자는 첩 두는 것을 괴이하게 여기지 아니하고 여자는 첩 되기를 부끄러워 아니하니 슬프다. 오늘날 이 세계에 있어서 이러한 악풍을 개혁하지 못하고야 어찌 인류의 경쟁하는 마당에서 패하기를 면하리오.

하물며 더 깊고 깊은 무릉도원 속에서 깊이 든 잠을 깨지 못하여 인문의 발달이 무엇인지 시국의 변천이 어떠한지 알지 못하는 완미고집하는 자이나 혹 저 화류장에서 신세를 매몰하여 오늘에 기생의 집에서 잠을 자고 내일에 색주가에서 술을 취하는 방탕한 자식들이 첩을 두는 것도 오히려 가석하거든.

이제 상등 신사의 자격을 가지고 후생의 사모함을 받으며 문명을 발달하고 악한 풍속을 개혁하는 데 선봉이 되어 동포를 지도하는 책임을 가진 자도 첩 두기를 예사로 아는 자가 많으니 이것이 곧 우리의 더욱 깊이 통탄하는 바로다.

우리는 경계하노니 남자된 자는 첩을 두지 말며 여자된 자는 첩이 되지 말아서 문명과 인도의 천리를 순히 하며 자유와 평등의 복음을 널리 퍼지게 하여 그 집과 나라의 운명을 번성케 할지어다.

그러하나 근일에 혹 남의 첩 되는 여자들이 문명을 무엇으로 아는지 인도를 어떻게 생각하는지 적처와 천첩이 동등이라는 말을 주창한다 하니 이상하도다. 이런 야만의 자유평등을 어디 가서 배워 왔는가. 진정한 문명과 진정한 인도가 발달될수록 첩을 천히 여기고 첩을 학대하기를 우심하게 하는 것이 당연한 하늘 이치와 사람의 일이니라.

또 이 첩된 여자들이 소위 적처와 천첩이 동등이라는 주의를 가지고 여자교육을 주창하여 가로되 첩이라도 학문이 있고 지식이 있으면 족히 정실과 평등도 되고 자유도 얻을 터인즉 이 주의로 여자를 교육하여 정실에게 압제를 아니 받는 첩이 되게 하자 하였다니 이런 평등과 이런 자유는 야만의 평등과 야만의 자유가 아니면 무엇이뇨. 저희 무지무식한 것이 실로 가련할 뿐 아니라 혹 이런 풍조가 여자계에 전염되어 그릇 생각한 데다가 더 그릇 생각이 들어가면 필경에는 한 가지 큰 괴상한 산지도감이 설시되고 말지니 또 어찌 가히 두려워할 바 아니리오.

오호라. 우리는 마지막에 이런 여자계에 대하여 한번 권고하노니 다 같은 인류로 남의 첩의 신세가 된 여자들이여 과연 평등과 자유를 좋아하거든 아무쪼록 이런 잘못 생각한 것을 깨닫고 진정한 평등과 자유하는 인물이 되며 후생 여자를 인도하여 반드시 첩이 되지 말라 하며 후생 여자를 경계하여 반드시 첩이 되지 말라 하여 여자계에 행복을 충만하게 하고 여자계에 자유와 평등을 확실히 찾아 누리게 하기를 축원하노라.

〈자료 22〉 습관개량론 (《태극학보》 제10호, 1907.5.)

오호라. 습관은 변하기 어렵구나. 여하한 습관을 물론하고 사람이 일차 습관에 빠지면 쉽게 이를 탈출키 어렵도다. 오인(吾人)이 형체(形體)를 이 세계에 머무르는 이상에는 이 세계의 규칙(법률과 도덕을 모두 포함)에 복종하여 선량한 습관을 만들 것은 인류가 사회적 공동생활을 영위하는 데에 필요한 조건이라. 그러나 이 규칙이라 하는 것은 제한이 있는 사물이오. 우리의 생활하는 상태는 시대의 변천과 지식 발달의 정도를 따라 변천하기를 그치지 않는 것이니, 그러므로 습관도 또한 사회규칙의 변천에 응하여 변개(變改)치 아니치 못할 것이라. 그러나 우리는 항상 과거 습관 즉 과거 상태에 편안해하기 쉽고 새로운 일 하기를 실행키 어려운 자이라. 그러므로 과거 습관 중에 다소 결점을 간파하면서도 이를 용단쾌혁(勇斷快革)[51]하는 기상(氣象)이 적고 새로운 일을 하는 것의 장점을 자인하면서도 이를 쉽게 남보다 먼저 실행하는 용력(勇力)이 적은 것은 아마 일반 인생의 약점인 듯하도다. 고상한 이상을 실현하는 사명을 지니고 온 우리 청년 용단전진(勇斷前進)[52]하는 기상이 넉넉한 우리 청년은 항상 이러한 점에 대하여 밝은 눈으로 이를 통찰치 아니치 못하려니와 개중 한심한 자는 옛날 폐문자활(閉門自活)[53]하던 시대의 자존적 사상으로 완악(頑惡)한[54] 옛 습관을 굳게 지키고 변하지 않는 자이니 그 해독이 어찌 적다 말하리오. 우리나라는 본래 사천년 역사를 가진 문화의 오랜 나라이다. 일반 국민의 선량한 습관으로 논할지라도 물론 적지 아니하거니와

---

51 용감히 결단하여 흔쾌히 혁신함.
52 용감히 결단하여 앞으로 나아감.
53 문을 닫고 스스로의 힘으로 살아감.
54 성질이 억세게 고집스럽고 사나운.

또 다른 방면으로 관찰하면 오늘날의 시대에 적합하지 못한 악습관이 또한 적다고 말하지 못할지라. 우리나라가 불행히 수백 년 이래 태평무사한 결과로 일체 국민의 사상이 유화문약(浮華文弱)[55]에 흘러 나태로 습관을 이루고 가지각색의 악습관이 천지만엽(千枝萬葉)[56]으로 사회에 해독을 흘러 미치게 함이 실로 끝날 바를 알지 못하되, 한 사람도 이에 대하여 큰 소리로 부르짖으며 통쾌한 혁신을 주장하는 자가 없으니 삼천리 강토 중에 아직 서광이 도달하지 못하여 미몽이 깨지 않았는가. 이천만 인구 중에 쾌남아 하나가 없느냐?

(중략-편역자)

제2. 축첩의 괴습(怪習)을 박멸(撲滅)할지라

심하구나. 축첩의 해독이여. 일신을 이로 말미암아 망하고 일가를 이로 말미암아 멸하며 일국이 이로 말미암아 쇠하도다. 이 축첩하는 괴습은 우리 동양제국의 공통한 관습이나 그 중 더욱 심한 경우는 우리나라이니 우리나라의 소위 중류 이상 사회에 속한 인물은 이 축첩으로서 신사가 마땅히 행할 일로 생각하고 이를 따라 일반 인민이 이로써 남자의 특권으로 알아서 축첩하는 자가 부끄러움을 알지 못하고 또 사회가 이와 같은 자에 대하여 조금도 비난을 가하지 아니하니 어찌 인사(人事)에 이와 같이 모순되고 불공평한 일이 있으리오. 연약한 부녀자에게 대하여는 부덕(婦德)이니 정절(貞節)이니 지조(志操)니 하고 열녀(烈女)는 두 지아비를 섬기지 않는다 하여 청춘과부로 하여금 재가(再嫁)를 허락치 않으면서 어찌 남자에게는 이러한 특권을 허여(許與)할 이치(理)가 어디에 있느뇨. 자못 남자가 완력이 강함으로써만 말하면 이는 도리어 금수(禽獸)에도 미치지 못하는 행위라. 어찌 만물의 영장이라 자칭하는 인류의 행할 바리오. 저 금수의 배우(配偶)를 볼지어다. 인류의 일부일부(一夫一婦)의 제도는 천리(天理)의 정한 바라. 이 세계의 일반 인류로 부녀를 남자의 하나의 장난감[玩弄物]으로 아는 것은 상고(上古) 암흑시대 남자의 완력적(腕力的), 자욕적(自慾的) 사상에 불과함이라. 또 축첩의 해(害)로 말하면 일일이 열거할 겨를이 없으나 이로 인하여 자기 한 사람의 신세만 그르칠 뿐 아니라 일가(一家)의 평화를 교란하며 크게는 그 영향이 일국의 재난을

---

55 실속 없이 겉만 화려하고 글만 받들고 실천과는 떨어져 나약함.
56 일이 여러 갈피로 나뉘어 어수선함을 비유하는 말.

초치(招致)하는 예가 지금이나 옛날이나 적지 않으니 평등자유를 애호하는 우리 국민은 오늘부터 시작하여 일반 사회상에서 축첩하는 악습을 몰아낼지어다.

(하략-편역자)

〈자료 23〉 동초생(東初生), 「이혼법 제정의 필요」(《서우(西友)》 제17호, 1908.5.)

대저 혼인이라 함은 남녀가 단락(團樂) 생활을 영위하기 위하여 생존 결합으로 그 목적상 반드시 부부의 화합을 기도치 아니함이 불가하니 이 문제를 연구하면 결혼의 방법 여하를 먼저 논함이 가한지라. 대개 백년의 가약을 체결하는 인류의 대사를 매작(媒妁)의 말만 듣고 혹인의 아버지 된 자와 어머니 된 자가 자녀의 의사 여하는 돌아보지 아니하고 연령이 10세에 도달하면 중대한 계약을 경솔히 성립하니 어찌 통탄치 아니하리오. 연령이 10세 된 자녀가 혈기가 장성치 못할 뿐 아니라 지각 정신이 모두 불완전한 어린아이로 이성의 합을 이루니 비록 부부가 화락하여 생활할지라도 성사(盛事)가 아니니 그러한즉 자녀를 낳는 경우에 이르면 혈기가 왕성치 않은 음양(陰陽)이 상합(相合)하여 완전치 못한 아이를 낳을지니 그 폐해가 어찌 중대치 아니하리오. 이렇게 부모가 강제적으로 자녀의 혼인을 결정함은 당연히 매우 삼갈 바이라.

혼인은 부부가 해로하여 백년 가연을 맺는 것이니 하루 서로 간에 화합치 못한 경우에는 백년의 가연이 변하여 백년의 악연이 될지니 옛말에 말한바 집이 화목하면 만사가 이루어진다 하니 이와 같이 화목치 않으면 일의 이루어짐을 어찌 바라리오. 극점에 이르러서는 간통난륜(姦通亂倫)의 폐풍이 잇따라 생겨나게 함에 이르는지라. 고로 일차 체결한 혼인이라도 해제(解除)의 도(道)를 부여함이 아니면 사회에 미칠 영향이 적지 아니할지니 지금 세계 각국이 이혼법을 제정함이 실로 부득이함에서 나온 것이라 말하지 아니치 못할지라. 대개 이혼이란 것은 혼인 해제의 한 방법이니 소위 혼인의 해제는 부부 관계를 종료하는 의미요, 이혼은 즉 생존자 사이에 혼인의 해제인 고로 이를 허용함은 혼인의 본체를 위태롭게 하는 점은 차라리 해악이 될지라도 이혼보다 한층 다대한 해악 즉 이혼 금지로 일어나는 해악을 피하는 단순의 방법이 되는 것이니라.

이혼은 부부의 협의 또는 법률에 정한 원인에 기반한 혼인의 해제를 말하는 고로 협의상 이혼과 재판상 이혼을 구별할 수 있느니라.

이혼에 관한 법제는 이를 나누어 자유이혼, 이혼 금지 및 제한이혼의 세 가지 종류로 논할지니 소위 자유이혼이란 것은 당사자의 의사로서 자유로 혼인을 해제함을 허하는 것을 말함이니 그러나 고대에는 자유이혼주의는 배우자의 일방 즉 남편이 아내를 버리는 의사만 써서 아내의 의사에 반할지라도 오히려 또한 남편은 강제적으로 아내를 이별할 것을 허하니 우리나라에 있어서는 이혼이라 하는 말은 이 뜻을 사용함이 상례로 정하여 소위 칠거의 악이 있으면 버린다 함이 이것이라. 일본에 있어서도 역시 이 뜻을 쓰더니 메이지유신 이래로 아내가 이혼청구의 소송을 제기할 것을 법률상 명백히 인정함에 이르니라. 인문(人文)이 아직 개명(開明)한 지역에 이르지 못한 사회에는 자유이혼의 주의는 절대적으로 불허하나니 그 취지는 어디에 있느뇨. 이를 깊게 연구하면 혼인으로써 부녀가 남자의 혁반(羈絆)[57]을 속(屬)함이 가(可)한 결합이라 하는 고로 남편은 자유로 그 아내를 이별할 수 있을지라도 이렇게 자유 이별을 허한 때는 혼인의 신성은 지킬 수 없을지라. 이로써 소위 이혼 금지의 법제가 생겨나게 함에 이르니 그러나 이혼을 금지할 수 있다는 주의는 혹은 종교상으로 논하든지 혹은 도덕상으로 논하든지 혹은 자녀의 이익에 기반하며 혹은 사회의 이익에 근거를 두어 논리상으로는 정당할 듯하나 만약 절대적으로 이혼을 금지하면 전연히 폐해가 없다 말할 수 없을지니 무엇으로 말미암아 그 폐해를 알겠는가. 이를 풀어 답하면 대개 혼인은 생존 결합이라. 이를 해제의 길을 부여치 아니하면 세상의 악연에 빠진 자를 구제할 길이 없을지니 자기의 양심에 어긋나도 오히려 또한 인내(忍耐) 과거(過去)케 하면 생존(生存) 결합의 목적을 도저히 달치 못하여 불측(不測)의 해악을 생(生)함에 지(至)할지니 어찌 기하(其可)하리오. 불국(佛國)[58]과 같은 나라도 일차 이혼 금지의 법률을 시행하였다가 수년 전에 이를 폐지하니라.

이혼 금지의 법제는 엄정히 이를 수행케 하면 윤리공도(倫理公道)를 배반함에 이르기 쉬운 고로 소위 별거의 제도를 정하는 경우가 있으니, 별거라 함은 즉 혼인을 해제함이 아니오

---

57 굴레. 굴레를 씌우듯 자유를 얽매는 일.

58 프랑스.

오직 혼인으로 인하여 생하는 공동생활의 의무를 면하는 것을 말함이니 즉 일면으로는 이혼으로부터 생기는 폐풍을 교정하며 일면으로는 종교가의 만족을 놓음과 같으나 이로 인하여 혼인 금지로부터 생기는 폐풍을 제거하기 불가능한 고로 오늘날 혹은 이 제도를 인정하지 않는 경우도 있으며 혹은 재판상의 이혼과 더불어 이 제도를 두는 경우도 있어 일정치 아니하니라.

 소위 제한혼인이란 것은 혼인을 해제함이 가능할지는 법률상에 그 원인이 우선 일정하여 그 원인이 있는 경우가 아니면 이혼함을 불허하는 경우이니 절상(竊想)컨대 자유이혼은 혼인 본체에 위배하며 부부의 관계를 가볍게 하여 자손의 행복을 해치며 사회의 풍기를 문란케 하고 또 이혼 금지는 인성에 반하여 정의상(情誼上) 구적(仇敵)[59]과 같은 자라도 오히려 또한 부부의 관계를 계속케 하면 이로 인하여 생기는 폐해를 승언(勝言)[60]키 어려울지니 어찌 가히 두렵지 아니하리오. 이 양극단의 해악을 교정하기 위하여 법률상 해제의 원인이 존재하는 경우에만 한하여 혼인의 해제를 허하나니 이 제한주의가 이것이라. 오늘날 여러 나라의 법제상 이 주의를 채용하는 경우가 많으나 혹은 협의상 이혼과 재판상의 이혼을 병용하는 경우도 있으며 혹은 단지 재판상 이혼만 허하는 경우도 있어서 일정치 아니하니라.

 이혼은 혼인 해제의 한 원인이라. 그러나 혼인은 이혼만으로써 해제함이 아니오. 부부 일방의 사망으로써 자연히 혼인이 해제되는 일이 있으니 당사자의 의사가 아니고 자연한 사실 즉 인격의 소멸로써 혼인이 해제되는 경우는 오직 사실상으로 부부의 관계가 소멸됨에 이르고 혼인으로 일어나는 친족상 관계 또는 상속법상의 권리 의무는 소멸하는 것이 아니니라.

 또 이혼은 혼인의 취소와 혼동치 아니할 것을 요하느니 이혼은 혼인을 해제하여 장래의 부부의 관계, 기타 혼인으로 인하여 생긴 일체 친족상 또는 친족상의 관계를 소멸케 하는 점은 동일하나, 양자 간에는 다음의 주요한 차이가 있느니라.

 1. 혼인 취소의 원인은 혼인 당시에 존재할지라도 이혼은 혼인 성립 이후에 발생할 원인으로 인하느니라.

---

59 원수(怨讎).
60 일일이 말하다.

2. 이혼 청구를 할 수 있는 자는 오직 부부뿐이오. 이에 반하여 혼인의 취소는 당사자 이외라도 이를 청구할 수 있느니라.
3. 이혼은 부부 일방이 사망한 후에는 이를 청구할 수 없을지라도 혼인 취소는 법률이 특히 금하는 경우 외에는 부부의 일방이 사망한 후라도 오히려 또한 이를 청구하는 것이 무방하다.

2. 통감부 시기 「민적법」의 도입과 조선인 통제

해제

19세기 말 조선 정부에 의해 도입된 「호구조사규칙」 및 「호구조사세칙」에 의한 주민 통제 방식은 일제가 한국을 침략하는 과정에서 변경되었다. 통감부는 한국의 사법제도를 개편하면서 일본의 사법제도를 도입했듯이, 호적제도에도 일본 「호적법」상의 '가(家)' 및 '호주제도', 본적지 관념 등을 도입하고자 했다. 이에 통감부는 1908년 경무국에 민적과를 설치하여 새로운 「호적법」 제정을 담당케 하였다. 그리고 전국 13개 도의 민적을 조사하고 법안 제정에 돌입하여 1908년 9월 민적법안을 마련, 1909년 3월에 공포하였다. 당시 「민적법」을 제정하고 실시한 것은 경무국에 근무했던 일본인 관료들이었는데, 이들은 민적 양식을 비롯한 각종 형식을 일본의 호적제도로부터 거의 그대로 차용해 왔다. 그러나 호적법규의 실체법이라 할 수 있는 친족 및 상속에 관한 법규가 아직 제정되지 않은 상태에서 공포된 민적법은 '가(家)'와 본적, 가부장적 호주 관념 등 일본식 호적제도의 중요한 개념을 도입하면서도 실체 법규상에서는 대부분 대한제국의 관습에 기초하지 않을 수 없었다.

1909년 공포된 「민적법」과 「민적법 집행심득」은 1896년에 조선 정부에 의해 제정되었던 「호구조사규칙」과는 그 목적 및 제도에서 전혀 달랐다. 민적은 호구를 조사하고 파악하는 수단이 아니라, 법률상의 '가(家)'와 '가(家)'에서의 개인의 신분 관계를 공시 또는 증명하는 문서로 변화하였다. 「호구조사규칙」에서는 매년 1월에 호적을 수정, 작성했고, 편제의 기준은 동거 여부였다. 그러나 민적부는 신분 관계를 공증하는 문서로서 영구 보존 문서가 되는 동시에, 변경 사항이 발생할 때마다 민적부에 기재하도록 했다. 민적부의 기재는 원칙적으로 호주의 신고가 기본이 되지만, 그 신고 사항에는 출생, 사망, 결혼, 이혼, 입양, 파양, 호주 변경, 분가, 일가 창립, 입가, 폐가, 개명 등 모든 신분 관계의 변동이 포함되었다. 그 밖의 중요한 변화로 민적부에는 거주지가 아닌 추상적

'가(家)'의 소재지를 의미하는 본적지명과 지번 혹은 통번이 기재되었다. 따라서 입적자의 범위는 주거를 함께하는 생활 단위가 아니라 원칙적으로 호주의 친족이 되는 것으로 변화하였다. 그러나 한편으로는 호주의 친족이 아닌 동거자도 그 말미에 가족별로 부적하고 그 내용을 난외에 기재하도록 했는데, 이것은 비가족원을 입적시킬 수 있었던 구제도를 일부 계승한 것이라 할 수 있다.

호적부의 기재 사항도 완전히 바뀌었다. 첫째 호주의 4대 조상과 직업을 기재하는 난이 폐지되었다. 이것은 조선시대의 신분제도가 법적·실질적으로 폐지된 데 따른 조치였다. 그리고 입적자의 기재 순위는 ① 호주, ② 호주의 직계존속, ③ 호주의 배우자, ④ 호주의 직계비속 및 그 배우자, ⑤ 호주의 방계친 및 그 배우자, ⑥ 호주의 비친족으로 되어 있다. 모든 입적자는 '가(家)'에서의 신분 관계를 정확히 파악할 수 있도록 신위란에 호주 또는 호주와의 관계를 명시하였다. 1909년 「민적법」에 의해 한국 호적제도는 '가(家)'와 '가(家)에서의 신분 관계'를 공증하는 문서에 관한 등기제도로 일단 그 체계를 갖추었고 전통적 호적제도는 부정되어 일본식 식민지 호적제도로 정비되었다. 「민적법」을 통해 전통적 주민 파악 제도는 점차 붕괴되고 일본식 신분 등록제도에 의한 통제가 시작되었던 것이다.

「민적법」은 경찰의 호구조사와 결합하여 운영되었다. 면장은 신고서를 수합하여 관할 경찰관서에 넘기면 민적사무를 담당하는 경찰이 각 경찰서, 경찰 분서, 순사 주재소에 비치된 민적부에 신고 내용을 기재했다. 「민적법」은 국민의 권리 의무를 보호하기 위한 제도가 아니라 행정적 호구조사적 성격이 더 컸다.

민적체제 아래에서 조선인들은 모두 '가(家)'를 단위로 하여 소속되었는데, '가'의 설립·본적 변경·입적·양자결연·분가·결혼·이혼 등 개인의 법률적 소속을 결정하는 데 호주가 결정권 및 동의권을 행사하게 되었다. 이를 통해 일본식 이에(家)제도 도입을 위한 기초가 마련되어 갔다.

1) 「민적법」 및 「민적법 집행심득」

〈자료 24〉「민적법」(1909년 3월 4일, 법률 제8호)(『대한제국 관보』 4318호, 1909.3.6.)

제1조 다음 각호의 1에 해당한 경우에는 그 사실 발생일로부터 10일 이내에 본적지 소할(所轄) 면장에게 신고해야 함. 단, 사실의 발생을 알 수 없을 때는 사실을 안 날로부터 기산(起算)[61]함.

1. 출생, 2. 사망, 3. 호주 변경, 4. 혼인, 5. 이혼, 6. 양자, 7. 파양, 8. 분가, 9. 일가 창립, 10. 입가, 11. 폐가, 12. 폐절가재흥(廢絶家再興), 13. 부적(附籍)[62], 14. 이거(移居), 15. 개명(改名)

전항의 사실로 2 면장 이상의 소할에 이를 때는 신고서 각 본을 작성하여 신고의무자의 소재지 소할 면장에게 이를 신고해야 함.

제2조 제1조의 신고의무자는 다음과 같음.

1. 출생, 사망, 호주 변경, 분가, 일가창립, 폐가, 폐절가재흥, 개명 및 이거의 경우에는 해당(當該) 호주
2. 양자 및 파양의 경우에는 양가(養家)의 호주
3. 혼인 및 이혼의 경우에는 혼가(婚家)의 호주
4. 입가(入家)의 경우에는 입가된 사람의 호주
5. 부적의 경우에는 부적된 사람의 호주

전항 경우에 호주가 신고할 수 없는 때는 호주를 대신(代)할 주재자, 주재자가 없을 때는 가족 또는 친족, 가족 또는 친족이 없을 때는 사실 발생한 처소 또는 건물 등을 관리하는 자 혹은 인가에서 신고해야 함.

제3조 혼인, 이혼, 양자 및 파양의 신고는 실가(實家) 호주의 연서로써 행해야 함. 단, 연서를 얻을 수 없을 때는 신고서에 그 취지를 부기해야 함.

---

61 계산을 시작함.
62 남의 호적에 얹혀 있는 호적. 호적부에 없는 호적을 새로 끼어 실음.

제4조 제2조의 신고의무자가 본적지 이외에 거주하는 경우에는 그 거주지 소할 면장에게 신고할 수 있음.

제5조 민적에 관한 신고는 서면으로써 행해야 함. 단, 당분간은 구두로써 행할 수 있음.

제6조 제1조의 신고를 게을리(懈怠)한 자는 50 이하의 태형 또는 5원 이하의 벌금에 처함. 허위의 신고를 행한 자는 6개월 이하의 징역, 태형 또는 100원 이하의 벌금에 처함.

제7조 본 법에 의한 신고는 면장이 없는 지역에서는 면장에 준한 자에게 이를 행하고 한성부에서는 소할 경찰관서에 이를 행할 수 있음.

제8조 본 법 시행에 요하는 규정은 내부대신이 이를 정함.

부칙

본 법은 1909년(隆熙 3) 4월 1일로부터 이를 시행함.
1896년(建陽 1) 칙령 제61호 「호구조사규칙」은 본 법 시행일로부터 이를 폐지함.

〈자료 25〉 「민적법 집행심득」(1909.3.20. 내부 훈령 제39호)(『대한제국관보』 4332호, 1909.3.23.)

제1조 민적에 관한 사항을 기재하기 위하여 경찰서, 경찰분서 및 순사주소(巡査駐所)에 민적부를 비전(備寘)[63]함.

「민적법」 제1조 각호의 사실이 발생함에 의하여 민적부로부터 제(除)한 자는 면별로 편철하여 제적부로 함.

제2조 민적에는 지명 및 호 번호를 부(付)해야 함.

제3조 민적 기재의 순위는 다음과 같음.

---

63 갖추어 둠. 비치함.

1. 호주 2. 호주의 직계존속 3. 호주의 배우자 4. 호주의 직계비속 및 그 배우자

5. 호주의 방계친 및 그 배우자 6. 호주의 친족이 아닌 자

첩은 처에 준함

제4조 기아 발견의 경우에는 일가 창립으로 처리해야 함.

단, 양자로 수양코자 하는 자가 있는 때는 일가 창립으로 한 후 양자로 처리하고 또 부양자가 있는 때는 그 부적으로 처리해야 함.

제5조 일가절멸(一家絶滅)한 경우에는 그 취지를 기재하고 제적해야 함.

제6조 부적자의 민적은 매 일가족을 별지로써 편성하여 부적주(附籍主) 민적의 말미에 편철해야 함.

부적자의 민적에는 부적주의 성명 및 그 부적한 취지를 난 외에 기재해야 함.

제7조 면장은 항상 내부의 민적 이동에 주의하여 신고를 게을리하는 자가 있을 때는 이를 최고(催告)[64]해야 함.

면장은 구두로써 민적에 관한 신고를 받은 때는 구두신고서에 기재해야 함.

제8조 면장은 「민적법」 제1조의 신고서를 수합하여 그 월분을 익월 15일까지 소할 경찰관서에 송치해야 함.

제9조 경찰관서에서 받은 신고서 중 타관에 계(係)한 자는 소할 경찰관서에 송치해야 함.

제10조 민적부는 갑호 양식, 구두신고서는 을호 양식에 의하여 조제(調製)해야 함.

---

64 독촉하여 통지함.

2) 「민적법」의 설명

해제

이 자료는 1909년 통감부 내부 경무국에서 작성된 15쪽 분량의 짧은 문서로, 집무자들이 보고 참고하기 위한 용도로 작성되었다. 목차는 간단하여 취지와 「민적법」의 조문으로 구성되어 있다. 취지에서는 조선시대의 호적 사무에 관하여 간단히 언급하고 통감부 시기인 1907년 임시 호구조사를 시행하였으나 그것이 불충분하여 현실을 반영하지 못하기 때문에 호적을 재정비할 필요가 있어서 「민적법」을 발포하게 되었다고 설명하고 있다. 이와 더불어 애초에 인민에게 민적 기재 사항의 변화를 신고하도록 의무를 부과하였지만, 그것만으로는 실적을 달성할 수 없어 이를 보완하기 위해 경찰관에게 호구 실사를 맡기게 되었다고 서술하고 있다. 이러한 취지의 내용을 통해 「민적법」 도입 당시의 정황을 확인할 수 있다. 여기에서는 「민적법」은 생략하고 취지만 번역하여 수록하였다.

〈자료 26〉 내부 경무국(內部 警察局), 『민적법의 설명(民籍法の說明)』, 통감부 내부 경무국, 1909.

취지

당국의 호적 취급에 대해서는 지금으로부터 427년 전 이조(李朝) 제9세 세종강정왕(世宗康靖王) 때에 식년제를 정한 것에서 시작하여 매 3년 1회 조사·편적하였던 것으로 이후 413년간 그 제도를 지켜 왔다. 그리고 제26세 황제 건양원년(建陽元年)(1896년, 지금으로부터 14년 전) 이를 「호구조사규칙」으로 개혁하고 매년 1회 새롭게 조사·편적하는 것으로 되었다. 그 사무는 부윤·군수의 주관에 속하게 하였지만 그 실지조사는 주로 면장(면장이 없는 지역은 이에 준하는 자)·동장 등의 손을 거쳤던 것이다. 그 후 광무 11년(1907년, 지금으로부터 3년 전) 마루야마(丸山) 경무고문의 시대에 임시 호구조사를 행하였는데, 조사기일이 심히 지체됨으로써 여러 도서(島嶼)와 강원·함경·평안 각도의 벽지는 끝내 실지조사를 하지 못하고 계상(計上)하였음에도 불구하고 그 실수는 980만 명을 일컬었다. 그러나 당시 내부(內部)에서 조사 수는 580만 명에 머물러, 그 차이가 실로 400만 명의 다수에 이른다. 호적 취급이 정돈되지 않은 것은 호구 총계가 엉터리였다는 것에서 추측할 수 있다. 1908년(隆熙 2) 1월 내부 관제를 제정할 때에 당시의 실정에 비추어 신분, 호구 정리는 경찰기관에게 맡길 수밖에 없어 이를 지방국에서 이관하여 경무국이 주관하게 하였다. 이후 당국에서 여러 종류의 연구를 하여 민적제도의 필요를 인정하고 이번에 이에 「민적법」의 발포를 보기에 이르렀다. 무릇 신분, 호구의 이동에 관한 현상은 매우 다양하지만 본 법에서는 출생에서 개명에 이르기까지 15개 사항을 들어 불완전하지만 민적상 필요한 제 현상을 망라할 것을 기하였다. 이러한 각 사항의 이동에 대해서는 인민에게 신고의 의무를 지웠지만 본디 이것만으로 그 실적을 거둘 것을 예상할 수 없으므로 이 결함을 보완하는 것은 전적으로 경찰관의 호구 실사에 있다. 특히 「민적법」에서는 본적자만을 지배하고 본적자가 아닌 자, 즉 기류자 또는 일시의 체류자에 대해서는 이를 경찰상의 호구실사에 위임하였다. 호구를 실사하는 것은 경무 시행의 필요로부터 인민 이동의 사실을 확인하려는 데 있지만 이에 따라 일면 민적부를 정리하는 제도로서 「민적법 시행심득」 및 「호구실사규칙」에서 이 뜻을 참작한 까닭이다. 이하 「민적법」의 축조(逐條)[65]에 대해 간단한 설명을 하여 집무자의 참고에 이바지하고자 한다.

---

65 축조(逐條): 한 조목 한 조목씩 쫓아감.

3) 민적 사무 개요

해제

갑오개혁 이후 내부 판적국(版籍局), 지방국 등에서 관리하던 호적사무는 1908년 초부터 내부 경무국 민적계로 인계되었는데, 경무국에서는 그 무렵부터 민적과장 조성구(趙聲九), 경시(警視) 사이토 레이조(齋藤禮三), 이와이 게이타로(岩井敬太郎), 이마무라 도모(今村鞆) 등이 참여한 가운데 민적제도를 설계했다. 1909년 3월 4일 법률 제4호「민적법」과 내부 훈령「민적법 집행심득(民籍法執行心得)」이 발포되었다. 3년이나 1년마다 전국에 걸쳐 새로 호적대장을 편성했던 과거의 제도와는 달리, 민적제도는 호별로 영구적인 '민적부'를 만들어 놓고, 호 구성원들에게 출생·사망·혼인·이혼·입양 등의 사실이 생길 때마다 기재 내용을 수정하게 한 것이었다. 그러나 전국 인민에 대해 최초의 민적부를 편성하기 위해서는 전국적 호구조사가 필요했으므로, 1909년 7월부터 이듬해 4월 말까지 경찰과 헌병을 동원한 민적실사(民籍實査)가 이루어졌다. 이 자료는 민적제도의 입안부터 민적실사의 설계, 실시 과정까지 내부 경무국의 사무 전체를 정리한 것이다. 이 자료를 통해 당시 민적조사의 상황을 알 수 있는데, 일본 순사가 담당한 민적조사는 조선인들의 반발을 사서 조사 진행이 상당히 곤란했던 정황을 알 수 있다. 즉, 일본 순사가 조사를 나오자 여성들은 일본에 연행되거나 납치될 것이라 두려워하였고, 기독교 신자들은 신자이기 때문에 민적부에 등록할 의무가 없다고 조사를 거부하거나 한 마을 전체가 조사를 피해 산간 지역으로 숨는 경우도 있었음을 알 수 있다.

목차는 다음과 같다.

제1편 내부 경무국 및 헌병 본부 취급 사항
제1절「민적법」제정 이전의 민적사무
제2절「민적법」및 동법 시행에 관한 내부대신 고유(告諭) 및 제 훈령

제3절 「민적법」 실시의 준비

제4절 민적에 관한 참고 자료의 조사

제5절 민적조사의 분담 및 동 조사에 관한 훈달

제6절 호수 인구 및 직업의 조사

제7절 민적의 정리를 한층 주밀(周密)하게 하는 방법

제8절 민적에 관한 부책 종목 및 보존기한

제9절 민적사무개요 편찬

제2편 경찰부 및 헌병분대 취급 사항

제1절 민적실사의 실시 및 그 정황

제2절 민적에 관한 구관

부록

여기에서는 민적조사와 관련된 구체적인 정황을 담은 부분을 발췌·번역하여 수록하였다.

〈자료 27〉 내부 경무국(內部 警察局), 『민적사무개요(民籍事務槪要)』, 내부 경무국, 1910.

서문

민적을 조사함으로써 국세의 흐름을 관찰하여 시정 전반의 기초로 삼아야 한다. 이것이 예부터 각국에서 이런 조사를 중요시해 온 까닭이다. 한국에서 민적에 관한 사무는 내무 행정 중 매우 주요한 사항에 속하여 그 연원은 극히 오래되었지만 그 관청 담당 관리가 함부로 그 업무를 사복을 채우는 도구로 삼아 강제로 갈취하는 일을 일삼은 결과 민중의 신고에 허위가 많고 그 통계 수치가 정밀치 않으며 실제 수치와는 거리가 멀어 조금도 정무에 도움이 되지 않았다. 일전에 내가 공석이었던 한국 내부 경무국장으로 취임하여 종래 지방국 판적과에 속했던 민적사무를 새롭게 경무국으로 이관하였다. 내부 서기관 조성구(趙聲九) 씨를 그 과장으로 삼고 경시 사이토 레이조(齋藤禮三) 씨가 이를 원조하고 경시 이와이 게이타로(岩井敬太郞), 경시 이마무라 도모(今村鞆) 두 사람이 주로 구관조사의 임무를 맡았다. 새로 「민적법」을 발포하고 다음으로 민적조사의 업무를 계획하였는데 그 경비 및 관리는 적고 조사 사항은 번잡하여 그 업무 수행이 쉽지 않았다. 따라서 그 성공 여하는 나로서는 매우 의심스러운 바이지만, 경찰부장 이하 직원 모두가 몹시 애써서 물론 완벽은 기하기 어려웠지만 비교적 단기간 내에 모든 어려움을 배제하고 완성을 보기에 이른 것은 내가 모두의 노고를 매우 고맙게 여기는 바이다. 특히 이 일을 당하여 헌병대에서는 소관의 업무가 분주한데도 불구하고 시종일관 많은 원조와 편의를 제공하였다. 나는 이 또한 매우 감사하는 바이다. 요즘 경시 사이토 레이조 씨로 하여금 그 유래를 기술하게 하여 이를 장차 출판하고자 한다. 내가 때마침 업무가 바빠서 상세하게 그 내용을 열람할 겨를이 없었지만, 직무상 민적 사무를 맡은 자는 이에 따라 이바지한 바가 적지 않을 것으로 믿는다. 이에 한마디를 책머리에 이와 같이 밝혀 둔다.

경성 왜성대 관사에서 마쓰이 시게루(松井茂)

제1편 내부 경무국 및 헌병본부 취급 사항

제1절 「민적법」 제정 이전의 민적사무

　한국에서는 지금부터 16년 전(1896, 建陽 1)의 제정에 관련된 「호구조사규칙」이라 칭하는 칙령이 있었다. 지금 그 대요를 초역(抄譯)[66]하면 10가로서 통(統)이라 칭하고 통에 통수(統首)를 두고 부윤, 군수 이하 면장, 동장 및 통수는 각 호적 조사 사무에 관여한다. 그 조사의 방법은 우선 호적표를 각호에 배부하여 가인(家人)으로 하여금 주소·성명·직업·연령, 기식자(寄食者)·노비의 인원수, 초가집·기와집의 구별, 그리고 자기 소유의 가옥인지 차가인지의 구별, 기타 간수(間數) 등을 기입하게 하고, 부윤·군수 등은 이에 따라서 통표라 칭하는 표를 작성하고 나아가 장래의 출산(出産), 신고(身故)[*], 호주신대(戶主新代)[**], 분호(分戶), 이거(移居)[***], 기거(寄居)[****] 및 가옥의 신축·증축·소실(燒失)·유실(流失)의 사실은 이 역시 인민이 부윤·군수에게 계출해야 한다. 이를 어긴 자는 『형법대전』에 따라 처벌할 것으로 되어 있다. 그럼에도 불구하고 그 계출은 실행된 것이 없고 처벌의 사실도 없다. 한국 구래의 예로서 「호구조사규칙」의 집행에 관해서도 관으로부터 하등의 경비를 지급하지 않았기 때문에 부윤·군수 등은 호적용지 비용으로 각호에 대해 4전 내지 수십 전을, 심하게는 몇 원을 징수하고 실비를 지급한 나머지는 그들의 사욕을 채우는 데 썼다. 또 부윤·군수는 징세의 권한을 남용하여 호세(戶稅)의 기초인 호수(戶數)는 항상 실수를 공표하지 않고 과반수를 은닉하여 그 세액을 횡령하였다. 이와 같은 것은 도저히 새로운 정치인 오늘날 만족할 수 없는 것은 말할 것도 없다. 1908년(隆熙 2) 12월 관제개혁을 할 때 호적사무는 편의상 경찰관의 사무로 하고 내부 지방국 판적과의 주관을 벗어나 경무국의 사무로 하여 경무국 민적과에서 이를 주관하도록 하였던 것이다. 이렇게 점차 「민적법」 제정의 기운으로 나아갔다. 이것

66　원문의 어느 부분만을 뽑아서 번역함. 또는 그 번역.
*　　사망의 뜻.
**　　가독상속의 뜻.
***　　전적(轉籍)의 뜻.
****　　기류의 뜻.

이 「민적법」 제정 이전의 민적사무 연혁의 대강의 내용이다. 권말에 「호구조사규칙」 및 동 세칙, 호적표 등을 첨부하여 참고의 자료로 삼도록 하였다.

제2절 「민적법」 및 동법 시행에 관한 내무대신 고유(告諭) 및 제 훈령(생략-편역자)

제3절 「민적법」 실시의 준비

「민적법」은 그 규정이 나타내는 바대로 민적의 이동을 정리하여 신분을 명확하게 하기 위해서 만들어진 규정이다. 그러므로 「민적법」을 집행할 때에는 미리 우선 그 이동에 기반하여 거처를 명확히 할 필요가 있다. 즉 민적대장을 준비한 후 이동의 정리를 행해야 하고 이에서 민적대장을 만드는 사무의 필요가 생긴다. 소위 민적실사는 이 대장의 조제를 이루기 위해서 일어난 사업이다. 융희 3년(1909)부터 4년(1910)까지 경영한 일은 필경 민적실사의 사무에 속하고 따라서 본서가 기술하는 것의 대부분은 민적실사의 업무에 관련된다. 또한 민적실사 실시에 관해서는 각종의 준비가 있는 이하의 절을 따라서 설명하고자 한다.

제4절 민적에 관한 참고 자료의 조사

제도의 연혁을 연구하고 그 이해득실을 명확히 하는 것은 한국과 같은 국격에 있어서는 한층 그 긴요함을 인정한다. 그러므로 경무국은 경시 이와이 게이타로(岩井敬太郎)로 하여금 (구) 「호구조사규칙」에 기초하여 그것을 설명하기 위하여 〈한국의 호적에 대하여〉라고 제목 붙인 책을 공간하였다. 또 경시 이마무라 도모(今村鞆)로 하여금 『목민총서(牧民叢書)』의 일부를 초역(抄譯)하여 한국 호적사무의 연혁을 소개하고 널리 이를 경찰관에게 배포하여 참고의 자료로 삼도록 하였다. 지금 권말에 이러한 책을 첨부하여 독자의 참고로 제공한다.

제5절 민적조사의 분담 및 동 조사에 관한 훈달(訓達)

이미 제1절에서 기술했듯이 민적사무는 내부 경무국 민적과가 주관하고 지방에서는 경찰관의 사무 중 하나가 되기에 이르렀다. 따라서 지방경찰관은 모두 민적조사의 임무에 응해야 한다. 비록 원래 민적조사는 가능한 한 급속히 종료해야 하는데 이는 민적의 이동이 시시각각으로 속출하여 가령 신고 등에 의한 정리는 이를 행해야 하지만 실사(實査)와 동시에 그 정리의 완전을 기하는 것이 곤란한 사정이 있기 때문이다. 그러므로 민적실사는 급속하게 진행할 것을 도모하여 가능한 신분의 이동이 적은 동안에 실지조사를 끝내야 할 필요가 있다. 그러나 경찰 직원 수가 부족한 데다가 그 전원을 모두 종사시킬 수 없음은 물론이기 때문에, 어쩔 수 없이 그 당시에 일본인 순사 현원의 반수인 1,812인과 한국인 순사 1,548인을 이 사업에 종사하게 했지만, 지방에서는 민적조사는 사실 일면 폭도 토벌의 사업을 겸하지 않으면 도저히 수행하기 불안하지 않은 곳이 없었다. 이래서는 일정한 단기간에, 게다가 정확한 조사를 수행하는 것은 곤란하였다. 그래서 일본헌병대에 응원을 요청하는 것이 필요함에 따라 경무국은 헌병대 본부와 교섭하여 폭도의 세가 특히 창궐하는 지방 및 한인 순사만 배치된 주재소 관내는 각도에 약 3분의 1을 표준으로 하여 이를 일본헌병대의 실사 분담구역으로 하는 것으로 결정하고, 그에 준하여 지방에서는 각도 경찰부장은 그 지역의 헌병대와 협상하여 구체적으로 분담지역을 협정하는 것으로 하였으므로 내부대신은 4월 30일부로 다음과 같은 훈령을 발하였다.

(훈령)
민적실사는 머지않아 그것을 착수해야 하므로 다음의 취지에 따라 알맞게 준비할 것.

1. 민적의 실지조사는 헌병대와 합동하여 행하고 헌병대의 분담구역은 위험한 지방 및 일본인 순사를 배치하지 않은 주재소가 있는 장소를 택하여 관내 약 3분의 1을 분담하는 것으로 한다. 그 실제의 지역은 그 지역 소관 헌병분대와 협의하여 결정해야 한다.
각 분담구역을 협정한 후에는 지명 및 예측 호수를 본부에 보고해야 한다.

나아가 실사상의 편리를 도모하기 위해 민적부 용지 등은 경성에서 인쇄하는 것이 편리하므로 경무국에서 조제(調製)하고 각 지방에 배포하며, 유고문, 「민적법」의 설명, 동 「집행심득」 및 친속 칭호법, 연령표 등을 배포하여 실사원에게 휴대하도록 하였다. 이에 내부대신은 5월 31일부로 다음의 훈령을 발하였다.

(훈령)

민적실사에 붙여 다음과 같이 송치하니 실사에 종사하는 순사 면·정에 배포하여 「민적법」의 취지 및 그 취급 방법을 일반 관내 민중에게 주지시키도록 조치해야 한다.

배부처	「민적법」 설명 및 「집행 심득」	유고문(국한문)	국(언문)	민적부 용지 견본	신고서 용지 견본
경기	353	440	7,260	440	440
충청북도	175	290	5,160	290	290
충청남도	425	370	5,580	370	370
전라북도	275	370	5,580	370	370
전라남도	300	410	7,140	410	410
경상남도	360	450	7,300	450	450
경상북도	360	650	9,300	630	650
강원도	240	330	5,720	330	330
함경남도	173	350	5,900	350	350
함경북도	168	280	3,920	280	280
평안북도	263	350	4,900	350	350
평안남도	210	390	5,460	390	390
황해도	230	370	5,380	370	370
경시청	125	400	5,600	400	400
헌병대	50	500	500	500	500
계	3,737	5,950	84,800	5,950	5,950

또 실사 개시 시점은 각 도의 지세(地勢), 기후, 폭도, 기타의 사정에 따라 도저히 일률로 지정하는 것을 허락하지 못하는 사정이 있으므로 전적으로 각 도 경찰부장이 정하는 것에 일임하여 다음과 같이 결정하였고 나아가 실사 종료의 일시에 대해서 실사 기간의 장단을 알린다.

지역	착수		종료	
경시청	1909년(隆熙 3)	8월 1일	1909년(隆熙 3)	9월 말일
경기도	동	9월 1일	1910년(隆熙 4)	2월 20일
충청북도	동	7월 16일	동	1월 10일
충청남도	동	9월 1일	동	3월 12일
전라북도	동	8월 25일	동	1월 31일
전라남도	동	8월 1일	동	3월 말일
경상북도	동	8월 1일	동	12월 27일
경상남도	동	7월 20일	1909년(隆熙 3)	12월 15일
강원도	동	8월 10일	1910년(隆熙 4)	3월 18일
함경북도	동	7월 20일	1909년(隆熙 3)	12월 말일
함경남도	동	8월 20일	1910년(隆熙 4)	3월 15일
평안북도	동	7월 26일	동	4월 30일
평안남도	동	9월 1일	1909년(隆熙 3)	12월 30일
황해도	동	7월 10일	1910년(隆熙 4)	2월 28일

그리고 민적실사원은 순사, 헌병으로 그 주로 삼고 면장을 인민 측의 보조자로 삼으며 만약 어쩔 수 없는 사정이 있을 때는 면장을 전적으로 실사에 종사시키고 순사, 헌병은 이를 감독하는 데 그칠 수 있게 한다. 실사를 하여 가능한 한 쉽게 그러면서도 신속하도록 기한다. 다만 민적실사 사항 중 동 용지 사유란에 등록해야 할 각인의 신분 취득 변경의 사유는 민적실사 이전의 사실을 취조하여 기입하는 것으로 되어 있지만 그 조사는 자주 곤란할 것으로 인정되어 이런 경우에 그 때문인지 조사를 생략할 수 있게 했다. 이에 내부대신은 7월 13일자로 다음의 훈령을 발하였다.

(훈령)

그 도(청)의 민적실사 시작 시기(전게한 바대로)를 확정하고 다음에 따라 4개월로 실사를 종료해야 한다.

1. 민적부 용지란 중 사유란의 조사는 이번의 실사에 한해서 생략할 수 있다.

2. 이번의 실사는 순사로서 주를 삼고 면장이 보조자가 되는 것으로 방침을 정했지만, 어쩔 수 없는 경우는 순사의 감독하에 면장으로 하여금 실사케 하도록 할 수 있다.

(이하 생략-원문)

실사원은 일반의 오해가 풀리도록 노력하는 것은 물론 각호에 대하여 직접 인민을 응접해야 하므로 능히 풍속 관습에 정통(精通)할 것을 요한다. 특히 한인의 가거(家居) 관습을 까닭 없이 무시하지 않도록 기해야 하며 부인에 대한 주의 및 부인으로 일정한 이름이 없는 자 혹은 첩 등에 대한 취급 방법을 지시하고 민적상의 관습에 대해서는 실사에 즈음하여 주의를 환기시킨다. 실사 종료의 경우에 실사 종사원 수 및 실사 소요일수, 그리고 민적 이동 신고표의 형식을 정하고 특히 부인의 취급에 관해서는 실사원을 위해 내부대신은 7월 24일 자로 다음의 훈령을 발하였다.

(훈령)

이 나라 부인의 이름 유무에 대해 생각하건대, 유소년 시대 가정에서 불렀던 이름이 있는 것은 상중하류 일반을 통틀어 동일하지만, 중류 이상의 부녀는 혼인한 후에는 완전히 그 아명을 버리고 이름을 부르지 않는 관습이 있다. 그 뜻은 대개 아내가 된 신분에서 그 이름을 남이 부르는 것을 커다란 치욕으로 생각하는 사상에서 말미암은 것이다. 그러나 하류사회, 예를 들면 노예 혹은 천업부 같은 경우에는 그 이름을 부르는 것은 자타가 그에 대해 하등 꺼리는 것이 없는 듯하다. 그러므로 이번 민적조사를 할 때는 그 이름을 부르지 않는 자에 대해서는 앞서 나온 사상에 따라 단지 그 성과 신분 관계 등을 기재하는 것에 그치고 구태여 관습을 해치지 않는다는 정신으로 실사원에 대해 특히 주의시키도록 해야 한다.

(이하 생략)

제2편 경찰부 및 헌병분대 취급 사항

제1절 민적실사의 실시 및 그 정황

(갑) 조사의 준비

조사의 준비는 당초 헌병대와의 담당구역 지정에 따라 경찰 측은 가능한 헌병대와 협조하여 각 조사를 할 지역을 한정하고, 그 조사 구역 내에서 서로 관계가 있는 사실 또는 법령의 해석 취급 등에 관해서는 깊이 연락을 유지하면서 빠짐이 없도록 하였다. 특히 민적에 관한 법령, 기타 일반 민중이 알아 두어야 할 사항은 면·동장(面洞長)이 처음 모였을 때에, 혹은 인민 집회의 기회를 이용하여 구두로 간단히 설명을 해 주거나, 혹은 게시장(揭示場), 기타 장소에 법령 사본을 붙이는 등 오해가 없도록 기하였다. 특히 면·동장으로 하여금 그 면·동의 민적조사 때에 경찰관 등의 실사에 대하여 이를 인민과의 사이에 서서 서로 의사의 소통을 담당하게 하거나 혹은 면장에게 예비 장부를 주어 그들로 하여금 경찰관 등의 조사 전에 미리 면 내 민적의 조사를 행하고 경찰관은 그 예비장부에 따라서 다시 각호를 조사하여 가감하고 정정하여 이에 따라 민적부를 기입한 것이 전국을 통하여 보통의 방법이었다. 단지 경찰청에서는 각 담당 순사로 하여금 각 방(坊) 동장을 거쳐 민적부 용지를 각호에 배포하고 가족 등의 민적을 기입하고 지정일에 각 파출소에 제출하게 하여 이에 의해서 다시 실사를 행하는 한편 각 가로 하여금 호주 및 가족의 성명, 연령 등을 상세히 기록한 호패[戶札]를 호 앞에 걸어 놓아 조사상의 편의를 꾀한 곳이 많다.

(을) 조사상의 곤란

조사할 때 곤란을 느낀 경우가 매우 많았다. 원래 조사원과 그 경비 급여에 부족한 감이 있는 것 외에도, 이 나라에서 민적은 예부터 인민의 부담을 가중시킨 예가 있으므로 무지한 인민은 갑자기 다시 부담의 가중이 있을 것이라고 믿었다. 면·동장이 호구를 은닉하거나, 호주가 가족의 인원수를 속이려고 하는 것은 일반의 통폐이다. 특히 부녀자는 남자를 대하는 것을 피하는 것이 심해 내방에 숨어 조사원의 눈을 회피하려고 하거나 일본인 순사가 각 호를 실사하는 것을 보면 반드시 묘령의 부녀는 일본에 연행된다고 하거나 혹은 옛날의 예와 같이 함부로 잡혀갈 것이라 하여 쉽게 실사를 행할 수 없었다. 또한 어린 자녀는 아직 사람 자격이 없는 자라 하여 실사를 면하려고 하거나 혹은 자기의 성명도 모르는 자가 많았으며, 오랜 남편이 있는 아내로서 때마침 실사를 맞아 남편이 부재하기 때문에 그 연령은 물론 성명조차 알지 못하는 자가 많았다. 혹은 성명의 동음이자의 변별이 곤란하거나 혹은 기독교 신자 혹은 구세군 가맹자로서 한국의 민적부에 등록해야 할 의무가 없다고 하거나 혹은 천도교 신자이기 때문에 민적조사와는 아무런 관계가 없다고 하며 실사를 면하려고 하거나 혹은 헛되이 실사를 꺼려서 한 마을이 모두 먼 산간 지역으로 도망하는 경우가 있었다. 또한 유생과 같은 이들은 일본은 한국을 병탄하기 위해서 미리 인구를 조사하는 것이라 하여 백방 설득해도 응하지 않아서 결국 정식 규정에 따라 처분을 받게 된 사례가 있다(충청남도(忠淸南道) 부여군(扶餘郡)[67] 대방면(大方面) 당리(唐里) 유생 이철영(李喆榮)에 관한 사실). 위와 같은 것은 극히 평범한 사례에 속하는 것으로, 이러한 사실이 있을 만하다는 것은 본래 당초에 다수 예상하기 어렵지 않았던 것임은 이 나라의 사정을 아는 자는 수긍할 수 있을 것이다. 그러므로 각 감독자는 우려할 만한 점이 있는 실사원인 순사에 대해서는 깊이 계고(戒告)[68] 훈시(訓示)를 주어 실책 없기를 기한 것은 물론이다. 그럼에도 여전히 이러한 오해 또는 구습에 따라 곤란한 일이 발생하는 경우가 극히 많았다. 민적실사는 완전한 성적을 기하지 못했지만 필경 이러한 사정이 있었기 때문이다. 단지 다소 종래 주장해 온 호수 인구에 비해 증대한 바가 있는 것은 의심할 여지가 없지만, 장래 해를 거듭함에 따라 점차 일층 주도면밀하게 정리하여 마침내 신분 증명의 자료로서 상당한 신용을 갖추는 데 이르도록 해야 한다.

(병) 일반의 감상

앞항에서 설명한바 역시 일반의 감상임을 허락한다면, 비록 민적조사에 대해 오해 혹은 방해하는 자가 있는 반면, 한쪽에서는 자주 환영할 만한 사례가 적지 않다. 예전의 민적은 인민이 부담의 가중을 두려워하는 원인이 되었지만, 이번 실사는 전연 인민의 부담을 가중시키는 것이 없고 또 각 담당자의 설명이 아주 타당하기 때문에 부담이 되지 않는다는 것

67　원문에는 扶養郡으로 표기되어 있으나 扶餘郡의 오기임.
68　경계하여 고함.

을 알아서 깊이 신정(新政)의 훌륭함을 외치며 나아가 실사를 받으려고 한 자도 역시 많았다. 혹은 양반과 같은 이들은 조사원에 대하여 예를 두텁게 하여 환영의 뜻을 표하고 비단보를 깐 상을 내놓고 일가족의 성명록을 얹어 놓아 부녀, 소아에 이르기까지 조사원의 면전에서 그 기록을 보이고 성의 있게 실사를 받거나(경상북도 흥해군에서의 사례이다), 호주가 없어서 부인에게 조사한 사항 중 오류가 있어 다음 날 몇 리를 멀다 하지 않고 그 정정을 신청하러 나온 사람도 많았다. 혹은 당초 오해를 품고 실사를 회피하던 자가 실사가 종료될 즈음에 실사는 결코 자기의 손실이 아니라는 것을 듣고 보정을 신청하는 자도 있었다. 이와 같은 것은 약간 좋았던 감상의 일반적인 것이다. 이것이 대개 곤란한 사정이 있었지만 일단 조사를 완료할 수 있었던 까닭일 것이다. 다만 절대 완전하지는 않지만, 점차 더하여 완성을 기해야 한다.

제2절 민적에 관한 구관(舊慣)

민적에 관한 각 도의 구관조사는 각 담당자가 열심히 한 결과 제법 여러 가지 사항으로 공개할 만하지만, 특히 그중 「민적법」에 밀접한 관계가 있는 동법 운용상 참고할 만한 사실만을 초록(抄錄)[69]하고 나머지는 다시 기회를 봐서 공개할 것이다.

1. 호주 변경

호주권이라는 것은 생존 중에는 절대로 변경할 수 없다. 소위 은거제도는 없는 것을 원칙으로 한다. 그렇지만 가장이 정신병을 앓거나 노쇠하여 일을 감당할 수 없는 경우에는 그 가정을 통틀어 상당한 연령에 달한 근친자에게 넘겨주는 것으로 한다. 그 사실은 일본의 은거와 다를 바가 없다. 또 여호주는 없는 것을 원칙으로 하지만 사실에서는 남편이 죽고 아들이 없는 자는 모두 호주로서 일가를 이루는 예가 있다.

---

69 소용될 만한 것만 뽑아서 적음. 또는 그러한 기록.

2. 양자결연

양자는 반드시 동성동본이어야 함을 원칙으로 하지만 기아 혹은 부모가 없는 유아를 수양하여 수양자의 성을 무릅쓰고 가인(家人)으로 취급하는 예가 있다.

3. 혼인

혼인은 혈족 간에서는 절대 금지하는 것일 뿐만 아니라 같은 성은 서로 혼인하지 않는 풍습을 엄격하게 행하고 있다. 배우자의 선정은 완전히 부모의 권리에 속하며 오로지 가정과 그 인물을 표준으로 하여 모든 점에서 균형을 잃지 않는 것에 주의한다. 그리고 남녀 결혼의 시기는 빈부 및 신분의 등급에 따라서 그 내용을 달리한다. 그렇지만 기혼자와 미혼자는 사회상 지위, 대우에 제법 차등이 있으므로 신분이 있는 자는 자연히 조혼의 폐풍에 빠지는 예가 있다.

4. 이혼

이혼은 재가와 마찬가지로 엄금된 것이 관습으로 상류사회에서는 그 관습은 성문법 이상의 효력을 갖는다. 단, 중류 이하의 인민에 대해서는 다소 그 내용이 다른 풍습이 있지만 그럼에도 이혼은 일반이 꺼리는 것으로서 전국에서 그 수(數)는 매우 드문 듯하다.

5. 파양

파양은 양자로서 불법의 행위가 있든지 주색에 빠지거나 양가에서 그 후 친자[實子]를 얻은 경우에 행해지는 일이 있다. 또 양친에게 학대받는 것이 싫거나 가계가 곤란에 빠져 도망하여 자연히 파양이 되는 경우가 있다.

6. 폐가

폐가는 빈곤하여 일가를 유지할 수 없는 결과 온 가족이 타가(他家)에 기식하는 경우 폐가를 이룬 경우가 많다.

7. 폐절가재흥(廢絶家 再興)

폐절가재흥은 가계가 빈곤하여 타가에 기식하고 있는 자가 일가 유지를 위한 자력을 얻기에 이르러 재흥을 한다. 절가 재흥은 절가된 자의 방계 비족(卑族)[70] 중 가장 근친인 남자가 하지만 이런 경우는 매우 드물다.

8. 부적(附籍)

종래 부적의 취급을 해 온 경우는 타가에 기식하는 무적자(無籍者), 노비 및 고용자 등으로 한다.

9. 분가(分家)

형제가 동거하는데 일가 내에서 동거할 수 없기에 이르면 둘째 아들은 처자를 데리고 분가한다. 이 경우에는 재산의 분배를 받는데 아버지의 유언이 있으면 그 유언에 따르지만, 유언이 없을 때는 맏형의 의견에 따라 분배받는다.

---

70 친족 관계에서 항렬이 자기보다 아래인 친족.

4) 언론 보도

〈자료 28〉 논설: 「민적법」의 관계 (《황성신문》, 1909.3.31.)

대저 나라라는 것은 인민의 집합체니 인민이 있으면 민적이 있을 것이오, 나라가 있으면 국적이 있을 것인데, 민적이란 것은 국적의 근본이라. 만약 그 민적이 완전치 못하면 국적도 완전치 못하려니와 국민 된 자가 역시 그 국민의 자격을 상실함이라. 동양 고대의 정치사를 볼지라도 남녀 이빨이 난 이상은 모두 기록하고 호조판서[司徒]가 왕에게 백성 수(數)를 바치면 왕이 굽어 이를 받았으니 그 민적을 치밀하고 자세히 하며 존중히 함이 과연 어떠하며 지금 세상의 문명 열방은 전국 인민의 생산과 사망에 대하여 통계국을 두고 통계표가 있는 고로 세계 각국 인구의 증식과 감손의 수를 살펴어 알 수 있으니 만약 그 민적의 소루(疎漏)[71]하는 폐가 있으면 어찌 인구의 수를 증거하여 통계할 자 있으리오. 유래(由來) 아국의 민적제도는 식년의 예가 유(有)하더니 후에 차(此)를 연혁하여 「호구조사규칙」의 제(制)를 발포하여 매년 1회 조사로 편찬함이 유하였으나 그 조사 방법이 유속조루(猶屬粗漏)하고 또[又] 각종 폐단도 유한지라. 대저 현금(現今)을 민적제도의 양부(良否)로써 그 국의 문야(文野)를 판별하나니 국가와 민족에 관하여 문명 진보를 도모[圖]코저 할진대 우선[先] 민적제도의 완비(完備)함을 강구여행(講求勵行)할지라. 이런 까닭으로 당국자가 각국의 민적제도와 아국의 자래관습(自來慣習)을 참호연구(叅互硏究)한 결과로 「민적법」을 발표한 것이니 이[是]는 인민의 신분 관계를 법률상 명료케 함이오 전국 인민의 실수를 정확히 지실(知悉)코저 하는 필요로 유함이오. 결코 징세 목적에 재(在)함도 아니오, 국적의 관계가 유함도 아니오, 또 범죄 사수(査收)의 목적에 재함도 아니라. 우리 국민 된 자는 각기 신분 이동에 관한 사항을 법률로 제정한 기한 내에 적당한 처소에 신고함이 가할지라. 만약 그 신고를 불행하거나 경찰관리 실사에 대하여 허위의 답신이 혹유하면 이는 국민의 본분을 부지(不知)하는 자니 법률에 대하여 처벌을 불면함에 이를지라. 그러나 법률의 정신은 어찌 인민에 대하

---

71 하는 일이니 생각 등이 찬찬하지 못하여 거칠고 엉성함.

여 처벌을 기호(嗜好)할 자 유하리오. 마땅히[宜] 그 경찰관리로 하여금 각종 지도와 주의를 시행케 하여 인민으로 하여금 법에 범함이 무(無)하도록 노력함이 유할지라. 오직 우리 일반 동포는 새롭게 반포한 「민적법」에 대하여 극히 주의하여 국민 된 의무를 부지런히 이행[恪勤履行]할지어다.

〈자료 29〉「민적법」 반포 (《황성신문》, 1909.3.31.)

「민적법」 제정 반포한 일에 대하여 그 시행 방법은 조정(條定)하여 내부에서 경시총감과 각 경찰리에게 훈령하였는데 그 시행 조건이 다음과 같으니, 1. 「민적법」의 처리 범위. 본 법은 본적자만 처리하고 기류자 또는 체류자와 여(如)함은 본 법에 의치 아니하고 별도로 정한 「호구조사규칙」의 처리에 위(委)함. 1. 민적의 부(簿). 민적부는 경찰서, 경찰분서의 직할구역 내에 계(係)한 자는 각 그 서(署)에, 순사주재소 수지구역(受持區域) 내에 계한 자는 각기 주재소에 차를 준비함. 각 수지순사는 인민의 신고 및 호구조사에 의하여 알게 된 이동 또는 오류됨을 민적부에 조(照)하여 가제정정(加除訂正)함이 가함. 1. 구두신고서. 구두신고서는 각 면장하에 비부(備付)하고 민으로부터 구두신고가 있을 때는 면장은 차에 그 요항을 기재하여 익월 15일까지 소할 순사주재소에 송부함이 가함. 수지순사는 면장으로부터 송부한 신고사항으로 그 수지구에 계한 자는 차에 의하여 민적부를 가제하고 수지구 외의 자는 그 경찰관서에 송부함이 가함.

〈자료 30〉 민적 실시 유고문(諭告文) (《황성신문》, 1909.4.3.)

「민적법」 실시에 관하여 내부에서 인민에게 유고한 전문이 다음과 같더라.

지금에 「민적법」을 개정 발포한 취지는 종래로 「호구조사규칙」이 있으나, 그 조사 방법이 완전치 못한 바 있어서 그 목적을 달하기 불능한 고로 이에 인민의 신분 관계를 법률상 적확(的確)히 하고 동시에 일국 인구의 실수를 정확히 지실(知悉)할 필요가 있음으로 인하여 본

법을 제정한 바이니 이런 까닭으로 그 취지는 징세, 국적, 또는 범죄 수색 등을 위하여 행함이 아니오, 실로 인민의 신분을 명확히 하자고 함에 불외(不外)한 바이라. 정부는 차제에 경찰관 헌병 또는 면장으로써 일반 인민의 호구조사를 명할지니 이 조사를 받은 자는 의념(疑念)을 품지 말고 극히 안심하고 그 사실대로 답신하여 조사자로써 하등의 고장(故障)이 없이 조사 기입케 함이 가하고 호말(毫末)이라도 은닉 또는 허위의 답신을 하여 범법의 하위(何爲)를 행함이 불가하며 또 일차(一次) 본 조사를 종료한 이상은 민적부를 삼아 각기 소할 경찰관서에 비부(備付)하고 또는 신고부를 각 면장하에 비치할지니 고로 이후의 신분 이동, 가령, 출생, 사망, 혼인, 양자 또는 이거 및 기타 이동이 있을 때는 10일 이내에 면장에게 그 뜻을 신고함이 가한지라. 만일 그 신고를 해태히 하거나 또는 허위의 답신을 하는 등 일이 있으면 법에 조(照)하여 처벌함을 면치 못함에 이를지니 인민은 극히 이 뜻을 자각하여 「민적법」의 시행을 완전케 함을 주의함이 가할 일이라.

하였더라.

〈자료 31〉 최선결정(最善決定)(《황성신문》, 1910.5.31.)

각 경찰서에서는 민적조사에 대하여 남녀 15세 이하의 조혼자가 많아서 조사상에 곤란이 많음으로 지금부터는 조혼자을 일체 엄금하기로 결정하였다더라.

〈자료 32〉 신고법 엄시(嚴施)(《매일신보》, 1910.10.29.)

일반 인민 등이 혼례를 행하여 타처로 반이(搬移)할지라도 소관 경찰서에 대하여 신고함이 태홀(怠忽)하므로 소관 관청에서는 이를 단속기 위하여 태형 50도와 벌■원 이하의 법령을 제정하였다. 여전히 또 명령을 위반하는 자가 있음으로써 북부 경찰서에서 전부터 그 법령을 엄중히 실시하는 중이라더라.

3. 친족·상속 관습조사의 추진

해제

1907년 7월 '헤이그밀사 사건'을 문제 삼은 일본은 고종을 강제 양위시키고 군대를 해산하는 한편, 일본인이 한국 정부의 관리로 임용될 수 있다는 내용의 '한일신협약(정미7조약)'을 강요하며 한국의 식민지화를 본격 추진했다. 이에 따라 사법 부문은 일본인 판·검사에 의해 장악되어 갔으며, 근대적 법전 제정 사업 역시 법부차관 구라토미 유자부로(倉富勇三郎, 형법)와 일본인 법학자 우메 겐지로(梅謙次郎, 민법)가 주도한 법전조사국(法典調査局)이 담당하게 되었다. 1907년 12월 23일 칙령 제60호로 설치된 법전조사국은 대한제국의 법률로 설치되었으나 실상은 일제가 장악해서 식민지 지배의 기초작업을 수행하기 위해 만든 기구로, 1908년 5월부터 1910년 9월까지 2년 4개월 동안 전국적으로 민사(民事)·상사(商事) 부문에 대한 '관습조사'를 실시하였고, 그 결과를 1910년 12월 『관습조사보고서』로 간행했다.

관습조사는 문헌조사와 현지조사[實地調査]를 병행했는데, 다음 자료는 현지조사 때 사용할 질문 항목을 묶은 조사원용 편람이다. 발행 사항은 불명이지만 우메 겐지로의 주도 아래 법전조사국에서 질문 문항을 작성했고, 1908년 봄에 간행된 듯하다. 「민법」 부분은 일본 「민법」(1898) 체계를 따라 총칙·물권·채권·친족·상속 순으로 180개 문항으로 『관습조사보고서』의 체제와 일치한다. 이 자료를 통해 관습조사가 구체적으로 어떻게 실시되었는지를 추정해 볼 수 있다. 현지조사는 일반 조사지역 13개 도 32개 지역, 특수 조사지역 9개 도 22개 지역(중복 지역 8개 도 16개 지역)에 대해, 여기 실린 문항들을 조사원이 한국인 지방관이나 지역 원로들에게 묻는 방식으로 진행되었다. 여기서 친족·상속 관련 문항을 발췌하여 소개하고 이와 더불어 관습조사와 관련된 언론 보도 내용을 덧붙였다.

1) 관습조사 문제

〈자료 33〉 법전조사국(法典調査局) 편, 『관습조사문제(慣習調査問題)』, 1908.

제2 성년의 규정이 있는가?

만약 규정이 있다면 그 효력은 어떠한가? 예컨대 행정상의 성질을 갖는가, 민법상의 성질을 갖는가? 만약 행정상의 성질을 갖는 것이라면 병역상의 필요 때문인가, 아니면 다른 공법상의 의무에 관하여 필요가 있어 그것을 정한 것인가? 또 민법상의 성질을 갖는 것이라면 미성년자는 계약 등 다른 법률행위는 할 수 없는가? 만약 이러한 행위를 한다면 그 효력은 어떠한가? 또 이에 후견인을 붙여야 하는 것은 아닌가? (후견인 문항 참조)

제5 아내(妻)의 능력에 제한이 있는가?

예컨대 계약 등의 법률행위를 하는 경우에 남편의 허가를 필요로 하는 것과 같은 것은 없는가? [부권과 부부 사이의 재산 관계 문항 참조]

제105 친족의 범위는 어떠한가?

혈족의 범위는 아무리 먼 계통의 사람일지라도 이를 친족으로 보는가? 배우자는 어떠한가? 인척은 어떠한가?

제106 촌수의 계산법은 어떠한가?

또 촌수의 멀고 가까움에 따라 관습상 어떠한 차이가 있는가? [앞 문항 및 뒤의 혼인의 요건 문항을 참조]

제107 양자와 양친 및 그 혈족 사이에는 어떠한 친족 관계가 생기는가?

양자를 인정하는가? 만약 인정한다면 양자와 양친 및 그 혈족 사이에는 자연혈족과 완전히 동일한 관계가 생기는가 아니면 다소 다른 관계가 생기는가?

제108 계친자(繼親子)와 적모·서자의 관계는 어떠한가?

누구를 계부 또는 계모라고 하는가? 또 이와 계자와의 관계는 어떠한가? 과연 친생자와 같은가? 만약 같지 않다면 그 차이는 어떠한가? 적모, 서자의 관계도 또한 친생자와 같은가? 만약 같지 않다면 그 차이는 어떠한가?

제109 인척 관계와 앞 2항목의 관계는 언제 소멸하는가?

예컨대 인척관계는 부부 한쪽의 사망과 이혼으로 소멸하는가, 아니면 사망한 경우에는 생존 배우자가 거가(去家)하지 않으면 그 관계가 소멸하지 않는가? 앞 항목의 관계도 역시 같은가? 양자 관계는 파양하지 않으면 소멸하지 않는가, 아니면 다른 원인으로 소멸하는 것인가? [일본 「민법」 제730조 참조]

제110 가족의 범위는 어떠한가?

가족은 반드시 친족인가, 아니면 친족이 아닌 경우가 있는가. 호주와 가족의 배우자도 역시 가족인가. 호주의 변경이 있는 경우에 전 호주와 그 가족이 친족이 아니더라도 이를 가족으로 하는가, 않는가.

제111 자(子)가 입적하여야 할 가(家)는 어떠한가?

예컨대 자는 부가(父家)에 입적해야 하는가? 아버지를 알지 못하면 모가(母家)에 입적해야 하는가? 부모를 모두 알지 못하면 일가를 창립하는가? 임신[懷胎] 후 출생 전에 아버지 또는 어머니가 가를 전적(轉籍)[72]하면 어떠한가? 가족의 서자와 사생자는 호주의 동의 없이 부가 또는 모가에 입적할 수 있는가? 만약 호주의 동의가 있어야 한다면, 서자가 부가에 입적할 수 없는 경우에는 모가에 입적해야 하는가? 또 부모의 가에 입적할 수 없는 사생자는 일가를 창립하는가?

---

72 호적을 다른 데로 옮김.

제112 입부혼을 인정하는가?

만약 이를 인정한다면 여호주만 이를 할 수 있는가, 아니면 가족인 여자도 이를 할 수 있는가? 여호주의 입부혼의 경우에 입부는 당연히 호주가 되는가, 아니면 여호주가 여전히 호주인가?

제113 전적을 허용하는가?

예컨대 갑가(甲家)의 호주 또는 가족이 을가(乙家)의 가족이 되고자 하면 이를 허용하는가? 만약 허용한다면 그 조건은 어떠한가? 예컨대 친족이 아닌 자라도 이를 허용하는가? 또 호주는 폐가 후가 아니면 전적할 수 없는가? 가족은 호주의 동의를 요하지 않는가? 또 반드시 신가(新家) 호주의 동의가 필요한가? 미성년자라도 전적할 수 있는가? 만약 할 수 있다면 부모, 후견인 등의 동의를 필요로 하는가? 본인의 의사에 관계없이 부모, 호주 등의 의사로 전적시킬 수 있는가? 그리고 이것도 본인의 연령과 무관한가? 혼인 또는 입양으로 타가에 입적한 자가 그 친족을 혼가(婚家) 또는 양가(養家)의 가족으로 삼으려는 경우에는 배우자 또는 양친의 동의가 필요하지 않는가? 기타 특별한 관습이 없는가? 그 자가 혼가나 양가를 떠나면서 그 직계비속을 자기 가의 가족으로 하려고 할 때는 어떠한가? [뒤의 분가(分家) 문항 참조]

제114조 혼인 또는 입양으로 타가에 입적한 자는 이혼 또는 파양한 경우에 친가에 복적하는가?

또 친가의 폐절(廢絶) 등으로 친가에 복적할 수 없으면 일가를 창립하는가?

제115 혼인 또는 입양으로 타가에 입적한 자는 다시 혼인 또는 입양으로 타가에 입적할 수 있는가?

또는 일단 친가에 복귀한 후가 아니면 이를 할 수 없는가? 만약 즉시 타가에 입적할 수 있다면 그 요건은 어떠한가? 예컨대 친가의 호주의 동의를 요하지 않는가?

제116 타가상속(他家相續), 분가와 폐절가재흥(廢絶家再興)에 관한 관습은 어떠한가?

이러한 행위를 인정한다면 그 요건은 어떠한가? 예컨대 가족이 이러한 행위를 함에는 호주의 동의가 있어야 하는가, 아닌가? 미성년자가 함에는 부모, 후견인 등의 동의가 필요하지 않는가? 부모, 호주 등은 본인의 의사에 상관없이 이를 할 수 있는가? 이러한 경우에 본인에게 직계비속이 있으면 당연히 이를 자가(自家)의 가족으로 해야 하는가, 아니면 그 직계비속, 기타 호주 등의 동의를 요하는가? 또 이러한 점에 대해 타가상속, 분가 및 폐절가재흥의 사이에 차이가 있는가?

제117 법정 추정 가독상속인은 타가에 입적하고 또 일가를 창립할 수 있는가?

만약 할 수 있는 경우와 할 수 없는 경우가 있다면 각각 그 경우는 어떠한가? [가독상속 항목 참조]

제118 남편이 타가에 입적하거나 일가를 창립하면 아내는 이에 따라 가에 입적하는가, 아닌가?

이 경우에 아내의 동의가 필요하지 않는가?

제119 호주와 가족은 동일한 성[씨]을 사용하는가?

예컨대 아내는 친가의 성[씨]을 사용하지 않는가? 그 외 타가에서 입적한 자는 구가(舊家)의 성을 쓰는 관습은 없는가?

제120 호주는 가족을 부양할 의무가 있는가?

만약 가족 가운데 호주가 부양할 의무가 있는 자와 그렇지 않는 자가 있다면 그 구별은 어떠한가? [부양의무 문항 참조]

제121 가족의 특유재산을 인정하는가?

이를 인정한다면 어떠한 재산을 가족의 재산으로 하는가? 이를 인정하지 않는다면 가산은 호주의 전유재산(專有財産)[73]인가, 아니면 호주와 가족의 공유에 속하는가? 만약 호주의 전유재산으로 한다면 가족은 이에 대해 어떠한 권리도 갖지 못하는가?

---

73 혼자만 소유함, 독점함.

제122 호주는 가족의 거주할 곳[居所]을 지정할 수 있는가?

만약 이 권리가 있다면 가족이 호주의 명령을 듣지 않으면 그에 대한 제재는 어떠한가?

제123 가족이 혼인 또는 입양을 할 때 호주의 동의가 필요한가?

만약 동의가 필요하면 가족은 절대로 호주의 의사에 반하여 혼인 또는 입양을 할 수 없는가? 만약 이를 할 수 있다면 그에 대한 제재는 어떠한가?

제124 호주는 가족에 대하여 앞 두 문항 외의 권리가 있는가?

예컨대 가족에 대해 교육, 감호, 징계 등의 권한은 없는가? 가족이 취업하거나 다른 행위를 함에 호주의 동의를 요하는 것 등은 없는가? 가족의 재산을 관리하는 것 등은 없는가?

제125 호주는 가족을 이적(離籍)[74] 시킬 수 있는가?

만약 이적 또는 이와 유사한 것을 인정한다면 어떠한 경우에 이를 할 수 있는가? 또 그 효력은 어떠한가?

제126 호주가 권리를 행사할 수 없는 경우는 어떻게 하는가?

예컨대 친족회 또는 그와 유사한 자가 대리행사하는가? 또는 가족 가운데 1인이나 다른 자가 이를 행사하는가? [뒤의 친권, 후견 및 상속인 불명의 경우의 문항 참조]

제127 은거를 인정하는가?

만약 이를 인정한다면 그 요건은 어떠한가? 예컨대 연령 등에 제한이 없는가? 또 이를 지방관청에 신고하는 등의 절차가 필요하지 않는가? 만약 이를 신고해야 한다면 은거자가 하는가, 상속인이 신고하는가, 아니면 양인(兩人)이 함께 신고하는가? [뒤의 가독상속 문항 참조]

---

74 호적에서 떼어 내는 일. 호주가 가족에 대하여 가족으로서의 신분을 박탈하는 법률행위를 말함.

제128 폐가(廢家)를 인정하는가?

만약 이를 인정한다면 그 요건은 어떠한가? 예컨대 호주의 의사만으로 이를 할 수 있는가, 아니면 관청의 허가가 필요한가? 또 새롭게 창립한 가와 가독상속으로 계속되는 가 사이에는 차이가 없는가? 또 폐가의 효력은 어떠한가? 예컨대 호주는 반드시 타가에 입적하는가? 또 가족은 호주를 따라 그 가에 입적하는가, 않는가?

제129 절가(絶家)에 관한 관습은 어떠한가?

호주를 잃은 가(家)에 상속인이 없으면, 자연히 절가가 되는 것이다. 다만 어떤 경우에 상속인이 없다고 보아야 할 것인가? 이에 대하여 이행해야 할 절차는 없는가? 또 절가 후 가족이 있으면 각자 일가를 창립하는가, 다만 자식은 아버지 또는 어머니를 따라서 그 가에 입적하는가? 유산은 어떻게 하는가? (상속인 불명의 경우의 문항 참조)

제130 혼인의 요건은 어떠한가?

예컨대 연령의 제한이 없는가? 재혼을 허용하는가, 이를 허용한다면 전혼(前婚) 해소 후 일정 기간을 요하지 않는가? 상간자는 혼인을 할 수 있는가? 친족 간의 혼인은 금지하는가? 만약 그렇다면 어떠한 친족 사이에 이를 금지하는가? 인척·양자 관계로 인한 친족 등은 이혼·파양 후라도 혼인을 금지하는가, 않는가? 자식이 혼인을 함에 부모의 동의를 요하는가, 않는가? 만약 동의가 필요하다면 연령에 관계없이 필요한가? 부모와 가를 달리하는 경우에도 필요한가? 부모가 없는 자는 미성년자라도 자유롭게 혼인을 할 수 있는가, 아니면 후견인, 친족회 등의 동의를 요하는가? 또 본인의 의사에 관계없이 부모·호주 등의 의사로 혼인을 시키는 일이 있는가? 혼인 성립의 시기는 어떠한가? 예컨대 이를 관청에 신고하는 것 등의 절차가 없는가? 만약 이것이 있다면 혼인은 신고 시에 성립하는가? 아니면 관습상 양식을 거행하는 때 또는 다른 때에 성립하는가? 또 누가 신고하는가?

제131 아내는 혼인으로 남편의 가[夫家]에 입적하는가?

단, 입부혼과 서양자(壻養子)[75]는 도리어 처가에 입적하는가?

---

[75] 사위를 양자 삼음.

제132 남편은 아내에 대하여 어떤 권리를 갖는가?

예컨대 남편은 아내의 거소를 지정할 권리가 있는가? 아내가 취업하는 데 남편의 허가를 필요로 하는 예가 있는가? 이에 대하여 남편이 호주인 경우와 가족인 경우의 차이가 있는가? [제5문항 참조]

제133 부부 사이의 재산 관계는 어떠한가?

아내의 특유재산을 인정하는가? 만약 그렇다면 아내 재산과 남편 재산의 관계는 어떠한가? 예컨대 부부가 재산을 공유하는 예가 있는가? 공유로 하지 않으면 부부 간의 생활비는 누가 부담하는가? 또 남편은 아내의 재산에 대하여 어떠한 권리도 갖지 않는가? 예컨대 남편은 아내의 재산을 사용·수익할 권리가 없는가? 아내의 재산은 아내 자신이 관리하는가? 아니면 남편이 관리하는가? 만약 남편이 관리한다면 그 권한은 어떠한가? 예컨대 그 재산을 매각하려면 아내의 승낙이 필요한가?

제134 이혼에 관한 관습은 어떠한가?

이혼을 허용하는가? 이를 허용한다면 쌍방의 동의를 요하는가, 아니면 일방의 의사로 할 수 있는가? 만약 일방의 의사로 할 수 있다면 부부가 동일한 권리를 갖는가, 아닌가? 또 그 원인에 제한이 없는가? 혼인의 경우와 같이 부모 등의 동의를 요하는가? 또 본인의 의사에도 불구하고 부모·호주 등의 의사로 이혼하게 하는 예가 없는가? 만약 그렇다면 아내의 친정 부모·호주 등도 이 권리를 갖는가? 이혼에는 신고 등의 절차가 필요하지 않는가? 또는 관의 허가를 요하지 않는가? [제130문항 참조] 또 이혼의 효력은 어떠한가? 예컨대 자녀의 감호는 부부 가운데 누구에게 속하는가? 아내가 가지고 온 재산은 어떻게 하는가?

제135 아내가 혼인 중에 임신한 자식은 남편의 자식으로 추정하는가, 아닌가?

이를 추정한다면 남편이 이를 부인하려면 어떻게 하여야 하는가?

제136 사생자에 관한 관습은 어떠한가?

사생자의 부모는 어떻게 결정하는가? 아버지가 인지한 자(서자)와 그렇지 않은 자 사이에 구별이 있는가? 또 첩자와 다른 사생자 사이에 구별이 있는가? 만약 사생자 인지의 절차가 있다면 그 절차는 어떠한가, 예컨대 관청에 신고하는 것 등이 있는가? 또 유언으로 인지를 하지 않는가? 또 인지를 함에 본인의 승낙을 받아야 하지 않는가? 그리고 연령에 따라 차이가 없는가? 인지의 효력은 장래를 향해서만 발생하는가, 아니면 출생 때에 소급하여 발생하는가? 서자는 그 부모의 혼인으로 적출자로 되는 예는 없는가? 만약 그렇다면 첩자와 다른 서자 사이에 구별이 없는가?

제137 입양의 요건은 어떠한가?

예컨대 양친의 연령에 관계없이 입양할 수 있는가? 존속 또는 연장자를 입양할 수 있는가? 양자는 몇 사람이라도 할 수 있는가, 아니면 제한이 있는가? 배우자가 있는 자는 그 배우자의 동의를 얻지 않고 입양을 하거나, 또는 양자로 될 수 있는가, 아니면 그 동의를 요하는가? 만약 동의가 필요하다면 부부 모두 양친 또는 양자로 되는가, 아닌가? 또는 아내는 남편의 동의를 요하지만, 남편은 아내의 동의를 요하지 않는 것 등이 없는가? 만약 이러한 것이 있다면 아내도 역시 양모 또는 양녀가 되는가, 아닌가? 양자가 일정한 연령이 될 때까지 또는 연령과 관계없이 부모·호주 등의 의사로 입양을 승낙하는 일이 없는가? 본인의 의사에 따라 양자가 되거나 입양을 함에 부모의 동의가 필요한가? 이 점에 대해서는 혼인의 경우와 다른가? 입양의 성립 시기는 어떠한가? 이에 대해서도 혼인의 경우와 다른가? 또 유언 양자를 인정하는가? [제130문항 참조]

제138 입양의 효력은 어떠한가?

양자는 양친의 적출자인 신분을 취득하는가? 또 양친의 가에 입적하는가?

제139 파양(罷養)에 관한 관습은 어떠한가?

파양을 인정하는가? 만약 인정한다면 그 요건은 이혼과 같은가, 다른가? [제134문항 참조] 양자가 호주가 된 후에도 파양을 할 수 있는가? 또 양자는 파양을 하면 생가에서의 신분을 회복하는가, 않는가? 예컨대 그 자가 차남이면 3남에 우선하여 상속할 권리가 있는가? 부부 양자 또는 양자가 양녀와 혼인한 경우에 아내가 이혼을 하면 남편은 어떻게 하여야 하는가?

제140 친권을 인정하는가?

또는 호주권 외에 친권을 인정하지 않는가? 만약 이를 인정한다면 아버지가 행사하여야 하는가, 아버지가 없으면 어머니가 행사하여야 하는가? 또 친족회의 의견에 따르는 예는 없는가? 또 가(家)에 있지 않는 부모도 친권을 행사하는 일이 있는가? 또 자식의 연령과 관계없이 행사하는가? [뒤의 후견 문항 참조]

제141 친권자는 자식에 대하여 어떠한 권리를 갖는가?

자식의 감호·교육·징계를 할 수 있는 권리가 있는가? 만약 징계권이 있다면 그 방법은 어떠한가? 또 자식의 거소지정권이 있는가? 자식이 취직을 하는 데 친권자의 허가를 받아야 하는가? 이러한 권리를 행사함에는 호주권과는 어떻게 조화하는가?

제142 친권자는 자식의 재산을 관리하는가, 아닌가?

관리하여야 한다면 그 권한은 어떠한가? 이에 대하여 아버지와 어머니가 다른 점이 없는가? 또 친권자는 자식의 재산에 대하여 수익권 등이 없는가?

제143 친권에 복종하는 여자에게 남편이 있는 경우에 남편의 권리와 친권은 어떻게 조화하는가?

예컨대 아내의 거소는 남편이 지정하여야 하는가, 친권자가 지정하여야 하는가? 그의 직업에 대해서는 남편의 허가가 필요한가, 친권자의 허가가 필요한가? 그 재산은 남편이 관리하여야 하는가, 친권자가 관리하여야 하는가? 등.

제144 친권자는 자식을 대리하여 호주권과 친권을 행사하는가?

만약 그렇다면 자식의 연령에 구애받지 않는가?

제145 친권 상실의 원인은 어떠한가?

친권자는 그 친권의 전부 또는 일부(예컨대 재산관리권)를 포기할 수 있는가? 만약 포기할 수 있다면 상당한 이유가 있어야 하는가, 아니면 임의로 포기할 수 있는가? 관이나 친족회가 친권의 전부 또는 일부를 삭탈할 수 있는가? 만약 삭탈할 수 있다면 그 원인은 어떠한가? 이러한 점에 대하여 아버지와 어머니가 다른 점이 없는가?

제146 후견 또는 이와 유사한 제도를 인정하는가?

만약 인정한다면 어떤 경우에 이를 두는가? 예컨대 미성년자, 정신병자 등을 위해서 두는가? 그 자가 호주가 아닌 경우에도 역시 이를 두는가? 친권자가 있는 경우에도 역시 두는가?

제147 누가 후견인이 되는가?

예컨대 부모가 유언 등에 따라 후견인을 지정하는 예가 있는가? 만약 그렇다면 그 경우는 어떠한가? 배우자가 후견인으로 되거나 후견인의 직무를 하는 예가 있는가? 이에 대하여 부부 사이에 차이가 없는가? 호주가 가족의 후견인으로 되거나 또는 후견인의 직무를 하는 예가 없는가? 친족회나 기타 기관이 후견인을 선정하는 예가 없는가?

제148 후견인은 1인으로 한정하는가?

또 여러 명을 선정하는 예가 있는가? 만약 있다면 후견 사무는 공동으로 하는가, 각자가 단독으로 전행하는가, 아니면 과반수로 결정하는가?

제149 후견인은 그 임무를 사임할 수 있는가?

만약 사임할 수 있다면 임의로 사임할 수 있는가, 아니면 상당한 이유가 있어야 하는가? 또 남녀 사이에 차이가 없는가?

제150 후견인이 될 수 없는 자가 있는가?

예컨대 미성년자는 어떠한가? 전과자는 어떠한가? 또 관(官)이나 친족회에서 부적임자라고 하여 후견인을 파면할 수 있는가?

제151 후견감독인 또는 이와 유사한 제도를 두는가?

만약 있다면 누가 이를 담당하는가? 사임을 허용하는가? 후견감독인일 수 없는 자가 있는가? 또 그 직무는 어떠한가? [앞 두 문항 참조]

제152 후견인은 재산목록을 작성할 의무가 있는가?

만약 이 의무가 있다면 그 작성 절차는 없는가?

제153 후견인은 친권자와 동일한 권리를 갖는가?

만약 그렇지 않다면 그 차이는 어떠한가?

제154 후견인은 보수를 받는 일이 있는가?

만약 받는다면 누구의 의견에 따라 이를 지급하고 그 액수를 정하는가?

제155 후견의 계산에 관한 관습은 어떠한가?

예컨대 계산 절차가 없는가? 후견인이 대납을 하는 경우에 이자를 쳐 주는가? 후견인이 피후견인의 금전을 소비하면 이자를 지급하여야 할 의무가 없는가, 또 다른 제재가 없는가? 이자를 쳐 주어야 하는 경우에 이율은 어떠한가?

제156 친족회 또는 이와 유사한 제도를 인정하는가?

만약 이를 인정한다면 누가 그 회원을 선임하는가? 누가 이를 소집하는가? 사임을 허용하는가? 회원이 될 수 없는 자가 있는가? [제149, 150문항 참조] 의사는 어떻게 결정하는가? 회원 외에 회의에 참석하여 의견을 진술할 수 있는 자가 있는가? 결의에 불복하는 자는 이를 관청에 제소할 수 있는가?

제157 부양의무에 관한 관습은 어떠한가?

예컨대 자활할 수 없는 자가 있는 경우에 그 부모, 배우자, 기타 친족이 이를 부양할 의무가 없는가? 만약 있다면 그 의무가 있는 친족은 누구인가? 그 친족이 2인 이상 있는 경우에 누가 우선하여 부양할 의무가 있는가? 기타 부양의무의 순서는 어떠한가? 특히 호주에게 부양의무가 있다면 이와 다른 자와의 순서는 어떠한가? [제120문항 참조] 또 부양을 받을 자가 여러 명인 경우에 먼저 누구를 부양해야 하는가, 그 순서는 어떠한가? 또 자활할 수 없는 자에 한정하여 부양을 받을 권리가 있는가? 또 부모라면 항상 자식에게 부양을 요구할 수 있는가? 자기의 과실로 자활할 수 없는 자와 그렇지 않은 자 사이에 구별이 없는가? 또 친족의 종류에 따라 구별이 없는가? 또 부양 방법은 어떠한가? 예컨대 부양권리자를 맡아서 부양하여야 하는가, 금전, 기타 물건을 지급하여야 하는가, 아니면 부양의무자가 이를 선택할 수 있는가?

제5장 상속

제158 가독상속(家督相續)의 개시 원인은 어떠한가?

예컨대 호주가 사망한 경우 외에 은거, 입부혼인, 입부의 이혼 등도 가독상속 개시의 원인인가? [제112문항, 127문항 참조]

제159 가독상속인이 될 수 없는 자가 있는가?

예컨대 피상속인을 살해하거나 살해하려고 한 자는 어떠한가?

제160 법정 추정 가독상속인이 있는가?

가독상속 개시의 경우에 관습상 당연히 상속인이어야 할 자가 있는가? 만약 있다면 어떤 자인가, 예컨대 직계비속은 그러한가? 그리고 재가(在家) 여부에 따라 다르지 않는가? 가독상속인은 반드시 한 명이어야 하는가? 만약 그렇다면 직계비속 중에 자(子)는 원칙적으로 손(孫)보다 우선하여 상속을 하여야 하는가? 남녀 사이에는 남자를 우선하는가? 적출자와 그렇지 않은 자 사이에서는 적출자를 우선하여야 하는가? 다만 적출자가 여자이고 서자가 남자이면 서자를 우선하여야 하는가? 동일 순위 중에서는 연장자를 우선하여야 하는가? 단 선순위자가 상속 개시 전에 사망하거나 또는 상속권을 상실하면 그 직계비속은 이를 대신하여 상속해야 하는가? 예컨대 장남이 상속 개시 전에 사망하여도 그에게 유복자가 있으면 그 유복자는 차남에 우선하여 상속을 하여야 하는가? 만약 그렇다면 그 자가 남녀, 적서, 장유의 구별 없이 앞의 상속 순위에 따라 상속을 하여야 하는가? 아버지의 혼인으로 서자가 적출자로 된 경우에는 상속에 대해서는 그때 생겨난 것으로 보아야 하는가? 전적(轉籍)으로 가족이 된 자는 다른 자와 동일한 상속권을 갖는가, 아닌가?

제162 법정 추정 가독상속인을 피상속인이 폐제(廢除)[76]할 수 있는가?

만약 폐제할 수 있다면 피상속인은 임의로 그를 폐제할 수 있는가, 아니면 상당한 이유가 있어야 하는가? 또 그 절차는 어떠한가? 예컨대 관청의 허가를 받아야 하는가, 친족회 등의 동의를 요하는가? 관청에 신고를 해야 하는가, 아니면 아무런 절차를 요하지 않는가? 예컨대 상속인을 지정하는 것으로 추정상속인은 당연히 폐제되는 것으로 보아야 하는가? 또 유언으로 이를 폐제할 수 있는가? 또 이를 취소할 수 있는가?

제163 피상속인은 가독상속인을 지정할 수 있는가?

만약 지정할 수 있다면 법정 추정 가독상속인의 유무에 상관없이 지정할 수 있는가? 만약 법정 추정 가독상속인이 있는 경우에 할 수 없다면, 그 지정은 후일 법정 추정 가독상속인이 있게 되면 그 효력을 상실하는가? 또 그 절차는 어떠한가? 예컨대 이를 관청에 신고하여야 하는가? 또 유언으로 이를 할 수 있는가? 이를 취소할 수 있는가?

제164 법정 추정 가독상속인과 지정 가독상속인이 없으면 어떻게 하는가?

예컨대 부모·친족회 등이 가족 상속인을 선정하는가? 만약 그렇다면 그 선정에는 일정한 범위가 있는가? 또 관습상 순위가 있는가, 아니면 자유롭게 이를 선정할 수 있는가?

제165 직계존속은 당연 가독상속인인가?

만약 그렇다면 재가자(在家者)에 한하는가, 그렇지 않은가? 또 2인 이상인 경우에는 그 순위는 어떠한가?

---

[76] 일정한 법정 원인이 있을 때 피상속인의 요구에 따라 상속인의 자격을 박탈하는 제도.

제166 가독상속의 효력은 어떠한가?

가독상속인은 호주권 외에 전호주(前戶主)의 모든 재산상의 권리·의무를 승계해야 하는가? 또 재산은 다른 자와 이를 나누어야 하는가? 또 전호주의 의사로 재산의 전부 또는 일부를 상속하지 않게 할 수 있는가? [유류분(제180문항) 참조] 전호주가 사망한 경우와 기타의 경우에 차이가 없는가? 은거·입부 혼인·입부의 이혼 등의 경우에 전호주는 그 채권자에 대해 채무를 변제할 책임이 없는가? 그리고 위와 같은 각 경우에 차이가 없는가?

제167 유산상속을 인정하는가?

만약 이를 인정한다면 가족이 사망한 경우에만 인정하는가, 아니면 호주 사망 등의 경우에도 가독상속 외에 이를 인정하는가?

제168 누가 유산상속인이어야 하는가?

예컨대 직계비속은 어떠한가? 만약 상속인으로 된다면 재가자(在家者)에 한정하는가? 그렇지 않는가? 또 2인 이상이 있는 경우는 자(子)는 원칙적으로 손(孫)에 우선하여 상속하는가? 자가 1인으로 사망한 등의 경우에 그의 직계비속은 이를 대신하여 상속하는 것은 가독상속에서와 같은가? 자가 2인 이상 있는 경우에는 가독상속에서와 같은 순위에 따라 1인이 상속하는가, 아니면 공동으로 상속인이 되는 것인가? 직계비속이 없을 때 또는 그와 동시에 배우자, 직계존속, 호주 등도 상속권을 갖는가? 만약 이러한 자가 동시에 상속을 하지 않는다면 그 순서는 어떠한가? 상속인일 수 없는 자, 추정상속인의 폐제에 대해서는 가독상속의 경우와 같은가? 유산상속인도 이를 지정할 수 있는가? 만약 지정할 수 있다면 그 절차 등도 역시 가독상속의 경우와 같은가? [제159~163, 165문항 참조]

제169 유산상속인은 피상속인의 모든 재산상의 권리·의무를 승계하는가?

또는 피상속인의 의사로 유산의 전부 또는 일부를 승계시키지 않는 예가 있는가? [뒤의 유류분 문항 참조]

제170 유산상속인이 2인 이상이면 상속재산은 공유에 속하는가?

만약 그렇다면 채권·채무도 각 상속인에게 나누어 귀속되지[分屬] 않는가? 만약 상속재산이 공유가 아니면 즉시 분할하는가? 그리고 분할할 때까지는 누구의 재산으로 보는가?

제171 유산상속인이 2인 이상 있으면 각자의 상속분은 어떠한가?

만약 직계비속과 배우자 등이 동시에 상속하는 경우가 있다면 각자의 상속분은 동일한가? 아닌가? 또 직계비속 또는 직계존속이 2인 이상 있는 경우에 동시에 상속하는 것이라면 각자의 상속분은 균일한가, 아닌가? 남녀·장유·적서 등에 따라 차이가 없는가? 또 피상속인의 의사에 따라 차등을 둘 수 있는가?

제172 유산분할의 방법은 어떠한가?

예컨대 현물로 분할하는가? 이를 매각하여 그 대금을 분할하는가? 분할 협의가 성립하지 않으면 관청에 제소하는 예가 있는가? 피상속인이 유언으로 분할의 방법을 정하는 예가 있는가? [제31문항 참조]

제173 상속인은 상속하여야 할 의무가 있는가?

상속인은 모두 상속을 포기할 수 없는가? 만약 포기할 수 있는 경우와 없는 경우가 있다면 그 구별은 어떠한가? 이 점에 대해서 가독상속인과 유산상속인은 다르지 않는가? 또 상속을 포기하지 않는 한 상속채무의 전부를 부담하지 않을 수 없는가? 또 상속의 승인 또는 포기의 절차가 없는가?

제174 상속채권자 또는 상속인의 채권자는 상속으로 발생하는 손실을 회피할 수 있는가?

예컨대 상속재산과 상속인의 고유재산을 구별하여 상속채권자는 먼저 상속재산에 대해서 변제를 받고 상속인의 고유재산에 대해서는 상속인의 채권자가 먼저 변제를 받는 등의 제도가 없는가?

제175 상속인이 불분명한 경우에는 어떻게 해야 하는가?

　상속인이 있는 것은 명백하지만, 누가 상속인이어야 하는지 불분명한 경우가 있고, 또 상속인의 존부 자체가 불분명한 경우가 있다. 이러한 경우에는 호주권은 어떻게 해야 하는가? 유산은 어떻게 해야 하는가? [제129문항 참조]

제176 유언으로 어떠한 것을 정할 수 있는가?

　예컨대 이미 언급한 사항 외에 유언으로 재산을 처분할 수 있는가? 이에 대해서 어떤 제한도 없는가? 또 그 외에 관습상 유언으로 정하는 사항이 있는가? [제136, 137, 147,162,163, 172 및 뒤의 유류분 문항 참조]

제177 유언에는 일정한 방식이 있는가?

　만약 있다면 방식은 어떠한가? 또 이를 이행하지 않는 유언은 무효인가?

제178 유언의 효력은 어떠한가?

　예컨대 유언은 언제부터 효력을 발생하는가? [다음 문항 참조] 유언으로 재산을 받을 자는 이를 포기할 수 있는가? 만약 그러하다면 그 자가 아무런 의사표시를 하지 않으면 그 재산은 당연히 그 자에게 귀속하는가? 또 수유자(受遺者)[77]와 상속인 사이에 차이가 있는가? 이에 대해서 포괄수유자(유산의 전부 또는 분수적 일부를 받은 자)와 특정수유자 사이에 차이는 없는가?

제179 유언은 취소할 수 있는가?

　유언자는 언제라도 이를 취소할 수 있는가? 일단 유언을 한 후 다른 유언 또는 계약 등으로 동일한 재산을 처분하는 등 이와 저촉되는 행위를 한다면 이를 취소한 것으로 보지 않는가? 또 수유자에게 의무를 부담시킨 경우에 수유자가 그 의무를 이행하지 않으면 상속인은 유증을 취소할 수 있는가?

---

[77]　유증을 받을 사람으로, 유언에 지정되어 있는 사람.

제180 유류분을 인정하는가?

피상속인은 반드시 그 유산의 전부 또는 일부를 상속인에게 남겨야 할 의무가 있는가? 만약 있다면 유류하여야 할 재산의 액수는 어떠한가? 가독상속인과 유산상속인 사이에 구별은 없는가? 또 각종 상속인 사이에 구별이 없는가? 만약 피상속인이 유류분을 침해하여 재산을 처분하면 어떻게 하여야 하는가? 예컨대 유증을 감쇄(減殺)[78]해야 하는가? 증여는 어떠한가? 그 감쇄의 순서와 방법, 효력은 어떠한가?

---

78 덜어서 적게 함.

2) 언론 보도

⟨자료 34⟩ 법률 제정 (《대한매일신보》, 1908.5.5.)

법전조사국에서 민사와 형사 사법을 제정하는데 그중에 형법은 지금 쓰는 『형법대전』 중에 비형법이라 한 조관만 빼고 시행한다더라.

⟨자료 35⟩ 조사원의 9인만 치(寘) (《황성신문》, 1909.1.12.)

한성부의 한성 내외 관습조사원 18인을 설치하였다가 조사 일에 대하여 다수 인을 둘 필요가 없으므로 9인은 줄이고 9인만 두었다더라.

⟨자료 36⟩ 법전조사 (《황성신문》, 1909.4.3.)

법전조사국에서는 이미 보도한 바와 같이 관습조사위원 중 자격이 부합하지 않는 자는 줄이고 상당한 사람만 선택하여 두고 이래 매주 2회씩 개회하고 법전 편찬과 참고될 관습을 심사하는데 거마비(車馬費)로 매 사람에게 매달 15원씩 지급한다더라.

⟨자료 37⟩ 관습조사위원 씨명 (《황성신문》, 1909.7.28.)

한성부민회(漢城府民會)에서는 내각 법전조사국의 의탁에 의하여 관습조사위원 30명을 선정하였는데 그 씨명은 다음과 같다더라.

친족
한석진(韓錫振), 남궁훈(南宮薰), 최강(崔岡), 안병규(安炳奎), 이중하(李重夏), 현은(玄檃),

이춘세(李春世), 정명섭(丁明燮), 이규용(李奎鎔), 김교헌(金敎獻)

　(이하 생략-편역자)

II

1910년대 「조선민사령」의 도입과 가족 관습에 대한 통제

해제

  일제는 조선을 식민화한 직후인 1912년 「조선민사령」을 제정하여 조선 사회를 법적으로 통제해 나갔다. 「조선민사령」은 민사에 관한 사항을 제1조 규정에 의해 일본의 민법·상법 등의 실체법과 「민사소송법」, 「인사소송수속법」, 「비송사건수속법」 등의 절차법에 의거하도록 했다. 그러나 제11조에 조선인의 능력·친족·상속 등에 관해서는 조선의 관습에 따르도록 하여 친족·상속에 관해서는 민족에 따라 다른 법규를 적용했다. 일본 민법의 친족편 및 상속편은 조선에 거주하는 일본인에게 적용되는 것이었고, 조선인에게는 조선 관습이 적용되었다. 이러한 관습주의의 채택은 식민지배 초기 조선인들의 반발을 고려하였기 때문이다. 그러나 관습에 따른다는 표면적인 태도와 달리, 관습에 대한 해석의 변경을 통해서, 그리고 「조선민사령」 제11조에 대한 3차례의 개정을 통해서 일본 「민법」의 의용을 확대하는 방식으로 법적인 내용을 일본적인 것으로 서서히 변경시켜 나갔다. 이를 통해 커다란 반발 없이 일본식 가족제도를 조선에 이식시키고자 했다.

  그러나 일제가 취한 동화주의는 단순히 조선의 가족을 일본화하는 것을 의미하지 않았다. 동화주의의 이면은 차별주의로 일제는 조선의 가족을 일본화하면서도 식민지로서 조선을 차별하기 위한 노력을 게을리하지 않았다. 이는 일본 본토와 식민지 조선에서 법적 해석을 다르게 하는 것으로 나타났다. 일본 「민법」을 의용하면서도, 실제 법의 적용에서 일본과 조선에서 다르게 판결하는 것을 통해 차별주의의 기조를 관철해 나갔다. 조선의 낮은 '민도'와 '관습'을 존중한다는 미명하에 일본에서는 허용되었던 진보적인 법 해석을 조선에는 적용하지 않았다. 법적 동화주의를 표방했지만 그것은 어디까지나 식민지적 차별의 구조에 바탕한 것이었다. 이처럼 일본적인 것으로의 동화(同化)와 식민지로서의 이화(異化)라는 모순적 정책이 펼쳐지는 가운데, 식민지를 거치며 결혼, 이혼, 재산상속 등 가족과 관련된 법과 관행들이 점차 변경되어 갔다.

  이 장에서는 1910년대 「민적법」의 개정 관련 자료들과 1912년 「민사령」 도입 이후 관습에 대한 새로운 해석들이 도입된 과정과 관련된 자료들, 그리고 1910년대 중반부터 시작된 「조선민사령」 및 「민적법」 개정 논의에 관한 자료들을 실었다. 이를 통해 관습의 해석 변경을 통해 일본식 가족제도를 조선에 이식시켜 간 과정을 확인할 수 있다.

1. 「민적법」 시행 실태와 「민적법」 개정

해제

　식민화 이후 조선총독부는 일본 「호적법」을 모태로 탄생한 1909년의 「민적법」을 부분적인 개정만 거쳐 그대로 사용하였으나, 1915년 8월 7일 「민적법 집행심득」 개정안과 '민적사무 취급에 관한 건'(관통첩 240호)을 실시하여 일본 「호적법」의 원리를 추가로 이식하는 동시에 「민적법」의 불완전성을 보완하였다. 대표적인 것이 '호(戶)=가(家)'의 개념인데, 이전의 「민적법」에서는 그 실체를 명확히 밝히지 않은 채 일본의 그것과 유사한 것으로 사용하였으나, 「관통첩」 240호에 의해 호의 실체와 편제 방식을 명확히 하였다. 결국 '호=가'란 호주를 주체로 가족 관계를 갖는 구성원이 포함된 가족단체이고 가족 관계의 범위와는 상관없이 1부의 호적(민적)에 편제된 단체를 1호=1가로 보는 것이다. 그리고 그 호가 소재하는 위치가 본적이며, 본적이 어디냐에 따라서 관할 면사무소가 정해지고 관할 면장이 호적부를 작성, 보관, 기재하는 책임을 지는 것이다.
　한국을 병합한 이후 조선총독부는 조선인에게 적용하는 「호적법」을 제정하지 못한 채 1909년에 제정한 「민적법」과 「민적법 집행심득」 등의 법규로 호적 사건을 임시로 규율하고 있었다. 「민적법」과 「민적법 집행심득」은 한국인의 호적제도를 일본 호적제도로 개편하기 위해 충분한 조사를 수행하지 않고 호주 및 법률상의 '가'제도 등을 중심으로 제정한 매우 간단한 법령이었다. 따라서 조선인과 일본인 사이의 결혼과 입양 등에 대한 규정이 미비했을 뿐만 아니라 조선인 간의 입적, 제적 등의 규정도 설치되지 않은 상황이었다. 조선총독부는 민적제도 정비를 위해 1915년 8월 7일 「관통첩」 제240호를 발하고 관련 규정 일부를 보완했다.
　이 「관통첩」은 민적의 말소를 공식적으로 규정하여 이중적 상태를 해소할 수 있는 행적적 근거를 마련했다는 점에서 주목할 만하다. 이 규정으로 민적의 말소를 공식적으로 규정하여 이중적 상태를 해소할 수 있는 행정적 근거가 마련되었다. 내선인 결혼에 관해 조선인 여자가 결혼으로 인해 일본인의 '가'에 들어갔을 때는 그 내용을 민적의 사유란에 기재하고 말소할 수 있게 하여, 조선인 여자가 조선적을 말소하고 일본 호적을 취득할 수 있는 법적 근거를 마련하였다. 반면, 조선인 남자가 일본인 여자를 아내로 맞았을 경우, 일본인 여자는 조선의 민적에 입적될 수 있었으나 일본 호적에서는 제적되지 않았다. 또 조선인 남자가 일본인 여자와 입부혼인을 하거나 입양되는 경우에 조선 호적에서 제적시키지 않았다. 이는 일제가 조선인 남자가 완전한 일본인으로 전환되는 것을 허락하지 않았음을 보여 준다. 조선총독부와 일본 정부는 조선인의 전적을 엄격히 금지함으로써 민족에 기초한 법제적 구분을 고수하였고 이적의 유일한 수단이었던 결혼과 입양 등에 관해서도 조선인 남자를 조선 호적에서 제적시키지 않았다. 이와 더불어 「관통첩」 제240호는 내선 인간 결혼 및 입양에 관한 규정을 정비했으나 결혼 및 입양으로 인해 파생되는 문제까지는 해결하지 못했다. 1910년대 조선총독부와 일본 정부는 내선인 간에는 1인 2본적을 일부 용인함으로써 민족 및 혈통에 기초한 접근을 유지하였다. 이러한 문제는 이후 1918년 4월 17일 「공통법」의 제정을 통해 해소해 갔다.

「관통첩」 제240호에서는 조선 관습에 기초하여 민적 규정을 크게 보완하면서 조선의 관습에서는 허용하지 않는 현상들에 대해서도 민적 절차를 규정하였다. 예컨대 조선인의 결혼 연령을 남자 17세, 여자 15세로 제한하고 조혼의 경우 민적 접수를 거부할 것을 규정했으며, 『관습조사보고서』에서 협의 이혼 및 재판상 이혼 등에 관한 관습이 없는 것으로 조사되었음에도 관통첩에 이와 관련된 절차 규정을 설치했다. 이 규정들은 일본 「민법」상의 조항들을 일부 도입한 것이었다.

1) 「민적법」개정

〈자료 38〉 「민적법」 개정(1915년 3월 20일, 조선총독부령 제17호)

제1조 부(府)와 면(面)에 민적부를 둔다.

  제1조를 제1조의 2로 고치고 같은 조와 제4조 중 '면장'을 '부윤 또는 면장'으로 고친다.

  제3조의 2. 민적이 양자, 혼인, 기타의 사유로 인해 한 부 또는 면에서 다른 부 또는 면으로 전속(轉屬)하는 경우, 전적지의 부윤 또는 면장에 신고하려면 신고서에 전적할 자의 민적 등본 또는 초본을 첨부해야 한다.

〈자료 39〉 「민적법 집행심득」 개정(1915년 8월 7일, 조선총독부 훈령 제47호)

제1조 민적에는 지명과 지번호(地番號) 또는 통호번호(統戶番號)를 붙여야 한다.

제2조 민적은 정 또는 리(동)마다 지번호 또는 통호번호의 순서에 의해 이를 편철하여 장부로 해야 한다. 단, 편의 구좌를 만들어 이를 합책(合冊)으로 할 수 있다.

  호주 변경, 폐가, 기타의 사유로 인해 민적의 전부를 말소한 때는 그 민적은 이를 민적부에서 제외하고 전항에 준하여 편철하여 제적부(除籍簿)로 해야 한다.

제3조 제2항을 삭제한다.

제4조 삭제

제7조 중 '면장'을 '부윤 또는 면장'으로 고친다.

제8조 삭제

제9조 중 '경찰관서'를 '부윤 또는 면장', '소 관할 경찰관서'를 '그 부윤 또는 면장'으로 고친다.

제10조 민적부는 별지 갑호 양식, 구두신고서는 별지 을호 양식에 의해 조제(調製)해야 한다.

제11조 민적에 관한 장부와 서류의 보존기간은 다음의 구분에 의한다.

  1. 민적부 영구 2. 제적부 50년 3. 신고서 5년 4. 기타 서류 3년

  전항의 보존기간은 당해 연도의 다음 해부터 이를 기산(起算)한다.

제12조 면장이 보존기간을 경과한 장부 또는 서류를 폐기하고자 할 때는 목록을 만들어 군수 또는 도사(島司)의 허가를 받아야 한다.

〈자료 40〉 민적사무 취급에 관한 건(1915년 8월 7일 정무총감→각 도장관 관통첩 제240호)

『조선총독부 관보』 904, 1915.8.7

1. 민적의 편제, 기재와 제적의 취급에 관한 사항

(1) 민적은 부 또는 면의 구역 내에 본적을 정한 자에 대해 호주를 본(本)으로 하여 1호(戶)마다 이를 편제(編製)할 것.

(2) 동일 가옥에 거주하는 자라도 생계를 달리하는 때는 별호로 하고 가옥을 달리하는 자라도 동일 생계 아래 있는 자는 1호로 간주할 것.

(3) 1호의 민적이 몇 장[數葉]에 이를 때는 부윤 또는 면장은 직인으로 매 장[每葉]의 철목(綴目)에 계인(契印)[79]할 것.

(4) 지번호를 세별하여 호수를 붙인 경우에는 그 호수도 기재할 것.

(5) 민적 기재는 본절 제11항, 제12항, 제13절의 경우를 제외한 외 신고의무자로부터 신고가 있은 때에 한해 이를 할 것.

(6) 민적 기재를 하려면 먹[墨]을 사용해야 하고 이의 말소는 붉은 선[朱線]으로 할 것.

(7) 민적 기재는 자획을 명료히 하고 약자, 부호 또는 동음이자(同音異字)를 사용하면 안 된다. 숫자를 기재하려면 일(壹), 이(貳), 삼(參), 십(拾)의 문자를 사용할 것.

(8) 민적의 문자는 개찬(改竄)[80]해서는 안 된다. 만약 정정, 삽입 또는 삭제를 한 때는 부윤

---

79 두 장의 문서에 걸쳐서 도장을 찍어 서로 관련되어 있음을 증명하는 일.

80 자구를 고침.

또는 면장이 이에 인인(認印)[81]하고 삭제된 문자는 분명히 읽을 수 있도록 글자체(字體)를 남겨 이를 말소하고 그 자수를 난(欄) 외에 기재할 것.

(9) 민적 용지 중의 1란을 다 쓴 때는 괘지(掛紙)를 하여 이를 보충하고 부윤 또는 면장은 그 철목에 직인으로 계인을 할 것.

(10) 민적 사유란에 기재한 때는 그때마다 부윤 또는 면장은 그 글 끝[文末]에 인인(認印)할 것.

(11) 민적 기재에 착오 또는 유루(遺漏)[82]가 있음을 발견한 때는 부윤 또는 면장은 이를 정정하고 그 연월일과 사유를 사유란에 기재할 것.

(12) 민적에 기재한 토지의 명칭 또는 통호번호 혹은 지번호를 변경할 때는 그때마다 이를 개정(改訂)할 것.

(13) 취적 신고가 있는 경우 누적자(漏籍者)가 1호 전부인 때는 새로 민적을 편제하여 호주의 사유란에, 또 누적자가 가족인 때는 호주의 민적에 등록하고 가족의 사유란에 '몇 년 몇 월 몇 일 취적신고로 인해 등록한다'고 기재할 것.

(14) 혼인, 양자, 이혼, 파양, 입가, 일가 창립, 기타의 사유로 인해 1호의 전원 또는 1호 내의 1인 또는 수인(數人)을 민적에서 삭제할 때는 그 사유를 기재하여 민적의 전부 또는 일부를 말소할 것.

(15) 제적될 자가 타가의 민적에 들어가거나 또는 일가를 창립하거나 또는 다른 부, 면에 이거하는 경우에는 그 입적 또는 창립 또는 이거로 인한 민적 등록을 마친 후에 전항의 말소를 할 것.

(16) 동일 부면 내에 이거한 경우에는 그 민적의 본적란을 정정하고 사유란에 그 사유를 기재한 후 이를 해당 순위에 편철해 둘 것.

(17) 부면의 구역 변경이 있은 때는 민적과 그에 관한 서류는 이를 해당 부면에 인계할 것.

(18) 민적부와 제적부는 법령의 규정에 의한 경우 또는 사변(事變)을 피하기 위한 경우를 제외한 외 부청 또는 면사무소 밖에 이를 가지고 반출[持出]하면 안 될 것.

---

81 인정하는 증거로 찍는 도장.
82 갖추어지지 아니하고 비거나 빠짐.

2. 신고에 관한 사항

(1) 신고서에는 신고의무자로 하여금 서명 날인하게 하고 만약 서명할 수 없을 때는 부윤 또는 면장은 그 사유를 부기하여 대신하여 서명[代署]한 후 날인하게 하고 도장을 갖지 않은 때는 지장을 찍게[拇印] 할 것.

(2) 구두로 신고한 경우에는 부윤 또는 면장은 구두신고서에 그 사항을 녹취하고 이를 읽어 들려준 후 전항의 취급을 할 것.

(3) 호주 이외의 자가 한 신고서에는 호주가 신고할 수 없는 사유와 신고자와 호주의 관계를 기재하게 할 것.

(4) 연서(連署)[83]를 요하는 신고가 있는 경우에는 연서자에 대해 또 제1항, 제2항의 취급을 할 것.

(5) 「민적법」 제3조 단서에 의한 연서 불능의 부기가 있는 경우라도 연서를 해야 할 자가 신고에 이의가 없고 부재, 기타 장애로 인해 연서를 할 수 없는 것으로 인정할 사정이 있지 않으면 그 신고는 이를 수리해서는 안 될 것.

(6) 신고에는 다음[左]의 사항을 구비하게 할 것.

   1. 신고 사건: 출생, 사망, 혼인, 이거, 기타 사건의 종류

   2. 사실 발생의 연월일(출생 또는 사망에 대해서는 그 시각)

   3. 출생 또는 사망에 대해서는 사실 발생의 장소

   4. 사건 본인의 본적, 거주지, 성명, 생년월일, 신위(身位), 출생별, 본관과 부모의 성명

   5. 사건의 상대자가 있을 때는 그자의 본적, 거주지, 성명, 생년월일, 신위, 출생별, 본관과 부모의 성명

   6. 신고자의 본적, 거주지, 성명과 생년월일

   7. 신고자가 사건 본인이 아닌 때는 그 본인과의 관계

   8. 신고의 연월일

   9. 전 각호 외 법령에 정한 사항

(7) 부윤 또는 면장은 신고서를 수리한 때는 즉시 이에 받은[受附] 연월일을 기재하고 빠

---

83 한 문서에 두 사람 이상이 잇대어 서명함.

짐[漏滯] 없이 민적 기재를 할 것.
(8) 신고의무자의 거주지 부윤 또는 면장이 신고서를 수리한 때는 빠짐 없이 이를 본적지의 부윤 또는 면장에 송부할 것.
(9) 신고 사건 본인의 본적이 다른 부 또는 면에 전속(轉屬)하는 경우 전적지의 부윤 또는 면장이 신고서를 수리한 때는 빠짐 없이 민적 기재를 한 후 신고서의 1통에 '입적 완료[入籍濟]'의 기재를 하고 이를 본적지의 부윤 또는 면장에 송부할 것.
(10) 전항의 경우 전적지의 부윤 또는 면장이 신고서를 수리한 때는 빠짐 없이 전적지의 부윤 또는 면장에 신고서의 1통을 송부하고 입적 완료의 통지를 받은 후 그 제적을 할 것.

3. 민적의 기재 순위에 관한 사항
(1) 직계존속은 촌수[親等]가 먼 자를 먼저 할 것.
(2) 직계비속은 그 배우자는 촌수가 가까운 자를 먼저 하고 촌수가 같은 자는 적(嫡)을 먼저하고 적서가 같은 자에 있어서는 연장자를 먼저 하고 아내는 그 남편의 다음 순위에 기재할 것.
(3) 방계친족과 그 배우자는 촌수가 가까운 자를 먼저 하고 기타 전항에 준할 것.
(4) 민적 편제 후 그 가(家)에 들어온 자에 대해서는 입적일자의 순서에 의해 민적의 말미에 등록할 것.

4. 출생에 관한 사항
(1) 적출자는 그 출생순에 의해 장남(녀) 2남(녀)으로 기재하고 서자가 있어도 적출자의 순위에 영향 없을 것.
(2) 첩이 낳은 자녀는 서자로 하고 남편이 없는 부녀가 낳은 자식은 사생자로 하여 취급할 것.
(3) 남자 17세 미만, 여자 15세 미만인 자 사이에 낳은 자녀는 그 남녀가 혼인식을 올린 경우라도 서자로 취급할 것.
(4) 전항의 경우 서자의 부모가 후일 혼인신고를 한 때는 서자의 순위를 적출자로 고쳐

출생별, 기타 관계 사항을 정정할 것.
(5) 사생자는 어머니의 민적에 등록하고 아버지의 난을 공란으로 할 것.
(6) 사생자에 대한 인지 신고가 있는 때는 아버지가 속한 가(家)의 민적에 서자로 등록하고 어머니의 난에는 어머니의 성명을 기입하고 그 사유를 사유란에 기재할 것.
(7) 전항의 등록을 한 때 또는 입적 완료의 통지를 받은 때는 해당 사생자의 사유란에 그 사유를 기재하고 어머니의 가의 민적에서 이를 지울 것.
(8) 서자 또는 사생자의 신위란에는 서자 남(녀) 또는 사생자 남(녀)으로 기재하고 장남, 장녀로 기재하면 안 될 것.

5. 실종에 관한 사항
(1) 실종선고를 받은 자는 사망자로 취급할 것.
(2) 실종선고를 받은 자가 있는 때는 그 신고는 확정판결의 등본을 첨부하여 이를 하게 하고 '몇 년 몇 월 몇 일 모 법원에서 실종선고, 몇 년 몇 월 몇 일 사망으로 간주한다'라고 사유란에 기재할 것.
(3) 실종선고의 취소가 있는 때는 그 신고는 확정판결의 등본을 첨부하여 이를 하게 하고 '몇 년 몇 월 몇 일 모 법원에서 실종선고 취소'라고 사유란에 기재할 것.
(4) 호주가 실종선고를 받은 후 그 취소가 있은 때는 호주 변경의 경우에 준하여 취급할 것.
(5) 실종선고의 취소를 받은 자가 가족인 때는 다시 민적에 등록할 것.

6. 호주 변경에 관한 사항
(1) 상속, 기타 호주의 변경을 일으킬 사항에 대해 신고가 있을 때는 신호주를 본(本)으로 하여 민적을 편제하고 구 호주의 민적은 변경의 사유를 기재한 후 이를 말소할 것.
(2) 호주 변경으로 인해 새로운 민적을 편제하는 경우에는 구 호주의 민적 중 말소되지 않은 가족만을 등록할 것.
(3) 호주가 사망하고 남자(양자를 포함한다)가 없을 때는 사망한 호주의 조모, 모, 아내가 순차 호주로 되지만 사망한 호주에 양자를 들인 때는 양자가 호주가 되고 여호주는 그 지위를 물러나야 하는 것으로써 신호주의 민적 중 호주가 된 원인란에는 '전 호주 아

무개의 손(男 또는 夫) 사망 아무개의 양자로 몇 년 몇 월 몇 일 호주가 된다'고 기재할 것.
(4) 호주가 남자 없이 사망한 후 유복의 남자가 태어난 때는 그 남자는 출생과 동시에 호주가 되어야 하는 것으로써 신호주의 민적 중 호주가 된 원인란에는 '몇 년 몇 월 몇 일 출생으로 인해 호주가 된다'라고 기재할 것.

7. 상속인의 폐제에 관한 사항
(1) 친자인 상속인 폐제 신고는 이를 수리해서는 안 될 것.

8. 혼인에 관한 사항
(1) 남 17세 미만, 여 15세 미만인 자의 혼인신고는 이를 수리해서는 안 될 것.
(2) 남편 또는 아내를 가진 자가 거듭해서 한 혼인신고는 이를 수리해서는 안 될 것.
(3) 남편 사후의 재가(再嫁)는 혼가(婚家)를 떠난 후에 한 것이 아니면 그 신고를 수리해서는 안 될 것.
(4) 조선인 여자가 혼인으로 인해 내지인의 가(家)에 들어간 때는 그 내용[旨]을 민적의 사유란에 기재하고 민적은 이를 지울 것.
(5) 조선인이 내지인을 아내로 삼은 때는 혼인으로 인한 입적의 취급을 할 것.

9. 이혼에 관한 사항
(1) 아내가 이혼으로 인해 그 친가에 복적해야 하는 경우 실가가 이미 끊어졌기 때문에 친족의 가에 들어가고자 할 때는 이혼 신고와 동시에 입가(入家) 신고를 하게 하고 만약 친족의 가에 들어갈 수 없을 때는 일가창립 신고를 하게 할 것.
(2) 재판상의 이혼 신고에는 확정판결의 등본을 첨부하게 할 것.

10. 양자에 관한 사항
(1) 양자를 할 수 있는 자는 호주인지 가족인지 불문하고 기혼 남자로 실자손(남)이 없는 자에 한하고 또 양자가 될 수 있는 자는 양친의 남계혈족 남자 중 자의 항렬에 해당하고 또 양친보다 연소한 자에 한하기 때문에 이에 반하는 양자 신고는 이를 수리해서

는 안 될 것.
(2) 조선인 남자가 양자 또는 수양자결연으로 인해 내지인의 가에 들어간 때는 그 취지를 민적의 사유란에 기재하고 민적은 이를 지워서는 안 될 것.
(3) 처자를 가진 자가 양자가 된 때는 그 처자는 당연 양가에 들어가야 할 것으로써 따로 입가 신고를 요하지 않을 것.
(4) 수양자 신고는 이를 수리해서는 안 될 것. 단 이미 수리한 것은 종전대로 취급할 것.

11. 파양에 관한 사항
(1) 호주가 된 양자의 파양 신고는 이를 수리해서는 안 될 것.
(2) 파양으로 인한 복적에 대해서는 이혼에 관한 사항 중 제1항의 예에 따라 이를 취급할 것.
(3) 재판상의 파양 신고에는 확정판결의 등본을 첨부하게 할 것.
(4) 수양자가 양가를 떠나는 경우에는 파양에 준하여 그 수속을 하게 한 후 수양자였던 자로부터 일가창립 신고를 하게 할 것.

12. 분가에 관한 사항
(1) 장남 또는 여자의 분가 신고는 이를 수리해서는 안 될 것.

13. 일가 창립에 관한 사항
(1) 기아(棄兒)의 발견이 있는 때는 부윤 또는 면장은 성명을 명하고 본적을 정해 연월일을 추정하고 발견 장소, 연월일시, 부속품, 기타 상황과 함께 이를 조서에 기재하고 그 조서에 의해 민적을 편제하여 일가창립 취급을 할 것.
(2) 위 조서는 이를 신고서와 같이 취급할 것.

14. 입가(入家)에 관한 사항
(1) 호주가 타가에 있는 자기 또는 가족의 친족을 혼인 또는 입양으로 인하지 않고 그 가에 들어오게 하고자 할 때는 입가 신고를 하게 할 것.
(2) 입가한 자가 호주의 친족이 아닐 때는 순위란에 그 가족과의 관계를 기재할 것.

(3) 호주가 가를 폐(廢)하여 타가(他家)에 들어가는 경우에는 가족에 대해 따로 입가 신고를 요하지 않을 것.

(4) 입가한 자를 이적(離籍)하고자 할 때는 호주로부터 그 신고를 하게 할 것.

15. 폐가에 관한 사항

(1) 상속으로 인해 계승한 가의 폐가 신고는 본가상속을 위해 하는 경우를 제외한 외에 이를 수리해서는 안 될 것.

(2) 분가 또는 일가창립으로 인해 새로 호주가 된 자의 폐가 신고는 이를 수리할 것.

(3) 상속으로 인해 가를 계승한 아들이 아버지의 사후 재가한 어머니와 함께 새로운 남편의 가에 동거해도 그 가는 폐할 것이 아니기 때문에 폐가와 입가 신고는 이를 수리해서는 안 될 것.

16. 폐절가재흥에 관한 사항

(1) 제사할 조상이 없는 폐절가재흥 신고는 이를 수리해서는 안 될 것.

17. 부적(附籍)[84]에 관한 사항

(1) 부적 신고는 가급적 이를 수리해서는 안 될 것.

(2) 부적해소 신고는 부적주(附籍主)로부터 이를 하게 할 것.

18. 이름에 관한 사항

(1) 민적에 이름의 기재가 없는 자 또는 이름으로 인정할 수 없는 칭호(소사, 성녀, 씨, 소악윤, 소근자, 소자의 유)의 기재가 있는 자에 대해서는 그 이름의 등록을 신고하게 할 것.

(2) 개명 신고에는 도장관의 허가서를 첨부하게 할 것.

(3) 민적에 이름으로 인정할 수 없는 칭호의 기재가 있는 자가 새로 그 이름의 등록을 구할 때는 개칭 수속을 요하지 않을 것.

---

84 남의 호적에 얹혀 있는 호적, 호적부에 없는 호적을 새로 끼어 실음.

(4) 언문으로 기재한 이름을 동음의 한자로 고치고자 하는 경우는 개칭 수속을 요하지 않을 것.
(5) 민적에 등록된 이름과 다른 이름을 사용한 자가 그 동일인임을 증명을 원출(願出)한 경우에는 적당한 방법에 따라 사실을 조사한 후 이를 부여할 것.

19. 첩에 관한 사항
(1) 첩의 입적 신고는 이를 수리해서는 안 될 것. 단 이미 수리한 것은 종전대로 그 취급을 할 것.

⟨자료 41⟩ 「민적법」 개정(1916년 7월 24일, 조선총독부령 제56호)(『조선총독부관보』 1192, 1916.7.24)

제32조 중 '및 파양'을 '파양 및 입가'로, '실가'를 '실가 또는 입가자가 속한 가'로 고친다.

부칙

본령은 1916년(大正 5) 8월 1일부터 이를 시행한다.

2) 언론 보도

〈자료 42〉 결혼 신고 태만자 처태(處答) 《매일신보》, 1911.2.22

중부(中部) 금부(禁府) 후동(后洞) 사는 한성녀(韓姓女)는 금년 30세인데 타인의 별실로 도세(渡世)하다가 수년 전부터 독거 수절한다더니 부득이한 사정으로 인하여 작년에 같은 동(洞) 사는 이영의(李英儀) 씨와 결연, 동거하는 중 소관 경찰서에 결혼신고서를 제정치 아니하였음으로 해서 해당 관서에서 한성녀를 불러 심사하고 태형 10도에 처하고 풀어 주었다더라.

〈자료 43〉 「민적법」 위반자 《매일신보》, 1911.5.6

중부(中部) 수진동(壽進洞) 사는 김창녀(金昌汝) 이 사람은 「민적법」을 위반한 일이 있다 하여 소관 경찰서에서 살펴 심사한 후 벌금 1원에 처하고 풀어 주었다더라.

〈자료 44〉 이전 신고 물태(勿怠) 《매일신보》, 1911.2.16

「민적법」을 실시한 이후로 인민이 결혼하든지 타관 내로 반이(搬移)하는 경우에는 일주일 이내에 신고함은 일정한 규칙인데, 근일 한성 내의 민심이 해이하여 이 법률의 관계를 알지 못하는 고로 각 경찰서에서는 민적 조사상에 곤란이 막심하다더니 중부 교동 사는 함치도(咸致道) 씨가 수월 전에 북부 벽동 근처로 반이하고 신고하지 않음으로 일전 북부 경찰서에서 함씨를 불러서 태형 10도에 처하였다 하니 일반 인민은 그 규칙을 각수(恪守)하여 이런 범과(犯科)가 없게 함이 가하다더라.

〈자료 45〉 「민적법」 위반자 (《매일신보》, 1914.12.1)

…민적 신고 게으르면…

「민적법」을 실시한 이후로 전일의 제도와는 달라 이 집에 들었다가 다른 곳으로 옮겨 가는 때에는 마땅히 지체하지 말고 그 소관 경찰서에 신고를 하여 자기의 떠나가는 데 편리함과 경찰서 민적 처리에도 구애가 없도록 주의하여야 될 일인데, 「민적법」을 실시한 후에도 종종의 지낸 일을 볼진대 집을 한번 옮겨 갈 때에는 즉시 신고의 절차를 하지 않고 이날 저 날로 미루어 가다가 법에 저촉되는 일이 한두 가지가 아닌즉, 이는 전혀 마음이 게으르고 해 타하여 필경에 법에 저촉하는 자가 심히 많으나 꾀꾀로 숨기도 하며, 경찰서에서 용서도 하여 사실상 범죄가 드러나는 일이 적더니 서울 장사동(長沙洞) 216번지에 사는 가쾌 노릇하는 변의배(邊義培)라는 51살 된 자는 올해 4월에 서울 초음정(初音町) 150번지에서 지금 주소로 떠나오고 이때 갓 소관 경찰서에 신고하지 않은 일이 발각되어 북부 경찰서에서 일일이 조사한 후 벌금 1원에 처하여 엄중히 타이르고 풀어 주었다더라.

〈자료 46〉 축첩, 입적, 이거 (《매일신보》, 1911.9.26)

북부경찰서장 스즈키 시게다네(鈴木重民) 씨가 일전에 일반 서원을 회동하고 축첩, 파첩(罷妾), 입적, 신고의 건에 대하여 훈시한 사항이 다음과 같다더라.

1. 축첩[卜妾] 및 파첩에 관한 신고의 건

첩은 「민적법」이 인정하는 바이나 첩을 파함은 결혼이 아니라. 그러나 왕왕 결혼 신고를 하는 자가 있는 고로 서면에 서체(書替) 또는 정정 등의 시간 및 수고를 요함으로써 지금부터 축첩하는 자에 대하여는 입적 신고를 하게 함이 가함.

첩을 파한 때도 또한 이혼 신고를 하지 못하게 하고 이 경우에는 첩 된 자가 입가하는 집 의(첩의 생가에 복귀하는 경우를 포함함) 호주와 축첩하여 지낸 집의 호주와 연서하여 입적신고를 하게 함이 가함.

단, 첩으로써 입적하는 경우는 민적 등록의 순서가 있음으로써 그 첩 된 사유를 기입함은 물론(勿論).

1. 입적 신고의 건

입적 신고는 입적케 하는 집의 호주로부터 신고를 할 만한 자이나 입적자부터 이를 위하는 자가 왕왕 있어서 취급상 착오가 생기기 쉬움으로써 자(自)■으로는 반드시 입적케 하는 집의 호주로부터 신고함이 가함.

1. 이거(移居) 신고의 건

이거라 함은 갑지의 민적이 있는 자가 일가를 열고 을지로 전입하는 경우을 운운하는 고로 호주 또는 가족의 1인 혹은 수인의 신(身)이 재적지 이외의 땅(地)에 거주하는 자는 이거 신고를 하게 함이 아니오(호주 또는 가족의 1인 혹은 수인이 재적지 이외에 주거하는 자는 그 주거지에서 현주자 명부에 등록하여 둘 만한 자라). 고로 차등자(此等者)로부터 이거 신고하러 오는 경우는 이를 수리함이 불급함(수지(受持)■은 호구조사, 기타로부터 현주자 됨을 발견한 때는 본적 주소, 직업, 성명, 연령, ■속병(■續柄) 등을 취조하여 보고함이 가함).

〈자료 47〉 변사(辯士)의 축첩(畜妾) 신고, 변호사의 첩 얻은 신고(《매일신보》, 1912.4.21)

남부 장교(長橋) 27통 7호에 사는 변호사 윤방현(尹邦鉉) 씨는 일전에 중부 사동(寺洞) 27통 7호에 사는 조병국(趙秉國)의 딸, 28세 된 조성녀를 첩으로 삼고 그날 그 첩과 연명하여 소관 경찰서에 축첩신고서를 제출하였다더라.

〈자료 48〉 축첩자(畜妾者)의 주의, 첩 두는 자의 주의할 일, 민적에 구애가 없도록
(《매일신보》, 1913.7.20)

집안의 화근 되는 첩을 얻어 놓고 민적에 올리지 못하여 주야로 걱정 근심으로 지내는 중 민적계로부터 자주 자주 호출하여 전후시말을 질문하는 동시에 이로 대답할 수 없고 참으로 성가시어, 첩 얻은 후회가 갈수록 더욱 가슴에 치밀어 올라 어떻게 하면 좋을는지 한탄으로 지내는 자를 헤아려 보면 능히 손가락으로 꼽을 수 없게 된지라. 대개「민적법」의 등본 기입 하는 예로 말하면 한 사람의 명의로 두 계집 둔 성명 본적을 올리는 규칙은 전혀 없는 바라. 그러한데 그중 무식한 사람들은 자기의 욕심대로 첩까지 한데 기입하고자 우는 자가 심히 많도다. 이는 전혀 무식함에서 나왔다 할지나 첩을 얻어 놓고 쓸데없는 걱정을 빚어냄은 심히 우습고 족히 경계할 바이더라.

〈자료 49〉 북부경찰서장과 관내의 풍기진숙(風紀振肅), 북부경찰서 관내의 민적 누락자의 주의 (《매일신보》, 1914.11.4)

북부경찰서장 마쓰이 신스케(松井信助) 씨는 그 서에 부임한 이래로 경찰 사무에 민활하고 방법이 또한 숙련되어 여러 가지가 전보다 쇄신되어 가는 모양이라는데, 관내에 인자한 주의로서 항상 베풀어 민심을 감열케 하며 매사를 공평 정직으로 처리하여 민적에 누락된 자를 아무쪼록 조사를 정밀히 하여 넣어주게 훈시하며 더구나 구동명과 신동명이 바뀐 까닭으로 암매한 인민들은 어찌한 이유를 몰라 전혀 절차하기에 다소 곤란을 받는 폐가 있을 듯하니 밝히 가르치고 알아듣도록 설명하라고 간절히 부하를 독려함으로 일반 관내 인민은 모두 환영하는 중이라는데, 마쓰이 신스케는 더욱이 관내 풍기를 엄숙하게 하기 위하여 지금 각 밀매음녀와 노름군, 부랑자들을 도저히 조사하는 중이라더라.

〈자료 50〉 민적 벌칙의 엄행(嚴行), 「민적법」 어긴 자는 용서 없이 형벌에 (《매일신보》, 1914.12.5)

본보에 누누이 게재한 바「민적법」에 의하여 집을 떠나거나 또는 죽든지 생산을 하는 경우에는 반드시 지체치 말고 소관 경찰서에 신고함이 가하다고 주의하게 함이 한두 번이 아닌바, 이 즈음 각 경찰서에서는 그런 폐단을 분명하게 조사하여 장래의 처리상 번잡함을 면케 할 차로 현발되는 대로 용서 없이 처벌하기로 작정이라는데, 서울 관철동 40번지에 사는 잡화상 하는 김종환(金宗煥), 62살 된 자는 그 손자 김수경(金壽慶)을 4년 전 4월 27일에 낳은 것을 이때껏 신고하지 않고 범연히 지내오다가 마침내 북부경찰서 조사 시에 발각되어 엄중히 타일러 내보냈다더라.

〈자료 51〉 민적과 신동정명(新洞町名), 동대문 분서에서 착수(《매일신보》, 1915.2.2)

「민적법」이 한번 실시한 이후로 오늘날까지 몇 해를 실행하여 오나, 그러나 다른 사건과 판이하여 복잡하기가 한량없는지라. 만 호 장안 다수 인구의 출생과 기타 허다한 사고로 말미암아 때때로 변동됨으로 그를 맡은 계관도 때때로 정리하기에 분잡한 중 근래 더욱 어려울 것은 구동명은 일절 폐지하고 신동명과 신번지를 만들어 쓰게 되었음으로 민적 정리상에 더욱 현란함을 이룬 결과 각 경찰서에서는 날로 한가한 겨를이 없이 안비막개(眼鼻莫開)됨은 물론이라. 그런 고로 동대문경찰분서에서는 어저께부터 관내 민가 40호씩을 불러다가 자세히 물은 후 민적을 정리하는 중이라는데 매일 40호씩 호출한다더라.

〈자료 52〉 인민은 결코 오해치 말라, 다치바나(立花) 경무총장 담(談)(《매일신보》, 1915.3.14)

민적 취급의 변경…단속, 기타는 모두 전과 일반…공동묘지와 오해…마소에게 세를 받는다는 풍설…개탄할 여러 가지 오해

수년 이전에는 조선의 만반 시설이 초창에 부치고 질서가 완비하게 정돈되지 못하여 행정관청에서 취급하던 사무도 편의를 위하여 경찰관서에서 취급한 일이 있었으나 이후 몇 해 동안에 여러 가지 질서가 정비되고 각반 시설이 완비하였으므로 여러 가지 개선을 차차 행하게 됨은 실로 국가와 인민을 위하여 기꺼운 일이라. 최근의 실례로 말하면, 종래 경찰관청에서 취급하던 민적사무를 돌아오는 4월 1일부터 부(府)나 면에서 취급하게 작정된 것이라. 대저 조선의 민적사무는 19년 전 1896년(建陽 1)경부터 경찰관서의 취급으로 시작되어 그대로 행하여 내려오다가 1909년(隆熙 3) 4월 1일 법률 제8호로써 새로이 「민적법」이

발포되고 계속하여 경찰관서에서 책임을 가지고 취급을 하고 면장은 다만 사무를 몇 분 보조하였을 뿐 금일까지에 이르렀던 제도를 고쳐 4월 1일부터는 부에는 부윤, 군에는 면장으로 이를 취급하게 하기로 방침이 변경되어 목하에 새로히 민적원부(民籍原簿)를 만드는 중인즉, 시행기일까지는 전부 인계가 될 터이라. 민적사무는 내지에서도 사법대신의 관할에 부쳐 있으나 각 촌의 촌장 즉 조선의 면장 같은 직문에 당한 사람을 호적리(戶籍吏)로 정하여 취급케 하는바, 이번에 취급하는 당무자가 변경된 것도 전혀 그러한 취지에서 나온 것인즉, 다만 취급하는 곳만 변할 뿐이오. 결코 조금도 이전과 다를 것이 없는즉, 세를 받느니, 민적이 넘어갈 때에 누락이 되기 쉬우니, 돈을 들여서 등본을 내어 두어야 한다는 등 그러한 오해는 조금도 쓸데없는 일이오. 다만 일부러 어리석은 백성들이 허황한 오해로 지어낸 말이라. 원래 민적사무는 인민을 보호함과 단속하는 데와 기타 일반행정상에도 중대한 사무임은 국가 사회를 조직하는 기초로 없지 못할 것이오, 소홀히 하지 못할 것이라. 고로 민적을 면장에게 넘긴 이후라도 여전히 계속하여 제반의 규정은 전일과 다를 것이 없고 추후도 등한에 부치지 아니할 방침이라. 혹 이해관계상으로 거짓 신고를 행하는 자가 있을 때에는 전일보다 한층더 엄중히 단속을 행할 것이오. 그중에 심지가 정직하지 못한 자는 경찰서와 달라 면장이 이를 취급한다고 이를 기회로 여겨 교묘한 수단으로 얼마쯤 속이려는 자가 있을런지도 알 수 없는즉 이는 엄중히 단속을 행하도록 미리 훈령을 발하고자 하는 바이라. 전에는 민적 사무를 취급하는 경찰관서가 두어 면 혹은 서너 면에 한 곳에 지나지 못하였으나 신제도가 시행된 후에는 면역소마다 그 면 내에 민적 사무를 취급할 터인고로 각 지방 인민이 받는 편리는 실로 막대할지오. 또한 민적사무를 취급하는 곳이 변한다고 전과 다를 리는 없는즉 인민들은 이즈음에 쓸데없는 오해로 그 어리석음을 남에게 흉잡히지 말고 아주 안심할 것이오. (이하 생략)

〈자료 53〉 첩의 이혼소송, 첩으로는 살 수 없다고 (《매일신보》, 1915.3.25)

어떠한 젊은 계집 한 명이 지난 24일 아침에 무슨 소장 하나를 들고 와서 경성지방법원 민사부에 제출하는데 그 소장의 내용을 본즉, 그 계집은 경성부 서린동 29번지에 사는 신국태(申國泰)라는 계집이오, 그 남편은 경성부 필운동 20번지 강재무의 집에 있는 강태흠(姜泰

欽)인데 앞의 신성녀[85]는 재작년 2월 23일 강태흠의 첩이 되어 그 집에 들어갈 때 별별 말로 꾀고 달래어 ▲본처와 한가지로 대접하여 줄 터이니 두말 말고 같이 살자 하여 드디어 동거한 후로 일없이 그 자별하던 정의가 성기어 가며 공연히 학대를 심히 하던 중에 또한 생활이 곤란하여 신성녀가 가지고 갔던 돈으로 내의 술집을 벌리고 영업을 하여 겨우 호구를 하더니 의룹지 못한 강태흠은 도리어 벌어먹을 생각은 아니하고 술 판 돈을 꾀꾀로 몰래 가져다가 쓰기를 마지않음으로 과연 그렇게 하고는 살기가 어려워 자주 권고를 하나 듣지 않고 여전히 집에 들면 때리고 박대하기를 여지없이 함으로 도저히 이 세상 첩명색하고는 살 수 없으니 이혼하여 달라고 소장을 받은 일인데 사실의 확부는 마땅히 심리에 부쳐 판단될 일이라더라.

〈자료 54〉 나(余)는 이조시대에 민적하였다고 민적부를 파괴 (《매일신보》, 1915.4.18)

충청남도 연기군 동면 예양리에서 농업하는 장재학(張在學), 54세 된 자는 지나간 3월 12일에 조치원 헌병분견소 류택(柳澤) 헌병 상등병이 민적을 정리할 차로 민적부를 들고 그자의 집으로 들어가 그 집안 식구를 조사하는 중 장재학은 말하되, '우리는 이씨의 신하이라. 민적은 이씨 조정 시대에 등록하였는데 이제 별안간에 민적을 적는 뜻은 무슨 뜻이 있는 일이냐' 하고 홀연 민적부 속에서 자기 집 식구에 해당한 부분은 찢어다가 화로에 집어넣어 태워 버린 고로 이번에 공문서 훼기죄로 징역 5개월에 처하였는데, 불복하고 공소하였더라.

〈자료 55〉 내지 부인과 결혼은 입적됨, 「민적법」 불비점(不備點)의 보정 (《매일신보》, 1915.8.14)

여러 가지 「민적법」상에 새로 생긴 규정…일본 사람과 조선 사람은 서로 혼인할 수 있음…

---

85 신성녀는 '신씨 여자'라는 의미로 신국태를 지칭한다.

기타 혼인 연령…중혼…개가의 취급 규정

일한합병 이후로 혹 조선 사람으로 일본 여자를 데리고 사는 일이 있더라도 「민적법」에서는 허락하지 아니하여 할 수 없이 그 내외 간에 생긴 아이를 사생자로 하며, 따라서 그 자식은 저를 낳은 사람이라 아버지라는 말도 못 하게 되며 여러 가지 비극도 없지 못하였는지라. 이 일로 말하면 관계자뿐이 아니라 당국에서도 기회만 있으면 개량하고자 하던 터인데 마침 어떠한 상당한 사람이 일본 여자를 데리고 사나 ▲민적에 넣지 못함을 딱하게 여기어 경성부에 간청한지라. 경성부에서도 기회가 마침 좋다 하여 이왕부터 「민적법」에 결점되는 곳을 들어 총독부에 의론하였는데 총독부에서도 고려하는 바 있어서 마침 8월 7일 부통첩 제240호로써 각도 장관에게 민적 사무 취급에 관한 일을 통첩하였다. 그 통첩에는 물론 일본 여자가 조선 사람과 사는 경우에는 민적에 넣기로 하였은즉 이왕부터 민적에 끼우고자 애쓰던 사람은 이 기회에 ▲속히 신고를 할 일이라. 그 통첩 중에 혼인에 관계되는 것을 기록하건대 (1) 남자 17세 미만, 여자 15세 미만은 혼인신고를 받지 못함, (2) 남편 또는 아내 두고 거듭 혼인한 신고는 받지 못함, (3) 상부하고 개가하는 경우에 그 시가에서 나와 가지고 혼인하는 것이 아니면 받지 못함, (4) 조선 여자가 혼인하여 내지인의 집에 들어가는 경우에는 그 사유를 민적 사유란에 쓰고 민적은 삭제함, (5) 조선 사람이 내지인에게 장가든 경우에는 혼인 입적한 것으로 처리함. 이 제5조를 보면 일본 부인, 조선 남자 간의 결혼은 당연히 하여도 상관이 없음을 가히 알 일이로다.

▲개명주의

개명 청원에 대하여 허가 아니할 7조목

자고로 조선에는 성명을 고치는 풍습이 있어 관명을 한번 지어 죽을 때까지 고치지 않는 사람은 열에 다섯도 되지 못하는바, 연전 「민적법」이 발포 시행된 이래로 ▲성명을 고치는 데는 반드시 관청의 허가를 받도록 제한하였으나 그래도 오히려 성명을 고치는 사람이 적지 아니하여 경기도 관내로만 하여도 지난 4월부터 7월까지 넉 달 동안 개명 청원은 수가 437건, 한 달에 평균 109사람에 이르렀으나 이 중에 허가된 자는 약 10분의 6이오. 그 나머지는 모두 허가가 되지 않았다. 여항에서는 다만 50 전에 수입인지를 붙여 청원만 하면 즉시 허가되는 줄로 그릇 생각하는 것과 같음으로 경기도에서는 이 그릇된 믿음을 풀기 위하여 지난번 이에 관한 훈령을 발하고 ▲허가 않을 조건을 작정하였는데 첫째, 민적상의 성명이 토지대장결수연명부, 부동산 등기, 부동산 증명의 명의와 다르다는 것을 이유로 삼든지, 둘째, 민적상의 이름이 잘못 기록되었다 하는 경우에는 그 사실의 증거가 확실치 못하든지, 셋째, 민적상의 이름이 아명이라 하는 경우에 그 아명에 형제간의 항렬이 달랐거나 또는 보통 아명이라고 인정할 수 없든지, 넷째, 데리고 들어온 자식이나 또는 기타로 성을 고치라고 하는 경우에 민적상의 신위(身位)와 부합하지 아니하며 또 성을 고칠 이유가 없을 때이든지, 다섯째, 민적상의 이름이 선조의 이름과 똑같거나 또는 그릇된 것을 등록하였다 하여 이름을 고치려 할 때에 ▲그 사실의 증거가 확실치 못한 때이든지, 여섯째, 민적상의 이름은 관명이 다른데 보통 쓰는 이름이 있다 하여 고치려고 하든지, 일곱째, 이상 경우 이외 이전 관습이나 기타 특별한 사정이 있다고 인정할 수 없을 때에는 결탄고 개명을 허락하지 않기로 작정되었은즉 성명을 고치려 하는 자는 이 점에 대하여 십분 주의한 후 청원을 제출함이 가하겠다더라.

〈자료 56〉 민적 등본을 변조, 혼상계전을 먹으려고 (《매일신보》, 1915.8.14)

경기도 양주군 구리면 9통 8호 사는 김종일(金鍾■)(29)은 1914년(大正 3) 8월 18일 그 누이 진숙(鎭淑)이를 경성부 누하동 류헌영(柳憲永)에게 시집을 보내었으나 류헌영은 아직 16세로 아직 혼인할 연령이 못 됨으로 그 신고 절차를 할 수 없던바 이왕 들어 있던 양주군 별내면 퇴원리 사람이 조직한 혼상계(婚喪契)에 계금 15원 80전을 찾고자 함에 그 계의 규약은 신고절차를 이행하지 않으면 계금을 안 준다 함으로 김종일은 그 돈 찾기에 고심하던 중 올해 6월 20일 구리 면장 김규집(金奎輯)이가 마침 김종일의 집에 온 기회를 타서 그 사정을 말하고 김진숙의 민적 등본을 만들어 달라고 부탁한 까닭에 김 면장은 민적 등본 하나를 만들어 그 옆에 백지 한 장을 첨부하여서 계인(契印)을 찍고 그 종이에 진숙과 그 남편의 성명, 생년월일, 기타 혼인 연월일 등을 기입하고, 연령 부족으로 인하여 신고 수속을 못하는 뜻을 또한 기입한 외에 계금을 찾게 할 서면까지 합하여 김종일에게 주었으므로 김은 자의로 결혼한 뜻을 기록하여 계 중에 보내었으나 주지 않음으로 또 할 수 없이 그때는 등본 사유란에 결혼한 뜻을 기입하여 보냄에 그 계 주임은 전후 글자가 모두 다르고 또한 의심스러워서 못 주겠다 하여 마침내 주지 않았으므로 김종일은 목적을 이루지 못하고 곧 잡혀 경성지방법원에서 지난 12일 오전에 공판 심리하였다더라.

〈자료 57〉 첩의 이연(離緣)소송, 민적 말소 신청하려고 《매일신보》, 1916.2.25

경성 송현동 6번지 김홍만(金洪萬)(57)이라는 여인은 변호사 박제선(朴齊璿) 씨를 소송대리인으로 간동 118번지의 자기 남편 홍필주(洪弼周, 60)를 들어 민적 말소 청구 소송을 경성지방법원 민사1부에 제기하였다는데, 원고되는 김홍만이 청구하는 요지를 보건대, 만홍[86]은 1903년(明治 36) 2월 2일 홍필주의 첩이 되어 10년간 동거하던바 1915년(大正 4) 1월부터 첩 하나를 다시 얻어 두고 김홍만을 때려 쫓아내므로 아무리 늙어 가는 처지라도 인정 없는 자하고는 동거키 어려운 고로 작년 6월에 이혼신고에 도장을 찍어 달라고 청함에 쾌히 응낙하고 날인하여 주기에 경성부청에 신고하였더니 서식(書式)이 틀렸다 하여 다시 만들어 날인하기를 청한즉 어떤 심사인지 절대로 찍어 주지 않기에 재판소에 대하여 민적 말소를 청구하는 일이라 하였음으로 지금 후쿠다(福田) 재판장의 계로 24일 오전 10시에 제1회 공판을 열었다더라.

〈자료 58〉 부(父)를 피고로 소송, 민적에 끼어 달라고 《매일신보》, 1916.7.11

강원도 철원군 서변면 당동리 2통 8호 박용직(朴容稙)은 영정 변호사를 대리인으로 동군 동면 월음리 사는 자기 부친 박의병(朴義秉)을 상대자로 민적 등록 수속의 청구소송을 경성지방법원에 제기하였다는데, 그 내용인즉 박의병은 박용직이 지금으로부터 열세 해 전(明治 36) 열두 살 되었을 때 이성녀와 결혼케 하여 그동안 살아오던 중 종원(宗遠), 옥경(玉卿)의 자녀까지 낳았는데 어떻게 된 일인지 민적을 만들 때에 분가가 되어 민적이 각각 있고 본즉

---

[86] 홍만의 오기인 듯.

사리에 마땅치 않기로 부친 박의병에게 민적 등록의 수속을 청구하는 동시에 분가를 없애 달라 하나 듣지 않음으로 이에 할 수 없이 소송을 일으킨 일이라고 신립(申立)하였다더라.

〈자료 59〉 혼인과 이혼 수, 경성부 민적계의 성적 (《매일신보》, 1916.7.26)

경성부청 민적계에서 6월 중에 취급한 사건 수를 보건대, 조선 사람 편으로 말하면 그중에 제일 많은 것이 1,452건의 이주 사건이니, 이는 부내에 토지, 가옥을 가진 사람들이 점점 토지 가격이 저렴한 토지로 이주하는 까닭이오. 다음에 출생 수는 589명이며 사망 수는 319명이고 혼인은 163건인데 이러한 사건 수가 좀 적은 것은 필경 누락이 좀 있는 모양인 듯하더라. 또 이름 고치는 개명 청원이 84건인데, 이는 아명을 관명으로 고치는 까닭이라 더라. 또 호주 변경이 61건, 분가 신고가 41건, 일가 창립이 23건, 폐가 16건, 입가 12건이며 이혼 수가 24건인데 그 원인은 흔히 생활 곤란이나 시부모와의 불화한 일이며 혹은 내외 싸움을 하고 부청 민적계까지 왔다가 계원의 중재로 화해되어 나가는 일이 있다더라.

〈자료 60〉 이혼에 사망신고, 허황한 민적 신고 (《매일신보》, 1916.10.25)

고양군 연희면 대현리 떡 파는 정순택(鄭順澤, 27)은 7년 전 경성 필운동 사는 이동명(李東明)의 누이 이은순(李殷順)을 취처하여 살아오다 서로 불화한 때문에 1913년(大正 2) 정월 중 이혼을 하였으나 민적상의 절차를 하지 않고 그대로 지내 오더니 그 처의 본가로부터 제적하여 달라는 신청이 있음으로 작년 9월 8일 이은순은 몸 성히 있는 것을 불고하고 동인의 사망계를 경성부청에 제출하여 제적이 되었는데 요사이 이르러 허위의 신고를 한 일이 발각되어 경성 헌병분대에서 벌금 처분이 되었다더라.

〈자료 61〉 사망자가 민적계에 출두하여 제적 말소를 신청해, 참 우스운 일(《매일신보》, 1920.6.20)

시내 서대문정 2정목 93번지 강한욱(姜漢旭)은 그 부친 '호주' 되는 태현(台鉉)을 올해 1월 16일 오후 8시에 양주군 진접면 내주리에서 사망한 모양으로 1월 27일 날짜로 경성부에 사망신고를 제출한바 경성부에서는 그 신고에 의하여 제적. 그 부친 태현이가 이것을 알고 지나간 3월 29일에 경성부에 출두하여 자기의 생존한 사실을 말하고 민적에 제적된 것을 말소하여 달라고 신청한 고로 경성부에서는 실지조사한 결과 그의 생존함이 분명하고 강한욱의 사망신고가 거짓이므로 강한욱은 「민적법」 제6조에 의하여 경성지방법원에서 20원 벌금에 처하였다더라.

〈자료 62〉 호소야 사다무(細谷定, 조선총독부 경부), 「민적의 부등록(不登錄)과 혼인 성립 시기」(『조선휘보(朝鮮彙報)』, 1915.4, 조선총독부)

「민법」 제775조는 "혼인은 이를 [호적리]에게 신고함으로써 그 효력이 생긴다"고 규정하고 있다. 그러므로 내지인에 있어서는 가령 사실상 결혼하고 부부라고 칭하여 오랜 기간 계속 동서(同棲)하였어도, 만일 신고하지 않은 사이라면 법률상 부부로서 인정되지 않음은 자명하다. 그런데 「민법」의 친족에 관한 규정은 아직 조선인에게 적용되지 않는다. 즉 이것에 관해서는 관습에 의한다는 것은 「조선민사령」 제11조가 나타내는 바일 뿐만 아니라, 「민적법」 제1조의 규정에 따르면, "다음 각호의 1에 해당하는 경우에는 그 사실 발생일로부터 10일 이내에…신고해야 한다"고 되어 있으므로, 신고 전에 사실 관계를 인정해야 하는 것은 말할 것도 없다. 그러므로 조선인이 조선 종래의 관습에 의해서 결혼식을 거행한 경우는 이때로서 이미 부부라는 사실을 인정해야 하는 것은 역시 당연한 일이다.

그렇지만 바꿔서 이를 「민적법」상으로부터 공구(攻究)[87]한다면, 가령 사실상 신분 관계에 이동이 있어도 신고하지 않는다면 민적부상 부부인 관계를 인정할 수 없다. 어쩌면 「민적

---

87 학문 같은 것을 연구함.

법」은 「민법」과 같은 실체법이 아닌 하나의 수속법이다. 즉 신분에 관한 신고가 있으면 그에 의해서 그 사실을 등기하고, 그러므로써 신분증명의 기초로 삼아야 함을 규정하는 데 그치고, 그 사실 관계의 근본에 서서 시비를 판단하는 것은 아니다. 그러므로 예를 들면 1월 1일에 혼인하고, 6월 30일에 이르러 이를 신고한 자는(「민적법」에는 신고 기간을 10일로 하고 있음에도 6개월간 신고를 태만이 한 책임은 다른 문제) 이를 실체법상으로부터 본다면 1월 1일부터 부부 관계가 발생했다고 해석해야 하지만, 「민적법」상으로부터 본다면 6월 30일이 신고일로 1월 1일부터 부부임을 인증받는 것에 지나지 않는다.

위에 서술한 것과 같이 사리가 이미 명백하다. 그런데도 심히 조선의 사정에 통하지 않아, 내지에서의 법률 관념에만 익숙한 사람에게 있어서는 때로 오해를 초래하는 일이 없지 않다. 조선인 혼인 성립의 시기는 어느 때로 정해야 하는가 하는 문제는 세상에서 흔히 듣는 것일 뿐만 아니라, 어느 검찰관마저도 간통의 고소에 대해서 "고소인은 피고소인 모(某)와 혼인을 하여 부부라는 사실이 있음은 명백하지만, 아직 민적에 등록되지 않아서 법률상 부부라고 인정할 수는 없다"는 이유로 불기소 처분을 내린다고 들었다. 이런 까닭에서 드물게 있는 오단(誤斷)[88]에 지나지 않는 것이지만 역시 이로써 일반을 추측하여 아는 데에는 어렵지 않다.

생각건대 단순한 관념으로부터 한다면 민적에 등록되지 않은 경우를 부부로 인정하여 간통죄를 묻는 것은 이상한 듯하지만, 이는 오로지 형식적 수속법에서 아직 등록하지 않은 것에 지나지 않아서 실체법(「민사령」과 같은)에서는 이미 부부 관계를 인정하는 것은 이미 기록과 같으므로, 이를 간통죄로 물어도 하등 이상하지 않다. 이를 예로 들면, 「호적법」 제21조에 "호적의 기재는 신고…에 의해 이를 행한다"고 하여, 가령 출생자가 있어도 이를 신고하지 않아서는 호적상의 자식인 신분을 증명할 방법이 없음에도, 「민법」 제1조는 이미 출생의 때로서 사권(私權)의 주체임을 인정하여, 만약 이를 살해하는 자가 있다면 살인죄를 묻는 것과 같다. 그러므로 나는 민적의 부등록(不登錄)은 조선인 혼인의 성립 시기에 하등 영향이 없다고 믿는다.

그리하여 종래 경찰관헌에 있어서는 그 조혼의 폐를 교정할 목적으로 남 17세, 여 15세에

---

88 잘못 판단함. 또는 그 판단.

미달하는 자의 혼인신고를 수리하지 않는다는 방침을 채택했던 것이지만, 어떤 논자는 앞서 말한 검찰관의 오단도 필경 경찰관헌이 조혼자의 신고를 거부하는 데 기인한다고 책망하는 소리도 듣는다. 그렇지만 내가 보기로는 민적의 부등록은 단순히 조혼자의 신고를 수리하지 않음에서만 기인하는 것은 아니다(조혼자의 신고를 거부하는 것은 부당한 일이 아니라는 것은 다른 날 이를 논하겠다). 상당한 연령에 달한 남녀가 혼인하여 신고하지 않는 경우도 있을 수 있고, 기타 이혼, 출생, 사망 등도 신고하지 않으면 가령 사실 관계가 발생하여도 민적에 등록하지 않아서 등록되지 않으면 의연 민적상 이를 등록할 방법이 없다. 그렇지만 이미 발생한 사실 관계는 이를 부정할 수 없다. 그러므로 나는 민적 관계와 사실 관계는 때로 합치하지 않는 것은 역시 면하기 어려운 바로서, 특히 앞서 말한 검찰관의 오단까지 하나로 경찰관헌이 조혼자의 신고를 거부하는 데에서 기인한다고 속단하는 것은 모함에 기초한 것이라고 말해도 할 수 없다. 감히 강호 식자의 비판을 받고자 한다.

〈자료 63〉 호소야 사다무(細谷定, 조선총독부 경부), 「조선인 조혼과 관습의 효력(朝鮮人早婚と慣習の效力)」(조선총독부, 『조선휘보(朝鮮彙報)』, 1915.5)

나는 4월호 본지에서 조선인이 조선 종래의 관습에 따라 사실상 혼인하는 경우는 가령 아직 민적에 등록하지 않았어도 혼인의 효력은 이미 발생한 것이 된다고 서술했다. 그런데 내가 사실상 혼인한 경우라고 조사한 것은 적법으로 혼인한 경우, 다시 말해 조선의 선량한 관습에 따라서 혼인한 경우임은 물론이다. 관습에 반해서 행한 혼인은 즉 법규에 반해서 행한 것과 같으므로 법률상의 효력이 없는 것은 말할 필요도 없다. 그 소위 조혼과 같은 것이 그 적당한 예가 될 것이다.

소위 조혼의 폐―즉 일정한 연령에 차지 않은 남녀 간의 혼인이 그 당사자 및 자손에 미치는 해는 과연 어떠한 정도인지 내가 알지 못하지만, 일반의 통설(우리나라(일본-편역자) 「민법」에는 남자는 만 17세, 여자는 만 15세에 이르지 않으면 혼인을 할 수 없다(765조)고 한 것은 보통 사람이 아는 바로서 프랑스, 이탈리아는 남자 만 18세·여자 만 15세, 영국, 스페인은 남자 만 14세·여자 만 12세, 독일은 남자 만 20세·여자 만 16세, 네덜란드, 러시아는 각 남자 만 18세·여자 만 16세, 벨기에는 남녀 모두 만 21세로서 혼인의 적령을 정하였다고 하는 정도의 차이가 있지만, 조혼을 금지하는 것은 각국 법전이 일치한다)로부터 미루어 생각한다면 반드시 그 폐해가 큰 것임을 믿지 않을 수 없다.

그리고 조선에서도 혼인의 연령에 대해서는 『경국대전』 혼가의 조에 "남자 15세, 여자 14세에 혼인을 허락한다(자녀 나이 만 14세 허혼). 만약 양가 부모 중 한쪽이 병이 있거나 혹은 나이 50으로 자녀 12세 이상인 자는 관에 고하고 혼인을 한다"고 했다. 1894년(개국 503년, 明治 27) 6월 의안 허혼 연령을 정하는 건에서 "남녀 조혼은 빨리 엄금해야 한다. 남자 20세, 여자 16세 이후 허혼이 허가된다"라고 규정하고 있다. 다시 1908년(隆熙 1, 明治 40) 8월에 이르러 "아뢰기를 인생 30에 아내를 얻고 20에 시집을 가는 것은 옛 3대의 성법이어늘, 근래 조혼의 폐가 국민의 병의 원인이 됨이 막심한 고로 연령 금령이 있되 하물며 실시하지 않으니 어찌 유사의 과오가 아니리오. 이에 유신의 가을을 맞이하여 풍속을 개량함이 최고 급무라. 고금을 참작하여 남자 만 17세, 여자 만 15세 이상으로 혼인을 허락하여 준거하여 어김이 없도록 하라"고 조칙을 발포하였다. 한국 전제 당시의 이와 같은 조칙은 인민에게 절대 복종의 의무가 있는 것은 물론이지만, 종래 기혼자를 성인이라 하고 미혼자를 총각이라 칭하여 양자의 사이에 사회상의 대우에 현저한 차이가 있는 것으로부터 극단적인 조혼의 폐풍이 행해져, 여자 12, 3세로서 시집가고 남자 10세 전후로 하여 장가를 드는(조선에서는 대개 아내는 남편보다 2, 3세 연장인 것이 보통인 듯하다) 경우가 그다지 드물지 않다. 조칙의 정신이 드디어 끝내 몰각되어 버린 상태가 되었는데, 이에 당국은 일대 영단으로서 남자 17세, 여자 15세에 이르지 않은 자의 혼인신고는 이를 수리하지 않는 방침을 채택하고, 오로지 조혼관습의 방지 교정에 노력함에 따라 오늘날에 있어서는 조혼자의 수가 현저하게 감소함을 보게 되었다.

그런데 병합 후 1912년(明治 45) 3월 발포된 「조선민사령」 제11조는 「민법」 중 친족, 상속, 능력에 관한 조항은 조선인에게 적용하는 데에서 제외하고 이들에 대해서는 모두 관습에 의한다는 뜻을 규정하였다. 그러므로 이로써 앞서 언급한 조혼의 폐습도 하나의 관습으로서 유효한 것으로 이에 뒷받침된 것처럼 오해하는 자가 없지 않았다. 지금 경찰관헌이 조혼자의 신고를 거부하는 방침을 채택한 것에 대해 그 부당함을 논란하는 자가 있고, 그 논거는 「민사령」 제11조 외에는 나오지는 않는 듯하다.

따라서 생각컨대, 나는 도저히 이러한 설을 좌시할 수 없음이 유감스럽다. 왜냐하면, 조선인에 관한 친족, 상속 등의 사항에 대해서는 관습에 의존하는 것은 물론 「민사령」에 명백하기에 추호도 의심할 여지가 없지만, 애초에 관습이란 것 역시 공공의 질서 혹은 선량한 풍속에 반하지 않는 한도에서 용인되어야 하고, 만일 이에 반하는 것이 가령 사실상 이루어진 것이라고 하더라도 이를 바로 채택해서 관습으로 삼아 법률상의 효력을 미치게 할 수 없음은 말할 것도 없이 자명한 것이다(본년 4월 1일 『관보』 등재 민적사무에 관한 조선총독의 훈령 중에도 "공의 질서 선량한 풍속에 반하는 관습은 이를 용인할 수 없다"는 취지를 명기하였다). 그렇다면 조선에서는 조혼이란 것이 역시 선량한 풍속에 반하는 것인 한, 나는 앞에 든 법령 및 조칙의 취지로부터 보아 "조혼은 선량한 풍속에 반한다"고 단언하기를 결코 주저하지 않는다. 듣기에 조선총독부 『관습조사보고서』 중 혼인의 항에도 "조혼의 폐습 운운"이라 기록되어 있고 폐습은 선량한 관습과는 상용할 수 없으니 이를 「민사령」 제11조의 경우로 채용할 수 없음은 본디 말할 필요도 없는 바로서, 나는 당국이 전에 이 조혼 신고를 거부한 것은, 실로 시의적절한 조치로서 소위 풍속의 개량상 기여할 공적이 결코 작지 않음을 믿는 바이다.

2. 「조선민사령」 도입과 관습에 대한 통제

1) 「조선민사령」

〈자료 64〉「조선민사령」(1912년 3월 18일, 제령 제7호)(『조선총독부관보』 호외, 1912.3.18)

제1조 민사에 관한 사항은 본령, 기타 법령에 특별한 규정이 있는 경우를 제외하고 다음 법률에 의한다.

 1. 민법, 2. 1902년(明治 35) 법률 제50호, 3. 1904년(明治 37) 법률 제17호, 4. 1899년(明治 32) 법률 제40호, 5. 1900년(明治 33) 법률 제51호, 6. 1900년(明治 33) 법률 제13호, 7. 민법시행법, 8. 상법, 9. 1900년(明治 33) 법률 제17호, 10. 상법시행법, 11. 1890년(明治 23) 법률 제32호, 12. 상법시행조례, 13. 민사소송법, 14. 외국재판소의 촉탁으로 인한 공조법(共助法), 15. 1899년((明治 32) 법률 제50호, 16. 가자분산법 17. 인사소송수속법, 18. 비송사건수속법, 19. 민사소송비용법, 20. 상사비송사건인지법, 21. 집달리수수료규칙, 22. 공탁법 23. 경매법

(중략-편역자)

제10조 조선인 상호 간의 법률행위에 대해서는 법령 중 공의 질서에 무관한 규정과 다른 관습이 있는 경우에는 그 관습에 의한다.

제11조 제1조의 법률 중 능력, 친족, 상속에 관한 규정은 조선인에 이를 적용하지 않는다. 조선인에 관한 앞 항의 사항에 대해서는 관습에 의한다.

제12조 부동산에 관한 물권의 종류와 효력에 대해서는 제1조의 법률에 정한 물권을 제외하고 관습에 의한다.

(중략-편역자)

부칙

제77조 본령은 1912년(明治 45) 4월 1일부터 이를 시행한다.

(이하 생략-편역자)

⟨자료 65⟩ 「조선민사령」 요지(《매일신보》, 1912.4.18)

총독부에서 「조선민사령 요지」 및 「형사령 요지」를 편찬하여 각처에 배부하였다 함은 이미 게재한 바이어니와 이제 그 전문을 들면 다음과 같더라.

1. 종래 조선에 있는 민사법규는 한국병합 후에 있어서도 법규를 습용(襲用)한 것과 병합 전에 제국이 한국에 대하여 치외법권을 있게 한 결과로 동일한 재판소에서 당사자의 여하를 인하여 그 적용할 법규를 다르게 함이 되어 그 통일치 못함으로부터 생기는 실제의 불편이 심대함으로써 내지인, 조선인 및 외국인의 구별이 없이 동일 법규하에 들어가게 하여 그 불편함을 제거할 목적으로써 새로이 「조선민사령」을 제정하니라. 그리고 법규 통일의 필요는 다만 조선 내뿐 아니라 내지와 조선 간에도 역시 사정이 허락함에 한하여 이를 통일할 필요가 있음으로써 내지의 법률이 조선에 시행함에 적당한 것에 대해서는 별도의 규정을 두지 않고 본령 제1조에 다음과 같이 기록한 법률을 인용하며 민사에 관한 사항은 본령 또는 타 법령에 특별한 규정이 있는 경우를 제외하고 그 법률에 의할 것으로 함이라.

   1) 민법
   2) 1902년(明治 35) 법률 제50호(연령 계산에 관한 건)
   3) 1902년(明治 37) 법률 제17호(기명국채를 목적으로 하는 질권(質權)의 설정에 관한 건)
   4) 1902년(明治 32) 법률 제40호(실화(失火)의 책임에 관한 건)
   5) 1902년(明治 33) 법률 제51호(교육소에 재(在)한 고아의 후견직무에 관한 건)
   6) 1902년(明治 33) 법률 13호(군인군속이 위한 유언(遺言)의 확인에 관한 건)

7) 민법시행법

8) 상법

9) 1902년(明治 33) 법률 제17호(상법 중 서명할 경우에 관한 건)

10) 상법시행법

11) 1902년(明治 23) 법률 제32호(구 상법파산편)

12) 상법시행조례

13) 민사소송법

14) 외국재판소의 촉탁에 인(因)하는 공조법(共助法)

15) 1902년(明治 32) 법률 제50호(외국인의 서명날인 급 무자력(無資力) 증명에 관한 건)

16) 가자분산법(家資分散法)

17) 인사소송수속법(人事訴訟手續法)

18) 비송사건수속법(非訟事件手續法)

19) 민사소송비용법(民事訴訟費用法)

20) 상사비송사건인지법(商事非訟事件印紙法)

21) 집달리수수료규칙(執達吏手數料規則)

22) 공탁법(供託法)

23) 경매법

2. 본령 대체(大軆)의 목적은 전항과 같이 법규의 통일에 있으나 조선에는 조선의 관습이 있어서 일제히 그 관습을 파괴하고 극단으로 법규의 통일을 도모함은 비단 무익할 뿐 아니라 실로 유해함이 됨으로 조선인 상호 간의 법률행위에 대하여 법령의 규정에 다른 관습이 있음이라. 그리하여 그 규정이 공(公)의 질서에 관한 것—아닌 때는 가령 규정에 적합지 않아도 그 관습에 의할 것으로 함. 또 조선의 인사 관계는 내지의 인사 관계와 유사하여 그 사이에 비상한 차이는 있지 않으나 조선인에 대하여 직접「민법」의 규정을 적용함은 혹은 실제에 적합치 않을 우려가 없지 않으므로써 능력, 친족 및 상속에 대하여는「민법」의 규정을 적용치 아니하고 조선의 관습에 의할 것으로 함이라(본령 제10조 제11조) (이하 생략-편역자)

2) 『관습조사보고서』

해제

 통감부 설치 직후 일제는 한국의 사법제도를 개편하고 법전 편찬을 추진하였다. 1907년 「재판소구성법」을 제정하여 각종 재판소에 일본인 판검사를 대거 임용하는 한편, 민법전 편찬을 추진하기 위해 법전조사국을 설치하였다. 당시 이토 히로부미(伊藤博文)를 비롯한 통감부 사법관료가 추진한 한국 법전은 한인 사이의 민사 사건에만 적용되는 것으로, 한국에 거주하는 외국인과 일본인이 관계된 민사 사건에 대해서는 토지 관련 법규를 제외하고 모두 일본 「민법」을 적용키로 했다. 한국 법전이 한국에서 발생하는 모든 민사 사건을 규율하는 것이 아니라 한국인에게만 적용된다는 것은, 치외법권이 철거되더라도 한국에서의 주요 법권은 일본이 장악한 채 한국의 완전한 독립을 인정하지 않겠다는 뜻이었다.

 이러한 계획하에 법전조사국은 민법전 제정을 위한 기초작업으로서 한국의 관습에 대한 조사에 착수하였다. 법전조사국 고문에 임명된 우메 겐지로(梅謙次郞)는 일본 민·상법전의 편별에 기초한 조사사항 206문항을 만들어 관습조사를 실시하였다. 그러나 1909년 통감 이토 히로부미와 이듬해 우메 겐지로의 사망으로 법전 제정 계획은 폐기되어, 한국에 적용될 독자적인 민법은 제정되지 못한 채 식민지화 이후인 1912년 「조선민사령」에 의해 일본 「민법」이 의용되기에 이르며, 친족 및 상속에 관해서는 관습에 따르게 되었다.

 법전조사국은 1908년 5월부터 식민화 직후인 1910년 9월까지 본격적인 관습조사를 실시하였는데, 조사는 문헌조사와 실지조사로 나누어 실시되었다. 문헌조사는 『경국대전』과 『대전회통』, 『대명률』 등 법전과 가례(家禮) 등을 조사하였으나, 변화하는 관습을 직접적으로 반영하는 수교 등은 제외되었다. 실지조사는 서울, 인천, 안성, 충주 등 전국의 70개 지역을 대상으로 시행되었는데 대체로 행정 중심의 대도시 지역이었다. 법전조사국이 폐지된 후 보고서는 1910년 12월 마무리되어 총독에게 보고되었고, 이후 취조국에서 1912년 3월까지 관습을 조사하여 정정 보완하여 1912년에 정정 보충판이 간행되었고, 이듬해 이를 개정 증보하여 다시 1913년 판으로 간행하였다.

일제의 관습조사는 한국 관습의 실체를 구명하는 것을 목표로 삼았지만, 일본「민법」에 기초하여 한국 관습에는 존재하지 않는 용어를 사용하고, 일본 민법적 지식에 기반하여 조사됨으로써, 채록된 관습은 한국의 관습이라기보다는 일본 민법적 개념이 투영된 것으로서의 성격을 지니게 되었다. 당시의 관습이 정확히 조사된 느낌이 드는 부분도 있지만, 일본「민법」개념으로 우리의 관습을 해석하였기 때문에 맞지 않는 부분도 있다. 친족의 범위와 금친혼의 범위에 대한 기술은 『형법대전』의 규정을 정리한 것에 불과하며, 상속에 대한 기술에서는 우리 고유의 상속을 일본의 가독상속 및 유산상속 개념으로 설명하여 스스로 부적절하다고 보고서에 기술하기도 하였다. 또 지나치게 문헌에 의존하여 현실의 관행이 무시되고 있다고 당시에도 논란이 되었다.

여하튼「조선민사령」제1조로 친족 및 상속에 관해서는 관습에 의한다고 규정함으로써, 조선총독부는 법적 효력을 갖는 조선의 관습이 무엇인지를 명확히 규정해야 하는 입장에 처하게 되었다. 그런데「조선민사령」제11조는 조선인의 친족 상속에 관해서 관습에 의한다는 것만을 명시하고 있을 뿐, 관습법이 형성되는 방식과 확정의 주체에 대해서는 언급하지 않았다. 이에 따라 당시 조선총독부에 의해 법인된 관습은 『관습조사보고서』에서 조사된 관습에 큰 영향을 받았다. 『관습조사보고서』는 그 자체가 관습법을 선명(宣明)하지는 않았으나 법원의 판결 및 총독부 통첩, 회답을 결정하는 데 우선적인 참고사항이 되었다. 실제로 재판소 판례 및 통첩, 회답 등을 살펴보면 대부분 『관습조사보고서』를 인용하여 결정하고 있다. 그러나 『관습조사보고서』에 수록된 관습은 구체적인 사건에 적용될 법원으로서의 관습은 아니었다. 이를 위해서는 다시 관습의 법적 승인 과정, 즉 법인의 절차가 필요했다. 『관습조사보고서』에는 호주권이 명시되었는데, 이는 일본법적으로 조선의 관습을 재해석한 가장 대표적인 사례이다.

『관습조사보고서』는 제1편「민법」, 제2편「상법」총 206문과 부록 친족 범위도로 구성되어 있다. 여기서는 『관습조사보고서』(1913년 판)의 내용 중 가족, 친족 및 상속과 관련된 내용을 중심으로 발췌 번역하였다.

〈자료 66〉 조선총독부 편, 『관습조사보고서』, 조선총독부, 1913.

서문

1. 본 보고서는 조선에 시행할 민법 편찬의 자료로 제공하기 위해 원래 한국 법전조사국에서 1908년(明治 41)부터 1910년(明治 43)년까지의 사이에 조사를 하여 조선에서 민상사(民商事) 관습의 요강을 편찬한 것으로 그후 1911년(明治 44)부터 이듬해 1912년(明治 45)까지의 사이에 본부(조선총독부-편역자) 취조국에서 계속하여 조사하고 정정 보완을 가한 것으로 또 이번에 다시 재판하게 되었다.

1913년(大正 2) 3월
조선총독부

1. 본서는 조선 각지의 관습을 기초로 함과 동시에 조선에서 신구 법령을 참조하여 편찬했다.
2. 조사사항의 모든 조사는 경기도 경성, 인천, 개성, 수원, 안성, 황해도 해주, 황주, 평안남도 평양, 진남포, 안주, 덕천, 평안북도 의주, 용천, 강계, 영변, 함경북도 경성(鏡城), 경흥, 회령, 성진, 함경남도 함흥, 원산, 갑산, 북청, 강원도 춘천, 금성(金城), 원주, 강릉, 충청북도 충주, 청주, 영동, 경상북도 대구, 상주, 안동, 경주, 경상남도 부산, 마산, 진주, 울산, 전라남도 광주, 목포, 제주, 전라북도 전주, 군산, 남원, 충청남도 공주, 예산, 온양, 은진(恩津)의 각지에서 행하고 다시 특종의 사항에 대해서는 경기도 여주, 개성, 풍덕, 장단, 파주, 연천, 수원, 황해도 재령, 서흥(瑞興), 안악, 봉산(鳳山), 평안남도 평양, 진남포, 숙천(肅川), 평안북도 의주, 용천, 정주, 경상북도 대구, 성주, 경주, 포항, 경상남도 부산, 울산, 밀양, 김해, 용남(龍南), 마산, 전라남도 목포, 광주, 나주, 법성포, 순천, 전라북도 전주, 군산, 금산(錦山), 충청남도 공주, 강경, 연산(連山)의 각지를 조사했다.

제2 성년의 규정이 있는가?

만약 규정이 있다면 그 효력은 어떠한가? 예컨대 행정상의 성질을 갖는가, 민법상의 성질을 갖는가? 만약 행정상의 성질을 갖는 것이라면 병역상의 필요 때문인가, 아니면 공법상의 의무에 관하여 필요가 있어 그것을 정한 것인가? 또 민법상의 성질을 갖는 것이라면 미성년자는 계약 등 다른 법률행위는 할 수 없는가? 만약 이러한 행위를 한다면 그 효력은 어떠한가? 또 이에 후견인을 붙이는 경우는 없는가? [후견인(제146문 이하) 참조]

조선의 과거의 법령에는 행위능력에 대한 일반 규정은 없고 1895년(개국 504) 법부령 제3호「민형사소송에 관한 규정」제2조에 "미성년자는(즉 20세 이하) 호후인(護後人)이 유(有)한 경우에는 호후인이오, 호후인이 무(無)한 경우에는 친척 중의 성년한 자로 대소(代訴)하게 함이 가함(1909년[융희 3] 법률 제13호로 폐지됨)."이라고 있지만 실제에는 거의 실행되지 않았다. 오늘날에도 아직도 성년에 관한 일반 규정은 없다. 그래서 옛부터 남자는 관례를 하고 여자는 계례(筓禮)를 하는 풍습이 있어 관례나 계례를 한 자를 성인이라 칭하고 아동과 구별하였다. 이 풍습으로 본다면 관례와 계례를 한 자를 행위능력자로 인정해야 될 것이다. 그렇지만 후술하는 바와 같이 세속이 조관(早冠)을 다투어 하여 연령의 제한을 지키는 자가 거의 없고, 또 장년이 되어도 관례를 하지 않는 자가 있으므로 관례의 여부는 반드시 행위능력의 유무를 구별하는 표준이 될 수 없다. 또 한편, 남자는 일정 연령이 되면 호패를 차야 하는 제도가 있어 그 연령은 병역에서의 정년(丁年)이고 아울러 공법상 성년의 표준이었지만 수십 년 전에 폐지되었다.

(중략-편역자)

3. 관습상의 성년

위와 같이 남자는 15세(초년부터 달력에 따라 연수를 계산한다. 이하 같다)에 비로소 관을 써야 하는 것이고 또 근래에 이르러서는 정년을 15세로 하는 것에서 관습상 행위능력에 대한 성년을 15세로 한다. 그러나 15세 이상자(물론 풍전(瘋癲, 정신질환자), 백치(白痴)는 제외함)로서 오히려 행위능력이 인정되지 않고 보호자가 그를 대표하는 자가 없지 않다. 그러므로 15세로서 성년을 삼는 것은 오직 행위능력자임을 인정하는 임시의 표준에 그치고 일률적으로 그것만에 의해 판단할 수는 없다. 과연 행위능력자인가 아닌가는 한편으로는 연령을 표준으로 하고 동시에 다른 한편으로는 보호자의 유무를 표준으로 하지 않을 수 없다. 즉 15세 이하자와 15세 이상자로서 보호자가 있는 자는 행위무능력자이고, 15세 이상자로 보호자가 없는 자를 행위능력자로 볼 수밖에 없다. 단, 소송행위에 대해서는 1908년(降熙 2) 법률 제13호 「민형소송규칙」 제67조에 "재판소는 당사자가 소송을 행한 능력이 무(無)함으로 인(認)한 시는 그 대표자를 지정함을 득함"이라고 규정하여 그 판단을 재판소의 권한에 위임한 것이므로, 그 자체로 예외이다. 그래서 이러한 무능력자가 계약 등의 법률행위를 할 필요가 있을 때에는 보호자가 대신하여 그것을 해야 하는 것이다. 이로써 만약 무능력자가 스스로 법률행위를 한 경우에는 보호자는 그것을 취소할 수 있고, 그 보호자로 되는 자는 아버지가 있을 때에는 아버지, 아버지가 없을 때에는 할머니 또는 어머니이고, 아버지, 할머니, 어머니가 모두 없을 때에는 백숙부, 기타 근친이 되고 할아버지, 큰형 등이 호주인 경우에는 호주가 보호자이어야 한다.

여자는 기혼자를 행위능력에 대해 성년자로 보는 것이 관례이지만, 부권(夫權)에 의해 그 능력이 제한되어 있는 것은 후술하는 바와 같다. 그래서 실제로는 과부만이 능력자일 수 있다.

제5 아내(妻)의 능력에 제한이 있는가?

예를 들면 계약 등의 법률행위를 하는 경우에 남편의 허가를 필요로 하는 것과 같은 것은 없는가? [뒤의 부권(夫權) 및 부부 사이의 재산 관계의 항을 참조]

조선에서는 아내는 남편에 대해 절대적으로 복종해야 한다. 그리고 아내에 대한 남편의 권리는 자못 강력하여 아내의 행위능력은 극단적으로 제한되어 거의 모든 일은 모두 남편의 허가를 받아야 한다. 그러므로 본래부터 신체의 구속을 받는 계약, 소송행위 등의 중요한 법률행위에 대해서 남편의 허가가 필요한 것은 물론이다. 설사 중요하지 않은 행위라 하더라도 독단으로 할 수 없는 것을 원칙으로 하고, 다만 아주 사소한 행위에 대해서만 반드시 남편의 허가가 필요 없다. 그리하여 조선 여자는 대개 내실에 칩거하여 애써 사람과 만나는 것을 피해 남녀가 자리를 같이하지 않는 습속은 지금도 고쳐지지 않고, 여자의 거실인 내방과 남자의 객실인 사랑은 엄격히 구별되어 여자가 가정일 이외에 바깥에 간여하는 것은 가장 배척하는 것이었다. 이 때문에 여자가 법률행위를 하는 것은 아주 드물며 유부녀는 만사를 모두 남편에게 일임하여 소송행위 등도 남편의 허가를 얻어 할 수밖에 없었다. 종래에는 대개 남편이 대신하여 법률행위를 해서 신체의 구속이 따르는 고용계약과 같은 것도 거의 남편이 계약의 당사자로 되는 것이 관례였다. 그래서 아내의 행위능력에 대한 사항은 자못 등한시되었다. 또 아내가 남편의 허가를 얻을 수 없는 경우, 예컨대 남편의 소재가 불분명하거나 정신상실 또는 감옥에 구금된 경우 등에는 아내는 독단으로 법률행위를 할 수 있다. 그렇지만 남편의 존속이 있는 때에는 그의 승인을 받아 법률행위를 할 수 있는 것이 보통이다. 그런데 아내가 남편의 허가를 받아야 함에도 불구하고 독단으로 한 법률행위는 관습상 남편이 그것을 취소할 수 있다. 그러므로 다른 사람의 아내와 법률행위를 하는 자는 아주 사소한 행위 이외에는 일단 그 남편에게 물어보지 않고서는 이를 하지 않는다고 한다.

아내가 남편의 허가를 받아 영업을 하는 것은 조선에서는 여자의 영업을 천하게 여기는 것에 연유하여 그 예는 아주 적고 오직 하류사회에서 술집을 열거나 혹은 떡과 과자, 국수[麵麥] 따위를 파는 자가 있다. 또 드물게 어류, 무명류, 도기, 엿류 또는 화장품 등을 행상하는 자 등이 있다. 그런데 그 영업에 관한 행위에 대해서는 일일이 남편의 허가를 받을 필요가 없다.

제105 친족의 범위는 어떠한가?

혈족은 아무리 먼 계통의 사람일지라도 이를 친족으로 보는가? 배우자는 어떠한가? 인족(姻族)[89]은 어떠한가?

조선의 옛 법령에는 친족의 범위를 명정하지 않았으나, 『대명률』에는 명례율(名例律) 친속상위용은(親屬相爲容隱)의 조, 호율(戶律) 혼인취친속처첩(婚姻娶親屬妻妾)의 조, 형률 적도(賊盜) 친속상도(親屬相盜), 범간(犯姦) 친속상간(親屬相姦)의 조 등에 유복친 외에 별도로 무복친을 인정하고 유복친과 무복친 모두를 친족으로 보고 있다. 그리고 혈족이라도 유복친과 무복친 이외의 자는 이를 친족에 포함시키지 않는 것을 예로 한다(다만 형률 투구[鬪毆] 동성친속상투[同姓親屬相鬪]의 조에 "무릇 동성 친족이 서로 다투면 비록 복이 다하였어도 존비의 명분이 아

---

89 인척(姻戚).

직 남아 있으면 존장은 일반에서 1등 감경하고 비유는 1등을 가중하며, 만약 사망한 경우에는 일반죄로 처벌한다'라고 규정하여 오복이 다한 자에 대해서 널리 동성친속의 명칭을 사용하나, 이는 원례 특례이다). 그러므로 과거 법령에서는 친족의 범위를 혈족으로 한정하지 않고 혈족 이외 자라도 적어도 유복친 또는 무복친인 이상 모두 친족으로 보았다. 비록 혈족이라도 유복친과 무복친 이외 자는 친족으로 보지 않은 것으로 해석하여야 할 것 같지만, 소위 무복친의 범위에 대해서는 확연하지 않다. 그런데 『형법대전』에는 제62조 본문에 "친속이라 칭함은 본종과 이성의 유복과 단문친(袒免親)⁹⁰을 위(謂)함이니 좌개(左開)와 여함이라"고 규정하여 친족의 범위를 명시하였다. 그리고 이 규정에 따르면 본종과 이성의 유복친과 단문친만을 친족의 범위로 한 것 같으나 본조 제6호에 무복친을 규정하여 본종동오세조단문친(本宗同五世祖袒免親)과 이성(異姓)의 무복친을 예시한 것으로 본종과 함께 이성유복친과 단문친 외에 이성의 무복친도 친족에 포함시킨 것은 물론이다. 이를 요약하면 유복친과 무복친을 친족에 속하게 한 것이다. 대개 유복친이 친족의 범위에 속해야 하는 것은 유복친을 인정한 당연한 결과로서 반드시 근친의 우의를 근본으로 하는 예에 지나지 않는다. 그리고 단문친이 친족의 범위에 속해야 하는지의 여부에 대해서는 『예기대전(禮記大傳)』에 "4세는 시마복으로 복을 다하고, 5세는 단문복으로 동성을 감쇄하며, 6세는 친속이 끝난다"라는 내용이 있다. 예의 취지에서는 단문친을 친속으로 본 것이라고 해야 하고, 이를 친족의 범위에 속하게 한 것은 원래부터 그러한 것이다. 다만 이성무복친에 대해서는 그 출처가 분명하지 않다. 『형법대전』의 범례에는 『대전회통』, 『대명률』과 『신반률(新頒律)』을 참조한 취지를 밝히고 『대청률』을 참조한 것은 밝히지 않았으나, 이를 『대청률』의 복도(服圖)와 비교하면 소위 무복친은 복도에 무복으로 정한 것과 거의 부합한다. 아래에 유복친과 무복친에 대해 그 개요를 기술한다.

1. 유복친

상복은 다섯 종류로 자최(斬衰), 재최(齊衰), 대공(大功), 소공(小功), 시마(緦麻)이다. 참최는 아주 거친 삼베로 만들고, 아랫단을 바느질하지 않는데, 참(斬)은 바느질하지 않는다는

---

90 상례(喪禮) 때에 단문복을 입는 친족. 종고조부, 고대고(高大姑), 재종 증조부, 재종 증대고(再從曾大姑), 삼종 조부, 삼종 대고, 삼종 백숙부, 삼종고, 사종 형제자매를 이른다.

뜻이다. 자최는 약간 거친 삼베로 만들고 아랫단을 바느질하는데, 자(齊)는 바느질의 뜻이다. 대공은 성글게 누인 거친 삼베, 즉 조숙포(粗熟布)로 만들고, 소공은 숙포, 즉 가늘게 누인 삼베로 만들며, 시마는 가는 올로 짠 숙포, 즉 조금 가늘고 무른 삼베로 만드는데, 모두 삼베의 이름이다. 그리고 참최는 3년, 자최는 3년, 장기(杖期)(1년간 지팡이를 쓴다), 부장기(不杖期)(1년간 지팡이를 안 쓴다), 5개월, 3개월의 구별이 있고(또 별도로 자최 1년의 친족을 기친(期親)이라 한다.), 대공은 9개월, 소공은 5개월, 시마는 3개월을 상복을 입는 기간으로 한다. 상복의 종류에 따라 친속을 구별하면 아래와 같다.

가. **참최복**: 아버지, 장자, 남편(첩의 남편에 대한 경우에도 같다), 시아버지(앞과 같음), (적손이 승중(아버지가 죽어 아들이 대신하여 상복을 입는 것과 동일)한 경우에는 장자와 같다)

나. **자최복**: 모장자(母長子)(母가), 적모(서자의 아버지의 처), 계모(아버지의 후처), 수양부모(수양자(收養子)로 보아 수양자(收養者)와 그의 처), 자모(慈母)(서자의 생모가 죽어 아버지가 양육을 명한 다른 첩), 시어머니(처첩이 같음)(이상 3년), 증조부모(5개월), 고조부모, 현재 동거하지 않는 계부(원래 동거한 계부) (3개월)

다. **기친(期親)**: 맏이 아닌 자녀(衆子女)(적장자 제외), 가모(嫁母)(아버지 사후 재혼한 어머니), 출모(出母)(아버지와 이혼한 어머니), 처(이상 장기), 조부모(조부와 처 이하는 이에 따른다) (부장기), 장자부(長子婦), 장손, 장증손, 장현손, 형제, 자매, 백숙부모, 고모, 조카, 남편의 조카, 남편의 처(첩의 경우), 남편의 아들(앞과 같음), 자신의 아들(앞과 같음), 동거 계부(계부로 자손이 없고 자기의 대공친이 없는 경우, 만약 계부의 자손 혹은 자기의 대공친이 있을 때는 자최 3개월)

라. **대공복**: 남편의 조부모, 남편의 백숙부모, 남편의 조카며느리, 맏이 아닌 며느리, 맏이 아닌 손자, 조카 며느리, 종형제자매

마. **소공복**: 장손부(長孫婦), 장증손부, 형제의 아내, 종조부모, 대고모, 종손자녀, 종백숙부모, 종고, 종질·종질녀, 재종형제, 재종자매, 외조부모, 외숙모, 이모, 생질·생질녀, 동모이부형제자매, 남편의 고모, 남편의 형제 및 그 처, 남편의 자매, 남편의 정질 및 종질녀, 남편의 종손자녀, 장손부(조모가), 장증손부(증조모가), 장현손부(고조모가)

바. **시마복**: 맏이 아닌 손부(衆孫婦), 맏이 아닌 증손, 맏이 아닌 현손, 종형제의 처, 종손부,

종증조부모, 증대고모, 종조카며느리, 종증손자녀, 재종조부모, 재종대고모, 재종백숙부모, 재종고모, 재종질·질녀, 재종손자녀, 삼종형제자매, 외숙모, 생질부, 내종형제자매, 외종형제자매, 처부모, 사위, 외손자녀, 외손부, 이종형제자매, 서모(庶母), 유모, 남편의 고증조부모, 남편의 종조부모, 남편의 대고모, 남편의 종백숙부모, 남편의 종고모, 남편의 종형제와 그 처, 남편의 종자매, 남편의 종조카며느리, 남편의 재종질·질녀, 남편의 재종손자녀, 남편의 종증손녀, 남편의 종손부, 맏이 아닌 손부(조모가), 맏이 아닌 증손(증조모가), 맏이 아닌 현손(고조모가)

2. 무복친

무복친에는 단문친(袒免親)과 이성(異姓)의 무복친이 있는 것은 이미 언급한 것과 같다. 단문친이란 상을 당하여 단문의 예를 행하는 친족을 일컫는 것으로 단(袒)은 웃도리의 왼쪽 소매를 벗는 것이고, 문(免)은 두건을 머리에 쓰는 것을 의미한다. 『주자가례』의 「상례」에 "웃옷을 벗고 머리를 묶으며 관을 벗고 별실에서 결발(結髮)한다" 그 본주에 "남자 참최자는 웃옷을 벗고 결발하며 자최로 동성오대조(同姓五代祖)는 모두 별실에서 단문하고 부인은 별실에서 결발한다"고 되어 있다. 또 사마온공(司馬溫公)의 주석에는 "옛날의 예절로 단(袒)은 모두 육신을 드러내고 문(免)은 모두 머리를 드러내는 것으로 지금 단이라는 것은 웃옷이고 문은 오직주인으로 관을 쓰지 않고 자최 이하는 모자와 두건을 벗고 그 위에 문을 더하는 것이 옳다. 부인은 결발을 하고 마땅히 관과 비녀를 벗어야 한다."고 보았다. 단문례는 반드시 단문친에게만 하는 것은 아니지만, 5세조(五世祖)를 같이 하는 자는 무복이어서 다만 단문례를 하므로 이에 따라 특히 이를 단문친이라고 부르는 것이다. 그래서 단문친은 5세조를 같이하는 본종친족만을 일컫는 것이므로 본종 이외에는 단문친이 없고, 또 5세조라고 하므로 5세조는 포함되지 않는다. 위에 기록한 "4세는 시마복으로 복을 다하고 5세는 단문복이다" 라는 어구에 비추어 보아도 단문친은 시마친에 다음 가는 것으로, 4세조를 같이 하는 방계 유복친은 모두 시마친이어도 4세조는 자최친이므로 그 취지를 알 수 있다. 그리고 4세조를 같이하는 시마친은 자기와 같은 항렬에 있는 삼종형제자매에 그치므로 단문친도 자기와 같은 렬 이상인 자에 한하는 것으로 해석해야 하고, 『경국대전』 「예전」 상장(喪葬)조 "종성(宗姓)의 단문친(고조의 형제, 증조의 사촌 형제, 조부의 육촌 형제, 아버지의 팔촌 형제, 자기의 십촌 형제, ○여자는 시집을 갔더라도 이 복(服)에 따른다" 참조) 또, 5세조를 같이 하는 혈족(남계)의 처에 대해서는 상복제도에 처는 보통 남편에 준하는 예에 따르지만, 이를 단문친의 밖에 두는 것과 같다. 다음으로 이성(異姓)무복친에는 모계 혈족, 시가(媤家)의 혈족과 인척, 아내의 친정의 본종 친족과 외척인 인척과 인척의 배우자를 포함한다. 무복친에 속하는 자를 표시하면 다음과 같다.

가. 단문친: 종고조부, 고대고모, 재종증부, 재종증대고모, 삼종조부, 삼종대고모, 삼종백숙부, 삼종고모, 사종형제자매
나. 이성(異姓)무복친: 외증조부모, 외재종형제자매, 종이모(從姨母)의 자, 외종질, 이종질, 내종질, 처의 조부모, 처의 외조부모, 처의 백숙부모, 처의 고모, 처의 형제와 그의 처, 처의 조카, 처의 자매, 외증손, 고모의 남편, 자매의 남편

첩이 친족에 속하는지에 대해서는 우선 첩은 유복친이 아니다. 또 무복친이 아닌 점에서 보면, 이를 친족으로 볼 수 없는 것 같지만, 첩은 남편과 그 친족에 대하여 복(服)이 있고, 또 『대명률』「형률」범간편, '친족상간조'에는 첩을 친족으로 보며, 기타 첩을 처에 준하여 규정한 조문은 『대명률』, 『경국대전』, 『속대전』, 『대전통편』, 『대전회통』 등에서 거의 열거할 수 없다. 특히 『형법대전』 제64조에도 "친족이 상범한 때에 가감하는 등급은 제62조의 예에 참조하여 좌개와 여함이라(중략). 7. 처는 2등, 첩은 4등으로 논함이라"고 규정하고, 다른 조항에서는 첩을 처에 준하거나 친족에 포함시킨 규정은 매우 많다. 그러므로 이것을 친족으로 봄이 온당하다고 하겠다.

이상 열거한 친족으로는 혈족과 혈족에 준하는 자, 배우자, 첩과 같이 배우자에 준하는 자, 인척, 인척의 배우자가 있다. 지금 종별에 따라 가장 원계자의 촌수는 아래와 같다.

① 혈족 10촌, ② 준혈족 1촌, ③ 배우자 무촌, ④ 준배우자 무촌, ⑤ 인척 9촌, ⑥ 인척의 배우자 3촌.

제106 촌수의 계산 방법은 어떠한가?

또 촌수의 멀고 가까움에 따라 관습상 어떠한 차이가 있는가(앞 문항 및 뒤의 혼인의 요건 문항 참조)

촌수는 세대에 의해서 이를 계산하고 1세대를 1촌으로 한다. 그리고 직계혈족은 자기로부터 상하 각각의 촌수를 산출하고, 방계혈족은 자기로부터 동일 시조에 소급하여 그 방계친족으로 내려오는 세대 수에 의해서 촌수를 산출한다. 그러므로 부모와 자녀는 각 1촌이며 고조부모와 현손(玄孫)은 각 4촌에 해당하고 형제자매는 2촌, 백숙부와 고모는 3촌에 해당한다. 또 인척의 촌수는 혈족의 배우자는 그 혈족의 촌수에 준하고, 배우자의 혈족은 배우자로부터 직계는 상하로 이를 계산하고 방계는 동일 시조로 소급하여 다시 아래로 내려오는 것은 혈족의 경우와 다르지 않다. 그러므로 종조부의 배우자인 종조모는 종조부와 같이 4촌, 재종형제의 처는 재종형제와 같이 6촌이다. 아내 또는 남편의 조부모, 외조부모는 2촌, 그 형제자매도 역시 2촌이고, 인척의 배우자에 대하여도 역시 이 예에 따른다. 그리고 자기의 배우자와는 촌수가 없다.

촌수를 계산하는 데에는 마디(寸)로 계산하는 외에, 촌수를 친족의 호칭으로 쓰는 예가 있다. 예컨대 백숙부를 삼촌숙 또는 단지 삼촌, 종형제자매를 사촌형제자매(당형제자매), 백숙조부를 사촌대부(四寸大父), 대고모를 사촌대모(四寸大母), 종백숙부를 오촌숙(따로 당백숙부), 종고모를 5촌숙모(따로 당고모), 종증조부를 5촌대부(따로 족증조부(族曾祖父)), 증대고모(曾大姑母)를 오촌대모(따로 족증조고모(族曾祖姑母)), 종질을 오촌 조카(따로 당질), 종증손을 오촌손(증질손), 재종형제자매를 육촌형제자매, 재종조부를 육촌대부(종백숙조부모), 종대고모를 육촌대모(족고모), 재종백숙부를 칠촌숙(족백숙부모), 재종고모를 칠촌숙모(족고모), 재종질을 칠촌조카, 재종손을 육촌손(당질손), 삼종형제자매를 팔촌형제자매(족형제자매)라고 하는 따위이다.

『사례편람(四禮便覽)』에는 종조부모를 종조조부모, 대고모를 종조조고모(『경국대전』도 동일하다. 동「예전(禮典)」오복조(五服條) 참조)라고 부른다. 종백숙부모를 종조부모라고 불렀다. 촌수의 원근으로 인하여 친족법, 기타 관계에서 차이를 보이는 것은 아주 많지만 두드러진 예는 아래와 같다.

ㄱ. 촌수의 멀고 가까움에 따라 친족의 범위에 속하는 것과 아닌 것이 있다.

ㄴ. 남계혈족 이외에서는 촌수의 멀고 가까움에 따라 혼인할 수 있는 자와 없는 자가 있다.

ㄷ. 부양의무가 있는 친족이 여러 명인 경우에는 대개 촌수가 가까운 자가 먼저 이를 이행

해야 하는 것이다.
ㄹ. 제사상속은 자식이 하고, 손자가 상속하는 경우에는 사망한 자식이 상속을 하고 다시 상속하는 것으로 여기므로 그 사망한 자를 1대로 계산한다. 또 재산상속에서도 대개 촌수가 가까운 근친이 우선순위를 갖는다.
ㅁ. 조상 제사는 4대까지 사당에서 지내고 5대가 되면 묘소에서 지낸다.
ㅂ. 양자는 자식의 항렬인 자 가운데서 하고, 또 촌수가 가까운 자를 우선한다.
ㅅ. 상복(喪服)에 가볍고 무거움이 있다.
ㅇ. 부모, 기타 직계 친족이 없는 어린 아이의 보호자(즉 후견인)는 촌수가 가장 가까운 방계 손위 어른이 하는 것이 통례이다.
ㅈ. 형사상의 책임에 차별에 있다.

제107 양자와 양친 및 그 혈족 사이에는 어떠한 친족 관계가 생기는가?

양자를 인정하는가? 만약 인정한다면 양자와 양친 및 그 혈족 사이에는 자연혈족과 완전히 동일한 관계가 생기는가 아니면 다소 다른 관계가 생기는가?

조선에서는 기혼남에게 친자손(남)이 없으면 반드시 남계혈족 중에서 남자를 양자로 삼는 것이 관례이다. 그 목적은 첫째로 제사자(祭祀者)가 되게 함에 있다. 그래서 양자는 입양일부터 양친의 적자의 신분을 취득하여, 양친과 그 혈족 간에 친생자와 동일한 친족 관계가 생긴다.

양자 외에 수양자(收養子)가 있다. 3세 이하의 기아(棄兒)를 수양하여 양자로 삼는 것을 허용하고, 수양한 자의 성을 따르게 할 수 있지만, 이를 상속인으로 삼을 수는 없고, 수양한 자의 혈족과의 사이에 혈족 관계가 생기지 않는다. [『형법대전』 제62조 1, 제582조 5 "(전략) 단유기한 3세 이하 소아는 이성이라도 수양하여 기성에 종케 하되 입사함은 부득함이라."(융희 2년 법률 제19호로서 삭제" 참조)] 또 시양자(侍養子)라는 것이 있는데, 양자로 삼을 수 없는 타인의 자를 양육하는 경우를 일컫는 것으로, 그 성은 본종을 따르고, 그를 상속인으로 삼을 수 없다. 시양자와 그를 양육한 자 및 그 혈족 사이에는 친족 관계가 생기지 않는다.

제108 계친자(繼親子)와 적모·서자의 관계는 어떠한가?

누구를 계부 또는 계모라고 하는가? 또 이와 계자와의 관계는 어떠한가? 과연 친생자와 같은가? 만약 같지 않다면 그 차이는 어떠한가? 적모, 서자의 관계도 또한 친생자와 같은가? 만약 같지 않다면 그 차이는 어떠한가?

계부는 다른 말로 의부(義父)라고도 하고 어머니의 후부(後夫)를 말한다. 그러나 조선에서는 조선 세종대부터 10여 년 전까지 여자의 재가를 금지(개국 503년[1894] 6월 28일 의안 「과녀재가를 자유케 하는 건」 "과부의 재가는 귀천을 막론하고 그 자유에 맡길 것" 참조)하였고, 풍속도 역시 재가를 천시하였다. 그래서 중류 이상에서는 과부가 재가하는 예는 거의 없다고 하여도, 하류 사회에서는 과부의 재가는 그 예가 적지 않다.[『경국대전』 「예전」 오복조에는 계부를 인정하였고, 『형법대전』 제62조 제7, 8호에도 역시 이를 열거하였다.] 다음으로 계모는 아버지의 후처요, 적모는 첩자 등 다른 서자의 입장에서 본 아버지의 아내를 말하고 계자는 보통 의자(義子)라고 칭한다.

1. 계부자 관계

계부에는 동거계부, 동거하지 않는 계부[不同居繼父]가 있고, 또 현재는 동거하지 않으나 예전에 동거한 계부[今不同居繼父]가 있다. 그리고 계자가 어머니와 함께 계부의 가에서 살면 자연히 계부의 보호·감독을 받고 따라서 아버지에 대한 예를 하는 경우가 많다. 이러한 관계에서는 사실상 친생자와 거의 다름이 없지만, 남계혈통을 중시하는 조선의 습속에서는 계자는 절대로 계부의 자식이라는 신분을 취득할 수 없는 것이다(물론 그 성을 달리한다). 다만 계부와 동거하거나 동거한 계자에 한하여 어머니의 후부로서 은의상 상복을 입는 것에 그친다. 그러므로 동거계부와 현재는 동거하지 않는 계부[今不同居繼父]는 앞의 문항 후반에 기술한 바대로 법제상 친족의 범위에 속하게 하였으나, 계부자 간에는 친자 관계가 생기지 않는 것이라 하겠고, 특히 원래 동거하지 않은 계부에 대해서는 친자 관계가 전혀 없는 것이라 하겠다.

2. 계모자 관계

계모자 관계는 친생자 관계와 전혀 다르지 않다. 법령에 단순히 어머니라고 칭한 경우에는 대개 계모도 포함하고, 상복 등도 친어머니와 완전히 같다. 그렇지만 계모는 아버지의 후처[後配]인 관계에서 계자와의 사이에 모자 관계가 생기므로, 만약 계모가 이혼을 당하면 모자 관계가 소멸된다. 이것이 친자와 다른 것이다.

3. 적모서자 관계

적모와 서자의 관계도 또한 친모자 관계와 다르지 않다. 그리고 서자는 생모에 대해서도 역시 친모자 관계를 잃지 않는다.

제109 인척 관계와 앞 두 문항의 관계는 언제 소멸하는가?

예컨대 인척 관계는 부부 한쪽의 사망과 이혼으로 소멸하는가, 아니면 사망한 경우에는 생존 배우자가 거가(去家)하지 않으면 그 관계가 소멸하지 않는가? 앞 문항의 관계도 역시 같은가? 양자 관계는 파양하지 않으면 소멸하지 않는가, 아니면 다른 원인으로 소멸하는 예가 있는가?(일본 『민법』 제730조 참조)

인척, 계친자 및 적모서자 그리고 양친자 간의 친족 관계가 소멸하는 경우는 대략 아래와 같다.

1. 인척 관계

인척 관계는 이혼으로 소멸한다. 또 부부 한쪽의 사망은 인척 관계가 소멸하는 직접 원인이 되지 않고, 다만 생존 배우자가 거가(去家)한 경우에 비로소 그 관계가 소멸하는 것이다. 그리고 이는 거가한 배우자의 재혼 여부와 관련이 없다.

2. 계친자와 적모서자 관계

계부와 계자의 관계는 동거하는 경우는 사실상 친생자 관계와 거의 다르지 않지만, 본래 친자 관계가 생기지 않으므로 여기에 기술해야 할 관습은 없다. 계모와 계자의 관계는 아버지와 계모의 이혼으로 소멸하고, 또 아버지가 사망하여 계모가 거가(去家)한 경우에 소멸하는 것이다. 그리고 적모서자 관계에 대해서도 계모와 계자의 관계에서와 다르지 않는 듯하다.

3. 양친자 관계

양자와 양친 그리고 그 혈족 간의 친족 관계는 파양으로 소멸하고(양자로서의 친족 관계는 소멸하여도 본래의 친족 관계에는 영향이 없음은 물론이다), 양자의 아내, 비속은 양자와 함께 양가를 떠나는 것이다. 그리고 양친이 파양으로 거가하면 양자도 역시 이를 따라서 그 가를 떠나므로 양친과의 관계는 변경이 없지만 양가에서의 조부모와 그 혈족과의 관계는 간접적으로 단절되는 것이다. 다만 실제로 이와 같은 경우가 생기는 일은 거의 없다.

제110 가족의 범위는 어떠한가?

가족은 반드시 친족인가, 아니면 친족이 아닌 경우가 있는가. 호주와 가족의 배우자도 역시 가족인가. 호주의 변경이 있는 경우에 전 호주와 그 가족이 친족이 아니더라도 이를 가족으로 하는가, 않는가.

가족의 범위에 대해서는 『대명률』 「명례율(名例律)」에 유수가속(流囚家屬) 조가 있어 "가속(家屬)"이란 말을 사용하였는데, 그 규정하는 바를 보면, 처첩, 조부모, 자손 등을 열거하고 있다. 또 동(同) 「형률(刑律)」 인명편(人命編) 채생절할인(採生折割人), 조축고독살인(造畜蠱毒殺人) 등의 조에 "동거가구(同居家口)"라는 말이 있고, 동 수장편(受贓編) 가인구색(家人求索), 단옥편(斷獄編) 옥수의량(獄囚衣糧) 등의 조에 "가인(家人)"이란 말이 있지만 그 범위를 제시하지 않았다. 『경국대전』 이하의 옛 법전에도 다음의 『경국대전』 「예전」 호구식(戶口式)의 조에 "호(戶) 아무부(部), 아무방(坊), 아무리(里)[지방은 아무 면, 아무 리라고 칭한다] 주(住) 아무 관직·성명·연갑(年甲)·본관·사조(四祖)·처(妻) 아무 씨·연령·본관·사조[종친은 자기 직경(職啣)과 처의 사조를 기록한다. 의빈(儀賓)[91]은 자기 직경(職啣)·사조와 아무 공주·옹주에게 장가 간 것을 기록한다. 서인(庶人)은 자기 및 처의 사조를 기록하되 서인으로서 사조를 모르는 자는 반드시 다 기

---

91 부마도위(駙馬都尉) 등과 같이 왕족의 신분이 아니면서 이와 통혼(通婚)한 사람의 통칭.

록하지 않아도 된다.] 데리고 사는 자녀 아무개 아무개, 연갑[사위는 모두 본관을 기록한다] 노비·고공 아무개 아무개 연갑"이라는 것 외에는 거의 전거할 만한 것이 없다. 그리고 「호구조사세칙」 제3조에는 "호주의 부모 형제 자손이라도 각호에 분거(分居)하여 호적이 별유(別有)한 시(時)는 해적(該籍) 내에 진입(塡入)[92]지 아니하여 인구가 누재(疊載)[93]치 아니케 하며"라는 내용이 있고, 제4조에 "인민 중에 무가무의(無家無依)하여 원적을 별성(別成)치 못하고 친척 지구간(親戚知舊間)의 호 내에 기거하거나 일신(一身)만 기식(寄食)하여도 기구(寄口)[94]에 참입(參入)하여 인구 누락함이 무(無)케 함"이라는 것이 있다.

그러나 「민적법」에는 제2조에 "가족"이라는 말을 사용하고 「민적법 집행심득」(1909년[융희 3] 내부 훈령 제39호)에도 "가족"이라는 말을 사용하였다. 또 민적에 기재해야 할 사항으로써 "① 호주 ② 호주의 직계존속 ③ 호주의 배우자 ④ 호주의 직계비속과 그 배우자 ⑤ 호주의 방계친과 그 배우자 ⑥ 호주의 친족이 아닌 자"를 기재하고 첩은 처에 준하고 기아는 일가(一家)를 창립하는 것으로, 수양자는 양자로 취급해야 하는 취지를 기재하였다. 또 과거의 호적기재례를 보면 호적은 위의 호구식(『속대전(續大典)』「호전(戶典)」호적조의 "입적자(入籍者) 호구성급(戶口成給)" 참조)을 표본으로 하여 호주와 그 사조, 처와 그 사조 그리고 홀거자녀(그 처자가 있으면 포함한다), 노비 등을 기록하는 것을 일반으로 한다. 또 관례상 호 내에 있는 자는 그 연령을 기재하고 아우, 처, 자녀, 자매 등 동거자와 첩, 여서(女壻)[95]도 기록하였다. 그리고 과부가 호주인 경우에는 사망한 호주[亡戶主]의 계통에 따라 그 친족을 기재하였다. 그리고 「호구조사세칙」 시행 후의 호적은 그 기재가 다양하나 통례로 처, 첩, 모, 제, 자매, 자녀, 자부, 손, 제의 처자녀 등을 동거친속으로 기재하고, 기타 친족과 친족이 아닌 동거자는 이를 기구(寄口)로서 그 인원수를 기입하였다. 이러한 법령의 규정과 함께 호적 편성 관례에 따르면 「호구조사규칙」 시행 전에는 가족의 범위를 동거친척에 한하고 또 그 친족은 본종친족 중에 처(첩은 이에 준한다), 직계존속, 직계비속과 그 배우자, 분가 또는 출가해야 할 방계친족(즉 제와 자매)과 그 배우자와 직계비속에 한정하는 취지를 엿볼 수 있다. 또 「호구조사규칙」

---

92 메워넣다는 뜻.
93 겹쳐서 기재한다는 뜻.
94 다른 호의 호적에 편입함.
95 사위.

시행 후에도 대략 그 원칙에 따라 다만 인구의 유루(遺漏)[96]를 막기 위하여 별도의 호적 없는 동거자를 모두 기구(寄口)로서 입적시킨 것에 지나지 않는 듯하다. 그리고 「민적법」에서의 가족의 범위는 거의 제한이 없으므로 특별히 기록할 것이 없다.

호주 변경의 경우에 구호주의 가족이 신호주의 가족으로 되는지에 대해서는 위의 표준으로 결정해야 할 것으로서, 구호주의 가족은 대개 신호주의 가족이 되어야 하지만, 호주가 타가의 양자로 되었기 때문에 호주의 변경이 생긴 경우에는 구호주의 가족이 이에 따라 양가에 입적하는 일이 많으므로 신호주의 가족이 되지 않는 경우가 있다. 그리고 조선에서는 은거(隱居)를 인정하지 않으나, 과부가 호주인 경우에 망부인 호주를 위해서 양자를 들이면 양자는 당연히 호주가 되고 호주인 과부와 그 가족은 신호주의 가족이 된다.

제111 자식이 입적하여야 할 가(家)는 어떠한가?

예컨대 자식은 부가(父家)에 입적해야 하는가? 아버지를 알지 못하면 모가(母家)에 입적해야 하는가? 부모를 모두 알지 못하면 일가를 창립하는가? 임신 후 출생 전에 아버지 또는 어머니가 가를 전적(轉籍)[97]하면 어떠한가? 가족의 서자와 사생자는 호주의 동의 없이 부가 또는 모가에 입적할 수 있는가? 만약 호주의 동의가 있어야 한다면, 서자가 부가에 입적할 수 없는 경우에는 모가에 입적해야 하는가? 또 부모의 가에 입적할 수 없는 사생자는 일가를 창립하는가?

남계혈통을 친족의 기초로 하는 조선에서는 자식은 반드시 부가에 입적해야 하는 것으로, 간생자(姦生子)에 대해서는 『대명률』 「형전」 '범간조'에 "간통으로 출생한 자식은 간부(姦夫)가 맡아 기르게 한다"라고 있고, 『형법대전』 제540조에도 "간생자녀는 간부에게 급(給)하여 수양케 하되 이를 어긴 자는 태(笞) 100백에 처함이라"고 규정하였다. 그리고 아버지를 알지 못하는 자가 모가에 입적해야 하는지 여부에 대해서는 조선의 풍속상 자식의 인지를 거부하는 것을 수치로 여기고, 또 아버지가 분명하지 않더라도 그 어머니가 지정한 자가 대개 인지를 하므로, 아버지를 알지 못하는 자가 입적할 가에 대한 확실한 관습은 없는

---

96 비거나 빠짐. 새어 없어짐.
97 호적을 다른 데로 옮김.

것 같지만, 사실상 아버지의 인지를 받을 수 없는 경우에는 모가에 입적할 수밖에 없을 것이다. 또 부모 모두를 알 수 없는 자는 기아 외에는 거의 그 예가 없고, 기아는 수양자의 가에 들어가야 할 것으로 「민적법」에는 기아는 일가를 창립하는 것으로 보지만, 종래의 관습은 기아의 일가 창립을 인정하지 않는다. 임신 후 출생 전에 아버지가 전가하는 경우에는 데릴사위[招壻]가 이혼으로 거가(去家)하는 경우에만 생기는 것으로 이 경우에는 자식은 출생 시의 부가에 입적하고, 또 어머니가 부가를 전가(轉家)한 경우에도 그 자식은 부가에 입적해야 하는 것이다. 출생 전 아버지가 전가하면 자식은 출생 당시의 부가에 입적해야 한다.

가족의 서자는 호주의 동의 유무에 상관없이 당연히 부가에 입적하는 것으로 호주가 입적을 거부할 권리가 없다. 또 가족의 사생자가 아버지가 분명하면 부가에 입적하고 아버지가 분명하지 않으면 앞의 예와 같으며 사생자가 일가를 창립하는 관습은 없다.

제112 입부혼을 인정하는가?

만약 이를 인정한다면 여호주만 이를 할 수 있는가, 아니면 가족인 여자도 이를 할 수 있는가? 여호주의 입부혼의 경우에 입부는 당연히 호주가 되는가, 아니면 여호주가 여전히 호주인가?

입부혼에 대해서는 『대명률』「호율」혼인편 '축서가녀조(逐壻嫁女條)'에서 "무릇 사위를 축출하고 딸을 개가하게 하거나 사위를 두고 또 사위를 맞이하는 자는 장 100에 처하고 그 딸은 처벌하지 않는다. 남가가 그 사정을 알고 장가를 든 자는 그 죄가 같으며 알지 못하는 자는 처벌하지 않으며, 그 여자는 전남편에게 돌려주어 같이 살게 한다"라는 조항이 있다. 또『경국대전』「예전」'호구식조(戶口式條)'에 "(전략) 사위는 본관을 함께 기록한다"라고 하고,『형법대전』제565조에도 "초서동거하다가 사위를 축출하고 다시 사위를 삼거나 (중략) 자는 금옥 10개월에 처하고 사정을 알고 취한 자는 똑같이 벌주되 여자는 전남편에게 돌려보냄이라"고 규정이 있다. 그러므로 가녀를 위해서는 입부혼인은 법제가 인정하고, 또 관습상으로도 인정하는 것으로, 초서 또는 췌서(贅壻)라고 한다. 대개 초서의 풍속은 혼인의 변례(變例)로서 혼인은 가취(嫁娶)를 원칙으로 하지만 아들이 없고 딸만 있는 자는 가끔 딸을 출가시키지 않고 초서혼을 하게 하는 예가 있다. 이 경우에는 사위는 여가(女家)의 호적에 입적하고 그 가의 가족이 되지만, 여가의 성을 따르지는 않는다. 또 여가를 계승할 수 없으므로 호주의 사후에 그 가는 단절되고(별도로 양자를 하여 그 가를 계승하는 경우는 별론이다) 사위가 일가를 창립하는 경우가 많다. 그래서 가의 단절을 바라지 않는 자는 초서를 하지 않고 여(女)를 출가함과 동시에 입양을 하는 것을 상례로 한다.

여호주의 입부혼인은 법제가 인정하지 않는 것으로서 이에 관한 관습이 없다. 또 가족인 과녀(寡女)의 입부혼인에 대해서도 법제, 관습 모두 볼만한 것이 없다.

제113 전적을 허용하는가?

예를 들어 갑가(甲家)의 호주 또는 가족이 을가(乙家)의 가족이 되고자 하면 이를 허용하는가? 만약 허용한다면 그 조건은 어떠한가? 예컨대 친족이 아닌 자라도 이를 허용하는가? 또 호주는 폐가후가 아니면 전적할 수 없는가? 가족은 호주의 동의를 요하지 않는가? 또 반드시 신가(新家) 호주의 동의가 필요한가? 미성년자라도 전적할 수 있는가? 만약 할 수 있다면 부모, 후견인 등의 동의를 필요로 하는가? 본인의 의사에 관계없이 부모, 호주 등의 의사로 전적시킬 수 있는가? 그리고 이것도 본인의 연령과 무관한가? 혼인 또는 입양으로 타가에 입적한 자가 그 친족을 혼가(婚家) 또는 양가(養家)의 가족으로 하려는 경우에는 배우자 또는 양친의 동의가 필요하지 않는가? 기타 특별한 관습이 없는가? 그 자가 혼가나 양가를 떠나면서 그 직계비속을 자기 가의 가족으로 하려면 어떠한가? [분가(分家) 제116문항 참조]

종래의 관습으로는 호주가 타가의 가족으로 되는 것을 인정하지 않은 듯하고, 분가로 일가 창립자는 언제라도 폐가하고 본가의 가족이 될 수 있다고 하는 자가 있으나, 이는 다만 사실상 본가에서 생활하는 것에 지나지 않고 폐가하고 본가의 가족이 되는 것은 아니라 하겠다. 또 가족이 전적을 하여 타가의 가족으로 되는 것은 조선에서의 친족 조직과 가족 관념으로는 이를 인정하지 않는 것이라고 하는 것이 온당하다. 혼인·입양 등으로 가족이 타가에 입적하는 외에 가족이 전적으로 타가의 가족이 되는 경우를 상상할 수 없다. 다만 근래에는 기술한 바와 같이 누구(漏口)를 막기 위해 기구(寄口)라는 것을 인정하고 친족의 여부를 불문하고 동거가의 호적에 입적시킴으로써 타가의 호주 또는 가족이어야 할 자가 기구로서 그 가의 호적에 입적하는 예는 아주 많다. 그렇지만 이것은 피용인(被傭人)을 고용인가의 호적에 기재한 것과 큰 차이가 없고, 특히 전적을 하여 그 가에 입적하는 것이 아니고 법령에 의해 소위 기식(寄食)의 사실에 근거하여 그 가의 호적에 진입(塡入)하는 것에 지나지 않으므로 이를 전적으로 보는 것은 아마도 온당하지 않다. 기타 입양 등으로 타가에 입적하는 자의 배우자와 비속(양자가 호주이면 그 가족)은 당연히 이에 수반하여 입적하고 또 양자가 파양으로 친가로 복적하는 경우에는 이들도 역시 당연히 수반하여 친가에 입적하는 것이 관습이므로, 양자가 입양 후에 그 배우자 비속 등을 양가의 친족으로 하는 경우가 생기지 않는다. 또 파양복적 후에 이들을 친가의 가족으로 하는 경우가 없다. 그리고 초서(招壻)가 이혼으로 친가로 복적하는 경우에도 그 비속은 당연히 수반하여 그 친가에 입적하는 듯하다. 그래도 이러한 경우는 본래 전적이라 말할 수 없다.

제114조 혼인 또는 입양으로 타가에 입적한 자는 이혼 또는 파양한 경우에 친가에 복적하는가?

또 친가의 폐절(廢絶) 등으로 친가에 복적할 수 없으면 일가를 창립하는가?

혼인 또는 입양으로 타가에 입적한 자는 이혼 또는 파양하는 경우에 당연히 친가에 복적하는 것이 관습이다. 만약 친가가 폐절되어 복적할 수 없을 때는 이혼으로 혼가를 떠난 남자(招壻)는 일가를 창립할 수 있다고 하지만, 일가 창립 여부는 사실에 따라 결정하고 당연히 일가를 창립하는 관습은 없다. 그리고 여자에게 복적할 가가 없으면, 비록 이혼의 원인이 있어도 법제상 이혼을 불허한다(『형법대전』 제578조 "(전략) 제항을 수범하였으나 (중략) 돌아갈 곳이 없는 자를 내쫓은 자는 태 40에 처하고 온전히 함께 살게 함이라" 참조). 그러나 실제로는 아내가 복적할 가가 없는 경우에도 이혼을 하는 예가 있고, 이 경우에는 이출된 아내는 타인의 가에 기식하거나 타인의 첩으로 되는 것이 통례라고 한다. 그래서 여자가 일가를 창립하는 관습은 없는 듯하다. 또 파양으로 양가에서 나온 양자는 일가를 창립할 수 있다고 하지만, 이는 사실로 결정하고 당연히 일가를 창립하는 것으로 하는 관습은 없다(이혼 또는 파양으로 혼가 또는 양가를 나온 남자가 폐절된 친가를 재흥하는 경우가 있는가 없는가에 대해서는 폐절가재흥은 양자의 경우와 같고 그 가의 선대의 자항렬자(子行列者)가 아니면 할 수 없다. 그리고 타가의 여서(女壻) 또는 양자가 되는 자는 대개 차남 이하의 자로서 그 친가는 장남이 이미 상속을 하는 예가 많고 따라서 장남과 동항에 있는 차남 이하자가 그 가를 재흥할 수 없는 것이 보통이다. 또한 『속대전』 「예전(禮典)」 '입후조(立後條)'에 "남의 뒤를 잇는 자의 친생부모에 후손이 없으면 파양을 하여 본가로 보내고 양가의 재입양을 허락한다" 참조).

제115 혼인 또는 입양으로 타가에 입적한 자는 다시 혼인 또는 입양으로 타가에 입적할 수 있는가?

또는 일단 친가에 복귀한 후가 아니면 이를 할 수 없는가? 만약 즉시 타가에 입적할 수 있다면 그 요건은 어떠한가? 예컨대 친가의 호주의 동의를 요하지 않는가?

혼인으로 타가에 입적한 여자가 다시 혼인을 하는 것은 남편의 사망과 이혼한 경우로, 남편이 사망한 경우에는 일단 친정에 복적한 후가 아니면 재혼을 할 수 없다. 또 이혼한 경우에는 당연히 친정에 복적하고 친정의 폐절로 복적할 수 없더라도 반드시 혼가에서 나오므로 혼가에서 곧바로 타가에 입적할 수 없다. 그리고 여자의 양자를 인정하지 않으므로 혼인으로 타가에 입적한 여자가 입양으로 타가에 입적하는 예는 절대로 없다. 또 혼인으로 타가에 입적한 남자[招壻]는 아내의 사망 또는 이혼으로 재혼하여 타가에 입적하는 예가 없지 않으나, 배우자가 사망한 경우에는 친가에 복적하거나 일가를 창립하지 않으면 재혼을 할 수 없다. 이혼한 경우에는 당연히 친가에 복적하는 것으로 혼가에서 즉시 타가에 입적하는 일은 없다. 그리고 혼인으로 타가에 입적한 남자가 타가의 양자가 되는 경우에도 일단 친가로 복적한 후 양가에 입적해야 하는 것이다.

입양으로 타가에 입적한 자는 그 양가를 상속해야 하는 자이므로, 혼인 또는 입양으로 타가에 입적하는 일이 거의 없다. 만약 혼인으로 타가에 입적하거나 입양으로 타가에 입적해야 할 필요가 있으면 파양하여 친가에 복적한 뒤에 타가에 들어갈 수밖에 없다. 그러므로 양가에서 즉시 타가에 입적하는 경우는 없다. 그리고 여자가 입양으로 타가에 입적하는 경우가 없음은 기술하였다.

이를 요약하면 조선의 관습에서는 혼인 또는 입양으로 타가에 입적한 자가 혼인 또는 입양으로 그 혼가 또는 양가에서 곧바로 타가에 입적하는 경우는 없다.

제116 타가상속(他家相續), 분가와 폐절가재흥(廢絶家再興)에 관한 관습은 어떠한가?

이러한 행위를 인정한다면 그 요건은 어떠한가? 예컨대 가족이 이러한 행위를 함에는 호주의 동의가 있어야 하는가, 아닌가? 미성년자가 함에는 부모, 후견인 등의 동의가 필요하지 않는가? 부모, 호주 등은 본인의 의사에 관계없이 이를 할 수 있는가? 이러한 경우에 본인에게 직계비속이 있으면 당연히 이를 자가(自家)의 가족으로 해야 하는가, 아니면 그 직계비속, 기타 호주 등의 동의를 요하는가? 또 이러한 점에 대해 타가상속, 분가와 폐절가재흥의 사이에 차이가 있는가?

1. 타가상속

조선에서의 상속은 제사상속을 주로 하고 제사를 상속하는 자가 호주가 됨을 원칙으로 한다. 다만 제사상속을 할 자가 없는 경우에는 사망한 호주의 아내 또는 어머니가 호주가 되는 것에 지나지 않는다. 사망한 호주의 아내 또는 어머니가 호주가 되는 외에 호주만의 상속은 없으며, 따라서 타가상속은 제사상속에 대해서만 있다. 그래서 제사상속을 해야 하는 자는 피상속인의 적장자이고, 적장자가 없으면 서자가 승적(承嫡)하고, 남자가 전혀 없으면 남계혈족 중 자행열자(子行列者)를 입양하여 상속을 하게 하는 것이다. 그래서 타가상속은 항상 입양(양부 사후의 입양)으로 하고 이것 외에 타가상속은 없다. 그리고 입양의 절차에 대해서는 입양의 요건(제137문항)에서 기술하므로 여기서는 생략한다.

2. 분가

장자상속 원칙을 택하는 조선에서는 차남 이하의 아들은 반드시 분가해야 하는 것이다. 그 시기는 반드시 일정하지 않지만 적어도 성혼 후이어야 하고, 대개 아버지 사후에 하는데, 아버지 생전에 분가하는 예도 전혀 없지는 않다. 그리고 이를 결정하는 것은 아버지 생전에는 아버지, 아버지 사후에는 호주인 장자가 하는 것을 통례로 하지만, 자산이 없고 생계가 곤란한 자가 아니면 아버지 사후에 오랫동안 장자와 함께 지내지 않는다. 또한 본인의 의사로 분가를 하는 예도 가끔 볼 수 있다. 이 경우에는 호주의 동의가 필요한 것은 물론이지만 호주의 동의를 거부하는 예는 거의 없다. 또 미성년자(15세 미만자)가 분가하는 예는 거의 없다. 그리고 분가하는 경우에는 분가자의 처자와 직계비속과 그 처는 당연히 함께 그 분가(分家)

에 입적한다.

3. 폐가재흥(廢家再興)

폐가는 뒤에 기술하듯이 호주가 타가상속을 하기 위해 양자로 된 경우에만 발생하는 것이다. 조선의 가계 계승 법칙으로 말한다면, 폐가를 재흥함에는 그 가의 양자가 되는 것 외에는 방법이 없으므로, 그 가에 제사를 지낼 조상이 있어야 하고 1대로 폐가된 가는 재흥할 수 없다. 또 재흥자는 폐가된 가의 선대의 친자와 같은 항렬의 남계혈족 남자가 아니면 안 된다. 그러므로 폐가재흥은 분가호주가 본가상속을 하고 분가를 상속할 자가 없기 때문에 그 가가 폐가가 된 경우에 분가의 선대 친자의 서열에서 마땅한 자가 나타나는 경우에만 이를 볼 수 있다. 그리고 그 절차는 양부사후의 양자와 다르지 않다. (제137문항 참조)

4. 절가재흥(絶家再興)

호주가 사망하고 장기간 상속할 자가 없으면 그 가는 스스로 절가가 되는 것이다. 그러나 오랜 후에 이를 상속할 자가 있으면 그 가는 재흥된다. 그리하여 절가의 재흥도 역시 양부 사후의 양자와 다르지 않다. 그래서 그 가의 마지막 호주(그 아내 또는 어머니가 호주인 경우 제외)와 친자의 항렬에 있는 남계혈족 남자가 아니면 재흥할 수 없다. 그 절차는 입양에서 서술한 것과 같다. (제137문항 참조)

제117 법정추정 가독상속인은 타가에 입적하고 또 일가를 창립할 수 있는가?
만약 할 수 있는 경우와 할 수 없는 경우가 있다면 각각 그 경우는 어떠한가? [가독상속 문항 참조]

관습상 당연히 그 가의 상속인이어야 할 자를 봉사자(奉祀者)라고 한다. 즉 봉사자가 될 지위에 있는 자로서 적장자임을 원칙으로 한다. 적장자가 없는 경우에는 서장자(庶長子)를 승적시키는 것으로 한다. 그리하여 적장자 또는 승적한 서장자는 그 가를 상속해야 하는 자이므로 입양, 기타의 사유로 타가에 입적할 수 없다. 그래도 본가를 중시하는 결과로 만약 본가에 상속인이 없으면 분가의 상속인인 장자는 출가하여 본가의 양자가 되어 그가 상속을 하여야 한다(분가상속인인 장자가 본가의 사망한 호주의 자항렬이어야 함은 물론이다). 이 경우에는 분가상속은 차자(次子)가 하고 분가에 상속인이 없으면 입양하여 상속을 하는 것이다. 또 봉사자는 어떠한 경우에도 일가를 창립할 수 없다.

제118 남편이 타가에 입적하거나 일가를 창립하면 아내는 이에 따라 가에 입적하는가, 아닌가?
이 경우에 아내의 동의가 필요하지 않는가?

조선의 관습에는 아내는 항상 남편을 추종하여 가(家)를 함께해야 한다. 그래서 남편이 타가에 입적하거나 일가를 창립하면 아내는 당연히 남편에 수반하여 그 가에 입적하는 것이다. 그리고 남편이 타가에 입적하거나 일가를 창립함에는 아내의 동의를 얻어야 하는 관습은 없다.

제119 호주와 가족은 동일한 성[씨]을 사용하는가?
예컨대 아내는 친가의 성[씨]을 사용하지 않는가? 그 외 타가에서 입적한 자는 구가(舊家)의 성을 쓰는 관습은 없는가?

조선에서는 사람은 모두 성(姓)이 있다. 그리고 개인의 성은 아버지의 성에 따라 정해지고, 신분이나 호적의 변동이 있어도 이를 변경하는 일은 없다. 그러므로 남계혈족은 모두 동성이다(단 연안(延安) 차(車) 씨와 문화(文化) 류(柳) 씨처럼 사성(賜姓)[98]으로 다른 성을 쓰는 특례가 없지는 않다). 그렇지만 동성인 자가 모두 남계혈족이라고 말할 수는 없다. 혈족이 아니어도 동성인 자가 아주 많다. 예컨대, 양주(楊州) 조(趙) 씨와 평양(平壤) 조(趙) 씨는 혈족이 아니어도 동일하게 성을 조(趙)로 쓰는 예이다. 이 때문에 성 외에 따로 본관을 사용하여 동성 간에 남계혈족인지 아닌지를 구별한다. 즉 본관은 조상의 향관(鄕貫)으로서 남계혈족이 아닌 동성은 반드시 본관을 달리하기 때문에 바로 이로써 구별의 표준으로 하는 것이다. 더욱이 수양자는 수양자의 성을 따르는 것이므로 혈족이 아니어도 동성을 사용한다. 이는 그 성을 알지

---

98 임금이 공신에게 성을 지어 주는 일.

못하는 것에서 유래하는 것이다.

위와 같이 사람의 성은 아버지의 성에 따라 정하고 이를 고칠 수 없으므로 호주와 가족은 동성도 있고 이성도 있다. 즉 가족 가운데 호주의 직계비속, 방계혈족과 그 직계비속은 호주의 남계혈족이므로 항상 동성이지만, 호주의 직계존속인 어머니, 할머니 등은 대개 이성이고, 호주의 아내, 첩, 호주의 직계 비속, 방계혈족 또는 그 직계비속의 아내, 사위와 같은 자는 대개 이성이다. 이는 이성이나 본관을 달리하는 동성이 아니면 혼인을 할 수 없는 것에서 연유하는 것으로, 가족 중에 본관을 달리하는 동성을 발견하는 것은 대체로 매우 드물다. 또 여호주의 경우에는 호주와 가족은 대개 그 성을 달리하는 것이다. 그리고 수양자는 호주와 동성을 쓰는 것은 기술하였다.

또 조선에서는 기혼녀는 그 이름을 쓰지 않고 성에 소사(召史)라는 통칭으로 그 이름을 대용하는 것이 통례이다[예컨대 김소사, 이소사]. 그리고 과부는 남편의 가에 있는 동안은 남편의 성을 사용하는 것이 보통인 것 같다. 과부가 호주인 경우에는 남편의 성으로 칭하고(예컨대 남편의 성이 김이면 본성이 박이어도 김소사라고 한다), 따라서 그 직계비속과 동성인 예가 많다. 단 옛날에는 그 본성을 사용하는 자도 있었다(예컨대 본성이 김 또는 이이면 김성 또는 이씨라고 하는 따위이다).

아버지를 알지 못하는 사생자의 모가의 입적 여부에 대해서는 관습이 분명하지 않은 것은 기술하였다. 아버지를 알지 못하는 자식을 유기하거나 타인에 맡겨 타인의 수양자(이성양자를 금지하므로 표면상 수양자라고 한다)로 삼는 일이 많으나 때로는 모가에서 양육하는 일이 있다. 이 경우에는 어머니가 원하는 대로 아버지를 정하여 그 성을 붙인다고 한다(『형법대전』 제582조 6호 "자손을 이성인에게 급하여 자손을 작한 자는 태 100에 처하고 기자는 귀종함이라"[1908년(융희 2) 법률 제19호로 삭제] 참조).

제120 호주는 가족을 부양할 의무가 있는가?

만약 가족 가운데 호주가 부양할 의무가 있는 자와 그렇지 않는 자가 있다면 그 구별은 어떠한가? [부양의무 문항 참조]

조선의 관습에는 호주는 가족을 부양할 의무가 있고, 가족 중에 부양을 요하는 자와 그렇지 않은 자의 구별은 없다. 호주에게 가족을 부양할 의무가 있는 것은 가족이 스스로 부양할 자력이 없기 때문이다. 만약 가족 중 독립으로 생계를 유지하여 자활에 곤란하지 않은 자가 있으면, 그를 부양할 필요가 없는 것은 물론이다.

제121 가족의 특유재산을 인정하는가?

이를 인정한다면 어떠한 재산을 가족의 재산으로 하는가? 이를 인정하지 않는다면 가산은 호주의 전유재산(專有財産)[99]인가, 아니면 호주와 가족의 공유에 속하는가? 만약 호주의 전유재산으로 한다면 가족은 이에 대해 어떠한 권리도 갖지 못하는가?

조선의 관습에서는 가산은 호주의 전유에 속하고, 호주와 가족의 공유가 아니다. 그리고 가족은 호주의 부양을 받기 때문에 달리 재산을 가질 필요가 없는 경우가 많고, 따라서 가족이 재산을 갖지 않는 것이 오히려 정상적이다. 비록 가족이 취득한 재산이라도 이를 호주의 소유로 하는 것이 보통이지만, 굳이 가족의 특유재산을 인정하지 않는 것은 아니다. 예컨대 가족이 상속, 증여 또는 유증으로 취득한 재산은 그의 특유재산이 된다. 특히 독립의 생계를 유지하는 가족이 직업 등의 행위로 취득한 재산을 소유하는 예는 적지 않다. 그러나 존장비유(尊長卑幼)의 위계를 중시하는 풍습의 결과로 가족의 재산이라도 호주가 이를 처분하는 것은 거의 자유이고(주로 호주가 직계존속인 경우에 대해서이다), 가족은 자기의 특유재산이라도 토지, 가옥 등은 호주의 허가를 받은 다음 처분하는 것을 통례로 한다(단 가족이 호주의 존장인 경우는 그러하지 아니하다). 그러므로 가족의 재산을 인정한다지만, 실제로는 호주의 재산과 거의 구별이 없다. 그 외에 아내가 혼인을 할 때에 아버지와 할아버지로부터 증여를 받거나 또는 혼인 후에 친족으로부터 증여를 받은 재산 등은 아내의 특유재산인 듯하다. 그렇지만 남편 또는 호주(남편의 직계존속인 경우)가 이를 처분할 수 있으므로, 마치 남편 또는 호주의 소유로 보이는 점이 없지 아니하다. 이를 요약하면 가족의 특유재산을 인정하는 것은 의문의 여지가 없지만, 존비장유의 위계, 부처의 위계, 기타 가족이 특별히 재산을 가질 필요가 거의 없으므로, 이에 관한 관습은 아직 발달하지 않은 것이라고 하겠다.

---

99 혼자만 소유함, 독점함.

제122 호주는 가족의 거주할 곳[居所]을 지정할 수 있는가?

만약 이 권리가 있다면 가족이 호주의 명령을 듣지 않으면 그에 대한 제재는 어떠한가?

가족에는 호주의 존장(尊長)[100]이 있고 비유(卑幼)[101]가 있다. 비유인 가족에 대해서는 호주는 거소를 지정할 권리가 있는 것은 물론이지만, 존장인 가족에 대해서는 거소를 지정할 권리가 없다. 그리고 호주가 가족의 거소를 지정할 수 있는 경우에는 가족은 호주의 의사와 다르게 거소를 정할 수 없다. 그러나 가족이 그 지정에 복종하지 않는 경우의 제재에 대해서는 뚜렷이 정해진 것이 없다. 다만 거소지정에 복종하지 않는 자는 사실상 호주의 부양을 받을 수 없는 것에 지나지 않는 듯하다.

제123 가족이 혼인 또는 입양을 하는 경우에 호주의 동의가 필요한가?

만약 동의가 필요하면 가족은 절대로 호주의 의사에 반하여 혼인 또는 입양을 할 수 없는가? 만약 이를 할 수 있다면 그에 대한 제재는 어떠한가?

조선의 풍속에는 혼인은 아버지와 할아버지 등 존장이 이를 정하고 본인의 의사는 묻지 않는다. 그래서 가족이 혼인을 하는 경우에 이를 정하는 존장은 동시에 호주인 경우가 많다. 따라서 가족의 혼인은 대개 호주의 의사로 결정되고 또 이를 정하는 존장이 호주가 아닐 때는 반드시 호주의 동의를 얻어 이를 정하는 것으로 한다. 그러므로 가족은 절대로 호주의 의사에 반하여 혼인을 할 수 없다. 또 존장이 호주의 의사에 반하여 혼인을 정하는 경우는 없으므로, 호주의 의사와 다른 혼인의 효력과 그 제재에 대해서 관습상 일정한 예가 없다.

입양에 대해서는 양자로 되는 자가 가족이면 호주의 의사에 반하여 양자가 될 수 없는 것은 물론, 입양을 약속하는 자는 항상 아버지와 할아버지 등 존장이므로 가족이 스스로 입양계약의 당사자가 되는 경우는 없다. 그 존속이 가족이면 호주인 존장의 동의를 얻어야 한다. 또 양친으로 되는 자가 만약 가족이면 입양을 함에 존장인 호주의 동의를 얻지 않으면 안 된

---

100 웃어른.
101 항렬이 낮은 사람과 어린 사람.

다. 호주의 의사에 반하여 입양을 할 수 없다. 그리고 호주의 의사와 다르게 입양을 한 경우에 입양의 효력과 그 제재에 대해서도 관습상 일정한 예가 없는 것은 혼인에 대해 서술한 바와 같다.

제124 호주는 가족에 대하여 앞 두 문항 외의 권리가 있는가?

예를 들어 가족에 대해 교육, 감호, 징계 등의 권한은 없는가? 가족이 취업하거나 다른 행위를 함에 호주의 동의를 요하는 것 등은 없는가? 가족의 재산을 관리하는 것 등은 없는가?

호주는 가족에 대해 교육, 감호, 징계 등의 권리가 있다. 그렇지만 이 역시 존장비유(尊長卑幼)의 관계와 서로 분리될 수 없는 것이므로, 만약 가족이 존장이면 호주에게 그 권리가 없는 것은 물론이다. 그리고 그 가에 가족인 아버지 또는 어머니가 있으면 아버지 또는 어머니도 이 권리를 행사하므로 호주는 아버지 또는 어머니에게 이를 위임하여 깊이 간섭하지 않는 것이 보통이다. 그렇지만 만약 호주가 가족의 아버지 또는 어머니와 의견이 다른 경우에는 원래 존장인 호주의 의견에 따라야 한다.

가족이 취업함에도 호주의 동의를 얻어야 한다. 그리고 그 가에 가족의 아버지 혹은 어머니가 있으면 가족은 아버지 또는 어머니의 동의를 얻어야 한다. 호주와 아버지 또는 어머니가 의견을 달리하면 호주의 의견에 따라야 하는 것은 앞의 경우와 같다. 그 외의 중요한 행위에 대해서도 부모나 호주의 동의를 얻어야 하는 듯하다(단 가족이 호주의 존장이면 취업 등의 행위에 대해서 호주의 동의가 필요없다).

가족의 재산은 호주가 이를 관리하는 것이 관습이지만, 실제로는 스스로 관리하는 예가 있다. 그리고 아내의 재산은 가족인 남편이 이를 관리한다. 특히 독립한 생계를 유지하는 가족의 특유재산은 가족이 스스로 관리하는 것이 통례이다.

제125 호주는 가족을 이적(離籍)[102]시킬 수 있는가?

만약 이적 또는 이와 유사한 것을 인정한다면 어떠한 경우에 이를 할 수 있는가? 또 그 효력

---

102 호적에서 떼어 내는 일. 호주가 가족에 대하여 가족으로서의 신분을 박탈하는 법률행위를 말함.

은 어떠한가?

종전에는 국외로 망명하거나 유형(流刑)으로 유찬(流竄)된 자를 식년성적(式年成籍)할 때에 호구에서 제외하는 예가 있는 듯하지만 이는 본래 이적이 아니다. 또 가족이 강도, 살인 등의 죄를 짓거나 심한 패륜 행위를 하고도 개준하지 않거나, 사통(私通)을 한 경우 등에 축출하는 예가 가끔 있다. 출가녀가 간통으로 이혼한 경우에도 복가(復家)를 거부하는 예가 많았으나, 관습상 이러한 경우에 호주가 그 가족을 가적(家籍)에서 제외하고 복적을 거부할 수 있는 권리가 있는 것은 아니다. 또 그 경우도 일정하지 않으므로 호주의 가족에 대한 징계권의 행사라고 보는 것이 온당하고, 이를 이적으로 보는 것은 타당하지 않은 듯하다.

제126 호주가 권리를 행사할 수 없는 경우는 어떻게 하는가?
예컨대 친족회 등이 대리행사하는가? 또는 가족 가운데 1인이나 다른 자가 이를 행사하는가? [뒤의 친권, 후견 및 상속인 불명 문항 참조]

조선의 관습으로는 호주가 어려서 그 권리를 행사할 수 없으면 어머니가 이를 행사하는 것이 보통이고, 만약 어머니가 없으면 백부 또는 숙부가 행사하는 것이 보통이다. 그렇지만 실제로는 여자가 칩거하는 풍습이 있어 어머니가 아닌 백부, 숙부 등이 행사하는 예가 드물지 않다. 또 이러한 근친이 없으면 문회(門會)를 열어 친족 중에 이를 행사할 자를 선정하는 경우가 많다. 그리고 어머니, 기타의 자가 호주권을 행사하는 것은 친권자나 후견인의 자격에서 대리하는 것으로 문회에서는 호주권을 행사하는 예는 없다.

호주가 정신병자 또는 부재자이기 때문에 호주권을 행사할 수 없는 경우에는 장성한 상속인이 있으면 그 상속인이 이를 행사하고, 그렇지 않으면 아내가 이를 행사하는 것이 관례이다. 만약 이런 자가 없으면 형이나 동생이 이를 행사하거나 백숙부가 행사하는 경우가 많다. 그렇지 못한 경우에는 문회를 열어 이를 행사하는 자를 선정하고, 문회에서는 호주권을 행사하지 않는 것은 앞과 다르지 않다.

제127 은거를 인정하는가?

만약 이를 인정한다면 그 요건은 어떠한가? 예컨대 연령 등에 제한이 없는가? 또 이를 지방 관청에 신고하는 등의 절차가 필요하지 않는가? 만약 이를 신고해야 한다면 은거자가 하는가, 상속인이 신고하는가, 아니면 양인(兩人)이 함께 신고하는가? [뒤의 가독상속의 문항 참조]

조선에서는 호주가 노년이 되거나 질병 등으로 가사를 담당하기 어려우면 장성한 상속인에게 가사를 위임하는 경우가 있는데, 이를 보통 전가(傳家)[103]라고 한다. 전가를 함에는 호주가 임의로 하고, 연령의 정해진 제한이 없고, 별도로 관청에 신고하는 등의 절차가 필요없다. 그렇지만 전가는 다만 사실상 상속인으로 하여금 가사를 담당시키는 데 불과하고, 그 행위는 호주를 대리하는 것으로 보게 되어, 전가 때문에 호주의 변경을 가져오지 않으므로 이를 은거로 인정할 수 없다.

제128 폐가(廢家)를 인정하는가?

만약 이를 인정한다면 그 요건은 어떠한가? 예컨대 호주의 의사만으로 이를 할 수 있는가, 아니면 관청의 허가가 필요한가? 또 새롭게 창립한 가와 가독상속으로 계속되는 가 사이에는 차이가 없는가? 또 폐가의 효력은 어떠한가? 예컨대 호주는 반드시 타가에 입적하는가? 또 가족은 호주를 따라 그 가에 입적하는가, 않는가?

조선의 관습에는 새로운 호(戶)를 창립한 가(家)는 호주의 의사에 따라 폐가할 수 있게 하고, 또 상속으로 계속되는 가는 그 가의 조상 제사가 필요하므로 이를 폐가할 수 없는 것을 원칙으로 한다. 그렇지만 새로운 호를 창립한 가라도 함부로 폐가하는 것을 인정하지 않는다. 또 상속으로 계속되는 가라도 일정한 경우에는 폐가를 인정하는데, 그 어떤 경우에서건 폐가를 인정함은 타가상속 때문에 그 가의 호주가 타가에 입적하는 경우이다. 타가 상속의 경우 외에 폐가를 인정하지 않는 것이라고 하겠다. 즉 폐가의 경우에는 ① 본가상속의 경우로서 본가에 상속인이 없고, 또 본가에 입양할 자가 없는 경우에 분가(분가의 분가도 같다)의

---

103 집안 살림을 물려줌.

호주가 본가의 사망한 호주와 소목(昭穆)의 서열에 해당하면, 분가의 호주는 반드시 본가의 양자로 되어서 그가 상속을 해야만 한다. 이 경우에 그 분가가 새로 분가를 한 가일 때는 그 가에 제향(祭享)할 조상이 없기 때문에 당연히 폐가가 되고, 또 그 가가 상속으로 말미암아 계속된 가일 때는 그 가에는 제향할 조상이 있으므로 그 분가의 호주는 본가의 양자로 됨과 동시에 자가의 양자를 선정하여 그 가가 단절되는 것을 막아야 한다. 따라서 그 분가는 폐가 되지는 않지만 만약 입양할 자가 없으면 자연히 폐가되는 것이다. ② 본가 이외의 타가상속의 경우로 새로 분가를 하고 그 외에 일가를 창립한 가의 호주는 언제라도 동일 종족인 타가의 양자로 되어 상속을 할 수 있다. 그리고 그 가에는 제향할 조상이 없고 따라서 호주가 타가를 상속함과 동시에 자가의 상속인을 정할 수 없으므로 그 가는 호주의 타가상속과 동시에 당연히 폐가가 되는 것이다. 이외에 두세 지방의 보고서에는 새롭게 분가한 자는 언제라도 그 가를 폐하고 본가의 가족이 될 수 있다는 내용을 언급하고 있으나, 이는 다만 본가에서 사실상 동거하는 것에 지나지 않고, 굳이 폐가를 하고 본가에 복귀하는 것은 아니다.

폐가의 절차는 굳이 관청의 허가를 받을 필요가 없다. 또 특별히 신고를 하는 등의 규제나 관례가 없으나, 「민적법」 시행 후에 폐가를 하면 신고하게 되었다.

폐가는 호주가 타가를 상속하는 경우에만 생기는 것은 앞에서 예시한 바와 같으므로, 폐가의 경우에는 호주는 반드시 타가에 입적함은 물론이다. 그리고 가족은 당연히 호주를 따라 그 가에 입적하는 것이다.

관습상 폐가를 인정하는 것은 위에 서술한 두 사례에 한정되지만, 종전의 호적 편성은 단지 현재의 호구를 표준으로 하여 그때마다 개수하는 것으로 사실상 폐가로 되는 것은 아주 많은 듯하다. 그래도 이는 원래 관습이 인정하지 않는 바로, 다만 호적 편성의 절차가 갖춰지지 않았기 때문에 이와 같은 현상이 생긴 것에 지나지 않는다.

제129 절가(絶家)에 관한 관습은 어떠한가?

호주를 잃은 가(家)에 상속인이 없으면, 자연히 절가가 되는 것이다. 다만 어떤 경우에 상속인이 없다고 보아야 할 것인가? 이에 대하여 이행해야 할 절차는 없는가? 또 절가 후 가족이 있으면 각자 일가를 창립하는가, 다만 자식은 아버지 또는 어머니를 따라서 그 가에 입적하는가? 유산은 어떻게 하는가? (상속인 불명인 경우의 문항 참조)

조선에서는 기술한 바와 같이 호주가 사망하고 상속인이 없으면 입양을 하여 상속을 한다. 그리고 결국 상속인으로 될 자가 없으면 자연히 절가가 되는 예가 많다. 절가로 되는 예를 예시하면 대개 아래와 같다.

① 사망한 호주가 기혼자인 경우에 그 가에 상속할 남자가 없고 또 사망한 호주의 양자로 할 자가 없으면(입양할 자가 있어도 입양하지 않는 경우도 같다) 절가로 되는 예가 있다. 만약 사망한 호주의 어머니 또는 아내, 장남의 아내 등이 있으면 이들이 호주가 되어 그 가를 계승하므로 즉시 절가로 되는 경우는 없다. 이들이 사망하고 사망한 남호주의 양자로 할 자가 없는 경우에 비로소 절가로 되는 것이다. 그리고 이 경우에는 사망한 호주의 장남이 혼인 후에 사망하면, 그 장남이 상속한 것으로 본다. 따라서 비록 사망한 호주의 차남 또는 사망한 호주의 자식 항렬의 남계혈족이 있더라도, 이들은 상속인이 될 수 없다. 그 가에 장남의 아내·어머니·할머니 등이 없고, 장남의 자식 항렬의 남계혈족이 없으면 그 가에 남자가 있더라도 절가가 되는 것이다.

② 사망한 호주가 미혼의 남자인 경우에는 그 아버지를 위해서 상속하는 것이므로 그 가에 사망한 호주의 아우가 있으면 그가 상속하고, 만약 없으면 사망한 호주의 같은 항렬의 남계혈족 남자를 선대의 양자로 한다. 이들이 없으면 사망한 호주의 어머니·할머니 등이 호주가 되어 그 가를 계속하지만, 이들이 모두 없으면 절가로 되는 것이다.

③ 사망한 호주가 여자인 경우에는 그 아들의 아내, 손자의 아내가 있으면 대신 상속[代襲]하여 호주가 된다. 또 이들의 유무에 상관없이 사망한 호주의 양자로 될 자가 있으면 그가 상속하게 하는 것이지만, 이들이 모두 없으면 절가가 되는 것이다. 이를 요약하면 절가로 보아야 할 경우는 그 가에 제사상속인이 없고 또 혈족 중에 양자의 적격자가 없으며 또 호주로 될 여자가 없을 때에 비로소 생기는 것이라고 하겠다.

절가의 경우에 별도로 이행해야 할 절차가 없다. 다만 「민적법」 시행 후에는 신고를 하게 되었다. 그리고 절가로 된 가의 가족이 남자(예컨대 사망한 호주가 기혼남이면 그 아우)이면 일가를 창립하고, 또 여자(미혼녀)이면 백숙부 등의 가에 기구(寄口)하고 따로 일가를 창립하지 않는다. 또 유산은 가족이 있으면 재산상속 순위에 따라 가족이 이를 상속하고, 가족이 없으면 친족이 이를 처분하고, 친족이 없으면 동리의 소유로 된다.

제130 혼인의 요건은 어떠한가?

예컨대 연령의 제한은 없는가? 재혼을 허용하는가, 이를 허용한다면 전혼(前婚) 해소 후 일정한 기간을 필요로 하는 것은 아닌가? 상간자는 혼인할 수 있는가? 친족 간의 혼인은 금지하는가? 만약 그렇다면 어떤 친족 사이에 이를 금지하는가? 인척·양자 관계로 인한 친족 등은 이혼·파양한 후라도 혼인을 금지하는가, 않는가? 자식이 혼인함에 부모의 동의가 필요한가, 아닌가? 만약 동의가 필요하다면 연령에 관계없이 필요한가? 부모와 가를 달리하는 경우에도 필요한가? 부모가 없는 자는 미성년자라도 자유롭게 혼인할 수 있는가, 아니면 후견인, 친족회 등의 동의를 요하는가? 본인의 의사에 상관없이 부모·호주 등의 의사로 혼인시키는 예가 있는가? 혼인 성립의 시기는 어떠한가? 예컨대 이를 관청에 신고하는 것 등의 절차가 없는가? 만약 이것이 있다면 혼인은 신고 시에 성립하는가? 아니면 관습상 의식을 거행하는 때 또는 다른 때에 성립하는가? 누가 신고하는가?

혼인 연령에 대해서는 『경국대전』 「예전(禮典)」 '혼가조(婚嫁條)'에 "남자는 15세, 여자는 14세에 혼인을 허용한다(자녀가 13세이면 혼인을 의논한다). 만약 양가 부모 가운데 한쪽에 오랜 병[宿疾]이 있거나 50세 이상인 경우, 자녀가 12세 이상이면 관에 신고하여 혼인한다"고 되어 있다. 그러나 개국 503년(1894) 6월 의안 허혼연령을 정하는 건에 "남녀의 조혼을 즉시 금지하되, 남자는 20세, 여자는 16세 이후에 혼인을 허가한다"라고 규정하고, 다시 1907년(隆熙 1) 8월에 "조령을 내리기를, 사람이 서른 살에 아내를 두고 스무 살에 시집가는 것은 옛 3대(三代) 때의 훌륭한 법이었는데, 근래에는 조혼의 폐단이 국민의 더없는 병폐가 되었다. 그러므로 연전에 금령(禁令)을 내렸으나 아직까지 실시되지 않고 있으니 어찌 유사(有司)[104]의 과오가 아니겠는가? 지금 정사를 새롭게 하는 시기를 만나 풍속을 개량하는 것이 가장 급선무이다. 부득이 옛날과 지금을 참작하여 남자의 나이는 만 17세, 여자의 나이는 만 15세 이상이 되어야만 비로소 시집가며 장가를 가도록 하되 엄하게 준수하여 어김이 없게 하라"

---

104 어떤 단체의 사무를 맡아보는 직무 또는 사람.

는 조칙(詔勅)을 내렸다. 그러나 옛부터 조혼의 폐습이 있어 여자는 12, 3세에 시집가고 남자는 10세 전후에 장가가는 예가 드물지 않다. 또 대부분의 지방에서는 여자가 남자보다 2~5세 연장이 상례인 듯하다(허혼의 약속은 어릴 때 하는 것이 상례이지만, 태아를 지목하여 혼인을 약속하는 사례가 있다).

　재혼의 사례는 남자에게서 가끔 그 예를 볼 수 있으나, 축첩의 풍습이 아직도 개선되지 않았기 때문에 재혼을 하는 자가 비교적 적은 듯하다. 또 여자의 재혼은 조선 세종대부터 금지하였다. 개국 503년(1894) 6월 의안(議案)에 "과부의 재혼은 귀천을 막론하고 그 자유에 맡길 것"이라고 규정한 이래 재혼을 허용하였으나, 지금도 재혼을 천시하여 중류 이상에서는 단연코 이를 하지 않는다. 그리고 재혼에 대해 기간의 경과를 필요로 하는 것에 대하여서는 『경국대전』「예전(禮典)」'혼가조'에 "아내가 죽은 사대부는 3년이 지난 후에 재혼한다. 만약 부모의 명령에 따르거나 40이 넘어 자식이 없는 자는 1년이 지난 후에 재혼할 수 있다"라고 규정하여 그 일반을 엿볼 수 있으나, 관습상 확연한 것은 없다. [『형법대전』제568조 "부모 상을 당하여 시집가고 장가든 자는 태 100이며, 첩을 취하거나 남의 첩이 된 자는 둘 다 태 80이며, 남편 상을 당하여 개가한 자는 태 100에 처함이라"(융희 2년 법률 제19호로서 삭제) 참조]

　상간자의 혼인에 대해서는 『대명률』「형률」범간편 '범간조'에 "간부(姦婦)는 남편의 의사에 따라 가매(嫁賣)하며 그 남편이 함께 있기를 원하면 허락한다. 만약 남편이 간부(姦夫)에게 가매(嫁賣)하면 남편과 간부(姦夫)는 장 80으로 처벌하고 부인은 이혼시키고 재물은 몰수한다"고 되어 있다. 또, 『형법대전』제558조에는 "간부(姦婦)는 남편의 뜻에 따라 시집보내되 남편이 그대로 두기를 원하는 자는 들어주고 간부(姦夫)에게 다시 시집간 자는 간부(姦夫)와 같은 죄를 묻되, 재물을 받아 장물이 무거운 자는 제631조 좌장률(坐贓律)에 의하고 받은 돈[贓錢][105]은 몰수하고 간부(姦夫)와 이혼시킨다"고 규정하고 있으므로 상간자 사이의 혼인을 허하지 않는 취지를 알 수 있다.

　친족 간의 혼인에 대해서는 『속대전』「예전」'혼가조'에 "본관이 달라도 성이 같으면 혼인을 할 수 없다"고 규정하여 동성 간에는 절대로 혼인을 금지하였는데, 이는 원래 남계혈족

---

105 옳지 못한 짓으로 얻은 돈.

간의 혼인을 금지하는 취지다. 그러므로 실제로는 동성이라도 동본이 아닌 자(즉 남계혈족이 아닌 동성)는 혼인을 하고, 『형법대전』 제572조에는 "씨관이 같은[俱同] 사람이 서로 결혼하거나 첩을 만든 자는 태 100백에 처하고 이이(離異)함이라"라고 개정하였다. 그러므로 소위 동성동본 즉 남계혈족 간에는 혼인을 할 수 없다. 비록 성을 달리하지만 사성(賜姓)[106]에 의한 이성(일례로 926년[고려 태조 9] 문화류씨인 류효전(柳孝全)에게 차(車) 성을 내리고 본관을 연안(延安)으로 정하였는데, 문화류씨와 남계혈족으로 성이 다른 예이다.)은 남계혈족이므로 혼인을 할 수 없다.

다음으로 여계(女系)혈족 및 인족(姻族) 간에도 혼인을 금지한다. 『대명률』「호율(戶律)」 혼인편 '존비위혼조(尊卑爲婚條)'에 "무릇 외척·인척으로써 유복(有服)의 존속비유(尊屬卑幼)가 서로 혼인하거나 동모이부(同母異父)의 자매 또는 아내의 전남편의 딸을 취한 자는 각각 간음죄로 논한다. 부모의 고모·외삼촌·이종자매 및 이모 또는 종이모의 고모·당고모, 자신의 어머니의 사촌자매 및 어머니 재종자매·종자매의 딸 또는 사위 및 자부·손부의 자매는 혼인할 수 없다. 어긴 자는 각각 장 100형에 처한다. 만약 자신의 고모·외삼촌·이종자매를 취한 자는 장 80에 처하고 모두 이혼하게 한다"고 하였다. 또, '취친속처첩조(娶親屬妻妾條)'에는 "무릇 동종무복친(同宗無服親) 및 무복친의 아내를 취한 자는 각각 장 100의 형에 처한다. ○만약 시마복친의 아내 및 외삼촌이나 생질의 아내를 취하면 각각 장 60도(徒) 1년의 형에 처하며 소공 이상은 각각 간음죄로 처벌한다. 만약 아버지, 할아버지의 첩 및 백숙모를 처첩으로 취한 자는 각각 참형(斬刑)에 처하며 또 형이 사망한 뒤 형수를 취하거나, 동생이 사망한 뒤 제수를 수취한 자는 각각 교형에 취하며, 그 첩을 수취한 자는 각각 2등을 감경하여 처벌한다. 만약 동종 시마복 이상의 고모, 조카, 자매를 취한 자도 또한 각각 간음죄로 논죄하고 모두 이혼하게 한다"고 하였다. 또, 『형법대전』 제573조에는 "동성무복친 혹은 무복친의 처를 취한 자는 징역 1년이며 시마친(緦麻親)의 처에는 징역 3년에 처하되 첩에는 2등을 감하고 시마친이나 소공이상친 혹 소공이상친 처에는 각각 간음율에 의하여 과단(科斷)하고 아울러 이혼시킨다." 하였으며, 제574조에는 "내외 친속이 상혼(相婚)한 자는 좌개(左開)에 의하여 처하되 모두 이혼시킨다. 1. 동모이부 자매에는 징역 5년, 2. 외숙의 처나 생질의 처에는 징역 1년 반이며 첩에는 징역 1년, 3. 처첩 전남편의 녀에는 징역 3년, 4. 내외종

---

[106] 임금이 공신에서 성을 내려 줌.

혹 이종자매에는 태(笞) 100, 5. 부모의 내외종이나 이종자매, 조모이나 외조모의 본종 종자매나 모의 본종 종자매나 자기의 종자매의 딸이나 사위의 자매 혹 자손부의 자매에는 모두 태(笞) 100"이라 규정하였으므로 이에 따라 그 범위를 정할 수밖에 없다.

　　인척, 양자로 인한 친족 등이 이혼이나 파양 후에도 혼인을 할 수 있느냐, 없느냐에 대해서는 관습이 분명하지 않으나, 실제에서는 서로 혼인을 하지 않는 듯하다(『대명률』「호율」혼인편 '취친속처첩조'의 "쫓겨나 개가한 부녀를 취하는 자는 장 80으로 처벌한다" 참조).

　　자식의 혼인에 대해 부모의 동의를 요하는지에 관해서는 조선의 풍속에서는 혼인은 반드시 주혼자가 있어야 하고 혼약은 주혼자의 명의로 할 뿐만 아니라, 혼인을 결정하는 자도 역시 주혼자로 본인의 의사가 어떤지를 묻는 일이 없다. 따라서 본인의 승낙은 혼인의 요건이 아닌 듯하다. 그리고 주혼자로 될 자는 아버지 또는 할아버지이며(할아버지와 아버지가 모두 있으면 할아버지나 아버지가 주혼자로 되어 일정하지 않다.), 할아버지·아버지가 모두 없으면 형이 주혼자가 되고, 이들이 모두 없으면 백숙부 등 근친존속이 주혼자가 되는 것이다. 그렇지만 백숙부 등이 주혼자가 되는 경우에 그 가에 어머니 또는 할머니가 있으면 실제로 혼인을 정하는 자는 어머니 또는 할머니로서 백숙부 등의 친족은 표면상의 주혼자가 되는 데 지나지 않는다. 그리고 형이 주혼자인 경우에도 어머니나 할머니의 의사에 반하여 혼인을 정할 수 없다. 그리고 혼인에는 주혼자가 필요함은 당사자의 연령에 구애받지 않는다. 혼인의 방식에 대해서는 다만 『속대전』「예전」'혼가조(婚嫁條)'에 "혼인은 가례에 따른다"라는 규정이 있다. 『주자가례』「혼례」부에는 "반드시 매파가 왕래하여 말을 전하게 하고, 여가(女家)의 승낙이 있은 후 납채를 한다. [납채] 주혼자가 편지를 쓰고 일찍 일어나 편지를 받고 사당에 고한 후 자제를 사자(使者)[107]로 삼아 여가에 보낸다. 여가의 주혼자는 나가서 사자를 맞이하여 편지를 받고서 사당에 고한다. 나와서 답장을 사자에게 전하고 사자를 예우한다. 사자가 돌아와 답장을 전하면 남가의 주혼자는 다시 사당에 고한다. [납폐] 납폐를 함에는 편지를 써서 사자를 여가에 보내면 여가는 이를 받아서 답장을 하고 예우한다. 사자가 돌아와 복명(復命)[108]하는 의식은 납채 의식과 같다. [친영(혼례일)] 하루 전에 여가에서는 사람을 시켜 사위의

107　명령이나 부탁을 받고 심부름을 하는 사람.
108　명령을 받고 일을 처리한 사람이 그 결과를 보고함.

방을 꾸미고, 날이 밝으면 남가에서는 방안에 자리를 마련하고 여가에서는 문 밖에 자리를 마련한다. 초저녁에 신랑은 복장을 갖추고 주혼자는 사당에 고하여 아들에게 술을 권하고 신부를 맞이할 것을 명한다. 신랑은 나가서 말을 타고 여가에 이르러 밖에서 기다린다. 여가의 주혼자는 사당에 고하고 딸에게 술을 권하고 신랑을 맞이할 것을 명한다. 주혼자가 나가서 신랑을 맞이하면 신랑은 들어가 기러기를 받친다. 수모(手母)[109]가 신부를 안내하여 가마에 오르게 하고 신랑은 말을 타고 가마보다 앞서 간다. 신랑 집에 이르러 신부를 인도하여 들어가서 신랑 신부는 맞절을 하고, 자리에 앉아 음식을 먹는다. 신랑이 나와 다시 들어가서 옷을 벗고 촛불을 내어 가고, 주혼자는 손님들을 예우한다. [부견구고(婦見舅姑)] 이튿날 일찍 일어나 신부는 시부모께 인사를 올리며, 시부모는 예우한다. 신부는 여러 존장께 인사를 드린다. 만약 신부가 시부모께 음식을 드리면 시부모는 이를 먹는다. [묘견(廟見)] 3일 후 주혼자는 신부를 사당에 알현시킨다. [서견부지부모(壻見婦之父母)] 이튿날 사위는 여가에 가서 신부의 부모께 인사를 드리고 다음에 신부의 여러 친척들에게 인사를 한다. 여가에서 사위를 대접하는 것은 일상의식과 같다"고 하였다.

그리고 실제로 거행되는 의식도 대개 이에 준하는 것이나 지방과 가문에 따라 다소 차이가 없지는 않다. 일반의 사례를 들기로 한다. 우선 매파가 양가를 왕래하여 그 의사를 전달하고 구두로 약속을 한 다음 남가가 여가로 청혼서를 보낸다. 서식의 예는 아래와 같다.

일찍부터 명성은 들었사오나 미처 만나 보지 못하였는데, 인사를 드리옵니다. 삼가 생각건대, 요즘 선생님은 평안히 지내시는지요. 삼가 자세한 안부를 모두 여쭈지 못하겠습니다. 저는 짐짓 묵힌 편지를 갖고 있었는데 다만 다행스러울 뿐입니다. 저의 몇째 아들은 몇 살로 장성하였는데, 아직 성혼을 하지 못하였습니다. 소문으로 듣기에 선생님께서 규수가 있어 본래 아름다운 자질이 있고 또 가문의 공경스러운 가르침을 받았고, 그리고 길쌈과 바느질, 정성스럽고 정갈한 제물의 준비를 잘한다는 좋은 소문이 있으니 흠탄함을 그칠 수 없습니다. 적이 생각하건대, 고귀한 친척의 힘을 빌고 친척이 함께 지낼 바가 혹 없지 않겠습니까. 문벌과 덕망이 같지 않는 허물이 있어 하늘의 인연과 배칠을 맞이하는 길이 있겠습니까. 하

---

[109] 혼례 때 신부의 단장과 그 밖의 일을 도와주는 여자.

물며 혼인은 오륜의 처음이고, 만복의 근원인데 어찌 신중하지 않겠습니까. 다만 진실로 낮추셔서 다행스럽게 회교(回敎)를 주시지 않겠습니까. 이만 줄이오며 삼가 생각하옵니다.

　　기쁘게 보시기를 빌며 인사 올리옵니다.

년　월　일
아무개 재배(再拜)

여가는 이에 대하여 답장[復書]을 하는데 이를 허혼서(許婚書)라고 한다. 서식은 아래와 같다.

　　매번 간절히 배필을 찾았사온대, 갑자기 편지를 받으니 위로됨이 만나뵈온 듯하여 말이 필요없을 듯합니다. 삼가 생각하건대 요즘 선생님의 지내심이 한결같이 평안하옵기를 엎드려 빌며, 자세한 사정을 다 올리지 못하옵니다. 저의 하찮은 편지를 사심(私心)에 맡겨 두었는데 다행히도 교의(敎意)를 주시니 공손히 인사를 합니다. 다만 어리석은 딸이 한미한 집안에서 성장하여 본래 가르침이 보잘것없어 길쌈과 바느질에 어둡습니다. 더욱이 가문과 덕망이 같지 않은데, 다행히도 먼저 편지를 내리시는 수고로움을 하시니 어찌 감히 따르지 않겠습니까. 이에 좋은 날을 맞이하여 길일을 받을 것입니다. 그러나 훌륭한 가문의 아내의 임무 가운데 술과 음식을 마련하는 범절을 아마 감당하기 어려울까 두려우니 미리 부탁을 드립니다. 송구스럽습니다. 이만 줄이옵니다.

　　기쁘게 보시기를 바라며 삼가 인사올립니다.

월　일
아무개 답

　　남가에서 혼서를 받았을 때는 사주단자를 여가에 보낸다. 사주단자란 생년월일시를 기재한 서면으로 여가는 이에 대하여 혼례일을 정하여 남가에 통지한다. 이를 택일단자(擇日單子)라고 한다(경성 등 일부 지방에서는 청혼서와 허혼서의 증답(贈答)을 하지 않고 간단히 남가가 사주단자를 보내고 여가가 택일단자를 보내는 것이 통례이다. 함경북도 회령, 함경남도 갑산지방에서는 남가가 청혼서를 보내고 여가가 이에 답장과 함께 사주단자를 보내며, 남가가 택일단자를 보내는 것이 통례이다). 다음에 남가가 납폐를 하는데, 예서(禮書)를 첨부한 납폐는 보통 청홍색 비단 한 단으로 한다. 지방에 따라서는 혼례일에 보내거나(이를 마두납폐(馬頭納幣)라고 한다), 수일 전에 보내는 등 일정하지 않다. 경성에서는 하루 전에 보내는 것이 예이다.

예서의 서식은 아래와 같다.

> 초봄에(때에 따름) 존체가 편안하신지요. 저의 몇째 아들(주혼자가 할아버지면 몇 손, 형이면 몇째 아우) 아무는 나이가 이미 장성하였는데 배필이 없었으나, 삼가 자비로운 승낙을 얻어 영애(손녀이면 영손녀, 질녀이면 영질녀)를 아내로 내리시니, 이에 선인의 예가 있어서 납폐의 의식을 거행하고 나머지는 생략합니다. 삼가 생각하건대 기쁘게 보시기를 바라며, 삼가 절하고 올립니다.
>
> 년 월 일
>
> 아무 관(貫) 후인(後人) 성명 배(拜)

혼례식은 여가에서 거행한다. 먼저 전안례(奠鴈禮)*를 거행하고 마지막에 합근례(合쯸禮)**를 거행한다. 즉 혼인은 이때에 성립하는 것이다. 종전에는 관청에 신고하는 절차는 없고, 「민적법」 시행 후에 신고하여야 하는 것이지만 혼인 성립의 요건은 아니다.

혼인은 식을 올리는 것으로 성립하는 것은 이미 언급한 바와 같다. 그렇지만 약혼은 허혼으로 성립하는 것으로 보아야 한다(청혼서 및 허혼서를 교환하지 않는 경우에는 사주단자를 보내는 것으로 성립한다). 『대명률』 「호율」 혼인편 '남녀혼인조'에는 "무릇 남녀가 정혼 초에 만약

---

* 신랑이 부가(婦家)에 이르면 반드시 기러기를 가져오는데, 산 기러기를 쓰는 것이 정식이지만 목제로 대용하는 경우가 많다. 전안(奠鴈)의 방식에 대해서는 『가례』의 주(註)에 "주혼자는 사위를 문밖에 맞이하여 절을 하고 인도하며 사위는 기러기를 가지고 혼례소까지 들어온다. 주인은 동쪽 섬돌로 올라가 서향을 하며 사위는 서쪽 계단으로 올라가 북향을 하여 절을 하고 기러기를 땅에 둔다. 주인의 시중드는 자[侍者]가 이를 받으면 사위는 엎드리고 일어나 절을 두 번 한다. 주혼자는 답배를 하지 않는다"고 되어 있다. 실제로 행하는 것은 단지 상세하거나 간략함의 차이가 있을 뿐이다. 또 기러기를 쓰는 뜻은 『가례』 주에 "기러기가 음양·왕래의 뜻에 순응함을 본받는 것이다. 정자(程子)가 이르기를 그가 다시 짝을 짓지 않는 것을 본받은 것이다"와 『의례』 사혼례(士婚禮)의 소(疏)에 "기러기는 낙엽이 지면 남으로 날아가고 얼음이 녹으면 북으로 간다. 남편은 양이고 아내는 음이니 지금 기러기를 쓰는 것은 또한 아내가 남편을 따르는 뜻을 본받은 것이다"고 하였다.

질병이 있거나 노유·서출·양자·수양자이면 양가가 서로 명백히 알리고 각각 원하는 대로 혼서를 쓰고 예(禮)대로 혼인을 한다. 만약 여가에서 혼인을 허락하는 혼서를 쓰거나 약속을 하고(먼저 남편에게 질병이 있거나 노유이거나 서출의 따위임을 안 경우) 곧 후회하여 혼인을 하지 않는 자는 태 50으로 처벌한다. 만약 타인과 혼약을 하고 성혼을 하지 않은 자는 장 70으로 처벌하고 이미 성혼을 한 자는 장 80으로 처벌한다. 뒤에 장가들기로 한 자는 그 사실을 알면 죄가 같고 예물은 몰수하고 모르면 처벌하지 않고 예물은 돌려준다. 부녀는 전남편에게 돌려보내되 그가 원하지 않으면 예물의 배를 그에게 주고 부녀는 후부(後夫)를 따르게 한다. 남가에서 후회하여 고치면 죄는 같고 예물은 추징하지 않는다. 그 미혼남녀가 간통죄나 절도죄를 저지르면 장 80으로 처벌하고 본조를 적용하지 않는다"고 하였다. 『형법대전』 제559조에는 "여가(女家)에서 혼인을 정할 시에 빙재(聘財)를 수(受)하거나 뇌약(牢約)¹¹⁰이 이유(已有)하고 타인에게 재허(再許)하여 혼인을 미성(未成)한 자는 태 70이며 이성(已成)한 자는 태 80에 처하고 후정혼(後定婚)한 가(家)가 지정(知情)한 자도 동죄(同罪)하고 미성혼(未成婚)한 자는 재례(財禮)를 몰입(沒入)하고 여(女)는 선정혼(先定婚)한 가(家)에 귀(歸)호되, 선정혼한 가가 불원한 경우에는 재례를 배추(倍追)하여 일반은 선정혼한 가에 급하고 여는 후정혼한 가에 귀하며 남가에서 차를 범한 자도 동론하되, 재례는 불추(不追)함이라" 하였다. 단, 미성혼한 남녀가 간(姦) 혹 도(盜)를 범한 경우에는 그러지 아니한다"고 규정되어 있다.

이상에서 언급한 것 외에 종전에는 상중의 혼인과 조부모, 부모의 수금(囚禁) 중에는 혼인을 금지하였다. 『대명률』 「호율」 혼인편 '거상가취조(居喪嫁娶條)'에는 "무릇 부모와 남편 상중에 자신이 스스로 혼인을 하는 자는 장 100으로 처벌한다. 만약 남자가 상중에 첩을 얻거나, 처나 딸을 시집보내 첩으로 되게 하면 각 2등을 감경한다. 만약 국대부인(國大夫人) 옹

** 『가례』 주에 의하면 의식은 다음과 같다. "신랑이 절을 하면 신부는 자리로 간다. 신랑은 동쪽에 신부는 서쪽에 서며 종자가 술을 따르고 음식을 차려 낸다. 신랑 신부는 술로 제사를 지내고 안주를 든다. 또 술을 붓고 신랑이 절을 하고 신부가 마시고 제사를 지내지 않으며 안주는 없고, 또 잔(표주박으로 만든 잔을 쓴다)으로 신랑 신부 앞에 나누어 둔다. 술을 따라 신랑이 읍을 하면 신부는 마시고 제를 하지 않으며 안주는 없다. 신랑이 나가 다른 방으로 간다."

110 굳게 맺은 약속.

주 택주(宅主)[111] 및 3품 이상의 관원의 아내가 남편 사후에 재가한 자는 죄가 같고, 모두 봉호를 삭탈하고 이혼한다. 알면서 혼인한 자는 각각 5등을 감경하고, 모르고 혼인한 자는 처벌하지 않는다. 만약 조부모, 백숙부모, 시어머니, 형, 손위 누이의 상중에 혼인을 한 자는 장 80으로 처벌하되, 첩은 처벌하지 않는다. 만약 부모, 시부모 및 남편의 상중에 남의 혼인에 주혼을 한 자는 장 80으로 처벌한다"고 되어 있다. 같은 편 '부모수금가취조(父母囚禁嫁娶條)'에는 "무릇 조부모 부모가 죽을 죄[死罪]를 지어 구금 중인데, 자손이 혼인을 한 자는 장 80으로 처벌하고 첩을 삼은 자는 2등을 감경한다. 그러나 조부모 부모의 명을 받들어 혼인을 하는 자는 처벌하지 않으나 혼인의 예연(禮宴)은 할 수 없다"고 규정하였다.

또 『형법대전』에는 "제568조 부모상에 거(居)하고 가취(嫁娶)한 자는 태 100이며 첩을 취하거나 남(人)의 첩이 된 자는 병(竝)히 태 80이며 남편 상에 거하야 재가한 자는 태 100에 처함이라. 제569조 조부모 부모가 죄를 범하고 수금에 재하였는데 가취한 자는 태 80이며 첩을 취하거나 남[人]의 첩이 된 자는 태 60에 처함이라. 단 조부모 부모의 명이 유한 경우에는 부좌함이라[1908년(隆熙 2) 법률 제19호로 삭제]"라고 규정되어 있다.

그러나 현재는 이러한 금지가 없다. 양반과 상민, 적자와 서자 간에는 혼인을 하지 않고 사색(정당의 4파로서 노론 소론 남인 북인 등이라 칭한다)이 다른 자는 서로 혼인을 하지 않는다고 한다.

제131 아내는 혼인으로 남편의 가[夫家]에 입적하는가?
단, 입부혼과 서양자는 도리어 처가에 입적하는가?

조선의 혼인은 가취(嫁娶)가 원칙으로 남편은 아내를 취하고 아내는 남편에게 시집가는 것으로 아내는 혼인으로 남편의 가에 입적하여야 한다. 그렇지만 초서혼(招婿婚)의 경우에는 사실상 남편이 처가에 동거할 뿐이다. 『대명률』「호율」혼인편 '축서가녀조(逐壻嫁女條)'에는 "무릇 사위를 축출하고 딸을 개가하게 하거나 또 사위를 두 번 보는 자는 장 100으로 처벌하고 부녀는 처벌하지 않는다. 남가에서 이를 알고서 혼인을 한 자는 죄가 같으며 모르

---

111 왕녀의 한 칭호.

는 자는 처벌하지 않고, 부녀는 전남편에게 돌려주어 함께 살게 한다"고 하였다. 또, 『형법대전』 제565조에도 "초서동거(招壻同居)하다가 사위[壻]를 축출하고, 재초서 (중략) 한 자는 금옥 10개월에 처하고, 지정하고 취(娶)한 자는 동죄(同罪)하되, 여(女)는 전부(前夫)에게 추귀(追歸)함이라(1908년[隆熙 2] 법률 제19조로 삭제)"라는 규정이 있고, 『경국대전』 「호전」 '호구식조'에 "사위는 아울러 본관을 기재한다"라는 규정이 있다. 그리고 실제에도 사위는 여가의 호적에 등록하는 것이 구래의 관례이다. 따라서 이 경우에는 처는 남편의 가에 입적하지 않고, 남편이 도리어 처가에 입적하는 것이다. 그리고 여호주의 입부혼과 서양자를 인정하지 않는 것은 기술하였다.

제132 남편은 아내에 대하여 어떤 권리를 갖는가?

예컨대 남편은 아내의 거소를 지정할 권리가 있는가? 아내가 취업하는 데 남편의 허가를 필요로 하는 예가 있는가? 이에 대하여 남편이 호주인 경우와 가족인 경우의 차이가 있는가? [제5문항 참조]

조선에서는 아내에 대한 남편의 권력이 강대하므로 아내의 행위능력은 현저한 제한을 받는다. 아내가 법률행위를 함에는 거의 항상 남편의 허가를 받을 것을 요하고, 또 아내가 직업을 가지는 데도 반드시 남편의 허가를 받아야 하는 것은 제5문항에 기술하였다. 기타 남편은 아내에 대하여 거소를 지정하고 특히 동거를 강요할 권리가 있다. 그리고 이와 같은 남편의 아내에 대한 권리는 남편이 호주인 경우와 가족인 경우에 따라 전혀 차이가 없다. 또 아내가 남편의 가에 입적하는 경우와 남편이 처가에 입적하는 경우에 따라서 구별이 없다.

제133 부부 사이의 재산 관계는 어떠한가?

아내의 특유재산을 인정하는가? 만약 그렇다면 아내 재산과 남편 재산의 관계는 어떠한가? 예컨대 부부가 재산을 공유하는 예가 있는가? 공유로 하지 않으면 부부 간의 생활비는 누가 부담하는가? 또 남편은 아내의 재산에 대하여 어떠한 권리도 갖지 않는가? 예컨대 남편은 아내의 재산을 사용·수익할 권리가 없는가? 아내의 재산은 아내 자신이 관리하는가? 아니면 남편이 관리하는가? 만약 남편이 관리한다면 그 권한은 어떠한가? 예컨대 그 재산을 매각하려면

아내의 승낙이 필요한가?

　조선 종래의 관습에서 아내의 특유재산을 인정하는지 여부에 대해서는 다소 의문이 있지만, 여자가 출가할 때에 부모가 논밭 등의 재산을 증여하는 예는 드물게 볼 수 있다. 또 때로는 여자가 혼인 후에 아버지, 할아버지 등 친족으로부터 유증을 받는 일이 있다. 그리고 유증하거나 증여한 것은 남편 또는 호주의 재산으로 귀속시키려는 의사가 없는 것이 상례이고, 특히 아내가 친정에서 가지고 온 재산 등은 이혼을 하는 경우에 친정으로 가지고 돌아갈 수 있다. 그러므로 이와 같은 재산은 아내의 특유재산으로 인정하는 것이 타당할 것이다. 기타 아내가 영업 등의 행위로 얻은 재산도 역시 그 특유재산으로 보아야 할 경우가 없지 않다. 또 부부의 재산을 공유로 보는 관념은 전혀 없는 듯하다.

　혼인 후의 생활비의 부담에 대해서는 남편은 처자를 부양하여야 하므로 남편의 부담인 것은 물론이다. 그렇지만 남편이 재력이 없고 아내에게 재산이 있다면, 아내의 재산으로 생활비를 충당하는 것을 상례로 한다.

　아내의 재산은 남편이 이를 관리하고 또 사용 수익할 수 있다. 그리고 남편이 생활비를 부담하는지에 따라 차이가 없다. 남편이 아내의 재산을 처분할 수 있는지, 아닌지에 대해서는 다소 논의가 있는 바이지만, 남편에게 처분권이 있다는 것이 통설이다. 처분할 경우에는 아내의 승낙이 필요하다거나 필요하지 않다고 하여 일정하지 않다. 실제로는 승낙의 유무와 관계없이 남편이 처분할 수 있는 듯하다. 이 점에서는 아내의 재산은 남편의 재산과 거의 구별이 없는 느낌이다. 그렇지만 이는 필경 아내의 남편에 대한 절대적 복종을 양속(良俗)으로 하는 조선의 부부 관계의 상황이 그렇게 하는 것이다. 만약 관습의 취지를 깊이 탐구하면 남편은 아내의 승낙이 없으면 그 재산을 처분할 수 없지 않을까.

　아내가 사망하거나 또는 이혼한 경우에 그 재산의 귀속에 대해서는 사망의 경우에는 남편 또는 호주의 소유로 되고, 이혼한 경우에는 아내가 친정에서 가져온 재산은 친정에 반환하여야 하는 것은 언급하였다. 기타 아내의 재산에 대한 관습은 분명하지 않다.

　이상 아내의 재산에 대한 남편의 권리는 남편의 부재·심신상실의 경우에는 이를 행사할 수 없음은 물론이다.

제134 이혼에 관한 관습은 어떠한가?

이혼을 허용하는가? 이를 허용한다면 쌍방의 합의를 요하는가, 아니면 일방의 의사로 할 수 있는가? 만약 일방의 의사로 할 수 있다면 부부가 동일한 권리를 갖는가? 또 그 원인에 제한이 없는가? 혼인의 경우과 같이 부모 등의 동의를 요하는가? 또 본인의 의사에 관계없이 부모·호주 등의 의사로 이혼하게 하는 예가 없는가? 만약 그렇다면 아내의 친정 부모·호주도 이 권리를 갖는가? 이혼에는 신고 등의 절차가 필요하지 않는가? 또는 관의 허가를 요하지 않는가? (제130문항 참조) 또 이혼의 효력은 어떠한가? 예컨대 자녀의 감호는 부부 가운데 누구에게 속하는가? 아내가 가지고 온 재산은 어떻게 하는가?

조선에는 처칠거 삼불출(妻七去 三不出)의 제도가 있다. 칠거는 ① 무자[『당율소의(唐律疏議)』에는 "율에 이르기를 '처가 50세 이상인데, 아들이 없으면 서자 가운데 연장자를 적자로 세우는 것을 허용한다'라고 하였으므로, 만약 49세 이하에 아들이 없는 경우에는 축출하지 않는 것이 합당하다"라고 하고 있다] ② 음일(淫佚)[112] ③ 시부모를 모시지 않음[不事舅姑] ④ 다언(多言) ⑤ 절도 ⑥ 시기 ⑦ 악질(惡疾)[113]로 이 중 한 사유에 해당하는 경우에 이혼을 할 수 있는 것을 말한다. 삼불거(三不去)는 ① 부모의 상을 치른 경우 ② 가난할 때 결혼하여 후에 부귀하게 된 경우 ③ 돌아갈 집이 없는 경우로 이 중 한 사유에 해당하면, 비록 칠거(七去)의 원인이 있어도 이혼할 수 없는 것을 말한다. 다만 아내가 간음을 하면 삼불거의 경우라도 이혼을 할 수 있다. 또 아내에게 악질이 있는 경우도 동일한 것 같다. 그리고 『대명률』「호율(戶律)」 혼인편 '출처조'에서는 "무릇 아내에게 칠출과 의절의 사유가 없는데 이혼을 한 자는 장 80으로 처벌한다. 칠출을 범하였으되 삼불거의 사유가 있으면 2등을 감경한다"고 규정하였다. 『형법대전』 제578조에도 "처첩이 다음과 같은 제 항을 범한 바가 없는 경우에 남편이 내쫓은 자는 태 80이며 제 항을 비록 범하였으나 부모의 상을 함께 치렀거나 자녀가 있거나 장가들 때 빈천하고 후에 부귀하였거나 돌아갈 곳이 없는 자를 내쫓은 자는 태 40에 처하고 온전히 함께 살도록 한다. 1. 남편의 조부모·부모에게 순종하지 아니한 자 2. 말이 많아서 족척(族戚)에 화목

---

112 마음껏 음탕하게 놂.
113 고치기 힘든 나쁜 병.

을 잃게 한 자 3. 음행이 있는 자 4. 절도한 자 5. 전염하는 악질이 있는 자"라 하였다. 그러나 이 규정은 1908년(隆熙 2) 법률 제19호로 삭제되었다. 그러나 남편이 아내와 이혼할 경우에는 부모나 호주의 동의를 요한다. 또 부모나 호주의 의사에 따라 이혼을 강요할 수 있는 것 같다.

아내와 친정 부모, 호주 등이 이혼을 요구할 수 있는지에 대해서는 조선의 습속에는 아내가 남편에게 이혼을 요구하는 것은 도의에 반하는 것이므로 비록 남편에게 비행이 있어도 아내는 이혼을 요구할 수 없다. 따라서 아내의 친정 부모, 호주 등도 그 권리를 갖지 않는다. 단, 후술할 의절의 경우에는 여기에 해당하지 않는다.

협의에 의한 이혼을 인정하는지 아닌지에 대해서는 『대명률』 「호율」 혼인편 '출처조'에 "만약 부부가 서로 사이가 좋지 않아 서로 갈라서기를 원하면 이에 해당하지 않는다"라는 규정이 있지만 관습상 협의이혼을 인정하지 않는다.

또 이혼에는 법률상 강제에 의한 것이 있는데 이를 의절이라고 칭한다. 만약 의절에 해당하는 경우에도 이혼을 하지 않을 때는 처벌하고 이혼을 시켰다. 즉 앞에 나온 『대명률』 '출처조'에 "만약 의절의 사유가 있어 마땅히 이혼하여야 하는데 이혼하지 않으면 장 80으로 처벌한다"라는 규정이 있다. 여기에서 의절의 경우를 기재하지는 않았지만 『당률소의』에 의하면 남편이 아내의 조부모, 부모를 구타하고, 아내의 외조부모, 백숙부모, 형제, 고모, 자매를 살해하고, 남편과 아내의 조부모, 부모, 외조부모, 백숙부모, 형제, 고모, 자매가 직접 서로 살해하고, 아내가 남편의 조부모, 부모를 구타·욕설하고, 남편의 외조부모, 백숙부모, 형제, 고모, 자매를 살상하고, 아내가 남편의 시마이상친 또는 남편이 장모와 간통하거나 아내가 남편을 살해하려고 하는 등의 경우를 말하는 것 같다. 그리고 『형법대전』 제579조에 "처첩이 다음의 제 항을 범한 바가 있는데 남편이 이혼하지 않은 자는 태 100에 처하고 이혼하게 한다. 1. 남편을 모해 혹은 구타한 자, 2. 남편의 기친(期親) 이상의 존장이나 외조부모를 구매(毆罵)[114]한 자, 3. 단문(袒免) 이상의 친을 간통한 자", 또 제580조에 "남편이 다음 제 항을 범한 바가 있는데 처첩이 이혼치 아니한 자는 태 100에 처하고 이혼케 한다. 1. 처첩의 조부모, 부모를 때리거나 백숙부모나 고모나 외조부모를 때려서 상해를 입힌 자 2. 처첩의 어

---

114 때리고 욕함.

머니를 간음한 자"라 하였다. 그러나 이 역시 1908년(隆熙 2) 법률 제19호로 삭제되었다.

이혼 절차에 대해서는 종전에는 관청에 신고하거나 관청의 허가를 받는 등의 절차가 필요 없었다. 「민적법」 시행 이후에 이를 신고하여야 하지만, 이혼의 방식은 아니다.

이혼 후 자녀의 감호는 남편에게 속한다. 다만 자녀가 어려서 아내가 양육하는 예는 드물게 보이지만, 이는 본래 협의에 따른 것이며 관례는 아니다. 그리고 아내가 가지고 온 재산은 이혼과 동시에 친정으로 반환하는 것은 이미 서술하였다.

제135 아내가 혼인 중에 임신한 자식은 남편의 자식으로 추정하는가, 아닌가?
이를 추정한다면 남편이 이를 부인하려면 어떻게 하여야 하는가?

아내가 혼인 중에 임신한 자녀는 남편의 자녀로 추정하고 간통으로 임신한 증거가 있지 않는 한 당연히 남편의 자녀로 되는 것이다. 그리고 그 자녀가 혼인 중에 회태한 것인지의 여부를 결정함에는 보통의 임신 기간을 표준으로 하여 분만 시에서 소급하여 임신 시기를 정하는 것이 관례이다. 보통 임신 기간을 10개월로 하여 혼인 성립 때로부터 10개월 후, 혼인해소 전에 출생한 자녀와 혼인 해소 때로부터 10개월 내에 출생한 자녀는 혼인 중에 임신한 것으로 보는 것이 통칙이다. 자녀의 임신 기간은 짧게는 7개월, 길게는 12개월이라는 설을 일반적으로 믿기 때문에 반드시 일률적으로 논할 수 없다. 또 혼인 중에 임신한 것이 명백한 경우라도, 남자의 조혼 풍속이 있음은 누차 언급한 바이므로 혼인 중에 임신한 자녀가 곧바로 남편의 자녀라고 말할 수 없다. 따라서 신생아의 발육 상태 등의 사정에 따라 반드시 일반례에 따르지 않는 경우가 있는 듯하다.

혼인 중에 임신한 남편의 자녀는 혼인 중에 출생한 경우와 혼인 해소 후, 특히 아내가 이혼하고 재가한 후에 출생한 경우를 불문하고 항상 남편의 적자 신분을 취득하고 당연히 남편의 가에 입적한다. 그리고 혼인 전에 임신한 자녀라도 혼인 후에 출생하면 당연히 남편의 적자로 되는 것이 관례이므로 적자는 혼인 중에 출생한 자녀에 한정하지 않는다고 말할 수 있다. 다만 서자가 부모의 혼인으로 당연히 적자로 되는 관습은 없다.

남편은 아내가 혼인 중에 임신한 자녀라도 자기의 자녀인 것을 부인할 수 있다. 그러나 자녀를 부인함에는 일정한 절차가 없다. 간부(姦夫)의 자녀인 것이 명백한 경우에는 남편은 자녀를 간부에게 인도하고 간부도 자기의 자녀라고 생각하면 이를 거두는 것이 예이다. 다만 조선의 습속으로는 자녀를 부인하는 것은 인정에 아주 어긋나는 것으로 여겨 사람들이 배척하는 것으로써, 간생자(姦生子)를 거두는 것을 수치로 여기지 않는다. 자녀를 부인하는 예는 아주 드물다고 한다.

부인된 자녀의 귀속에 대해서는 『대명률』 「형률」 간범편 '간범조'에 "간생자는 간부에게 양육을 시킨다"라는 규정이 있고, 『형법대전』 제540조에도 "간생자녀는 간부에게 급하여 수양케 하되 위(違)한 자는 태 100에 처함이라"라고 규정하였다. 그러므로 간생자는 간부에게 속하고 간부의 가에 입적하는 것이다.

제136 사생자에 관한 관습은 어떠한가?

사생자의 부모는 어떻게 결정하는가? 아버지가 인지한 자(서자)와 그렇지 않은 자 사이에 구별이 있는가? 또 첩자와 다른 사생자 사이에 구별이 있는가? 만약 사생자 인지의 절차가 있다면 그 절차는 어떠한가? 예컨대 관청에 신고하는 것 등이 있는가? 또 유언으로 인지를 하지 않는가? 또 인지를 함에 본인의 승낙을 받아야 하지 않는가? 그리고 연령에 따라 차이가 없는가? 인지의 효력은 장래를 향해서만 발생하는가, 아니면 출생 때에 소급하여 발생하는가? 서자는 그 부모의 혼인으로 적출자로 되는 예가 있는가? 만약 그렇다면 첩자와 다른 서자 사이에 구별이 없는가?

조선에서는 법제·관습 모두 축첩을 인정하므로, 혼인 외의 자녀는 그 수가 아주 많아 이를 적출자와 비교하면 놀라운 비율을 보인다. 그리고 첩자는 아버지의 인지 없이 당연히 서자로 되고, 다른 사생자는 아버지의 인지가 있은 후 비로소 그 서자가 되는 것이다. 그렇지만 서자인 점에서는 구별이 없다. 아버지가 인지하지 않은 사생자에 대해서는 간통으로 출생한 자녀를 간생자라고 부르는 외에 일반적인 칭호가 없다.

사생자의 부모가 모두 명확치 않은 경우에는 기아 외에 거의 그 예를 볼 수 없다. 그리고 극빈하여 출생자를 버리는 예는 아주 없지는 않으나 드물고, 기아의 대부분은 처녀나 과부의 사통자(私通子)와 난륜자(亂倫子)로서 세상의 평판을 부끄러워하여 자식을 버린다고 한다. 그리고 기아는 대개 습득자가 자식으로 삼아 그 성을 따르게 하는 것으로 부모를 결정하는 것에 대한 관습은 없다. 아버지만을 모르는 자도 역시 그 수가 매우 적고 조선에서는 자식이 많은 것을 복으로 여기고 혈윤(血胤)¹¹⁵을 타인에게 빼앗기는 것을 큰 수치로 여길 뿐만 아니라, 자식을 부인하는 행위는 인도에 어긋나는 것이기 때문에 아버지를 모르는 자라도 그 어머니가 지정하는 자가 자식에 대하여 인지를 거부하는 예는 거의 없고 심지어 창부의 자식이라도 이를 부인하지 않는 것을 상례로 한다. 출생아 부인(否認)의 분쟁은 거의 듣지 못하였고, 도리어 자식의 인지를 다투는 예가 적지 않다고 한다. 그리고 성은 그 아버지의 성을 따라 결정하고, 아버지를 알지 못하는 사생자를 인정하는 예는 없다. 사실 아버지를 알지 못하는 경우라도 그 어머니가 아버지를 지정하여 그 성을 쓰게 하는 것은 기술하였다.

　사생자의 인지에 대해서는 일정한 절차가 없고, 다만 그 아버지가 자진하여 인지하거나, 그 어머니의 신청[申出]으로 이를 인지할 뿐이다. 이를 관청에 신고하는 등의 관습은 원래 있지 않다. 또 인지는 유언으로 할 수 있어, 태아를 인지하는 예도 적지 않다. 그리고 인지함에는 본인이 승낙하여야 하는 등의 관습은 없다. 또 자식을 인지하는 것에 의심이 있고, 또 인지에 대하여 다툼이 있으면 합혈법(合血法)¹¹⁶으로 결정한다. 관청이 인지 분쟁을 결정할 때는 반드시 이 방법을 써야 한다. 합혈법을 수록한 『증수 무원록(增修無冤錄)』*에 있는 내용을 보면, "친자 형제 혹은 어릴 때부터 분리하여 알고자 하나 진위를 분별하기 어려우면 각자 피를 내도록 명하여 피방울을 한 그릇 내에 떨어뜨려 참이면 즉 서로 엉기어 하나가 되고 아니면 엉기지 않는다. 단 생피가 소금이나 식초를 보면 엉기나니, 먼저 사용할 그릇을 갖다가 바로 앞에서[(증) 관사 앞에서 함] 깨끗이 씻거나 특별히 새 그릇을 갖고서 시험해 본다. 또 떨어진 피가 물에 들어감에 만약 그릇이 크고 물이 많아서 둘의 거리가 멀면 잘 어우러지지 않는다. 혹 물에 떨어뜨릴 때 대체로 선후가 있으면 피가 차갑고 뜨거운 구별이 있어서 역시 어우러지지 않는다"라 하였다. 또 그 부모가 사망한 경우에는 적혈법(滴血法)을 사용하였다. 이 역시 『무원록』에 보인다. 그 내용은 "신체발부는 부모가 물려준 것이다. 대개 자식은 아

115　혈통을 잇는 일.
116　물이 담긴 접시에 피를 떨어뜨리고 그 위에 다른 사람의 피를 떨어뜨려 피가 하나로 섞이면 친자 관계의 증거라고 보는 방법.
　*　『무원록』은 명 영종 정통 3년에 완성되어 조선 영조 때 증수를 명하여 정조 11년 정말(개국 390년)에 이르러 완성하였고 또 언문으로 번역하였다.

버지의 유체로 낳은 이는 어머니이다. 만약 자식의 몸에 상처를 내어 피를 한두 방울 부모의 해골에 떨어뜨리면 만약 직접 낳은 사람이면 피가 뼈 속에 스며들고 그렇지 않으면 스며들지 않는다"라고 하였다. 또 말하길 "(보) 뼈에 떨어뜨리는 법[滴骨法]은 손자 역시 할아버지를 증험할 수 있을 것이나, 부부는 각각 한 부모가 있어서 원래 한 곳에서 나뉜 것이 아니니 뼈에 뿌려도 어찌 스며들리오. 만일 '떨어뜨려서 받는다'라고 할 양이면, 갓 낳은 남의 자식을 품어서 젖을 먹고 자란 사람은 이 자식의 후천성 기질이 모두 이 어미의 기혈에 근거하여 보태어져서 이뤄졌으니, 뼈에 떨어뜨림에 더 마땅히 들어가지 않으리오. 아마도 그렇지 않을 것이다"라고 하였다.

그리고 조선인은 이러한 방법에 따라 친자(할아버지와 손자에 대해서도 같다)를 결정할 수 있다고 믿었다. 인지의 효력은 출생 시로 소급하여 발생하고 자식은 출생한 때로부터 그 신분을 취득하는 것이다. 그리고 합혈법 또는 적혈법에 따라 친자의 관계를 결정한 경우도 다르지 않다.

서자는 함부로 적자가 될 수 없다. 그래도 적출자가 없으면 서자를 승적시켜 상속을 시키는 예가 있는 것은 기술하였다. 그리고 서자가 부모의 혼인으로 적자가 되는 것은 관습상 인정하지 않는 바이다. 첩을 처로 하는 것은 법에서 금지한다(『형법대전』 제577조 "(전략) 첩으로 처를 삼은 자는 태 90에 처하고 (중략) 개정함이라"[1908년(隆熙 2) 법률 제19호로 삭제] 참조). 또 이러한 점에 대해서는 첩의 자식과 다른 서자 사이에 추호의 구별이 없다.

제137 입양의 요건은 어떠한가?

예컨대 양친의 연령에 관계없이 입양할 수 있는가? 존속 또는 연장자를 입양할 수 있는가? 양자는 몇 사람이라도 할 수 있는가, 아니면 제한이 있는가? 배우자가 있는 자는 그 배우자의 동의를 얻지 않고 입양을 하거나, 또는 양자로 될 수 있는가, 아니면 그 동의를 요하는가? 만약 동의가 필요하다면 부부 모두 양친 또는 양자로 되는가, 아닌가? 또는 아내는 남편의 동의를 요하지만, 남편은 아내의 동의를 요하지 않는 것 등이 없는가? 만약 이러한 것이 있다면 아내도 역시 양모 또는 양녀가 되는가, 아닌가? 양자가 일정한 연령이 될 때까지 또는 연령과 관계없이 부모·호주 등의 의사로 입양을 승낙하는 일이 없는가? 본인의 의사에 따라 양자가 되거나 입양을 함에 부모의 동의가 필요한가? 이 점에 대해서는 혼인의 경우와 다른가? 입양의 성립 시기는 어떠한가? 이에 대해서도 혼인의 경우와 다른가? 또 유언양자를 인정하는가?
(제130문항 참조)

　　조선에서 양자의 관습은 조상과 자기의 제사를 지내기 위해서 의제자(擬制子)[117]를 만들 필요에서 나온 것이다. 입양하는 것은 필경 제사자(양친이 사망한 경우) 또는 제사자가 될 자(양친이 생존한 경우)를 정하는 것에 지나지 않는다. 그러므로 제사자 또는 제사자가 될 자가 있으면 입양을 할 수 없다. 그리고 제사자가 될 수 있는 자는 남자에 한정하고 여자가 제사자로 되는 것을 인정하지 않기 때문에 남자가 있으면 입양을 할 수 없다. 그래서 여자의 존부는 입양을 하는 것과 조금도 관계가 없다. 또 제사자는 1인으로서 2인 이상의 제사자를 인정하지 않으므로 양자도 1인에 한정하고 2인 이상의 양자를 인정하지 않는다.

　　입양을 할 수 있는 자는 반드시 성년 남자일 것을 요하고, 미혼 남자와 여자는 입양을 할 수 없다. 그 이유를 고찰하면 미혼남자는 제사자로 된 경우라도 사후에 그 가의 세대수로 인정하지 않아서, 그가 제사를 지내지 않으므로 특별히 제사자를 정할 필요가 없다. 또 그 가의 조상의 제사는 항상 선대에 양자를 하고 그 양자가 이를 계승하기 때문에 혼인하지 않고 사망한 제사자는 사망과 동시에 그 가의 제사에서 완전히 벗어나 처음부터 제사자가 되지 않는 것과 동일한 것으로 본다. 그 결과 그 자를 위해 제사의 승계자인 양자를 선정할 필요가 없다. 그리고 여자는 제사자일 수 없고 또 사후의 제사는 그 남편과 함께 제사를 지내는 것에 불과하므로 역시 제사승계자인 제사자가 될 양자가 필요없는 까닭인 것이다. 그래도 양자는 위와 같이 제사의 필요에서 발생한 것이므로 양친이 되는 자는 반드시 생존자일 것을 요하지 않고 기혼남자가 죽고 자식이 없으면 제사자를 정할 필요와 함께 항상 양자를 선정할 필요가 있다. 또 입양을 함에는 적자가 없을 것을 요할 뿐만 아니라 서자도 없을 것을 요한다. 『경국대전』 「예전」 '입후조'에는 "적처와 첩에게 모두 자식이 없는 경우에 관에 신고하여 동종의 지자(支子)로 양자를 한다"라는 규정이 있고, 또 1894년(개국 503) 6월 28일 의안 「솔양(率養)하는 구전(舊典)을 신명(申明)하는 건」에도 "적처와 첩에게 모두 자식이 없

117　의제란 본질이 다른 것을 일정한 법률의 취급에서 동일한 것으로 보고 동일한 효과를 주는 일로, 의제자란 친자와 동일하게 취급하는 자를 지칭한다.

는 후에 비로소 양자를 허용하는 법을 밝힐 것"이라고 규정하였다.『형법대전』제582조에는 "위법 입사한 자는 좌개에 의하여 처함이라. (중략) 3 첩의 자가 유한데 동종에 솔양한 자는 징역 1년에 처하고 그 자는 본종에 귀함이라"라고 규정하였으나, 1908년(隆熙 2) 법률 제19호로 삭제하였다. 또 입양을 할 수 있는 자는 호주일 필요가 없으므로 가족이라도 상당한 연령이 되어 아들이 없는 자는 입양을 할 수 있다. 다만 기혼남자이어야 할 뿐이고 특히 가족이라도 혼인 후에 사망하면 반드시 입양을 하는 것이다(『속대전』「예전」'입후조', "무릇 후손이 없는 적장자는 동종의 근친으로 양자를 한다" 참조).

양친이 될 자의 연령에 대해서는 다만 자식을 얻을 가망이 없는 연령(40세 이상이라고 하는 것이 일반이다)이 되어야 할 뿐이고, 일정한 연령의 제한이 있지 않다. 그리고 사후양자를 하는 경우는 양친의 연령에 구애받지 않는다.

양자로 될 수 있는 자는 양친이 될 자와 같은 항렬에 있는 남계혈족 남자의 자식으로서 또 남자일 것을 요한다. 예를 들면 아버지가 같은 형제의 자(남) 등 남계혈통인 종형제, 재종형제, 삼종형제, 사종형제의 자(남)와 같이, 첫째는 남계혈통으로서 친족의 기초로 삼고 그 단절을 막는 취지에서 나온 것으로 같은 항렬자의 자이어야 하는 것은 부자의 서열을 문란시키지 않기 위해서인데, 이를 소목지서(昭穆之序)라고 한다. 소목이라는 용어는『예기』「왕제(王制)」에서 "천자의 묘(廟)는 7묘로 3소(昭) 3목(穆)과 태조묘(太祖廟)로 7묘(廟)이며, 제후의 묘는 2소 2목과 태조묘로 5묘이며, 대부의 묘는 1소 1목과 태조묘로 3묘이며, 사(士)는 1묘이며, 서인(庶人)은 침실에서 제사를 지낸다"라는 것과 제통(祭統)에 "무릇 제사에는 소목이 있는데 부자(父子)·원근(遠近)·장유(長幼)·친소(親疏)의 차례로 질서가 있는 바이다. 그러므로 태묘에서 제사를 지내면 여러 소와 목이 함께 있어 차례를 잃지 않는데 이를 친소(親疏)의 감쇄(減殺)라고 한다"고 하는 데서 나왔다. 그리고『경국대전』「예전」'입후조'에 "존속, 형제와 손은 서로 양자를 하지 못한다", 또『대명률』「호율」호역편 '입적자위법조(立嫡子違法條)'에 "만약 동종인을 양자로 하더라도 존비의 차례를 잃은 자는 죄는 같으며 파양하여 돌려보내고 다시 마땅한 자로 양자를 한다"라는 규정이 있는 것은 이 뜻에 다름 아니다. 또『형법대전』제582조 4호에도 "존비의 차서(次序)를 실하고 솔양한 자는 태 60에 처하고 기자는 본종에 귀함이라"라는 규정이 있으나 1908년(隆熙 2) 법률 제19호로 삭제되었다.

양자로 될 수 있는 자의 연령은 다만 양친이 될 자보다 연장자가 아니어야 할 뿐인데, 이

Ⅱ. 1910년대「조선민사령」의 도입과 가족 관습에 대한 통제   **179**

는 어버이라 부르고 자식이라고 부르는 관계상 부득이한 것이다.

입양할 수 있는 자가 여러 명일 경우에는 우선 항렬이 가까운 자를 먼저 하고, 또 연장자를 먼저 하는 것을 원칙으로 한다. 즉 형제의 자는 종형제의 자보다 우선하고, 차남은 삼남보다 우선하는 등이다. 그렇지만 반드시 이 순서를 지킬 필요는 없는 듯하고 양친이 될 자, 기타 선정자의 의사에 따라 종제(從弟)의 자를 택하지 않고 재종제의 자를 택하고, 또는 차남으로 하지 않고 삼남으로 양자를 하는 예도 없지는 않다. 그리고 장남은 그 가의 제사자가 될 자이므로 타가의 양자로 될 수 없다. 그렇지만 본가의 양자로 되는 자는 반드시 장남일 것을 요하므로 분가의 제사자는 차남으로 하고, 차남이 없으면 다시 분가해서 입양하여 제사자를 삼게 하고 또 입양할 자가 없으면 그 분가는 폐가로 되는 예가 있다. 이는 본가를 중시하는 것에 기인하는 것이다(단, 아우의 자가 있으면 이를 우선하는 것이 관습의 본뜻이다).

입양할 수 있는 자는 친권자와 동항렬의 자에 한정하는 것은 기술하였다. 그러나 실제에서는 양손이라고 하여 양친이 될 자와 같은 항렬자의 손자를 입양하여 제사자로 하는 예가 있다. 이는 원래 변례(變例)로서 입양할 자가 없는 경우(입양할 자가 있어도 아주 먼 친척인 경우에는 같다)에 부득이한 것이다. 이미 사망한 소목 해당자를 입양하여 그의 자가 승계하게 하는 취지에서 이를 양손(養孫)으로 보는 것이다. 이를 통속으로는 백골양자(白骨養子)라고 하는 것이다. 또 별개로 차양자(次養子)라는 것이 있다. 입양된 자가 혼인 후 아들 없이 사망하면 그 양자와 같은 항렬자, 예컨대 그 아우를 양자로 하는 것이다. 이 경우에는 그 차양자에게 아들이 태어나기를 기다려 이를 죽은 양자의 양자로 하고, 차양자는 생가로 복귀하는 것이다.

배우자가 있는 자가 입양하는 경우 배우자의 동의 여부에 대해서 조선에서는 기술한 대로 입양할 수 있는 자는 남자에 한정하고 여자는 양자를 들일 수 없다. 따라서 배우자가 있는 자가 입양하는 경우는 즉 남편이 입양하는 경우뿐이지만, 남편이 양자를 선정하는 것에 대하여 아내의 동의를 요구하는 등의 관습은 없다. 그리고 입양을 한 후에는 부부 모두 부모로 되는 것은 물론이지만, 입양의 면에서 본다면 남편만의 양자로서 아내를 위한 양자는 아니다. 다만 양부의 아내인 결과 어머니가 되는 것에 불과하다. 또 양자가 되는 자에 대해서도 여자가 양자로 되는 예가 없으므로 양자가 되는 자의 배우자는 아내이지만, 남편이 양자가 되는 것에 대해서는 아내의 동의를 요하지 않는다. 또 양자가 되는 자는 남편만으로서 아내는 양자로 되지 않고 다만 남편을 따라 그 가(家)에 입적하는 것에 지나지 않는다.

양자가 될 수 있는 자는 남자에 한정하고 또 남계혈족으로서 소목에 상당하는 자에 한정하는 것은 기술하였다. 그런데 실제로는 여자를 양육하여 자식으로 삼고, 또 이성자(異姓者)로 소목에 상당하지 않는 남자를 양육하여 자식으로 삼는 예가 있다. 여자를 양육하는 것은 자칫하면 영리의 목적에서 나온 것으로 매우 꺼려야 할 습속일 뿐만 아니라, 심지어 거짓으로 자기의 친생자라고 하여 자기의 성을 따르게 하는 예가 있다. 이성(異姓) 남자를 양육하는 것은 대개 노후에 의탁할 목적에서 나온 것으로 하류사회에서 보이는 바이다. 이들을 통틀어 시양자(侍養子)라고 한다. 그래서 『대명률』「호율」호역편(戶役編) '입적자위법조(立嫡子違法條)'에는 "이성인(異姓人)을 양자로 하여 종족을 문란시킨 자는 장 60으로 처벌한다. ○ 만약 친자를 타성인(他姓人)에게 주어 입양하게 하면 죄는 같고 그 자는 본가에 돌려 보낸다."는 규정이 있다. 또 『형법대전』 제582조에는 "5. 이성의 자손을 결양하여 입사(立嗣)한 자는 태 60에 처하고 기자는 본종에 귀(歸)함이라. 6. 자손을 이성인(異姓人)에게 급(給)하여 자손을 작(作)한 자는 태 100에 처하고 기자는 귀종(歸宗)함이라(1908년[隆熙 2] 법률 제19호로 삭제)"는 규정이 있다. 이처럼 이성인을 양육하여 자식으로 삼는 것은 법으로 금지한 바이다. 다만 기아(棄兒)에 대해서는 『대명률』「호율」호역편 '입적자위법조'에 "유기한 소아를 3세 전에 수양한 자이면 비록 타성이라도 그대로 수양함을 허락하고 그 성을 따르게 한다"는 규정이 있고, 『형법대전』 제582조 5호 단서에도 "단 유기한 3세 이하 소아는 이성이라도 수양하여 기성을 종케하되 입사함은 부득함이라(1908년[隆熙 2] 법률 제19호로 삭제)"라고 규정하였다. 이와 같은 규정으로 3세 미만인 자는 이성자(異姓子)라도 이를 수양하여 수양자의 성을 따르게 할 수 있다. 다만 수양자는 혈족이 아니므로 상속인이 될 수 없다. 수양자의 혈족과의 사이에는 친족 관계가 발생하지 않는다. 다만 수양부모에 대해서 은의(恩義)상 상복을 입는 데 불과한 것은 기술하였다.

입양은 양친으로 될 자와 양자로 될 자의 아버지 또는 어머니의 협의에 의하는 것으로 양친으로 될 자에게 아버지 또는 어머니가 있으면 그 동의가 필요하다. 또 양친으로 될 자가 가족이면 호주의 동의가 없으면 안 된다. 그리고 양자로 될 자의 아버지 또는 어머니에게 아버지나 어머니가 있으면 그 동의를 얻어야 한다. 양자로 될 자의 아버지 또는 어머니가 가족이면 호주의 동의를 얻지 않으면 안 된다. 또 양자로 될 자가 부모가 없는 가족이면 호주의 의사로 입양을 시키는 예가 있다. 게다가 양친으로 될 자가 임종 시에 입양할 자를 지정하는 예가 있고 관습상 이를 유효로 한다(『경국대전』「예전」 입후조, "양가(兩家)의 아버지가 함께 명령하고 아버지가 죽으면 어머니가 관에 신고한다" 참조).

양친으로 될 자의 사후에 양자는 어머니나 과부가 이를 선정하고 만약 이와 같은 자가 없으면 백숙부가 선정하는 예가 있다. 또 문회(門會)를 개최하여 선정하기도 한다. 그리고 폐절가부흥(廢絕家復興)의 경우에는 사망한 남호주[亡男戶主]의 백숙부 또는 문회에서 이를 선정하는 예가 많다.

입양 절차에 대해서는 『속대전』「예전」'입후조'에 "적처와 첩에게 모두 자식이 없는 경우에 관에 신고하여 동종의 지자(支子)로 양자를 한다. 지방인이 입양할 경우 본도 관찰사에게 신고하여 기록하고 본조에서 입안(立案)을 작성하여 내려 보낸다"라는 규정이 있고, 『형법대전』 제582조 제2호에도 "(전략) 고관(告官)하여 예사(禮斜)[118]를 몽유(蒙有)[119]하나니"(1908년[隆熙 2] 법률 제19호로 삭제)라는 규정이 있다. 관의 허가를 받아야 하는 제도가 있지만 실제로는 이 절차를 이행한 자가 거의 없고, 다만 입양의 약속을 한 후 근친을 모아서 조상에게 고유(告由)[120]하고 치주(巵酒)[121]를 올리는 것을 예로 한다. 이때부터 입양이 성립하는 것이다.

조선에는 서양자의 관습이 없고, 다만 데릴사위[招壻]의 관습이 있는 것은 기술하였다.

제138 입양의 효력은 어떠한가?
양자는 양친의 적출자인 신분을 취득하는가? 또 양친의 가에 입적하는가?

양자는 입양의 성립과 동시에 양친의 적자로 되고 양친의 친족과의 사이에 친자와 동일한 친족 관계가 발생한다. 상복, 부양 등의 관계에서도 친자와 완전히 동일한 것은 기술하였다. 그리고 양친과 그 혈족과 양자의 혈족 간의 친족 관계는 변경이 생기지 않는다.

---

118 예조(禮曹)에서 양자를 허가해 주는 증서.
119 받는다는 뜻.
120 사당이나 신명에게 고함.
121 잔에 담아 놓은 술.

양자는 입양으로 양친의 가에 입적하고, 만약 양가에 아버지, 할아버지가 생존하면 그 가의 가족이 된다. 아버지, 할아버지가 사망[物故]한 경우에는 바로 호주가 되는 것으로 처자 등 비속은 당연히 양가에 입적한다. 그리고 조선에서의 입양은 남계혈족에서만 행하여지고, 남계혈족은 항상 동성이므로 양자는 여전히 본성을 쓰고 이를 변경하는 예는 없지만, 아무튼 항상 양친과 동성을 쓴다.

또 조선의 법제에서는 양부와 그 아내를 양부 또는 양모라고 부르지 않고, 그냥 아버지나 어머니라고 부르고, 친부 또는 친모를 생부 또는 생모라고 부른다. 그리고 법령에서는 양부, 양모라는 것은 대개 수양부모를 가리키는 것이다.

제139 파양(罷養)에 관한 관습은 어떠한가?

파양을 인정하는가? 만약 인정한다면 그 요건은 이혼과 같은가, 다른가? [제134문항 참조] 양자가 호주가 된 후에도 파양할 수 있는가? 또 양자는 파양하면 친가에서의 신분을 회복하는가, 않는가? 예컨대 그 자가 차남이면 3남에 우선하여 상속할 권리가 있는가? 부부 양자 또는 양자가 양녀와 혼인한 경우에 아내가 이혼하면 남편은 어떻게 해야 하는가?

파양에 대해서는 『대명률』「호율」호역 '입적자위법조'에 "만약 동성인(同姓人)을 수양하여 자로 삼은 후, 양부모가 자식이 없는데 버리고 간 자는 장 100으로 처벌하고 수양부모에게 환부(還付)[122]한다. 만약 양부모에게 친자가 있고 생부모에게 자식이 없어 돌아가기를 원하면 허락한다.", 『속대전』「예전」'입후조'에 "양자의 생부모가 후손이 없어 절가(絶家)하게 되면 파양하여 돌려보내고, 양가의 재입양을 허락한다[만약 양부모가 사망하여 재입양을 할 수 없으면 방친(傍親) 반부(班祔)[123]의 예에 따라 신주를 권도(權道)로 모셔 제사를 끊지 않는다]"고 되어 있다. 또 『육전조례』「예전」예조 '계후의 조'에 "생부모가가 끊기면 파양하여 생가로 돌아감을 허용한다. 양자가 미치거나 악질이 있어 봉사하기에 불합당한 자는 양가(兩家) 문장(門長)[124]

---

122 돌려준다는 뜻.
123 자식이 없는 사람의 신주를 조상의 사당에 함께 모심.
124 한 문중에서 항렬과 나이가 가장 높은 사람.

이 신고하여 보고하고 파양한다"고 하였다. 그리고 『형법대전』 제583조에도 "남의 뒤를 이은 자가 양부모를 버리고 간 자는 태 100에 처하고 양부모에게 발부(發付)하여 수관(收管)[125]케 하되 그 양부모가 원치 않는 경우는 이를 들어주고 자식이 태어남으로 인하여 양자를 파양하여 돌려보내는 자는 태 40에 처하고 양자로 후사를 잇게 한다. 단, 양부모가 자식을 낳고 친생부모가 자식이 없어 돌아가는 자는 논하지 않는다"라고 하였으나, 이 규정은 1908년 법률 제19호로 삭제하였다.

　이러한 규정에 비추어 보면 법제로는 생가에 상속인이 없는 경우에는 친생자의 출생을 조건으로 하거나, 하지 않고서 양자를 파양할 것을 허용한다. 또 양자가 광기, 악질 등으로 상속인이 되기에 적합하지 않은 경우에는 양친이 파양하는 것을 허용하지만, 친생자의 출생을 이유로 한 파양은 허용되지 않는다. 기타 양자에게 불효, 중죄, 낭비 등의 사유가 있으면 관습상 양친이 양자와 헤어지는 것을 허용하였는데 이를 파양이라고 한다. 다만 양자가 이미 호주로 된 경우에는 파양할 수 없다. 또 입양한 후 친생자가 태어나면 이를 이유로 하여 파양할 수 없는 것은 앞의 법령의 규정상 명백하지만, 평안북도 용천, 함경북도 경흥 등지에서는 친생자가 출생하면 양자를 파양하는 관습이 있는 것은 태아의 권리(제1문항)에서 기술하였다. 또 하류사회에서는 친생자가 출생하면 양자를 파양하는 예가 드물게 있지만, 원래 관습상 인정된 바는 아니다.

　파양의 절차에 대해서는 예조에 청원하여 허가를 받아야 하는 것이 예규(例規)이지만, 그 절차를 이행하는 자는 거의 없다. 그리고 「민적법」 시행 후에는 파양한 후 신고하게 되었다.

　양자는 파양으로 친가에 복적하고 친가에서의 신분을 회복한다. 그리고 친가의 장자가 혼인 전에 사망한 경우에는 그(복적한) 자가 차남이면 삼남에 우선하여 친가를 상속하는 것이다. 또 양자의 아내와 비속은 양자를 따라 친가로 복적하는 것은 기술하였다.

　조선에서는 부부 양자를 인정하지 않고, 남편이 양자로 되면 아내도 역시 따라서 양가에 들어가는 것에 지나지 않는다. 또 여자 양자(즉 양녀)를 인정하지 않으므로 양자의 아내가 파양되는 경우는 없다.

125　맡아서 거두어 줌.

제140 친권을 인정하는가?

또는 호주권 외에 친권을 인정하지 않는가? 만약 이를 인정한다면 아버지가 행사하여야 하는가, 아버지가 없으면 어머니가 행사하여야 하는가? 또 친족회의 의견에 따르는 예는 없는가? 또 가(家)에 있지 않은 부모도 친권을 행사하는 일이 있는가? 또 자식의 연령과 관계없이 행사하는가? [후견 문항 참조]

조선의 풍속에는 자식은 절대적으로 어버이의 명령에 복종하여야 하는 것이다. 어버이는 자식을 교육하고 그 직업을 선정하거나 거소를 지정하고 감호·징계를 한다. 또 재산을 관리하고, 재산상의 행위에 대하여 자식을 대표하는 관습이므로 친권을 인정하는 것은 애당초 말할 것이 없다. 그런데 아버지가 호주인 경우에는 호주로서의 권리의 행사와 친권자로서의 권리행사를 구별하기 어렵다. 또 어버이가 가족인 경우에는 어버지의 자식에 대한 권리는 호주의 권리에 눌려 현저한 제한을 받는 것이 보통이므로, 호주의 권리 외에 특별히 친권을 인정하기 어려운 느낌이다. 그래도 친권과 가족에 대한 호주의 권리 사이에 구별이 있는 것은, 자식이 호주인 경우에 가족인 어머니가 친권자로서의 권리가 있는 한 가지 사실에 비추어 보아도 의심할 여지가 없다. 친권은 아버지가 있으면 아버지가 행사하고, 아버지가 없으면 어머니가 행사하는 것이 상례이다. 아버지가 행사하는 경우와 어머니가 행사하는 경우에 따라 그 범위에 차이가 있지 않다. 다만 실제로는 여자는 내실에 칩거하여 외부와의 교섭을 꺼리는 풍습이 있을 뿐만 아니라, 대개 세상살이에 어두워 어머니가 친권을 행사하는 경우에는 중요 행위에 대해서는 자녀의 백숙부 등에게 협의하는 일이 있다. 그러나 이러한 협의는 친권을 행사하는 어머니가 임의로 하는 것으로 관습상 어머니가 친권을 행사함에 동의를 얻어야 하는 것은 아니다. 특히 친족회의 동의를 얻는 등을 절대로 볼 수 없다. 그리고 아버지나 어머니가 친권을 행사함에는 재가(在家)하는 경우만으로써 비재가자(非在家者)는 친권을 행사할 수 없다. 또 자녀가 친권에 복종하는 연령에는 일정한 제한이 없다. 그래서 자식은 재가한 아버지나 어머니가 생존 중에는 친권에서 벗어날 수 없다. 그렇지만 성년이 된 후에는 저절로 친권의 행사에 제한을 가져올 뿐만 아니라, 사실상 친권이 행사되지 않게 되어 마침내 징계권만이 남게 되는 것이다(제141문항 참조).

계모·적모 등이 친권을 행사하는 데는 굳이 친모와 다른 것이 없다. 계부에 대해서는 관습상 친자 관계를 인정하지 않으므로 계자는 그 친권에 복종하지 않는다. 그렇지만 실제로는 그 가에 기식하고 보호를 받는 결과 친권에 복종하는 것과 동일한 상태에 있는 일이 없지 않다.

제141 친권자는 자식에 대하여 어떠한 권리를 갖는가?

자식의 감호·교육·징계를 할 수 있는 권리가 있는가? 만약 징계권이 있다면 그 방법은 어떠한가? 또 자식의 거소지정권이 있는가? 자식이 취직을 하는 데 친권자의 허가를 받아야 하는가? 이러한 권리를 행사함에는 호주권과는 어떻게 조화하는가?

친권을 행사한 부모는 자식의 감호·교육·징계를 할 권리가 있고 또 거소를 지정하고 직업을 허가할 권리를 갖고 있다. 그리고 징계의 방법은 반드시 일정하지 않으나, 대개 질책·외출 금지·체벌의 세 종류로, 체벌은 종아리를 때리는 것이다. 그러나 자식이 장년이 된 후에는 감호가 필요없고 교육을 하는 시기도 대부분 유년기에 한정되고, 또 거소의 지정·직업의 선택 등에 대해서도 자식이 상당한 연령이 된 후에는 반드시 부모의 간섭이 필요한 것은 아니다. 그래서 친권자가 갖는 이러한 권리는 대개 자식이 유년인 경우에 행사되는 것이라고 할 수 있다. 다만 징계권만은 자식의 연령에 구애받지 않고 행사하는 것이다.

친권을 행사하는 아버지나 어머니가 할아버지 또는 백부의 가족이면 할아버지 또는 백부도 호주로서 친권자와 거의 동일한 권리를 가지므로, 호주와 친권자가 의견을 달리하는 경우에는 교령(敎令)이 둘로 나누어지는 예가 없지 않게 된다. 그러나 자식의 보호 감독은 부모의 임무이므로 친권자의 의견에 따르는 것을 원칙으로 한다. 하지만 만약 호주가 친권자와 의견을 달리하면 친권자는 호주인 존장의 의견에 복종하지 않을 수 없으므로, 친권자의 의견은 결국 호주의 의견에 양보하게 되는 것이다.

호주인 자식에 대하여 어머니가 친권을 행사하는 경우에는 자식의 호주로서의 권리는 어머니에 대하여 행사할 수 없다. 그래서 이 경우에는 호주권은 친권의 압박을 받게 되지만, 자식이 상당한 연령(대개 20세 전후)이 되어 어머니의 간섭이 필요없게 되면 실제로 친권이 호주권의 행사를 방해하는 등은 거의 없는 것이다.

제142 친권자는 자식의 재산을 관리하는가, 아닌가?

관리하여야 한다면 그 권한은 어떠한가? 이에 대하여 아버지와 어머니가 다른 점이 없는가? 또 친권자는 자식의 재산에 대하여 수익권 등이 없는가?

호주인 자식이 유년이면 상당한 연령이 될 때까지 어머니가 친권자로서 그 재산을 관리하는 것이 관례이다. 이 경우 관리 권한은 매우 넓어 자기의 재산과 조금도 차이가 없어 처분행위와 같은 것도 자유로이 할 수 있다. 그렇지만 실제로는 여자는 세상살이에 어둡고, 또 외부와 교섭하기가 불편하므로, 자식의 백부 등과 협의하여 그 보조를 받는 것을 보통으로 한다. 그리고 친권자인 어머니는 자식의 재산에 대하여 스스로 수익할 수 없고 다만 자식을 위해서 수익을 할 뿐이다.

가족인 자식이 재산을 가지고 있는 경우에는 친권자인 아버지(가족인 여자가 재산을 가지고 있는 경우에는 아버지가 이를 관리하여야 하지만 실제로는 이런 경우는 없는 듯하다)가 관리하고 또 수익하는 것이다. 그렇지만 친권자인 아버지 역시 가족인 경우에는 보통 호주가 재산을 관리하고 수익을 하는 예가 많다. 또 이러한 경우에 자식이 독립하여 생계를 유지하면 친권자 또는 호주가 관리·수익을 하지 않는다. 설사 독립생계를 유지하지 못한 경우라도 그 자식이 상당한 연령이 된 후에는 스스로 관리·수익을 하는 예가 있다. 단, 아버지 또는 호주의 지휘 감독을 받는 것이 상례이다.

제143 친권에 복종하는 여자에게 남편이 있는 경우에 남편의 권리와 친권은 어떻게 조화하는가?

예컨대 아내의 거소는 남편이 지정하여야 하는가, 친권자가 지정하여야 하는가? 그의 직업에 대해서는 남편의 허가가 필요한가, 친권자의 허가가 필요한가? 그 재산은 남편이 관리하여야 하는가, 친권자가 관리하여야 하는가? 등.

친권에 복종하여야 하는 여자에게 남편이 있는 예는 데릴사위[招壻]의 경우뿐이다. 이 경우에 여자는 부모와 동거하는 결과 친권에 복종하여야 하는 것은 혼인 전과 다르지 않다. 그렇지만 조선의 풍습으로는 여자가 출가하면 한결같이 남편의 명령에 복종하여야 하는 것이다. 따라서 거소의 지정, 직업의 허가 등은 모두 남편의 권한이다. 또 그 재산의 관리·수익 등도 아내에 대한 남편의 권리로써 남편이 하여야 하는 것이다. 그렇지만 실제로는 남편이 어리면 아내의 부모가 이에 간섭하는 일이 많다. 또 장성한 후에라도 사위인 관계로 아내의 부모의 명에 항거할 수 없는 경우가 적지 않을 것이다.

제144 친권자는 자식을 대리하여 호주권과 친권을 행사하는가?
만약 그렇다면 자식의 연령에 구애받지 않는가?

조선의 관습에는 호주가 어리면 친권자인 어머니가 호주권을 행사한다. 그러나 아들이 15세가 되면 스스로 호주권을 행사하는 것이 관례이어도, 실제로는 미혼자는 비록 15세가 되더라도 스스로 호주권을 행사하는 예가 없다. 또 기혼자라도 17, 8세가 될 때까지 어머니가 호주권을 대리하여 행사하는 예가 없지 않다. 그리고 친권자인 아버지가 있으면 아들은 호주가 되는 예가 없으므로 아버지가 아들을 대리하여 호주권을 행사하는 예는 절대로 없다.

친권자가 자식을 대리하여 친권을 행사하는 경우의 존부에 대해서는 자식이 정신병자이거나 연소한 경우에는 자식의 친권자는 손(孫)에 대하여 자식의 권리행사와 동일한 권리를 행사하는 것이다. 그렇지만 이는 친권자가 자식을 대리하여 친권을 행사하는 것이 아니고, 존장으로서의 권리 또는 호주권의 당연한 행사라고 하여야 한다.

제145 친권상실의 원인은 어떠한가?

친권자는 그 친권의 전부 또는 일부(예컨대 재산관리권)를 포기할 수 있는가? 만약 포기할 수 있다면 상당한 이유가 있어야 하는가, 아니면 임의로 포기할 수 있는가? 관이나 친족회가 친권의 전부 또는 일부를 삭탈할 수 있는가? 만약 삭탈할 수 있다면 그 원인은 어떠한가? 이러한 점에 대하여 아버지와 어머니가 다른 점이 없는가?

친권은 친자 관계에서 발생한 것으로 친권자가 친권의 전부 또는 일부를 포기한다고 하는 것은 조선인이 이해하기 어려운 바이다. 어머니가 친권을 행사하는 경우에 자식의 백숙부 등이 재산을 관리하게 할 수 있기는 하다. 그러나 이는 어머니를 대리하는 것으로 어머니가 친권의 일부를 포기한 것이라고 할 수는 없다. 또 친권자가 친권을 남용하거나 현저한 불법을 하거나 자식의 재산을 위태롭게 하더라도 친자 관계 때문에 부득이한 것으로 여기고 관이나 친족회에서 친권의 전부 또는 일부를 박탈할 수 없다. 다만 과부인 어머니가 현저한 불법을 하고 나아가 호주인 아들의 재산을 위태롭게 한 경우에는 친족의 협의를 거쳐 이에 간섭하는 예가 있다고 한다.

제146 후견 또는 이와 유사한 제도를 인정하는가?

만약 인정한다면 어떤 경우에 후견인을 두는가? 예컨대 미성년자, 정신병자 등을 위해서 두는가? 그 자가 호주가 아닌 경우에도 역시 이를 두는가? 친권자가 있는 경우에도 역시 두는가?

조선에서는 미성년자 또는 정신병자에게는 특히 보호자를 정하는 예가 있는데 필경 후견에 지나지 않는다. 「민형소송에 관한 규정」에는 '호후인(護後人)'이라는 용어를 사용한다. 그렇지만 관습상 일정한 명칭이 없으므로 임시로 후견인이라고 해야 할 것이다(조선에는 '뒤를 돌보아주는 사람'이란 말이다).

후견인을 선정하는 것은 미성년자, 정신병자가 호주인 경우에 한정하며, 친권을 행사하는 어머니가 있으면 이를 선정하는 예는 없다.

제147 누가 후견인이 되는가?

예컨대 부모가 유언 등에 따라 후견인을 지정하는 예가 있는가? 만약 그렇다면 그 경우는 어떠한가? 배우자가 후견인으로 되거나 후견인의 직무를 하는 예가 있는가? 이에 대하여 부부 사이에 차이가 없는가? 호주가 가족의 후견인으로 되거나 또는 후견인의 직무를 하는 예가 없는가? 친족회 등의 기관이 후견인을 선정하는 예가 없는가?

후견인은 부모의 유언이 있으면 유언으로 지정된 자가 맡는다. 만약 유언이 없으면 통례로 백숙부 중 연장자가 이를 맡지만, 이러한 자가 없으면 친족이 협의하여 근친 중에서 적임자를 선정하는 것으로 한다. 또 정신병자에 대해서는 아내가 있으면 아내가 그 보호를 담당하지만, 이는 다만 아내로서의 임무를 다할 뿐으로 이를 후견인과 동일시할 수 없다. 그 성질상 후견인의 직무를 하는 것으로 보아야 하는가? 그런데 호주가 정신병자인 가족을 보호하는 경우는 호주로서 이를 보호하는 것에 지나지 않는다. 그러므로 이를 후견인과 동일시할 수 없을 뿐만 아니라, 가족을 위한 후견인을 인정하지 않는 결과 호주가 후견인의 임무를 하는 것으로 볼 수 없다. 또 여자가 후견인이 되는 예는 없다.

제148 후견인은 1인으로 한정하는가?
또 여러 명을 선정하는 예가 있는가? 만약 있다면 후견사무는 공동으로 하는가, 각자가 단독으로 전행하는가, 아니면 과반수로 결정하는가?

후견인은 항상 1인에 한정하고, 2인 이상의 후견인을 동시에 두는 예는 없다.

제149 후견인은 그 임무를 사임할 수 있는가?
만약 사임할 수 있다면 임의로 사임할 수 있는가, 아니면 상당한 이유가 있어야 하는가? 또 남녀 사이에 차이가 없는가?

후견인은 유언에 의한 경우와 친족회에서 선정한 경우와 또 백숙부인 경우를 묻지 않고 어느 것이나 근친인 관계상 그 임무를 맡는 것이다. 따라서 후견인은 까닭 없이 그 임무에서 사퇴할 수 없다. 부득이한 사유가 있는 경우에 한정하여 사퇴할 수 있는 것이다. 그리고 여자가 후견인으로 됨을 인정하지 않는 것은 기술하였다.

제150 후견인이 될 수 없는 자가 있는가?
예컨대 미성년자는 어떠한가? 전과자는 어떠한가? 또 관(官)이나 친족회에서 부적임자라고 하여 후견인을 파면할 수 있는가?

후견인이 될 수 없는 자는 관습상 일정하지 않다. 그렇지만 여자와 미성년자는 본래 그 임무를 맡을 수 없다. 또 전과자[刑餘人]로서 세상의 지탄을 받는 자에게는 그 임무를 맡기지 않는 것이 통례이다. 정신병자·불구자·낭비자에게도 역시 이를 맡기지 않는다. 그리고 후견인이 부적임자인 경우에는 친족회의 결의로 이를 파면할 수 있으나, 관은 파면 등을 할 수 없다.

제151 후견감독인 또는 이와 유사한 자를 두는가?
만약 있다면 누가 이를 담당하는가? 사임을 허용하는가? 후견감독인일 수 없는 자가 있는가? 또 그 직무는 어떠한가? [앞 두 문항 참조]

후견인에게 위법한 사실이 있으면 친족회의 결의로 그를 파면할 수 있는 것은 기술하였다. 그렇지만 평소에 이를 감독하기 위해서 특별히 감독자를 선임하는 등의 관습은 없다. 또 친족 중에 문장(門長)이 있어 문중의 모든 사무를 감시하는 자로서, 굳이 후견인만을 감독하는 자는 아니다. 따라서 그가 후견감독인이 아닌 것은 물론이다. 그러므로 조선에서는 후견감독인이나 이와 유사한 자는 없다고 하겠다.

제152 후견인은 재산목록을 작성할 의무가 있는가?
만약 이 의무가 있다면 그 작성절차는 없는가?

후견인은 취임 초에 재산목록을 작성하여 이를 근친에게 보여 주는 예가 있다. 또 근친이 입회하여 그 목록을 작성하는 경우가 없지는 않으나, 이는 오히려 아주 드문 사례로 관습상 반드시 이를 작성하여야 하는 것은 아니다. 다만 취임 중에 수지계산(收支計算)을 명확히 하여 자기에게 비리가 없다는 것을 제시하면 된다.

제153 후견인은 친권자와 동일한 권리를 갖는가?
만약 그렇지 않다면 그 차이는 어떠한가?

후견인이 친권자와 동일한 권리를 갖는지 여부에 대해서는 관습상 일정한 관례가 없다. 그러나 후견인은 반드시 친권자를 대리하여 미성년자 또는 정신병자의 보호감독을 하는 것이다. 따라서 원칙으로는 친권자와 동일한 권리가 있는 듯하다. 교육, 감호, 그밖의 기타 거소지정, 직업의 허가 등에 대해서는 친권자와 다를 바가 없다. 그리고 재산을 관리하고 재산에 관한 행위에 대해서 대표를 하는 것에서도 친권자와 큰 차이가 없는 것 같다.

그러나 후견인이 부동산, 기타 귀중한 재산을 처분하고 그 밖에 중요한 행위를 하는 경우에는 문장(門長)의 의견을 들어야 한다고 말하는 자가 적지 않다. 이러한 사실을 보면 다소 양자 사이의 구별을 인정하는 것이라고 할 수 있다. 또 징계에 대해서는 후견인에게 전혀 징계권이 없다고 하는 자가 있지만, 다수의 의견에 따르면 후견인에게도 징계권이 있다고 할 뿐 아니라 전혀 징계권이 없다고 하는 의견은 백숙부 등이 후견인인 경우의 실상과 서로 어울리지 않는다. 다만 친권자에 비하여 징계를 하는 정도에 다소의 차이가 있는 것이라고 보는 것이 온당할 것이다.

제154 후견인은 보수를 받는 경우가 있는가?
만약 받는다면 누구의 의견에 따라 이를 지급하고 그 액수를 정하는가?

후견인은 근친자가 이를 맡는 것이 보통이므로 보수를 받지 않는 것이 통례이다. 그렇지만 드물게 친족회에서 상당한 보수액을 정하는 예가 있다. 그리고 후견인으로 된 자가 빈곤한 경우와 같이 피후견인의 집에서 숙식까지 하고 심지어 자기의 가족을 데리고 와서 그 집에서 동거하는 예도 있다. 또 후견 임무 종료 후에 피후견인이 후견인의 수고에 보답하기 위하여 토지나 가옥을 증여하는 경우가 없지 않다. 요컨대 후견인이 상당한 보수를 요구할 권리는 없고, 보수의 지급 여부는 친족회 또는 피후견인이 임의로 하는 것이다.

제155 후견의 계산에 관한 관습은 어떠한가?
예컨대 계산 절차가 없는가? 후견인이 먼저 대신 납부[立替金]한 경우에 이자를 붙이지 않는가? 후견인이 피후견인의 금전을 소비하면 이자를 지급하여야 할 의무는 없는가, 또 다른 제재가 없는가? 이자를 쳐주어야 하는 경우에 이율은 어떠한가?

후견인은 임무 종료 시에 수지를 계산하여 그 책임을 명백히 하여야 하는 것은 물론이다. 그러나 후견인으로 되는 자는 대개 근친존속이므로 계산을 하지 않더라도 달리 제재가 없다. 특히 그 계산을 하는 방식·절차가 있지 않다. 또 후견인이 대납을 하거나 관리하는 재산을 소비하는 경우에도 반드시 이자를 받거나 이를 지불하거나 또는 손해배상을 한다고 하는 것 등의 일정한 관습은 없다. 다만 대납금을 얻기 위하여 특히 타처에서 금전을 차입하여 이자를 지불한 경우에는 이자를 받을 수 있다. 또 관리한 금전을 자기 명의로 타인에게 대부하여 이자를 수취하는 경우에는 적어도 보통 저율인 월 3푼의 이자를 지불하여야 한다고 하지만, 확실한 관습으로는 볼 수 없다.

제156 친족회 또는 이와 유사한 것을 인정하는가?

만약 이를 인정한다면 누가 회원을 선임하는가? 누가 이를 소집하는가? 사임할 수 있는가? 회원이 될 수 없는 자가 있는가? [제149, 150문항 참조] 의사는 어떻게 결정하는가? 회원 외에 회의에 참석하여 의견을 진술할 수 있는 자가 있는가? 결의에 불복하는 자는 이를 관청에 제소할 수 있는가?

조선에서는 남계혈족을 일족(一族)이라고 하고, 일족 가운데 분파가 있고 이를 일문(一門)이라고 한다. 즉 일족의 범위는 혈통이 연속하는 범위로서 동성동본은 모두 일족에 속한다. 일문은 대개 유복친의 범위에 그치는 것 같다. 그리고 일족에 관한 중요한 사항은, 예컨대 대종가[總本家]의 분묘지에 대한 쟁의나 이의 변경 또는 족보의 정정 등에 대해서는 널리 일족의 호주를 소집하여 이를 의논하는데 이를 종회(宗會)라고 칭한다. 또 일문의 분묘지, 양자의 선정, 후견인의 선임, 기타 일문에 관한 사항을 결정하기 위하여 문중의 호주가 모여서 협의하는 일이 있는데, 이를 문회라고 칭한다. 이를 모두 친족회로 볼 수 있다.

종회에서는 일족 호주 전원, 문회에서는 일문 호주 전원을 회원으로 한다. 그러므로 특별히 회원을 선임하는 경우는 없고, 그리고 특별히 회원일 수 없는 자에 대하여 정하여진 바는 없다. 그렇지만 유년자·정신병자 등은 후견인이 대리하여 회의에 참석하고 전과자·불구자 등은 대개 참석시키는 일이 없고 여자는 출석하지 않는 것이 보통이다. 그리고 종회는 종장이 이를 소집하고 문회는 문장이 이를 소집하는 것이 관례이다. 회원인 자는 사임할 수 없다. 그 의사의 결정은 출석자의 과반수로 의결하거나, 그렇지 않으면 종장 또는 문장이 이를 결정하며, 결의에 불복이 있으면 드물게 소송을 제기하는 일이 없지도 않지만, 대개 종장이나 문장의 의견에 따르는 것 같다. 또 회원이 아닌 자라도 친족으로서 상당한 자는 종장이나 문장의 허가를 받아 회의에 참석하여 의견을 진술할 수 있으나, 그 결의의 수에 보태지는 않는다.

제157 부양의무에 관한 관습은 어떠한가?

예컨대 자활할 수 없는 자가 있는 경우에 그 부모, 배우자, 기타 친족이 이를 부양할 의무가 없는가? 만약 있다면 그 의무가 있는 친족은 어떠한가? 그 친족이 2인 이상 있는 경우에 누가 우선하여 부양할 의무가 있는가? 기타 부양의무의 순서는 어떠한가? 특히 호주에게 부양의무가 있다면 이와 다른 자와의 순서는 어떠한가? [제120문항 참조] 또 부양을 받을 자가 여러 명인 경우에 먼저 누구를 부양해야 하는가, 그 순서는 어떠한가? 또 자활할 수 없는 자에 한정하여 부양을 받을 권리가 있는가? 또 부모라면 항상 자식에게 부양을 요구할 수 있는가? 자기의 과실로 자활할 수 없는 자와 그렇지 않은 자 사이에 구별이 없는가? 또 친족의 종류에 따라 구별이 없는가? 또 부양 방법은 어떠한가? 예컨대 부양권리자를 맡아서 부양하여야 하는가, 금전, 기타 물건을 지급하여야 하는가, 아니면 부양의무자가 이를 선택할 수 있는가?

조선인은 친족상조의 관념이 아주 강하여 친족 간에는 서로 부양하여야 할 의무가 있는 것으로 여겼다. 보통 부양하여야 할 친족은 ① 부모, 조부모 ② 배우자 ③ 자손 ④ 형제, 자매 ⑤ 백숙부모와 고모 ⑥ 조카와 조카딸 ⑦ 종형제자매 ⑧ 재종형제자매 ⑨ 외조부모 ⑩ 처부모 등이다. 호주는 가족을 부양해야 하는 것은 기술하였다. 그러나 그 범위에 대해서는 사람마다 견해를 달리하여 일정한 한계가 없고, 다만 유복친의 범위를 넘지 않는 것에는 누구도 이론이 없는 바이다. 또 부양할 자가 여러 명인 경우의 부양 순서에 대해서도 촌수가 다른 자 사이에는 근친을 우선하고 본종과 외족 간에는 본종을 우선한다.

직계존속, 배우자, 직계비속, 형제자매, 백숙부, 기타 방계 친족의 순서로 하는 등의 정확한 관습은 있지 않다. 부양의무자가 여러 명이 있는 경우에도 대략 배우자, 직계비속, 직계존속, 형제, 백숙부의 순서에 따르는 것이라고 하나, 이 또한 확실한 관례가 없다. 그리고 호주는 당연히 가족을 부양하여야 하는 것으로 다른 부양의무자의 존부와 관계없이 그 가족을 부양하여야 한다.

부양을 받을 자는 자활할 수 없는 자에 한정하는 듯하지만, 자식이 부모를 부양하고, 부모가 자식을 양육하거나, 부부가 서로 부양하는 것에 대해서는 반드시 자활할 수 있는지 여부를 묻지 않는다. 특히 조선의 습속에는 자기의 과실로 자활할 수 없게 되었는지 여부는 부양을 받을 권리의 소장(消長)[126]과 관계없다. 부양의 방법과 정도는 부양의무자의 재력과 편의에 따라 가능한 정도로 한다. 부양의무자가 피부양자를 자기 집에 데리고 와서 부양하는 것과 그렇지 않고 부양료를 지급하는 것은 그의 임의이다.

제5장 상속

제158 가독상속(家督相續)의 개시 원인은 어떠한가?
예컨대 호주가 사망한 경우 외에 은거, 입부혼인, 입부의 이혼 등도 가독상속 개시의 원인인가, 아닌가? [제112, 127문항 참조]

조선에서의 상속은 제사상속, 재산상속과 호주상속의 세 종류가 있음은 언급하였다. 그리고

① 제사상속은 그 가의 조상을 제사하는 자의 지위를 승계하는 것이다. 부자(父子)가 서로 전하여 그 제사가 끊기지 않기를 도모하는 것이다. 그렇지만 일가 창립자와 분가자는 그 가에 제사해야 할 조상이 없으므로, 제사자인 지위에 있지 않는 것은 물론이다. 따라서 그 뒤를 잇는 자는 단지 선대의 제사자로 될 뿐으로, 제사를 승계하는 것은 아니다(제사 승계자도 역시 그 선대의 제사자가 되는 것은 물론이다). 그런데 조선에서는 이를 모두 봉사(봉사란 용어는 오히려 제사자로 된다는 의미로 쓰인다)라고 부르며, 그 관념과 관습을 같이한다.
② 재산상속은 죽은 자의 유산을 승계하는 것이다. 죽은 자가 제사자인 경우에는 제사상속과 동시에 재산상속이 이루어지고, 그 상속을 하는 자는 제사상속인에게만 한정되

---

126 쇠하여 사라짐과 성하여 자라남.

는 것이 아니라, 피상속인의 다른 비속도 역시 그 일부를 승계하는 것이다. 특히 제사상속인이 없는 경우에는 제사상속이 이루어지지 않음에도 불구하고 피상속인의 어머니 또는 아내가 일시적으로 그 유산을 승계하는 관례가 있다. 그리고 피상속인이 일가 창립한 경우 또는 분가한 경우이면 제사상속이 없다고 하나, 봉사와 동시에 재산상속이 이루어진다.

③ 호주상속은 호주인 지위의 승계로서 제사상속을 하는 자는 동시에 호주의 지위를 승계하는 것이지만, 제사상속인이 없는 경우에는 피상속인의 어머니 또는 아내가 일시적으로 호주가 되는 경우가 있다. 그리고 피상속인이 일가 창립자 또는 분가자이면 제사상속은 없고 호주상속만 있는 것은, 재산상속만 있고 제사상속이 없는 경우와 그 원리를 같이한다. 또 조선에서는 기혼남이 사망한 경우에는 그 자가 가족이라도 반드시 제사자를 선정한다. 만약 유산이 있으면 제사자와 다른 비속에게 이를 승계시켜 제사자가 되게 하는 것을 봉사라고 부르며, 그 관념과 관습은 호주인 남자가 사망한 경우와 조금도 다르지 않다. 그리고 그 사망자가 장남인 경우와 차남인 경우에 따른 차이는 있지 않다.

이상 기술한 바와 같이 조선에서의 상속은 호주상속과 재산상속 외에 따로 제사상속이라는 것이 있다. 게다가 제사상속은 상속 가운데서 가장 주요한 지위를 차지하고, 제사상속을 하는 자는 동시에 호주이지만 호주가 되는 자는 반드시 제사승계자는 아니다. 일가의 계통은 제사상속자에 의하여 연속되고, 호주인 자라도 여자는 가계의 세대에 넣지 않는다. 특히 상속 이외에 상속과 관념과 관습을 같이하는 경우가 있는 것은 위와 같다. 그러므로 일본 법제에서의 가독상속과 유산상속의 구별은 조선에서의 상속을 설명함에 적절한 분류가 아니다. 그렇지만 일시적 방편으로 이 구별에 따라서 제사상속과 호주상속은 함께 가독상속의 범주로 설명하고, 재산상속은 제사상속, 호주상속과 동시에 이루어지는지 여부를 묻지 않고 모두 유산상속의 범주로 이를 설명하고자 한다.

제사상속과 호주상속의 개시 원인은 아래와 같다.

1. 호주의 사망

호주의 사망은 제사상속 개시의 원인 가운데 가장 일반적인 것이다. 그 가(家)의 제사자(祭祀者)인 호주가 사망한 경우에 비로소 제사상속이 개시되는 것이다. 따라서 호주가 제사자가 아니면 그 사망으로 제사상속이 개시되지 않는다. 즉 호주가 여자이면 여자는 제사자일 수 없으므로 그 사망으로 특별히 제사상속의 개시를 볼 수 없다. 그래도 이 경우에도 그 여호주의 사망으로 인하여 새로이 제사상속을 개시하지 않을 뿐, 그 가의 제사상속은 가장 마지막 남호주의 사망으로 이미 개시하였고 상속인이 존재하지 않는 상태에 있는 것이다. 또 호주가 일가 창립자 또는 분가자 등인 경우에서도 호주의 사망으로 제사상속이 개시되지 않는 것은 기술한 바이지만, 사망한 호주의 제사자를 선정할 필요가 있는 것은 제사자인 호주가 사망한 경우와 다르지 않다(가족인 기혼남이 사망한 경우도 같다).

제사자인 호주가 사망한 경우에 제사상속이 개시되는 것은 위에서 기술한 바와 같지만, 만약 그 호주가 미혼이면 미혼자는 가통(家統)을 전할 자격이 없고 따라서 그 가의 세대에 들지 않으므로 그 사망으로 개시되는 제사상속은 선대의 상속으로서 사망한 호주의 상속이 아니다. 따라서 피상속인은 사망한 호주가 아니고 그 선대인 것이다.

또 실종은 곧바로 제사상속의 개시 원인이 아니지만 실종한 자가 제사자이면 그 사망의 추정과 동시에 제사상속을 개시하는 것이다. 그리고 그 자가 기혼인 경우와 미혼인 경우에 따라 피상속인이 되고, 피상속인으로 되지 않는 것은 사망의 경우와 같다.

2. 호주의 본가상속

조선의 관습에는 새로이 분가를 하거나 또는 일가를 창립한 경우 외에 호주는 타가(他家)에 입적할 수 없는 것을 원칙으로 하지만, 본가를 존중하는 결과 본가에 상속인이 없으면 그 사망한 호주[亡戶主]의 자식의 항렬에 해당하는 남계혈족 남자는 반드시 입적하여 그 제사상속을 하지 않으면 안 된다. 그리고 그 자가 분가의 가족인지 호주인지를 묻지 않는 것으로, 분가의 호주가 본가 사망한 호주의 자항렬자이면 본가의 제사상속을 하는 것이다. 즉 이 경우에 그 분가가 초대(단 직접 그 본가에서 분리한 초대분가가 본가상속인으로 되는 경우는 없다. 즉 분가자는 반드시 차남 이하자로서, 차남 이하자가 분가를 하면 장형은 반드시 혼인하여 [장형의 혼인 전 분가의 예는 없다] 본가인 장형가의 제사상속인이 될 수 있는 자는 그 장형의 자의 항렬자 또는 그 아래 항렬자로 한정된다. 따라서 분가의 초대 호주가 직접 분리한 본가의 제사상속인으로 되는 예는 생기지 않는다. 따라서 분가의 초대가 본가상속을 하는 것은 분가의 분가에 한정된다)로 되면 그 가에 제사를 지내야 할 조상이 없으므로 제사상속이 개시되지 않는다고 한다. 만약 2대 이상 계속한 가라면 그 가에 제사를 지내야 할 선조가 있기 때문에 제사상속이 개시되는 것이다.

분가의 호주가 본가를 상속하면 그 분가는 제사상속을 개시함과 동시에 호주상속을 개시함은 물론이다. 또 분가호주가 본가의 제사상속을 한 경우에 만약 분가에 상속인이 없고 또 양자로 할 자가 없으면, 분가의 호주가 본가의 제사자로 됨과 동시에 자기 가(家)의 제사를 스스로 지내는 일이 있다. 이를 생양가제사(生養家祭祀)라고 하는데, 대개 생가와 양가의 제사를 지낸다는 뜻이다. 그러나 중국에서는 양방의 종조(宗祧)를 겸하는 것을 인정하지만(『대청률』「호율」 호역편 '입적자위법조' 부례 제5 "만약 양자로 할 자 역시 독자인데 정(情)이 친부와 같고 서로 원하면 가문의 서약서로 양가의 제사를 승계하는 것에 준한다" 참조), 조선에서는 분가호주는 본가의 제사자가 되고, 자기 가의 조상을 부제(祔祭)[127]하는 것에 지나지 않는다(『예기』, "자식이 없는 제부(諸父)[128]는 종가에서 제사를 지낸다"; 『경국대전』「예전」'봉사조' "자식이 없는 방친의 제사는 주제사에 덧붙여 지낸다" 참조).

이상의 것 이외에 양자가 친가의 절사(絶嗣)로 복적하는 경우에는 만약 그 양자가 이미 양가의 호주이면 양가는 호주를 잃어 제사상속과 호주상속을 개시하여야 한다. 즉 『속대전』「예전」'입후조'에 "양자의 생부모가 후손이 없이 절가(絶家)하게 되면 파양하여 돌려보내고, 양가의 재입양을 허락한다"라는 규정이 있다. 그리고 만약 양가에 양자로 되어야 할 자가 없으면 양자는 생가에서 임시로 양가의 조상을 함께 제사[祔祭]해야 하는 것이다. 즉 같은 조에 "만약 양부모가 사망하여 재입양을 할 수 없으면 방친반부(傍親班祔)의 예에 따라 신주를 권도로 모셔 제사를 끊지 않는다"라는 규정이 있다. 그렇지만 이에 대한 관습은 분명하지 않다.

또 제사상속과 호주상속의 개시 원인으로 호주의 국적 상실을 한 사유로 할 것인지에 대해서는 종전에는 국적 상실에 대한 확실한 제도와 관습이 없었기 때문에 국적 상실을 이유로 상속 개시를 인정한 관습이 없다. 또 호주의 은거, 여호주의 입부혼인(入夫婚姻) 등을 인

---

127 삼년상을 마친 뒤 그 신주를 조상의 신주 곁에 모실 때 지내는 제사.
128 아버지와 같은 항렬의 당내친.

정하지 않고, 호주가 혼인 또는 입양의 취소로 거가(去家)하는 예가 없으므로 이 역시 제사상속과 호주상속의 개시 원인이 아니다.

제159 가독상속인이 될 수 없는 자가 있는가?
예컨대 피상속인을 살해하거나 살해하려고 한 자 등은 어떠한가?

제사상속과 호주상속에 대해서는, 예컨대 피상속인을 살해하거나 또는 이를 살해하려 한 자 등은 상속인으로 될 수 없는 것은 물론이지만, 기타 어떤 경우에 상속인으로 될 수 없는가에 대해서는 확연한 관습이 없다.

제160 법정추정 가독상속인이 있는가?
가독상속 개시의 경우에 관습상 당연히 상속인이어야 할 자가 있는가? 만약 있다면 어떤 자인가, 예컨대 직계비속은 그러한가? 그리고 재가(在家) 여부에 따라 다르지 않는가? 가독상속인은 반드시 한 명이어야 하는가? 만약 그렇다면 직계비속 중에 자(子)는 원칙적으로 손(孫) 보다 우선하여 상속을 하여야 하는가? 남녀 사이에는 남자를 우선하는가? 적출자와 그렇지 않은 자 사이에서는 적출자를 우선하여야 하는가? 다만 적출자가 여자이고 서자가 남자이면 서자를 우선하여야 하는가? 동일순위 중에서는 연장자를 우선하여야 하는가? 단 선순위자가 상속 개시 전에 사망하거나 또는 상속권을 상실하면 그 직계비속은 이를 대신하여 상속해야 하는가? 예컨대 장남이 상속 개시 전에 사망하여도 그에게 유복자가 있으면 그 유복자는 차남에 우선하여 상속을 하여야 하는가? 만약 그렇다면 그 자가 남녀, 적서, 장유의 구별 없이 앞의 상속 순위에 따라 상속을 하여야 하는가? 아버지의 혼인으로 서자가 적출자로 된 경우에는 상속에 대해서는 그때 생겨난 것으로 보아야 하는가? 전적(轉籍)으로 가족이 된 자는 다른 자와 동일한 상속권을 갖는가, 아닌가?

제사상속에 대해서 관습상 추정상속인의 지위에 있는 자는 피상속인(호주의 본가상속으로 제사상속을 개시하는 경우에는 피상속인은 그 호주의 선대이다)의 친생자 또는 양자인 남자로서 여자는 제사상속인이 될 수 없다. 그리고 제사상속인이 될 수 있는 자는 그 가에 있는 자에 한

정하고, 그렇지 않은 자는 제사상속인이 될 수 없다. 그러므로 비록 친자인 남자라도 이미 타가의 양자로 된 자는 파양·복적한 경우에만 제사상속인으로 될 뿐이고 타가에 있는 동안은 생가의 제사상속인이 될 수 없다. 또 제사상속인은 적출의 장남을 원칙으로 하지만, 만약 장자가 혼인 전에 사망하거나 또는 그 가에 있지 않으면 중자(衆子), 즉 차남 이하의 남자는 그 장유의 차례에 따라서 제사상속인이 된다. 적자가 없거나 또는 적자가 혼인 전에 사망하거나 타가에 있으면 서자를 승적시켜 제사상속인이 되게 한다. 그러나 장자가 혼인 후에 사망하면 비록 중자가 있다 해도 중자는 제사상속인이 될 수 없어서 장자의 아들에게 제사상속을 시킨다. 또 장자에게 아들이 없으면 사망한 장자에게 양자를 하여서 제사상속을 하게 하는 것이 관례이다. 이 경우에는 장자는 호주보다 먼저 사망하더라도 이미 제사상속을 한 경우와 동일하게 보게 되어, 그의 아들은 직접 사망한 호주를 상속하지 않고 아버지를 상속하는 것으로 죽은 아버지[亡父]를 세대수에 산입하는 것이다. 이와 달리 장남이 혼인 전에 사망하였다면 중자 또는 서자는 곧바로 사망한 호주를 상속하는 것으로 사망한 장자를 세대수에 산입하지 않는다. 이 점에 대해서는 비록 호주가 적장자보다 먼저 사망하고 일단 적장자가 호주가 된 경우에도 그다지 다르지 않다. 피상속인이 되는 자는 사망한 장자가 아니라 전호주인 그의 아버지이고, 상속인이 되는 자는 전호주의 중자 또는 서자이다. 그리고 제사상속인은 항상 1인에 한정하며, 2인 이상의 제사상속인이 있는 예는 없다. 이제 이 관례에 따라 상속 순위를 결정하면 자(子)는 손(孫)보다 우선하고, 남녀 간에서는 여자의 상속을 인정하지 않기 때문에 선후의 문제가 생기지 않는다. 적자와 서자 사이에는 적자가 서자에 우선하고, 또 적녀(嫡女)와 서남(庶男) 사이에서도 여자의 상속을 인정하지 않기 때문에 선후의 문제가 생기지 않는다. 동일 순위자 사이에는 연장자를 우선하는 것으로, 선순위에 있는 자가 상속 개시 전에 사망하면 그의 자식이 상속인으로 되지만, 만약 그 자식이 딸이면 죽은 상속인을 위해 양자를 하여 그를 상속인으로 삼는 것이지, 다른 동순위자로 하여금 상속인이 되게 하지는 않는다. 또 부모의 혼인으로 서자가 적자로 되지 않으므로, 서자와 나중에 태어난 적자 사이에 장유의 차례에 따른 상속 순위 결정의 문제가 생기지 않는다. 또 전적으로 타가의 가족이 되는 경우가 없음은 기술하였으므로, 전적(轉籍)으로 가족이 된 자가 제사상속인이 되는 경우는 없다. 『경국대전』「예전」'봉사조'에 "만약 적장자에게 후손이 없으면 중자가, 중자에게 후손이 없으면 첩자가 제사를 지낸다"고 하였고, 『속대전』「예전」'봉사조'에는 "장자가 후손 없이 죽어 타인의 아들이 봉사하면 장자의 아내는 맏며느리(家婦)로 인정할 수 없다"고 하였으며, '입후조'에는 "무릇 적장자로 후손이 없으면 같은 종(宗)의 근친으로 양자를 삼도록 허한다"고 규정하였다. 그리고 『형법대전』에는 제582조 "법을 위반하여 후사를 세운 자는 다음에 따라서 처벌한다. 1. 본처의 둘째 아들이나 본처의 아들이 있는데 첩의 아들로 입사(立嗣)한 자는 모두 태 80에 처하고 바로잡는다. 3. 첩의 아들이 있는데 동종(同宗)으로 양자를 삼은 자는 징역 1년에 처하고 그 양자는 본종으로 돌려보낸다" [1908년(隆熙 2) 법률 제19호로 삭제].

이상 제사상속에 대하여 기록한 것은 가족인 기혼남이 사망한 경우에 제사자가 일가를 창립한 경우이거나 또는 새로 분가한 경우의 제사자에 대해서도 동일하다.

제161 양자는 상속에 대하여 친자와 동일한 권리를 갖는가?

만약 동일한 권리를 갖지 않는다면 양자가 남자이고 친생자가 여자인 경우에 누가 상속하여야 하는가? 똑같이 남자 또는 여자인 경우에 양자가 연장자이고 친생자가 연소자일 때 누가 상속하여야 하는가? 그 친생자가 입양 전후에 출생한 것에 따른 구별은 없는가? 양자가 장녀의 남편 또는 차녀의 남편인 경우에 따라 구별이 없는가? 또 특히 대를 이을 자[嗣子]로서 양자를 한 경우와 그렇지 않은 경우에 따라 구별이 없는가?

조선에서는 양자는 제사상속인으로 삼기 위해서 하는 것으로, 양자가 제사상속에 대하여 친생자와 완전히 동일한 권리를 갖는 것은 물론이다. 그리고 양자를 삼는 것은 그 가에 남자가 없는 경우에 한하는 것이므로, 입양 당시에 가에 있는 친자와 양자 사이에 제사상속에 대하여 선후를 논하는 경우는 생기지 않는다. 또 여자의 제사상속을 인정하지 않기 때문에 양자와 여자 사이에는 상속 순위에 대한 문제가 생기지 않는다. 다만 입양 후 아들이 출생하는 예가 전혀 없지 않으므로, 이 경우에는 양자는 장자이고 친자는 차자이므로, 제사상속권은 양자에게 있는 것이다(『속대전』「예전」'봉사조', "무릇 자식이 없어 양자를 들인 자는 이미 신청을 하여 허락을 받았으므로, 비록 혹 아들이 태어나더라도 마땅히 둘째 아들이 되어야 하고 양자로써 봉사자를 삼는다"; 『형법대전』 제583조 "(전략) 생자(生子)를 인(因)하여 계후한 자를 파귀(罷歸)하는 자는 태 40에 처하고 잉구계후(仍舊繼後)함이라" 참조). 그러나 데릴사위혼(초서혼)을 인정하여도 사위에게는 상속권이 없고, 또 서양자를 인정하지 않으므로 대를 이을 자[嗣子]로 삼지 않고, 그를 양자로 삼는 경우가 없음은 기술하였다.

제162 법정추정 가독상속인을 피상속인이 폐제(廢除)[129]할 수 있는가?

만약 폐제할 수 있다면 피상속인은 임의로 그를 폐제할 수 있는가, 아니면 상당한 이유가 있어야 하는가? 또 그 절차는 어떠한가? 예컨대 관청의 허가를 받아야 하는가, 친족회 등의 동의를 요하는가? 관청에 신고를 해야 하는가, 아니면 아무런 절차를 요하지 않는가? 예컨대 상속인을 지정하는 것으로 추정상속인은 당연히 폐제되는 것으로 보아야 하는가? 또 유언으로 이를 폐제할 수 있는가? 또 이를 취소할 수 있는가?

추정 제사상속인의 폐제에 대해서는 그 상속인이 양자이면 양친인 피상속인은 만약 양자가 상속인으로 되기에 부적합하면 파양할 수 있으므로 달리 폐제를 인정하지 않는다. 그러나 친생자인 상속인에 대해서는 관습상 폐제를 할 수 있는 것이라고 명백하게 정하여진 바가 없는 듯하다.

제163 피상속인은 가독상속인을 지정할 수 있는가?

만약 지정할 수 있다면 법정추정 가독상속인의 유무에 관계없이 지정할 수 있는가? 만약 법정추정 가독상속인이 있는 경우에 할 수 없다면, 그 지정은 후일 법정추정 가독상속인이 있게 되면 그 효력을 상실하는가? 또 그 절차는 어떠한가? 예컨대 이를 관청에 신고하여야 하는가? 또 유언으로 이를 할 수 있는가? 이를 취소할 수 있는가?

조선의 법제와 관습에는 추정 제사상속인이 없으면 양자를 하여 그를 상속인으로 할 수 있으므로 달리 제사상속인의 지정을 인정하지 않는다.

---

129 일정한 법정 원인이 있을 때 피상속인의 요구에 따라 상속인의 자격을 박탈하는 제도.

제164 법정추정 가독상속인과 지정 가독상속인이 없으면 어떻게 하는가?

예컨대 부모·친족회 등이 가독상속인을 선정하는가? 만약 그렇다면 그 선정에는 일정한 범위가 있는가? 또 관습상 순위가 있는가, 아니면 자유로이 이를 선정할 수 있는가?

피상속인이 추정 제사상속인(친생자와 양자 포함) 없이 사망하면 상속인을 선정하는 것인데, 이는 곧 양친의 사후양자(死後養子)에 지나지 않는다. 그리고 이를 선정한 자는 사망한 호주의 아내가 있으면 아내가, 아내가 없고 어머니가 있으면 어머니이지만, 이러한 자가 없으면 문회(門會)에서 선정하는 것이다. 그리고 이 경우에는 양친이 양자를 선정하는 경우와 비교하여 그 순서를 엄수할 것을 요하는 것 같다.

제165 직계존속은 당연 가독상속인인가?

만약 그렇다면 재가자(在家者)에 한하는가, 그렇지 않은가? 또 2인 이상인 경우에는 그 순위는 어떠한가?

조선 관습에는 존속은 어떠한 경우에도 제사상속인일 수 없다. 그리고 이는 직계존속과 방계존속을 불문한다. 다만 호주상속에 대해서는 직계존속인 어머니가 일시 호주로 되는 경우가 있는 것은 누차 기술하였다.

제166 가독상속의 효력은 어떠한가?

가독상속인은 호주권 외에 전호주(前戶主)의 모든 재산상의 권리·의무를 승계해야 하는가? 또 재산은 다른 자와 이를 분배해야 하는가? 또 전호주의 의사로 재산의 전부 또는 일부를 상속하지 않게 할 수 있는가? [유류분 문항 참조] 전호주가 사망한 경우와 기타의 경우에 차이가 없는가? 은거·입부혼인·입부의 이혼 등의 경우에 전호주는 그 채권자에 대해 채무를 변제할 책임이 없는가? 그리고 위의 각 경우에 차이가 없는가?

제사상속의 효력은 그 가의 조상의 제사자인 지위를 승계하는 것에 있다. 그리고 제사상속을 한 자는 동시에 그 선대의 제사자가 되는 것은 물론이고 또 항상 그 가의 호주로 된다.

피상속인의 유산은 그 채무와 함께 상속인에게 승계되는 것이다. 그렇지만 만약 그 상속인에게 아우가 있으면 그 일부를 분배해야 하는 것으로 그 각자의 상속분은 피상속인이 미리 정하는 예가 있다. 또 피상속인이 이를 정하지 않는 경우에는 그 아내 또는 어머니가 이를 정하는 예가 있으나, 제사상속인이 장성한 경우는 스스로 이를 정하는 것이다. 그리고 그 비율은 분배를 받아야 할 자가 1인이면 제사상속인이 그 3분의 2를 가지고, 분배를 받아야 할 자가 2인 이상이면 제사상속인이 그 2분의 1을 가지고 그 나머지를 분배하는 것을 통례로 하지만, 반드시 일정하지는 않다. 또 전호주인 피상속인은 자기의 의사로 유산의 일부를 상속인에게 승계시키지 않을 수 있다고 하지만, 전부를 승계시키지 않는 것은 관습상 인정되지 않는다. 다만 후술처럼 유류분에 관하여 확연한 관습이 없으므로 비록 그 전부를 승계시키지 않는 경우라도 상속인은 어쩔 도리가 없다. 그리고 호주가 본가를 상속하는 경우에는 호주는 그 재산의 전부를 상속인을 위해서 잔류시켜야 하고, 그 전부 또는 일부를 상속인에게 승계시키지 않는 조치를 할 수 없다(단, 상속인이 없으면 스스로 이를 보유한다). 이를 요약하면 제사상속인은 호주상속과 동시에 재산상속을 하는 것이다.

　이상 기술한 바는 가족인 기혼남이 사망한 경우의 제사자와 일가 창립자 또는 신분가자(新分家者)가 사망한 경우의 제사자에 대해서도 동일하다. 다만 가족이 사망한 경우에는 제사상속과 호주상속이 없고 기타의 경우에는 제사상속이 없는 점이 다를 뿐이다. 은거, 입부 혼인 등은 이를 인정하지 않는 것은 거듭 기술하였다.

　제167 유산상속을 인정하는가?
　만약 이를 인정한다면 가족이 사망한 경우에만 인정하는가, 아니면 호주 사망 등의 경우에도 가독상속 외에 이를 인정하는가?

　재산상속은 가족이 사망한 경우에 이를 인정할 뿐만 아니라, 호주가 사망한 경우에도 이를 역시 인정한다. 즉 가족이 사망한 경우에는 그 가족이 기혼남이면 그 제사자로 하여금 사망한 자의 유산을 승계시킴과 동시에 만약 제사자에게 아우가 있으면 그 아우도 역시 유산을 분배받는다. 또 가족이 미혼남 또는 여자인 경우에는 다음의 제168문항에서 기술하는 바대로 아버지 또는 자식, 호주 등이 이를 승계하는 것이 관습이다. 호주가 사망한 경우에는 호주가 남자이면 그 유산은 제사상속인, 기타 제사자가 되는 자가 이를 승계하고 또 그 외에 제사자의 아우도 그 유산의 일부를 분배받는 것이다. 그러므로 제사상속인 또는 제사자가 되는 자의 재산승계 외에 따로 재산상속을 인정하는 것이다.

제168 누가 재산상속인이어야 하는가?

예컨대 직계비속은 어떠한가? 만약 상속인으로 된다면 재가자(在家者)에 한정하는가? 그렇지 않는가? 2인 이상이 있는 경우는 자(子)는 원칙적으로 손(孫)에 우선하여 상속하는가? 자가 1인으로 사망한 등의 경우에 그의 직계비속은 이를 대신하여 상속하는 것은 가독상속에서와 같은가? 자가 2인 이상 있는 경우에는 가독상속에서와 같은 순위에 따라 1인이 상속하는가, 아니면 공동으로 상속인이 되는 것인가? 직계비속이 없을 때 또는 그와 동시에 배우자, 직계존속[130], 호주 등도 상속권을 갖는가? 만약 이러한 자가 동시에 상속을 하지 않는다면 그 순위는 어떠한가? 상속인일 수 없는 자, 추정상속인의 폐제에 대해서는 가독상속의 경우와 같은가? 유산상속인도 이를 지정할 수 있는가? 만약 지정할 수 있다면 그 절차도 역시 가독상속의 경우와 같은가? [제159~163, 165문항 참조]

재산상속인인 자는 호주(여호주 제외)가 사망한 경우에는 제사상속인 등 제사자 그리고 그 아우이며, 여자는 재산상속인이 아니다. 또 재산상속인은 재가자에 한하고 타가에 있는 자는 재산상속인이 될 수 없다. 그리고 제사상속인 또는 제사자인 아우가 2인 이상이면 동시에 재산상속인으로 되고 그 연령의 장유를 묻지 않는다. 손(孫)은 재산상속인이 될 수 없는 것을 원칙으로 하나, 재산상속인이어야 할 자가 이미 사망한 경우에는 그 자(子)가 대리하여 아버지의 상속분을 받고, 또 자가 없으면 그 아내가 상속분을 받는 예가 있다. 혹은 양자를 한 이상 그에게 망양부(亡養父)의 상속분을 분배하는 예가 있다고 하지만, 이 점에 대해서는 관례가 일정하지 않다. 또 가족이 사망한 경우에는 그 가족이 기혼남이면 그의 장남이 제사자로 됨과 동시에 그 유산을 승계하고, 또 차남 이하의 남자가 있으면 동순위자가 분배를 받는 것은 호주가 사망한 경우의 재산상속과 다른 점이 없다. 그리고 사망한 가족이 미혼남 또

---

130 원문은 '卑'로 편역자가 정정하였다.

는 여자이면 그의 아버지가 유산을 승계하고, 아버지가 없으면 호주가 승계한다. 아내의 유산은 남편이 이를 승계하고 과부의 유산은 자(子)가 있으면 자가, 자가 없으면 호주가 이를 승계한다. 이러한 경우에는 상속인은 항상 1인이고 2인 이상의 상속인이 있는 예는 없다. 또 첩의 유산은 남편이 승계하고, 남편이 없으면 호주가 승계하는 것을 관례로 한다.

   재산상속인일 수 없는 자와 재산상속인의 폐제에 대해서는 정해진 관례가 없다. 또 재산상속인의 지정에 대해서는 조금도 관습으로 볼만한 것이 없다. 재산상속인에 대해서는 『경국대전』에 세밀한 규정이 있지만 근래의 관습은 이와 다르다. 다만 참고하기 위해 이를 인용하면 즉 「형전」 '사천(私賤)조'에 "분배하지 못한 노비를 자식들이 살았거나 죽었거나 상관없이 나누어 준다[자손이 없이 사망했을 경우에는 이 규정에 적용되지 않는다]. 평균 분배가 되지 않는 수는 적자녀에게 골고루 나누어 주고 만일 우수리로 남는 수가 있으면 가계를 계승하는 아들[承重子]에게 주며, 그러고도 나머지가 있으면 손위와 손아래의 순서를 따라 준다. 본처에게 아들도 딸도 없으면 양인 첩의 자녀에게, 양인 첩에게도 자식이 없으면 천인 첩의 자녀에게 마찬가지로 준다[토지도 이와 마찬가지로 한다]. 부모의 노비 (승중자) 5분의 1을 더 준다[여러 자녀에게 5명씩 줄 때 가계를 계승하는 아들에게 6명을 주는 것과 같다]. (여러 자녀(衆子女)) 평균 분배, (양인 첩 자녀) 7분의 1[적자녀에게 각각 6명씩 줄 때 양첩자녀에게는 각각 1명을 주는 것과 같다. 아래도 마찬가지이다. 적모의 노비는 주지 않는다. 천인 첩의 자식들도 마찬가지이다]. (천첩 자녀) 10분의 1. 적계로 아들딸이 없는 경우의 노비 (양인첩 자녀) 평균으로 분배하고 가계를 계승하는 아들이면 5분의 1을 더 준다. (천인 첩 자녀) 5분의 1. 적계로 아들은 없고 딸이 있는 경우의 노비 (양인 첩 자녀) 가계를 계승하는 아들에게는 제몫 이외에 10분의 2를 더 준다. 자녀가 없는 적모의 노비 (양인 첩 자녀) 7분의 1을 주는데 가계를 계승하는 아들에게는 10분의 3을 더 주며 그 나머지는 적모의 친정으로 돌려준다[형제자매가 없으면 삼촌숙질, 삼촌숙질이 없으면 4촌뻘 되는 친척에게로 돌려준다. 양인 첩의 자손에게는 7분의 1을 주지만 천인 첩의 자손에게는 10분의 1을 준다. 친정의 사람 수가 아무리 많더라도 도거리로 주어 버린다. 만일 노비의 수가 적을 때에는 첩의 자식들에게 우선적으로 준다]. 친정에 해당자가 없으면 관청으로 넘긴다[아래도 마찬가지이다]. (천인 첩 자녀) 10분의 1을 준다. 가계를 계승하는 아들에게는 10분의 2를 더 준다. 아들은 없고 딸만 있는 적모의 노비 (양인 첩 자녀) 가계를 계승하는 아들에게 7분의 1을 주되 3명을 넘지 못한다. (천인 첩 자) 가계를 계승하는 아들에게 10분의 1을 주되 3명을 넘지 못한다. 적계 및 양인 첩에게 자녀가 없는 경우의 노비 (천첩 자녀) 평균분배를 하되 가계를 계승하는 아들에게만은 5분의 1을 더 준다. 적계 및 양인 첩에게 모두 아들이 없이 딸만 있는 경우의 노비 (천인 첩 자) 가계를 계승하는 아들에게는 제 몫 외에 10분의 2를 더 준다. 적계로 자녀가 없고 양인 첩에게도 아들이 없이 딸만 있는 경우의 노비 (천인 첩 자) 가계를 계승하는 아들에게는 5분의 1을 주는 외에 10분의 2를 더 준다. 자녀가 없는 전 어머니(前母)나 계모의 노비 (의자녀) 5분의 1을 준다. 가계를 계승하는 아들에게는 10분의 3을 더 준다. 자녀가 있는 전어머니나 계모의 노비 (의자) 가계를 계승하는 아들이라면 9분의 1을 준다. 자녀가 없는 양부모의 노비 (의자녀) 7분의 1을 준다.[3살 전의 양자라면 전부 준다. 고자로서 고자를 양자로 삼은 자은 3살 전의 예를 따른다]. 적계의 자녀가 있는 양부모의 노비 (양자녀) 10분의 1을 주는데 3살 전이라면 7분의 1을 준다[10분의 1이란 적계의 아들딸이 있으면 시양(侍養) 자녀에게는 10분의 1을 준다는 말이다. 만약 적계로는 자식이 없고 단지 첩의 자식만 있다면 아버지의 노비를 양자에게는 7분의 1을 주고 나머지는 첩의 자식에게 준다. 어머니의 노비는 규정된 수만큼 첩의 자식이나 양아들딸에게 주고 나머지는 그의 친정으로 돌려보낸다. 7분의 1이란 적계의 자식이 있으면 수양(收養) 자녀에게는 7분의 1을 준다는 말이다. 만약 적계로는 자식이 없고 단지 양인 첩의 자식만 있다면 아버지의 노비는 수양아들과 평균 분배를 하고 천인 첩의 자식에게는 5분의 1을 주지만 어머니의 노비는 규정된 수만큼 천인 첩 자식에게 주고 나머지는 모두 수양아들딸에게 준다]"라고 하였다.

제169 유산상속인은 피상속인의 모든 재산상의 권리·의무를 승계하는가?
또는 피상속인의 의사로 유산의 전부 또는 일부를 승계시키지 않는 예가 있는가? [유류분 문항 참조]

호주(여호주 제외)가 사망한 경우의 재산상속에서는 재산상속인이 1인이면 보통 그 유산의 3분의 1을 받는 것이 관례이다. 그렇지만 만약 2인 이상이 있으면 대개 제사상속인 또는 제사자가 2분의 1을 승계하고, 나머지 2분의 1을 재산상속인이 평균분배하는 듯하다. 이는 가족인 기혼남이 사망한 경우의 재산상속에 대해서도 동일하다. 그러나 그 분배비율을 결정하는 자는 피상속인 또는 제사자(어린 경우이면 어머니 또는 할머니)이므로 이를 정하는 자의 의사에 따라 반드시 동일하지 않다. 또 이러한 경우에는 피상속인의 채무는 제사상속인 또는 제사자가 부담해야 하는 것이므로 다른 상속인은 채무를 승계하는 예가 없다고 한다. 그렇지만 만약 채무가 과다하여 제사자가 이를 감당할 수 없으면, 이를 다른 상속인에게 분담시키거나 재산의 분배율을 감소하는 예가 있다. 그리고 다른 가족이 사망한 경우에는 재산승계자는 사망한 자의 재산과 채무를 모두 승계하는 것이지만, 관념상으로는 재산의 승계이고 채무의 승계는 재산을 승계하는 결과로 채무도 부담해야 하는 것이라고 여기는 듯하다.

피상속인의 의사로 재산의 전부 또는 일부를 상속인에게 승계시키지 않을 수 있는지의 여부에 대해서는 증여 또는 유증에 대하여 거의 제한이 없으므로, 이 역시 피상속인의 임의라고 할 수 있다. 또 재산상속인의 유류분에 대해서는 정해진 관습이 없다.

제170 유산상속인이 2인 이상이면 상속재산은 공유에 속하는가?

만약 그렇다면 채권·채무도 각 상속인에게 나누어 귀속되지[分屬] 않는가? 상속재산이 공유가 아니면 즉시 분할하는가? 그리고 분할할 때까지는 누구의 재산으로 보는가?

재산상속인이 2인 이상 있는 경우는 남호주 또는 가족인 기혼남이 사망하고, 여러 명의 아들 또는 대습상속(代襲相續)[131]을 할 손자가 있는 경우뿐이다. 이러한 경우에는 피상속인이 생전에 각 상속인의 상속분을 정하는 수가 있고, 또 유언으로 이를 정하는 경우가 있다. 또 이를 정하지 않는 경우가 있다고 하나, 어느 경우를 막론하고 상속재산은 각 상속인의 공유에 속하는 것이 아니고, 그 분할 때까지는 일단 봉사자인 상속인의 소유로 귀속된다. 그 분할 집행 후에 비로소 각 상속인의 소유로 귀속되는 것이다. 대개 상속재산은 그 분할 전에는 아직 각 상속인의 개개의 소유로 귀속하는 것이라고 할 수 없다. 그리고 봉사자인 상속인은 피상속인이 정한 비율 또는 스스로 비율을 정하여 상속재산을 분할하는 지위에 있는 자이며, 또 피상속인의 후계자로서 상속재산이 피상속인의 유산인 성질상 모두 분할집행자이며 피상속인의 후계자인 봉사자에게 이전하는 것으로 보는 관념인 듯하다.

---

131 상속인이 상속권을 상실했을 경우, 그의 직계비속이 상속하는 일.

제171 유산상속인이 2인 이상 있으면 각자의 상속분은 어떠한가?

만약 직계비속과 배우자 등이 동시에 상속하는 경우가 있다면 각자의 상속분은 동일한가, 아닌가? 또 직계비속 또는 직계존속이 2인 이상 있는 경우에 동시에 상속하는 것이라면 각자의 상속분은 균일한가, 아닌가? 남녀·장유·적서 등에 따라 차이가 없는가? 또 피상속인의 의사로 차등을 둘 수 있는가?

재산상속인이 2인 이상 있는 경우는 남호주가 사망한 경우와 가족인 기혼남이 사망한 경우뿐임은 앞의 문항에서 서술하였다. 이러한 경우에는 재산상속인인 자는 피상속인의 아들 또는 대습상속을 한 손자뿐이므로, 직계비속과 배우자, 직계비속과 직계존속 또는 2인 이상의 직계존속이 동시에 재산상속인일 수는 없다. 그리고 재산상속인이 2인 이상 있는 경우의 각자의 상속분은 ① 제사를 모시는 상속인과 기타 상속인이 2인인 경우에는 제사를 모시는 상속인은 유산의 3분의 2를 승계하고 다른 상속인은 3분의 1을 승계함이 일반적이고, ② 상속인이 3인 이상인 경우에는 제사를 모시는 상속인은 2분의 1을 승계하고 다른 상속인은 그 나머지를 승계하는 것이 일반적이지만, 관습상 이와 같이 확연하게 정해져 있는 것은 아니다.

피상속인이 상속분을 정하지 않으면 제사를 모시는 상속인이 이를 정하므로 반드시 일정하지는 않다. 그리고 여자는 재산상속에 참여하지 않고, 다만 혼인할 때에 다소의 재산을 증여받는 일이 있을 뿐이다. 또 제사를 모시는 자 이외의 상속인 사이에는 장유에 따른 구별이 없고, 또 대습상속의 여부에 따른 차이도 있지 않다. 또 서자는 과거에는 적자의 반을 받는 것이 관례였다고 하지만, 지금은 거의 구별이 없는 듯하다.

또 피상속인은 생전 행위 또는 유언으로 각 상속인의 상속분을 정할 수 있다. 피상속인이 이를 정한 경우에는 완전히 그의 임의에 따르고, 관습상 이에 대한 일정한 제한은 없지만 대개 보통의 비율에 따른다고 한다.

제172 유산분할의 방법은 어떠한가?

예컨대 현물로 분할하는가? 이를 매각하여 그 대금을 분할하는가? 분할 협의가 성립하지 않으면 관청에 제소하는 예가 있는가? 피상속인이 유언으로 분할의 방법을 정하는 예가 있는가?

[제31문항 참조]

유산분할의 방법은 피상속인이 미리 이를 정하는 경우가 있는데, 이 경우에는 그 방법에 따라야 한다. 그리고 피상속인이 이를 정하지 않는 경우에는 편리하고 적당한 방법으로 분할한다. 보통 현물로 하지만 현물로 분할할 수 없으면 이를 매각하여 그 대가를 분할하거나, 또는 상속인 가운데 1인으로 하여금 이를 인수하게 하고 그 상속분을 초과하는 부분의 대가를 다른 상속인에게 지불하게 하는 예가 있다. 또 분할에 대하여 협의가 성립되지 않으면 백숙부 등의 의견에 따르거나, 문장(門長)이나 문회(門會)의 의견에 따르는 경우가 있다. 그렇지만 관에 제소하여 그 방법을 정하는 등의 관례는 없다.

제173 상속인은 상속하여야 할 의무가 있는가?

상속인은 모두 상속을 포기할 수 없는가? 만약 포기할 수 있는 경우와 없는 경우가 있다면 그 구별은 어떠한가? 이 점에 대해서 가독상속인과 유산상속인은 다르지 않는가? 또 상속을 포기하지 않는 한 상속채무의 전부를 부담하지 않을 수 없는가? 또 상속의 승인 또는 포기의 절차가 없는가?

조선의 관습에는 상속인이 제사상속인인지 재산상속인인지를 불문하고 그 상속을 포기할 수 없다. 특히 제사상속인은 제사를 지낼 의무를 진 사람으로, 그 상속을 포기하는 것은 제사상속의 관념에 반하는 것이라고 할 수 있다. 또 재산상속인은 만약 피상속인이 채무를 남기지 않은 경우에는 이를 포기하여도 결코 누군가를 해치는 일이 없으므로 상속을 포기할 수 없는 이유는 없는 듯하지만 상속을 포기할 수 있다는 관습은 없다. 따라서 상속의 승인·포기에 관한 절차는 없다. 그리고 제사상속인 또는 1인의 재산상속인은 피상속인의 모든 채무를 부담해야만 한다.

제174 상속채권자 또는 상속인의 채권자는 상속으로 발생하는 손실을 회피할 수 있는가?

예컨대 상속재산과 상속인의 고유재산을 구별하여 상속채권자는 먼저 상속재산에 대해서 변제를 받고 상속인의 고유재산에 대해서는 상속인의 채권자가 먼저 변제를 받는 등의 제도가 없는가?

조선에서 실제로는 상속인은 그 상속으로 얻는 재산 외에 고유의 재산을 갖지 않는 예가 많다. 그리고 피상속인의 채무는 자기의 채무보다 먼저 변제하는 것을 도의로 하기 때문에 상속채권자는 상속인의 채권자보다 먼저 상속재산에 의하여 변제를 받는 일이 없지 않다. 그렇지만 관습상 상속채권자와 상속인의 채권자 사이에 이와 같은 구별을 인정하지 않는다. 또 상속재산과 상속인의 고유재산을 구별하여 상속재산에 대해서는 상속채권자의 우선권을 인정하고 상속인의 고유재산에 대해서는 상속인의 채권자에게 우선권을 인정하는 예는 없다.

실제로도 상속인이 고액의 채무를 부담하는 경우에는 상속채권자가 상속재산으로 그 변제를 충분히 받을 수 있는 경우라도 그것을 완전히 변제받을 수 없는 경우가 있다. 또 피상속인의 채무가 많은 경우에는 상속인의 채권자가 상속인의 고유재산의 가액이 상속인의 채무를 변제하고도 남을 때라도, 충분한 변제를 받을 수 없는 경우가 있다. 그러므로 상속채권자 또는 상속인의 채권자에 대하여 상속으로 생긴 손실을 피할 방법이 아직 마련되지 않은 실정이다.

제175 상속인이 불분명한 경우에는 어떻게 해야 하는가?
상속인이 있는 것은 명백하지만, 누가 상속인이어야 하는지가 불분명한 경우가 있고, 또 상속인의 존부 자체가 불분명한 경우가 있다. 이러한 경우에는 호주권은 어떻게 해야 하는가? 유산은 어떻게 해야 하는가? [제129문항 참조]

조선에서는 일시적으로 상속인이 없는 경우는 그 예가 적지 않지만, 상속인이 있는 것은 명백함에도 불구하고 상속인이어야 할 자가 불분명하거나 또는 상속인의 유무 자체가 불분명한 경우는 그 예를 거의 볼 수 없다. 따라서 이러한 경우에 대한 관습을 볼 수 없다.

호주가 사망하고 제사상속인이 없는 경우에는 양자를 들여 그가 상속하게 하는 것은 누차 언급하였다. 만약 양자로 삼을 자가 없을 경우에는, 피상속인의 어머니가 있으면 어머니가, 어머니가 없으면 아내가 양자를 선정할 때까지 잠시 호주가 되고 그 유산도 호주로 된 자가 잠시 이를 승계하는 것이 관례이다. 여자만 있으면 그 여자가 그 유산을 승계하고 이러한 자가 모두 없으면 근친이 이를 승계하고 친족이 없으면 동·이장(洞里長, 경성에서는 특별보

관자를 정한다)이 이를 관리한다. 이를 상속할 자가 나타나지 않을 것이 확실해지면 리·동 소유로 귀속된다. 또 제사상속인이 없기 때문에 피상속인의 어머니가 호주가 되어 유산을 승계한 경우에 그 어머니가 사망하면 피상속인의 아내가 있으면 아내가 호주로 되어 그 재산을 승계하는 것은 기술하였다.

제176 유언으로 어떠한 것을 정할 수 있는가?

예컨대 이미 언급한 사항 외에 유언으로 재산을 처분할 수 있는가? 이에 대해서 어떤 제한도 없는가? 또 그 외에 관습상 유언으로 정하는 사항이 있는가? [제136, 137, 147, 162, 163, 172 문항과 뒤의 유류분 문항 참조]

유언은 대개 임종 시에 하는 것으로, 미리 만일의 경우를 예상하여 일찍 유언을 하는 예는 많지 않은 듯하다. 그리고 유언을 할 수 있는 사항에는 특별한 제한은 없지만, 양자의 선정, 유산분배의 비율과 방법, 출생아와 태아의 인지 또는 부인, 후견인의 선정 등은 유언으로 할 수 있는 사항 중 두드러지는 것이다. 기타 유언으로 묘지를 선정하고, 재산의 처분, 예컨대 절 등에 기부를 하고, 친척과 친구에게 유증을 하는 예가 적지 않다. 그리고 그 재산을 처분함에는 상속인의 유류분에 대한 확실한 관습이 없으므로, 거의 제한이 없다.

제177 유언에는 일정한 방식이 있는가?

만약 있다면, 그 방식은 어떠한가? 또 이를 이행하지 않는 유언은 무효인가?

유언은 구두 또는 서면으로 하는 것이다. 구두로 하는 경우에는 가족 등 근친을 모아 두고 하는 것이 보통이다. 또 서면으로 하는 경우에는 글을 아는 자는 대개 자필로 하고, 자필로 할 수 없는 자는 대필로 한다. 그리고 유언의 방식에 대해서는 일정한 관습이 없고 따라서 어떤 방식으로 하여도 유언자의 자유이지만, 적어도 그 유언이 유언자의 진정한 의사 표시라는 것을 알기에 충분한 것이야 한다는 것에 대해서는 이론이 없다. 예컨대 유증을 받거나, 또는 유언으로 이익을 받는 자에 대해 입회인 없이 한 유언 또는 입회인 없이 이러한 자에게 대필을 시킨 유언은 일반적으로 신빙할 수 없는 것으로 효력을 인정하지 않는듯하다.

또 유언서의 보관에 대해서는 이를 문갑 속에 감추거나 아내와 자식, 기타 근친에게 부탁하여 보관시키는 경우가 있다. 이러한 경우에는 보통 엄밀하게 봉함을 하고 사망 후에 개봉하는 것이다. 유언의 필기, 유언서의 개봉, 검인(檢認) 등에 대한 관습은 없다(『경국대전』「형전」 '사천조', "조부모 이하는 유서를 쓴다. 할아버지와 아버지는 반드시 친필로 해야 하고, 할머니와 어머니는 반드시 친척 가운데 높은 벼슬을 한 사람[顯官]이 증필인(證筆人)[132]이 되어야 한다. 글을 쓸 수 없는 것을 모든 사람이 아는 자와 병환이 있는 자의 유언은 부인의 예에 따른다"[133] 참조).

제178 유언의 효력은 어떠한가?

예컨대 유언은 언제부터 효력을 발생하는가? [다음 문항 참조] 유언으로 재산을 받을 자는 이를 포기할 수 있는가? 만약 그러하다면 그 자가 아무런 의사표시를 하지 않으면 그 재산은 당연히 수유자(受遺者)[134]에게 귀속하는가? 또 수유자와 상속인 사이에 차이가 있는가? 이에 대해서 포괄수유자(유산의 전부 또는 분수적 일부를 받은 자)와 특정수유자 사이에 차이는 없는가?

유언은 유언자가 사망한 때부터 그 효력을 발생한다. 그리고 유증을 받은 자가 이를 포기할 수 있는지 여부에 대해서는 유증을 포기하는 사례가 적으므로 관습으로 볼 만한 것이 없지만, 일반 관념으로는 포기할 수 있다. 또 유증을 받을 자가 이를 알고 있음에도 불구하고, 이를 포기하지 않는다면 그 재산은 당연히 수유자에게 귀속하는지 여부에 대해서는 명백한 관습은 없으나, 유언의 집행이 있은 후에 비로소 수유자의 소유로 귀속한다고 보는 것이 온당할 것이다. 그리고 포괄수유자와 특정수유자 사이에는 구별이 없다.

제179 유언은 취소할 수 있는가?

유언자는 언제라도 이를 취소할 수 있는가? 일단 유언을 한 후 다른 유언 또는 계약 등으로 동일한 재산을 처분하는 등 이와 저촉되는 행위를 한다면 이를 취소한 것으로 보지 않는가?

---

132 문권(文券)의 보증을 선 사람과 그 문권을 직접 쓴 사람.
133 『經國大典』「刑典」 '私賤', "用祖父母以下遺書[祖及父則須手書 祖母及母 則須族親中顯官證筆人衆所共知 未手書者 疾病者 幷依婦人例]"
134 유증을 받을 사람으로, 유언에 지정되어 있는 사람.

또 수유자에게 의무를 부담시킨 경우에 수유자가 그 의무를 이행하지 않으면 상속인은 유증을 취소할 수 있는가?

유언은 사망한 때로부터 효력이 발생하는 것이므로, 유언자는 언제라도 그 유언을 취소할 수 있다. 그러나 이를 취소하기 위해서는 유언서를 폐기하거나, 유언을 한 것과 동일한 방식으로 그 취소의 의사를 표시하는 것으로 한다. 또 유언을 한 후 유언자가 다른 유언 또는 계약으로 이에 저촉되는 행위를 하면 앞의 유언을 취소한 것으로 본다. 다만 유언은 대개 임종 시에 하는 것이므로 유언의 취소 또는 유언에 저촉되는 유언이나 계약을 하는 사례는 아주 드문 듯하다.

부담부유증(負擔附遺贈)[135]의 경우에 수유자가 부담한 의무를 이행하지 않으면 상속인(제사상속인이면 제사상속인, 재산상속인이 1인이면 그 상속인, 제사상속인이 아닌 봉사자도 같음)이 그 유증을 취소할 수 있다.

제180 유류분을 인정하는가?

피상속인은 반드시 그 유산의 전부 또는 일부를 상속인에게 남겨야 할 의무가 있는가? 만약 있다면 유류하여야 할 재산의 가액은 어떠한가? 가독상속인과 유산상속인 사이에 구별은 없는가? 또 각종 상속인 사이에 구별이 없는가? 만약 피상속인이 유류분을 침해하여 재산을 처분하면 어떻게 하여야 하는가? 예컨대 유증을 감쇄(減殺)[136]해야 하는가? 증여는 어떠한가? 그 감쇄의 순서와 방법, 효력은 어떠한가?

조선에서는 상속인이 받아야 할 유류분에 대하여 확실한 관습이 없다. 그러므로 피상속인이 증여 또는 유증으로 그 유산을 감소한 경우에 실제 상속인이 승계하는 가액이 유산의 총액에 대하여 아주 작은 경우라 하더라도 상속인은 그 증여 또는 유증의 감쇄를 청구할 수 없다.

---

135 유언에 따라 받을 사람에게 어떤 부담을 하게 하고 물려주는 일.
136 덜어서 적게 함.

3) 『민사관습회답휘집』

해제

　『관습조사보고서』를 통해 조선의 관습을 명확히 규정하였음에도 불구하고, 조사된 관습이 현실에서 발생하는 가족 관련 분쟁을 해결할 수 있는 명확한 기준이 되지는 못하였다. 관습 자체가 불분명할 뿐만 아니라, 관습이라 규정되었던 것과는 다른 현상들이 계속해서 발생하고 있었기 때문이다. 이로 인해 조선총독부와 사법관료들은 관습이 무엇인지 논란이 될 때마다 관습을 새롭게 확정해야 했다.

　「조선민사령」 제11조와 관련된 분쟁이 있을 경우, 관습의 법적 규범력을 확인하는 것은 크게 네 가지 방식으로 이루어졌다. 첫째, 정무총감, 법무국장이 발하는 통첩 및 회답에 의한 방식이다. 재판 혹은 민적사무에서 관습법의 내용을 둘러싸고 분쟁이 일어났을 경우, 정무총감 및 사법부 장관의 명의로 관습법의 존재를 확인해 주었다. 법무국장은 조선총독의 입법권을 대행하고 법원 등을 감독했으며, 정무총감은 조선총독을 보좌하여 조선총독부 전반에 걸쳐 책임을 졌기 때문에 이들에 의한 회답과 통첩은 관습에 관한 조선총독부의 공식 입장이 될 수 있었다. 또한 조선 관습에 관해 포괄적인 입장 표명이 필요할 때는 관통첩의 형식을 발하는 경우도 있었다. 둘째는 취조국, 중추원 등 조사국 기관장의 회답이다. 조사국 기관장의 회답이 직접적으로 법적 성격을 부여한다고는 할 수 없지만, 『관습조사보고서』와 유사하게 관습법 해석에서도 이들의 의견을 1차적으로 고려할 수밖에 없었다. 재판소 및 민적 담당자가 각종 조사기관장에게 조회하는 경우, 그 회답은 재판소 판결과 민적처리에 직접 영향을 미쳤다. 셋째는 조선고등법원의 판결이다. 넷째는 구관심사위원회 등의 심의 및 결의이다.

　『민사관습회답휘집』은 중추원에 의해 간행된 민사에 관한 회답을 묶어 놓은 책이다. 중추원은 1915년부터 조선의 민사관습을 조사하고 행정·사법 부문의 유권 해석에 대한 자문을 담당하게 되었다. 이에 중추원은 사법에 대한 조사를 완결하여 편찬하고, 전래 제도를 광범위하게 조사하며, 행정상 일반적으로 참고해야 할 풍속관습을 조사·편성할 방침을 세웠다. 이에 따라 중추원은 민사관습, 상사관습, 제도조사, 풍속조사를 수행하고 구관제도 관련 자료를 편찬하였다. 그리고 1909년부터 1932년까지 법원 등의 관청이 조선총독부 취조국, 참사관실, 중추원 등에 문의한 조선의 민사관습에 관한 주요 질의응답 사항 324건을 고등법원 판사 노무라 조타로(野村調太郎), 기토 효이치(喜頭兵一)에게 위촉하여 『민사관습회답휘집』을 편찬하였다. 이 책에는 본문 각 항목을 시대순으로 정리한 것과 민법 체계에 따라 분류한 것, 두 가지 상세한 색인이 앞에 실려 있고, 1921년 정무총감을 위원장으로 하여 설치된 구관및제도조사위원회[舊慣及制度調査委員會]의 몇 가지 결의사항도 부록으로 실려 있다.

일제는 1912년 「조선민사령」 제11조를 통해 친족·상속에 관해서는 관습주의를 채택하였지만, 실제 관습이란 지역이나 계층에 따라 다양하였으므로, 이를 '조선의 관습'으로서 정형화하고 고착시키는 작업이 필요했다. 중추원은 민사관습에 대한 해석을 통해 이 정형화 과정을 담당했던 것이고, 『민사관습회답휘집』에는 그 내용이 담겨 있다. 따라서 이 책에 담겨 있는 내용은 조선의 관습 그 자체라기보다는 중추원과 구관및제도조사위원회 등에 의해 확인되고 결정된 '만들어진 전통'에 불과하다.

『민사관습회답휘집』의 내용 중 친족, 상속 관련 부분만 발췌 수록하였다.

〈자료 67〉 조선총독부 중추원 편, 『민사관습회답휘집(民事慣習回答彙集)』, 조선총독부 중추원, 1933.

서문

조선에서 민사에 관해서는 1912년(明治 45) 3월 「조선민사령」으로서 대체로 민법, 기타 법률에 의하는 것으로 정하였다. 그러나 조선인의 신분, 조선인 상호 간의 법률행위, 부동산 물권의 종류·효력 등에 관한 것은 관습으로서 급격하게 변경하는 것이 적당하지 않은 것으로, 특히 민정(民情)에 적응하여 발달하는 친족 및 상속에 관한 관습은 종래대로 이를 존중하기로 하였다. 따라서 이들 사항에 관해서는 민법을 따르지 않고 의연히 관습에 따를 것을 결정하였다. 그러나 조선에서 종전의 법제는 심히 갖춰지지 않아서, 관습도 역시 반드시 명확하지 않았다. 그래서 구한국 법전조사국과 조선총독부의 취조국·참사관실·중추원 등이 잇따라 그 조사에 종사하였고, 각 관위의 조회에 대해 개개의 사항에 붙여 그 소견을 회답하여, 업무상 참고하도록 제공해 왔다. 바야흐로 그것이 쌓여서 삼백 수십 건에 달하고 내용 역시 사법의 각 종목에 이르러 그 항목이 970여 건에 미치고 있다. 그러나 이런 종류의 간행물로서 이미 공간이 된 것으로 조선총독부 취조국이 편찬하여 제작한 『관습조사보고서』가 있지만, 그것은 초안을 만들 때 급히 조사해서 내느라 충분치 않은 점이 있을 뿐만 아니라, 나중의 조사에 의해 견해가 달라진 사항도 적지 않다. 한편 「민사령」의 규정도 그 후 수차례에 걸친 개정에 의해 친족 및 상속에 관해서도 몇몇은 민법의 규정에 따르게 되었지만, 아직 그 대부분은 관습을 따라야 하기 때문에, 이러한 관습의 조사·고구(考究)[137]를 소홀히 할 수 없음은 말할 것도 없다. 이것이 위 회답을 하나의 책으로 수록하여 일반 사람들의 참고로 이바지하게 하려는 까닭이다.

중추원서기관장 우시지마 쇼조(牛島省三)

---

137 자세히 살펴 연구함.

[7] 입양에 관한 건(1909년(明治 42) 7월 20일 평양공소원 조회, 동년 8월 24일 법 제7호 법전조사국 회답)

○ 요지
1. 입양을 하는 것은 성혼의 남자로서 상당 연령에 달한 남자가 없고 남자 출생의 가망이 없는 경우이어야 한다.
2. 양자는 남계혈족인 남자에 한한다.
3. 3세 이하의 자는 수양자로 삼을 수 있으나 수양자는 상속인이 될 수 없다.
4. 양자는 소목에 맞는 자임을 요하며 반드시 근친의 순서를 지키지는 않는다.
5. 같은 항렬에 있는 자의 사이에서는 순위를 정한다.
6. 본종 상속의 경우에는 장자를 양자로 삼을 수 있다.
7. 입양을 하는 경우에는 관에 고하여 허락을 받도록 규정되어 있지만 보통은 그 수속을 하지 않는다. 양자를 정하는 자는 양부로서 양부가 없을 때는 양모, 조부모의 순위에 의해 이를 정하고 이러한 자들이 있지 않을 때는 친족의 협의에 의해서 이를 정한다.
8. 아버지가 아들을 위해 양자를 정하는 경우는 양친이 될 자 및 그 아내가 없는 경우가 되며 문장(門長) 단독으로 양자를 정하는 경우는 없다.
9. 유언으로서 양자를 선정할 수 있다.

○ 조회
1. 아버지가 아들에게 자식이 없을 때 그 자식의 상속인으로서 (현재 또는 유언) 양자를 삼을 수 있는가?
2. 입양은 촌수에 따라 순위가 있는가 혹은 입양에 문장, 기타 친속의 협의나 동의를 요하는가?

○ 회답
1. 한국에서 입양은 상속을 위해서 하며 피상속인이 될 자는 성혼한 남자에 한한다. 또 상속인이 될 수 있는 자도 남자에 한한다. 그러므로 성혼한 남자로서 남자손이 없는 자는 입양을 하는 것을 통례로 한다. 단, 상당 연령에 달하여 친자가 태어날 가망이 없는 경

우에 한하는 것은 물론이다.

2. 양자는 남계의 동일 혈족인 자로부터 취할 것을 요하며 남계의 동일 혈족은 그 성을 함께하고 또 본관을 함께하는 자에 한한다. 단 사성(賜姓)[138]에 의해 타성을 칭하는 자는 이를 원성(原姓)인 자와 구별하지 않는다.

3. 양자는 상속을 위해서 하며 양자로 삼을 수 있는 자는 남계의 동일 혈족에 한하는 것은 상기와 같지만, 3세 이하의 기아는 수양하여 수양자의 성에 따르게 할 수 있고 이를 수양자라고 칭한다. 수양자는 상속인이 될 수 없다.

4. 양자로 삼을 수 있는 자는 남계의 동일 혈족인 남자임과 동시에 반드시 양친이 될 자의 비속이어야 한다. 그리고 관습의 본뜻을 따른다면 소목에 적합한 자의 사이에서 순위에 대해서는 근친을 우선해야 하지만 실제에서는 반드시 그 선후의 순서를 지키지 않는 듯하며 오직 형제의 아들을 우선하는 사례가 많을 뿐이다.

5. 같은 항렬에 있는 자가 여러 명일 경우, 예를 들면 형제가 여러 명 있는 경우에는 누구의 아들을 취해야 하는가에 대해서는 일정한 관습은 없다. 실제에서는 양자를 삼는 자의 선택에 일임한다.

6. 같은 항렬에 있거나 혹은 친족의 아들이 여러 명인 경우에는 본가 상속의 경우에 그 장자를 양자로 삼는다. 본가 상속이 아닌 경우에는 차자 이하를 양자로 삼아야 하는 것이 관습이며 차자 이하의 상속 순위에 대해서는 정해진 바가 없다.

7. 입양의 수속에 대해서는 관에 고하여 허락을 받도록 규정되어 있지만 보통은 그 수속을 밟지 않는다. 그리고 양자를 정하는 자는 양부가 없을 때는 양모, 양모가 없을 때는 그 가에 있는 조부모로 하며 만약 이러한 자가 없을 때는 친족의 협의로서 정하는 듯하다.

8. 아버지가 아들을 위해서 양자를 정할 수 있는 경우는 양친이 될 아들과 그 아내가 없는 경우이며, 양자를 삼는 것에 대해서 친족의 협의를 요하는 것은 그 가에 양자를 정할 양부모, 양조부모 등이 없는 경우이다. 그렇지만 한국의 풍습에서는 아들이 아버지의 말을 거스르지 않는 것이 도의이므로 실제에서는 아들의 양자를 삼는 데에 부모의 간섭이 적지 않다. 그리고 문장은 다만 친족의 장으로서 친족의 협의에 간여하고 문장 단

---

138 임금이 공신(功臣)에게 성(姓)을 지어 주는 일.

독으로 양자를 정하는 경우는 없는 것 같다.
9. 본인 또는 그 아들의 양자를 정할 수 있는 자는 유언으로서 이를 정할 수 있다.

[15] 장자가 소유한 부재자인 친아버지의 재산관리권에 관한 건(1910년(明治 43) 11월 7일 경성지방재판소 민사 제3부 재판장 조회, 동년 11월 16일 조발 제46호 취조국장관 회답)

○ 요지
1. 가장인 아버지가 여러 해 소재 불명한 경우에 장자는 아버지의 재산관리자로서 그 명의로서 침해당한 재산의 회복을 청구할 수 있다.

○ 조회
1. 가장인 친아버지가 여러 해 동안 소재불명한 경우에 장자가 자기의 명의로 침해당한 친아버지 소유의 재산권의 회복(예를 들면 소유권의 확인, 소유물의 회수)을 침탈자에 대해 청구할 수 있는 것이 조선 종래의 관습이다.

○ 회답
1. 가장인 친아버지가 여러 해 동안 소재불명한 경우에 그 장자는 친아버지 재산의 관리자 자격으로 자기의 명의로 침해당한 친아버지의 소유 재산권의 회복을 침탈자에 대하여 청구할 수 있는 관습이 있다.

[18] 입양 및 파양에 관한 건 (1910년(明治 43) 11월 5일 광주지방재판소 군산지부 조회, 동년 12월 20일 조발 제76호 취조국장관 회답)

○ 요지
1. 양자가 호주가 되어 양부의 3년상을 치렀을 때는 양모는 이를 파양할 수 없다.
양부의 상을 모신 양자라도 양자가 강상의 죄를 범했을 때, 가산을 탕진하여 장래 봉사의 가망이 없을 때, 미치거나 고치기 힘든 병에 걸렸을 때, 생가에 후계가 없어 양자가 생가로 복귀하였을 때, 양자와 양친의 존비가 어긋났을 때, 양자의 연령이 양친의 연령보다 많을 때 등의 경우에는 양모는 문회에 상의하여 이를 파양할 수 있다.
2. 양모가 파양을 선언하고 사실상 30년 이상 별거한 경우에도 양자에게 앞 항의 사유가 없이 양자로서의 본분을 다했을 때는 양친자 관계는 계속해서 상존한다.
3. 양모가 먼저 삼은 양자가 있는 것을 숨기고 다시 양자의 칙허를 받았다면 그 입양은 효력이 없게 된다.
4. 칙허를 받은 양자가 있는 것을 숨기고 별도로 양자를 칙허받은 경우에도 나중의 양자와의 사이에서는 양친자 관계가 발생하지 않는다.
5. 칙허 받은 양자가 있는 경우에 호주가 이를 파양하고 다른 자를 양자로 삼아야 한다고 유언을 한 경우에 정당한 사유가 있을 때는 유언은 그 효력이 발생하는 것으로 한다.
6. 호주가 사망하고 상속인이 될 양자를 정하는 경우에는 문회의 결의를 거칠 것을 반드시 요한다.

○ 조회
1. 호주가 사망하고 과부가 문회의 결의를 거쳐 양자를 삼은 그 양자가 3년의 상을 지낸 후에는 양모인 과부는 절대로 파양을 할 수 없는가?
2. 양모가 파양을 선언하고 사실상 30년 이상 별거한 후에 친양자의 관계는 어떠한가?
3. 과부가 앞서 문회에 결의를 거쳐 양자를 삼은 후 그 양자가 있는 사실을 숨기고 장례원(掌禮院)[139]을 경유하여 별도로 양자의 칙허를 받은 경우 그 양자 및 이전의 양자와의 양친자 관계는 어떠한가?
4. 이미 칙허를 받은 양자가 있는 것을 숨기고 별도로 양자의 칙허를 받은 경우 양친자의 관계는 어떠한가?
5. 이미 칙허를 받은 양자가 있는데도 불구하고 상당한 파양의 수속을 밟아서 마음대로 파양을 하고 다시 다른 자를 양자로 삼는다는 유언을 한 경우에 양친자의 관계는 어떠한가?

---

139 대한제국기에 궁중 의식·조회 의례·제사와 모든 능(陵)·종친·귀족에 관한 일을 맡아보던 관아.

6. 호주가 사망하고 상속인인 양자를 정하는 것은 문회의 결의를 필요로 하는가?

○ **회답**

1. 호주가 사망하고 과부가 문회의 결의를 거쳐 양자를 삼은 그 양자가 3년의 상을 지낸 후에는 양모인 과부는 파양을 할 수 없는 것이 관습상 일반적이다. 단, 다음의 경우의 하나에 해당하는 사실이 있는 경우는 가령 3년상을 지낸 양자라고 하더라도 과부는 문회의 결의를 거쳐 파양을 할 수 있는 것이 관습이다.
    (1) 양자가 강상의 죄를 범했을 때
    (2) 양자가 가산을 탕진하여 장래에 조상을 봉사할 희망이 없을 때
    (3) 양자가 미치거나 고치기 힘든 병에 걸려서 장래 조상을 봉사할 희망이 없을 때
    (4) 양자의 생가에 후계자가 없어서 양자가 생가로 복귀하려고 하는 경우
    (5) 사망한 양부와 양자의 존비가 어긋난 경우
    (6) 양자의 연령이 양친의 연령보다 연장인 경우
2. 파양을 선언하고 사실상 30년 이상 별거하고 있어도 그 양자가 앞서 서술한 단서의 사실이 없거나 과부에 대해 끊임없이 효양을 다하고 조상 봉사를 태만히 하지 않은 자라면 양친자의 관계는 존속하는 것이 관습이다.
3. 양모가 이미 문회의 결의를 거쳐 양자를 삼은 후 그 양자가 있는 것을 숨기고 별도로 양자의 칙허를 받았다면 그 양자는 무효가 되는 것으로 한다. 따라서 앞서 양자된 자의 신분에는 하등의 변경이 생기는 것은 아니다. 이는 양자는 애써 칙허를 받지 않아도 관습상 유효하기 때문이다.
4. 이미 칙허를 받은 양자가 있는 것을 숨기고 별도로 양자의 칙허를 받은 경우는 앞에 서술한 3가지 경우와 마찬가지이고 나중에 양자된 자와는 양친자의 관계를 발생시키는 것이 아니다.
5. 이미 칙허를 받은 양자가 있음에도 불구하고 상당한 파양의 수속을 밟아서 임의로 파양을 하고 다시 다른 자를 양자로 삼아야 한다고 유언한 경우에는 그 유언이 양자를 파양하기에 족할 만한 정당한 사유가 있으며 진의의 표시라면 호주 사망과 동시에 유언의 효력이 발생한다. 이로써 호주 사망 후에는 나중의 양자인 유언의 양자와 양친자의

관계가 생겨나고 호주 사망 시까지는 이전의 양자가 양친자의 관계를 갖는 것으로 한다. 이는 양자를 삼는 경우에 칙허 받는 것이 관습상 필요하지 않기 때문이다.
6. 호주가 사망하고 상속인이 될 양자를 정하는 경우에 호주는 가장 근친자를 양자로 삼는 경우에는 때때로 문회의 결의를 거치지 않는 경우가 있지만 문회의 결의를 거치는 것을 요하는 것은 관습상 일반적이다.

[19] 가주(家主)가 사망한 후의 재산관리에 관한 건(1910년(明治 43) 12월 16일 경성지방재판소 민사 제2부 재판장 조회, 동년 12월 19일 조발 제74호 취조국장관 회답)

○ 요지
1. 호주가 아들이 없이 어머니, 아내, 딸만 남기고 사망한 경우에는 그 유산은 어머니가 관리한다.
2. 호주 사망 후 과부가 품행이 방정치 못할 때는 호주의 어머니는 며느리를 이적시킬 수 있지만 그 자식은 이적시킬 수 없다.
3. 호주 사망 후 과부가 품행이 방정치 못할 때는 호주의 어머니는 과부와 그의 딸로 하여금 호주의 유산에 대해 하등의 권리를 갖지 못하게 할 수 있는 것으로 한다.

○ 조회
1. 아들이 없이 가주가 사망한 때는 누가 재산을 관리하는가?
   단, 가주의 어머니, 아내, 딸이 남아 있는 경우
2. 가주 사망 후에 과부가 품행이 방정치 못하여 가주의 어머니가 과부 및 가주의 자식을 이적시키고 유류의 재산에 대해 아무런 권리를 갖지 않도록 할 수 있는가?

○ 회답
1. 아들이 없이 가주가 사망하고 어머니, 아내 및 딸을 남긴 경우에는 어머니인 자가 그 재산을 관리하는 것이 관습상 일반으로 한다.
2. 가주 사망 후 과부가 품행이 방정하지 않다면 어머니가 과부를 이적시킬 수 있지만, 그

자식은 이적시킬 수 없다. 또 그 유류의 재산에 대해서 품행이 방정하지 않은 과부 및 그 자식에게는 아무런 권리를 가질 수 없도록 할 수 있는 것이 관습이다.

[21] 상속에 관한 건(1911년(明治 44) 1월 25일 경성지방재판소 민사 제3부 재판장 조회, 동년 2월 7일 조발 제104호 취조국 장관 회답)

○ 요지
1. 기혼의 장남이 아들이 없이 호주에 앞서 사망한 경우에는 차남이 있어도 사망한 장남을 위해 양자를 삼고 이로서 가계를 상속시키는 것으로 한다.
2. 앞 항의 경우에 사망한 장남의 아내는 그의 집에 존속친이 없을 때 사망한 호주의 유산을 관리처분만을 할 수 있을 따름이다.

○ 조회
1. 기혼자로서 친자[實子]가 없고 장남과 차남의 양인(兩人, 경성에서 조선인)이 있어서 가독상속 개시 전에 장남이 사망한 때는 그 상속 순위는 당연히 차남에게 이동하는 것인가? 아니면 차남에게 이동하지 않는 것으로 하여 장남의 과부는 그 양자가 있기까지 상속을 할 자가 되는가? 만약 과부에게 상속해야 하는 것이라면 단순히 재산의 처분관리를 하는 것에 지나지 않는가?

○ 회답
1. 조선의 관습에서는 호주의 사망 전 그 장남이 이미 사망한 경우에 만약 그 장남이 기혼자일 때는 가령 차남이 있다고 하더라도 사망한 장남을 위해 양자를 정하고 그 양자로 하여금 그 가(家)의 호주이며 봉사자인 지위를 계승시키는 것으로 하고 차남은 절대로 그가 계승자가 될 수 없다. 따라서 이 경우에는 사망한 장남은 그 세대를 세고 양자는 사망 장남을 상속하는 자로 간주된다.
사망 장남의 아내인 과부는 그 가에 존속친이 없을 때는 단순히 사망 호주의 유산을 관리처분만을 할 수 있는 것을 관례로 한다.

[29] 간생자(姦生子)에 관한 건(1911년(明治 44) 5월 2일 경성공소원 민사 제2부 재판장 조회, 동년 동월 19일 조발 제181호 취조국장관 회답)

○ 요지
1. 간생자는 그 아버지가 그를 인지하지 않으면 부자의 관계가 생기지 않는다.
   간생자의 아버지가 사망하여 그 아내가 남편의 자식임을 인정하여 그 가(家)에 들어가 사당에서 고유식(告由式)을 거행했을 때는 그 자는 죽은 아버지의 서자가 된다.
2. 적자가 없을 때는 서자로서 상속케 하는 규정이 있지만 상속인이 적자인가 아닌가는 가격(家格)에 관계하는 것이므로 서자가 있어도 오히려 밖으로부터 양자를 삼는 예가 있다.

○ 조회
1. 간생자(타인의 첩과 통하여 생겨난 자식)는 그 아버지인 자가 자기의 자식인 것을 인지하지 않아도 법률상 부자의 관계가 생기는가?
   만약 부자의 관계가 생겼다면 그 아버지에게 다른 적자손이 없을 경우에는 그 간생자는 당연히 그 아버지 가(家)를 상속할 자가 되는가 혹은 당연히 부가(父家)를 상속할 만한 권리가 없다고 하여도 그 아버지가 이미 사망하여 아버지 가에 있는 과부가 죽은 남편의 자식임을 인정하여 일단 그를 입가시키고 자기 집 사당에서 고유식 등을 거행했을 때는 이에 상속권을 발생하기에 이른 것인가?
2. 과부(사망한 아버지의 가에 있는)가 사망한 아버지의 간생자를 그 부가의 상속인으로서 선정할 수 있는가? 만약 선정할 수 있다면 별도의 아무런 수속을 요하지 않고 과부 단독 의견으로 결정할 수 있는가?

○ 회답
1. 간생자는 그 아버지 생전에 유언 혹은 기타 형식으로 이를 인지하지 않으면 부자의 관계가 발생하지 않는다. 인지하고 입가시켜 사당에서 고유식을 거행한다면 그 자식은 죽은 아버지의 서자가 되는 것으로 한다.

2. 적자가 없을 때는 서자로서 상속시키는 것은 대전의 규정이 있다. 그렇지만 적서의 구별은 그 가의 가격에 관련되므로 서자가 있어도 밖으로부터 양자를 삼는 예가 있다. 그러므로 과부는 죽은 남편의 적자가 없는 경우에 서자로서 상속케 할 수 있다. 그 절차를 밟거나 혹은 일문(一門)의 결의에 따르는 경우가 있지만 반드시 일문의 결의를 요하는 것은 아니다.

[30] 양자에 관한 건(1911년(明治 44) 5월 13일 군산구(群山區)재판소 조회, 동년 동월 19일 조발 제182호 취조국장관 회답)

○ 요지

1. 자식이 없는 자가 동종의 지자(支子)[140]를 들어서 후계로 삼는 경우 관에 고하여 예사(禮斜)[141]를 받아야 한다고 규정되어 있지만 관에 고하는 것은 일반으로 행해지지 않는다. 관에 고하지 않고 입후를 하여도 유효하다.
2. 조선에서 양자는 반드시 자식의 열로부터 취하는 것이 관습이다.
   자식의 열 이외의 존속 및 비속으로부터 취하는 양자는 가령 예사를 받았다고 하여도 무효이다.

○ 조회

1. 『대전회통』 '입후'항(원) "적처와 첩 모두 아들이 없는 경우, 관아에 고하여 동성동본의 지파 자식 항렬의 사람을 후사로 세운다(嫡妾俱無子者, 告官立同宗支子爲後)"[양가의 아비가 함께 명하여 후사로 세우되, 아비가 죽고 없을 경우 어미가 관아에 고하고, 존속·형제·손자는 서로 후사로 삼지 않는다(兩家父同命立之, 父沒則母告官, 尊屬與兄弟, 及孫不相爲後)]
위는 종래의 관행상 일치하는 것 같다고 생각된다. 그러나 앞 항의 경우에 동종 짝수의

---

140 맏아들 이외의 아들.
141 예조(禮曹)에서 양자(養子)를 허가해 주는 증서.

촌이어도 궁내부 장예원(掌禮院)[142]에 출원하여 예사를 받아 양자로 삼을 수 있는 구관이 있다는 것이 사실인가? 정말로 이러한 관례가 있는가? 또 같은 촌의 자라도 지정을 받은 상속인은 이를 봉사손이라 칭하고 허가를 얻어 양자가 될 수가 있는가?

또 호주가 같은 촌의 자라도 이를 선정하여 양자로 삼고 호주의 상을 지낸 후 앞에 서술한 출원을 하여 허가를 얻어 예사를 받은 후에는 홀수의 촌과 마찬가지의 효력이 있어 움직일 수 없는 사례가 있는가?

○ 회답
1. "적처와 첩 모두 아들이 없는 경우, 관아에 고하여 동성동본의 지파 자식 항렬의 사람을 후사로 세운다[嫡妾俱無子者, 告官立同宗支子爲後]"라는 『대전회통』의 규정에 따라 동종의 지자를 양자로 삼고도 관에 고하지 않는 경우, 즉 장예원에 청하여 예사를 받지 않는 경우가 있어도 양자는 유효함으로써 위 『대전회통』의 고관(告官)의 규정은 일반으로 행해지고 있는 것이라 말하기 어렵다.
2. 주석의 '고관'의 규정 역시 관습과 일치하지 않고 '존속·형제·손자는 서로 후사로 삼지 않는다[尊屬與兄弟, 及孫不相爲後]'라는 규정은 관습과 일치한다. 이로써 조선에서 양자는 자식의 열 즉 형제의 자, 종형제의 자, 재종형제의 자, 삼종형제의 자 등으로부터 취하는 것으로 하고 아버지의 열, 자기의 열, 손의 열로부터 취하지 않는다. 질문의 같은 촌의 자란 이해하기 어렵지만 요컨대 자식의 열 이외의 존속 및 비속으로부터 취한 양자는 가령 예사를 받아도 무효이다.

[32] 생양가(生養家) 봉사에 관한 건(1911년(明治 44) 4월 25일 경성공소원 민사 제2부 재판장 조회, 동년 6월 6일 조발 제205호 취조국장관 회답)

---

142 대한제국 때의 궁내부(宮內府)의 한 분장(分掌). 궁중의 전식(典式)·제향(祭享)·조의(朝儀)·아악(雅樂)·속악(俗樂)·능원(陵園) 등의 일을 맡았음.

○ 요지
1. 타가의 양자가 되어 양가를 상속한 후 친아버지가 사망하여 생가에 상속인이 없을 때는 양자에게 권리로서 생가의 제사를 행하는 관습이 있다.
   위의 경우에는 생가의 재산은 권리로 제사를 행하는 자가 관리한다.
2. 생가의 양자의 선정은 과부가 없는 경우 문회에서 이를 한다.
3. 생양가 봉사의 경우에 생가의 양자를 정하는 것은 친부의 자식의 열에 있는 자로부터 선정하는 것이 관습이다.
4. 앞 항의 양자는 생가의 봉사자가 된다.
5. 생양가 봉사의 경우에 들여진 양자는 과부가 이를 파양할 수 있으며 과부가 없을 때는 문회에서 이를 파양할 수 있는 것이 관습이다.

○ 조회
1. 타가의 양자가 되어서 양가를 상속한 후 생가의 친아버지가 사망하고 그 상속인이 없을 때는 양가를 상속한 자는 생가의 봉사자가 되는 관습이 있는가? 있다면 이는 단지 생가 상속인을 선정하기까지 생가의 제사를 맡고 재산의 관리를 하는 데 머무는가? 아니면 한 몸으로 양가의 상속인이 되고 또 생가의 상속인이 되는 것인가?
2. 위 생가봉사자는 그 의무로서 생가를 위해 양자(혹은 상속인)를 지정해야만 하는가? 혹은 이를 지정하는가 아닌가는 생가봉사자의 권리로서 반드시 이를 지정해야 함을 요하지는 않는가?
3. 생가봉사자가 생가를 위해서 양자를 지정하는 경우에는 봉사자와 동렬의 자 중에서 선정해야 하는가 혹은 아무런 제한이 없는가?
4. 생가봉사자가 지정한 양자는 생가의 양자로서 즉시 생가를 상속하는 자가 되어야 하는가 혹은 생가봉사자의 양자로서 생가봉사자가 사망한 새벽이 아니라면 상속권을 개시하지 않는 것이 되는가?
   (참고) 만약 양자가 생가봉사자와 동렬자 중에서 선정되어야 하는 관습이 있다면 양자를 생가봉사자 그 자의 양자로 보는 것은 비족친(卑族親)을 양자로 삼는 관습에 상반되지 않는가?

5. 생가봉사자가 지정한 자는 양자가 되는가 혹은 상속인이 되는가? 아니면 양자이자 상속인이 되는가?
6. 생가봉사자는 일단 지정한 양자를 파양할 수 있는가?

○ 회답
1. 타가의 양자가 되어서 양가를 상속한 후 생가의 친부가 사망하고 그 상속인이 없을 때는 양가를 상속한 자에게 권리로 생가의 제사를 행하는 관습이 있다. 그리고 그간 생가의 재산은 위 양가 상속인이 이를 관리한다.
2. 생가에 과부가 없는 경우에 양자는 문회에서 이를 정하는 것이 관습으로 위 봉사자는 단지 문회의 일원으로서 이를 정하는 자격이 있는 것에 지나지 않는다.
3. 생가의 양자를 정하는 것은 반드시 생부의 자식의 열에 있는 자에서 선정하는 것을 관습으로 한다.
4. 앞 항의 경우에 생가의 양자가 된 자는 동시에 생가의 제사자가 되는 것으로 생가의 제사를 행하는 양가의 봉사자의 후계자가 되는 것은 아니다.
5. 생가의 양자를 정하는 것은 2항과 같다. 그리고 이 경우에 양자는 동시에 상속인이 된다.
6. 파양의 경우도 역시 2항의 예와 같다.

[39] 조선인과 일본인[내지인] 또는 외국인과의 사이에서 사생자 인지 및 혼인에 관한 건
(1911년(明治 44) 7월 15일 사법부장관 조회, 동년 8월 19일 조발 제272호 취조국장관 회답)

○ 요지
1. 조선에서는 법령으로써 외국인인 여자가 낳은 사생자의 인지 입적을 금하거나 또는 이를 허용하지 않는 관습이 없고 갑오년 이후에는 일본인 소생의 자녀를 인지 입적한 사례가 적지 않다.
2. 조선 종래의 관습에서는 자국인과 외국인과의 통혼을 인정하지 않았지만 갑오년 이후에는 조선인이 외국인을 취하여 아내로 삼아 이를 입적하거나 혹은 일본인에게 시집을 간 사례가 있다.

○ 조회

1. 조선인이 내지인 또는 외국인의 사생자를 인지한 경우에 그 자녀를 아버지의 민적에 입적시키는가 아닌가 또는 조선인이 내지인 혹은 외국인과 혼인한 경우에 그 내지인 혹은 외국인을 조선인의 민적에 입적하는가 혹은 조선인을 민적에서 삭제하는가 아닌 가에 관한 관례는 어떠한가?

○ 회답

1. 조선에서는 법령으로서 생모가 외국인인 사생자녀의 입적을 금하는 것은 없다. 또 명백하게 그 입적을 허용하지 않는 관습이 있는 것이 아니지만 1894년(明治 27) 갑오개혁 때에 이르러서는 일반에 이를 싫어하여 꺼리는 풍조가 있어서 공공연하게 외국인 소생의 자녀로서 입적한 사례가 있음을 듣지 못했다. 지금에 김가진(金嘉鎭)이라는 자가 일본에서 공사관 참찬관일 때 일본인을 첩으로 삼아 그 소생의 아들이 있었어도 입적하지 않은 사례가 있다. 그렇지만 사실에서는 그 생모를 비밀리 혹은 타인의 자녀로 하여 입적시킨 예가 전혀 없는 것은 아닌 듯하다. 그러나 갑오년 이후에는 일본인 소생의 자녀를 입적하는 사례가 적지 않아서 구연수(具然壽)·안상호(安商浩) 등이 그 자녀를 입적시킨 것은 확실히 알려진 경우이다. 단 외국인에 대해서는 아직 그 사례를 보지 못했다.

2. 혼인에 대해서도 외국인과의 통혼을 금하는 법령은 없으나 갑오년 이전에는 관습상 외국인과의 통혼을 인정하지 않음으로써 조선인이 외국인에게 시집가거나 혹은 외국인을 아내로 맞이한 사례가 없다. 그렇지만 갑오년 이후에는 외부협판 윤치호(尹致昊)라는 자가 외국을 돌아다니고 1895년(明治 28) 환국할 때 아내로 맞은 청국인을 데려와 왕실로부터 정부인의 칭호를 받은 사실이 있고 그 외에 정진홍(鄭鎭弘)·김동완(金東完) 등은 일본인을 처로 삼아 입적한 예가 적지 않다. 또한 조선인이 외국인에게 시집간 사례는 아직 듣지 못한 바이지만 내지인에게 시집간 사례는 전혀 없는 것은 아니다.

[46] 첩에 관한 건(1911년(明治 44) 11월 27일 평양지방재판소 신의주지부 재판장 조회, 1912년(明治 45) 3월 28일 조발 제472호 취조국장관 회답)

○ 요지

1. 첩을 맞이할 때는 혼례로 간주되는 간략한 의식을 행하는 것이지만 구태여 이를 필요로 하는 것은 아니다.
2. 부첩 간의 권리 의무는 거의 부부간의 권리 의무와 같다.
3. 종래의 관습에서는 첩은 남편에 대해서 이별을 요구할 수 없었다.

○ 조회

1. 조선의 관습에서 남편이 첩을 맞이할 때는 일정한 방식을 요하는가?
2. 부첩 간의 권리 의무는 어떠한가?
3. 첩이 남편에 대해 해소를 요구할 수 있는가? 만약 할 수 있다면 어떠한 경우에 이를 허락하는가?

○ 회답

1. 첩에는 양첩, 천첩의 구별이 있어 첩이 양인일 때는 이를 양첩이라고 하고 천인일 때는 이를 천첩이라고 한다. 그리고 양첩을 취하는 경우에는 혼인의 의식으로 간주되는 간략한 예식을 행하는 일이 있지만 구태여 반드시 요하는 의식은 아니다. 천첩을 취할 경우에는 이를 행하는 자는 거의 없다. 그러므로 결국 첩을 취하는 데에는 일정한 방식이 없는 것이다.
2. 부첩 간의 권리 의무는 거의 부부간의 권리 의무와 같다. 예를 들면 첩이 법률행위를 하거나 영업을 할 때에는 남편의 허가를 요한다. 또 남편은 첩의 거소를 지정하고 동거를 강제할 권리가 있는 등은 모두 첩에 대한 남편의 권리이고 또 남편이 첩을 부양하는 의무가 있다. 이는 남편의 첩에 대한 의무로서 첩의 남편에 대한 권리에 다름 아니다.

[47] 상속에 관한 건(1911년(明治 44) 12월 6일 평양지방재판소 민사 제1부 재판장 조회, 동년 동월 14일 조발 제381호 취조국장관 회답)

○ 요지

1. 서자는 승적(承嫡)¹⁴³을 하지 않으면 조상의 제사권을 갖지 못한다.
2. 서자만 있는 장남이 양자를 삼지 않은 채 사망한 경우에는 죽은 장남을 위해 양자를 삼는 것을 보통으로 하지만 혹은 서자로서 승적을 시키는 경우도 있다.
3. 죽은 장남의 서자로서 승적을 시킬지 아닐지 상관없이 아버지가 살아계실 때는 아버지가 조상의 제사자가 된다.
4. 서자로서 승적시키는 데에는 동파(同派)의 친족이 없을 때는 보통 신주에 받들어 아뢰기를 그치지만 동파의 친족이 있을 때는 이를 협의하여 신주에 받들어 아뢰는 것을 관례로 한다.

○ 조회

1. 서자는 승적의 수속을 하지 않으면 조상의 제사권을 갖지 못하는 것이 관습인가?
2. 적자가 없이 종손이 양자를 삼지 않은 채 사망한 경우에 조상의 제사권은 누가 승계하는 것이 관습인가?
3. 전항의 경우에 종손이 서자가 있고 그 서자가 승적의 수속을 하지 않았을 때 종손의 근친에서 조상의 제사를 하는 관습이 있는가?
4. 승적의 소속은 어떤 방법, 형식에 의하는가?

○ 회답

1. 서자는 승적을 하지 않으면 조상의 제사권을 갖지 못한다.
2. 서자가 있지만 적자가 없는 장남이 양자를 삼지 않고서 사망한 경우에는 아버지에게서 장남의 아들에게 상속하는 예보다 양자를 삼는 것을 보통으로 하지만, 혹은 서자로서 승적시키는 경우가 있다. 그렇지만 만약 장남의 아버지가 생존한 경우에는 의연히 아버지가 조상의 제사를 지냄으로써 제사 승계의 문제가 생기지 않는 것으로 한다.
3. 서자로서 승적시키는가 아닌가 상관없이 선조의 제사는 아버지가 생존한다면 아버지

---

143 서자(庶子)가 적자(嫡子)가 됨.

가 지내는 것으로 한다.
4. 서자로서 승적시킴에는 동파 친족이 없는 경우에는 신주에 받들어 아뢰는 것을 그치지만 동파 친족이 있는 경우에는 그 친족에게 협의하고 신주에게 받들어 아뢰는 것을 상례로 한다.

[50] 상속에 관한 건(1911년(明治 44) 평양지방재판소 민사 제1부 재판장 조회, 동년 동월 27일 조발 제400호 취조국장관 회답)

○ 요지
1. 승적되지 않은 서자남만을 가진 호주가 사망한 경우에는 선조의 제사권을 서자남이 이를 승계하고 사망한 호주의 종형제인 분가의 호주는 제사권을 갖지 않는다.

○ 조회
1. 갑가의 호주 을이 승적하지 않은 서자 병이 있을 뿐 달리 상속인이 될 만한 자가 없이 사망하였는데 갑가의 분가인 정가의 호주 무(을과 무와는 종형제가 된다)는 갑가의 선조 제사권이 자신에게 있다고 주장하고 병은 갑가의 선조 제사권은 의연히 자신에게 있다고 주장한다.
위 경우에 조선의 관습은 어떠한가?

○ 회답
1. 갑가의 선조 제사권은 서자 병에게 있고 을의 종형제인 무에게는 그것이 없다는 조항은 위와 같이 서로 알고 있다는 것을 이렇게 회답을 보내는 것이다.

[53] 양자에 관한 건(명치45년 2월 15일 공주지방재판소 민사부 재판장 조회, 동년 동월 28일 조발 제441호 취조국장관 회답)

○ 요지

조선에서는 장자는 다른 가의 양자가 되지 않는 것을 원칙으로 하지만 종가 또는 불천위[144]의 가에 아들이 없을 때는 장자를 양자로 삼는 것을 상례로 한다.

조선에서는 입양은 남계의 혈족 간에 한하여 이를 할 수 있다.

○ 조회

1. 장자인 자가 다른 가의 양자가 될 수 있는 관습이 있는가? 이에 대하여 상층, 중층, 하층의 사이에 그 관습에서 다른 점이 있는가?
2. 가독상속인이 없고 친족으로부터 양자를 삼을 만한 사람이 없는 경우에 관습상 향관을 달리하는 친족 이외의 자를 양자로 삼을 수 있는가?(예를 들면 청풍김씨의 가가 김해김씨의 가로부터 양자를 맞이할 수 있는가?)

위에 대해 전항과 같이 각 계급에 따라 그 관습을 달리하는 점이 있는가?

○ 회답

1. 조선에서는 장자는 다른 가의 양자가 되지 않는 것을 원칙으로 한다. 그렇지만 종가인 백부(양자로부터 이를 말함)의 가 또는 누대 제사를 끊지 않은 불천위의 가에 아들이 없을 때에는 장자를 양자로 하는 것을 상례로 한다. 또 조선에서는 동성동본 이외에서 양자를 삼을 수 없다. 단 사성(賜姓)으로 인한 이성의 경우에는 향관을 달리하는 친족 간에서 양자결연을 할 수 있어 바꿔 말하면 양자결연은 남계의 혈족 간에 한하여 이를 할 수 있다. 그리고 이상의 관습은 상층, 중층, 하층의 사이에 차이가 없다.

[61] 친권의 제한에 관한 건(1912년(大正 1) 8월 19일 경성지방법원 민사 제2부 재판장 조회, 동년 9월 12일 참 제4호 정무총감 회답)

---

[144] 불천지위(不遷之位). 큰 공훈으로 영원히 사당에 모시기를 나라에서 하락(下落)한 신위(神位).

○ 요지

1. 아버지가 유언으로 자식의 재산에 대한 어머니의 관리권을 제한하고 그 관리를 타인에게 맡기거나 혹은 관리인의 선정을 문회(門會)에 맡기는 것은 관습이 인정하는 바이다.
2. 재산관리 이외에서는 아버지는 유언으로 어머니의 친권에 제한을 가할 수 없다.

○ 조회

1. 조선에서는 아버지인 피상속인은 상속인인 그 자식을 위해 어머니(자신의 아내)의 친권에 대하여 유언으로 제한을 가할 수 있는 관습이 존재하는가? 특히 어머니 된 자의 소행 혹은 능력에 관하여 우려할 점이 있어서 그 자식의 재산을 관리하기 부적당하다고 생각하는 경우 유언으로 문회에 대하여 상속인인 자식의 재산관리인을 선임하도록 할 수 있는가?

○ 회답

1. 아버지가 유언으로 자식의 재산에 대한 어머니의 관리권을 제한하거나 혹은 타인에게 그 관리를 맡기거나 혹은 문회에 관리인의 선정을 위임하는 것은 관습이 인정하는 바이다.
2. 재산의 관리 이외에서는 아버지는 유언으로 어머니의 친권에 제한을 가할 수 없다.

[62] 파양에 관한 건(1912년(大正 1) 9월 16일 대구복심법원 민사 제2부 재판장 회답, 동년 9월 25일 참제9호 정무총감 회답)

○ 요지

1. 양친이 파양을 하는 것은 양자가 낭비로서 가산을 위태롭게 한 바가 있을 때 가명을 더럽힐 만한 중대한 범죄를 저질렀을 때 혹은 심하게 불효한 행위가 있을 때 등의 사유가 있을 때를 요한다.
2. 파양의 경우에 양자는 양친으로부터 증여받은 부동산 및 세간 물품을 반환해야 한다.

○ 조회
1. 조선인 간에 양자를 삼을 때는 양친의 의사만에 의해 양자를 파양할 수 있는가, 없는가에 관한 관습이 있는가, 없는가?
2. 양자를 파양할 때는 입양 중 양친으로부터 양자에게 무조건으로 증여받아 둔 재산은 모두 당연히 돌려주어야 하는가 아닌가에 관한 관습이 있는가, 없는가?

○ 회답
1. 종래의 관습에서는 양친의 의사만으로서 파양하는 것을 인정하고 양친이 파양하는 것은 양자가 낭비를 하여 가산을 위태롭게 한 바 있는 경우, 이름을 더럽힐 만한 중대한 죄를 범한 경우 혹은 불효가 심한 경우 등인 것을 필요로 한다.
2. 양자가 양친으로부터 증여를 받은 재산은 부동산 및 세간 물품인 경우에는 파양의 경우에 이를 반환할 것을 요한다. 기타 물건인 경우는 반환하는 것을 요하지 않는다.

[63] 양자에 관한 건(1912년(大正 1) 9월 25일 경성복심법원 민사 제1부 재판장 조회, 동년 10월 8일 참 제10호 정무총감 회답)

○ 요지
1. 종전의 관습은 서자가 있는 경우에 행해진 입양도 유효하다고 하였다.
2. 종전에는 칙령으로 신하의 양자를 정하는 경우가 이따금 있었지만, 이 경우 당사자의 승낙이 필요하다는 규칙은 없다.
3. 신하의 양자를 정하는 칙명은 이를 장예원(掌禮院)에 시달하여 장예원에서 입안을 성급(成給)하게 하고 그 칙명은 조서의 형식에 따른다.
4. 아내가 남편을 제쳐 놓고 남편의 어머니와 협의하여 양자를 들이거나 양친이 될 자를 무시하고 그 어머니의 의사만을 따라 양자를 들이는 관습은 존재하지 않는다.
5. 호주가 해외에 있어서 제사할 자가 없는 경우라고 하더라도 가족 혹은 다른 친족에서 양자를 들일 수 있는 관습은 없다.
6. 양자를 들일 수 있는 자는 기혼자에 한한다.

7. 외국인인 여성이 낳은 자식이라도 서자인 점에 있어서는 구별이 없다.

○ 조회

1. 서자가 있는 경우에 양자를 들이는 것이 가능한가, 아닌가?
2. 서자가 있는 경우에 양자를 들일 때 그 입양은 당연히 무효한가? 혹은 단지 상속권을 갖지 않는다는 것에 그치는가?
3. 서자가 있는 경우에도 칙령에 의해 적법하게 양자를 삼을 수 있는가, 아닌가? 이 경우에는 양부가 될 자의 승낙을 요구치 않는가?
4. 앞 항의 경우에 칙령의 형식은 어떠한가?(공식의 칙령을 요구하는가? 아니면 내유(內諭)만으로도 가한가? 서면을 요구하는가? 아니면 구두로서 족한가?)
5. 아내는 남편(성혼(成婚)한 호주)의 허가가 없이 남편의 어머니와의 협의로서 양자를 들일 수 있는가?
6. 성혼한 호주의 양모는 그 의견으로 양자(손에 해당)를 삼을 수 있는가?
7. 호주가 여러 해 해외에 있어서 제사를 봉사할 자가 없는 경우에 가족 혹은 친족은 호주를 위해 양자를 들일 수 있는가?
8. 양자를 삼는 것을 할 수 있는 자는 반드시 성혼한 남자일 것을 요하는가?
9. 남편과 아내가 아닌 외국인과의 사이에 태어난 자식도 앞 항에서의 서자라고 말할 수 있는가, 아닌가?

○ 회답

1. 법제에서는 서자가 있는 경우의 양자를 인정하지 않는다. 또 예사(禮斜)를 받기 위해서는 적첩(嫡妾) 모두 아들이 없음을 이유로 하는 것을 관례로 한다. 만약 서자가 있을 때는 이를 허하지 않고 예사를 받은 경우는 극히 적다. 따라서 서자가 있음에도 불구하고 양자를 들이는 경우는 이따금 있지만, 서자가 있으므로 그 입양이 무효가 된다고 하는 것은 들어 보지 못했다. 그리고 양자는 당연히 봉사자가 된다. 이 점에 대해서는 예외가 있지 않다.
2. 칙령으로 양자를 정했던 전례는 드물게 있다. 1894년(개국 503년) 이후 1901년(광무 5)까

지의 기간에는 1897년(광무 1) 12월 11일의 조서에 따라 동월 24일 장예원에서 전 현감 민영석(閔泳奭)의 아들 정식(珽植)을 전 판서 민영익(閔泳翊)의 양사자(養嗣子)[145]로서 입안을 성결한 사례가 있다. 기타 근친의 상소에 대한 비지(批旨)[146]에 따라 장예원에서 입안을 성결한 사례 역시 있었다. 단, 서자가 있는 경우에 대한 사례는 문적(文籍)[147]에 증명할 만한 것이 없다. 또 이들 칙명 또는 비지에 관하여 특별히 당사자의 승낙을 필요로 하는지 여부에 대한 정해진 규칙이 있음을 보지 못했다.

3. 앞의 항 칙령으로 인한 경우는 조서를 장예원에 하달하여 장예원에서 입안을 성급하도록 하고 고하는 것은 조서로서 궁내대신 이름을 서명하고 칙명의 옥쇄를 찍는 것으로 한다.

4. 아내가 남편을 제쳐 놓고 남편의 어머니와 협의한 뒤에 양자를 들이거나 혹은 양친이 될 자를 제쳐 두고 그 양모의 의사만으로 양자를 삼을 수 있는 관습은 없다.

5. 호주가 여러 해 해외에 있어 제사를 행할 자가 없는 경우라 하더라도 가족 혹은 친족에서 호주의 양자를 삼을 수 있는 관습은 존재하지 않는다.

[67] 호주의 파양에 관한 건(1912년(大正 1) 11월 30일 경성지방법원장 조회, 동년 12월 11일 참 제21호 정무총감 회답)

○ 요지

1. 양자는 호주가 된 후라도 중죄·불효·낭비 등의 사유가 있을 때는 어머니, 문회, 종회 등에서 파양을 할 수 있다.

○ 조회

1. 양자가 상속으로 인하여 호주가 된 후 중죄를 범하거나 또는 불효, 낭비 등의 일이 있을

---

145 호주의 상속인인 양자.
146 임금이 내리는 비답(批答)의 말씀.
147 서적.

경우에 양모 또는 문회, 종회 등이 이를 파양할 수 있는가?
2. 양모 또는 문회, 종회 등에서 이러한 권능이 없다고 하여도 이러한 경우에 예조, 기타 관청의 윤허를 얻어 파양을 할 수 있는가?

○ 회답
1. 조선의 관습에서는 양자는 가령 호주가 된 후라도 중죄·불효·낭비 등의 사유가 있을 때는 어머니, 문회, 종회 등에서 파양을 할 수 있다.

[71] 제사 상속인에 관한 건(1912년(大正 1) 12월 28일 경성복심법원 민사 제1부 재판장 조회, 1913년 (大正 2) 1월 15일 참 제1호 정무총감 회답)

○ 요지
1. 호주가 사망하고 그 장자손 역시 호주에 앞서 사망한 경우에 타가의 양자가 된 차손(次孫)이 있을 때라도 사망한 장손이 성혼자일 때는 그에게 양자를 들이는 것이 통례라고 한다.
2. 위의 경우에 죽은 장손이 미혼자일 때는 차손의 양가에 실자(實子)가 있는 경우에 한하여 차손이 본가로 돌아가 제사를 받드는 것을 하락하는 것이 관례이다.
3, 4, 5. 호주보다 먼저 사망한 장자 및 장손이 성혼자인 경우에 호주가 타가의 양자가 된 차손을 본가로 돌아오게 하여 장자 또는 장손을 잇는 관습은 없다.
6. 사판(祀板)[148]에는 제사자의 이름을 쓰는 것이 통례이다.
7. 봉사자인 손을 사손(祀孫)[149]이라 칭하고 장래에 봉사자가 될 손을 사손(嗣孫)[150]이라 칭한다.
8. 칙령으로 신하의 봉사자를 정하는 사례는 드물게 있지만, 묘의(廟議)[151]로서 이를 정하

---

148 위패.
149 봉사손(奉祀孫)의 준말.
150 대를 이을 손자.
151 조정(朝廷)의 회의.

는 관례는 존재하지 않는다.

○ 조회

1. 가장인 제사자가 사망하고 가(家)를 이을 장자손이 없는 경우에 이미 타가에 양자로 간 차손(次孫, 장남의 둘째 아들)을 본가로 복귀시켜 제사를 하게 하는 관습이 있는가?

2. 위 복귀자는 단지 제사의 섭행자가 되는 데 지나지 않는가 또는 세대로 헤아려야 할 제사자[宗長]가 되는 것인가?

3. 가장인 제사자는 현존하고 그 장남이 사망(장손인데 아내는 있지만 자식은 없이 일찍 사망함)한 경우에 타가에 양자가 된 차손을 복귀시켜 장남(혹은 장손)의 지위를 계승케 하는 관례가 있는가?

4. 위의 경우에 복귀한 자가 죽은 장손을 위해 양자를 들이는 관습이 있는가?

5. 이 양자는 선조 대대의 제사자(가장)로 삼는 것인가? 또는 단지 죽은 양부(즉 장손) 한 대만을 봉사(奉祀)하는 자격을 가지는 것에 지나지 않는가? 혹은 경우에 따라 달라지는 것인가?

6. 사판에는 반드시 제사자의 씨명을 기재하는 것이 관례인가?

7. 사손(祀孫)과 사손(嗣孫)의 구별

8. 칙명 또는 묘의로서 일반 인민 혹은 왕족, 옹공주 등 황족을 위해 제사자를 정하는 관례가 있는가?

9. "형이 죽으면 아우가 받는다는 이치로 계승하여 본종에 귀의한다[繼以兄亡弟及之義, 還歸本宗]"는 칙령이 있다고 가정하면 조선 재래의 관습으로서 위 문장에 나타난 말은 제사자를 정하는 뜻을 갖는 것인가?

10. "숙선옹주의 사손 홍규식은 나이에 구애되지 말고 만기가 가까운 초사에 자리를 만들어 의망하여 들이라[淑善翁主祀孫洪奎植, 勿拘年紀, 瓜近初仕作窠擬入]"라는 칙령이 있다고 가정하면 이로써 제사자가 홍규식인 것을 넌지시 정하는 취지인가, 아닌가?

11. 종손을 이어 가는 것이 끊어진 경우에 차종손(次宗孫) 되는 자가 분묘를 지키는 관례가 있는가? 또 차종손이라고 어떤 방법에 따라 결정해야 하는가?

이상

특별히 참고로 계쟁(係爭)[152]사실의 대략을 부기한다.

홍관식(洪觀植)과 홍규식(洪奎植) 간의 종손 쟁송(爭訟)

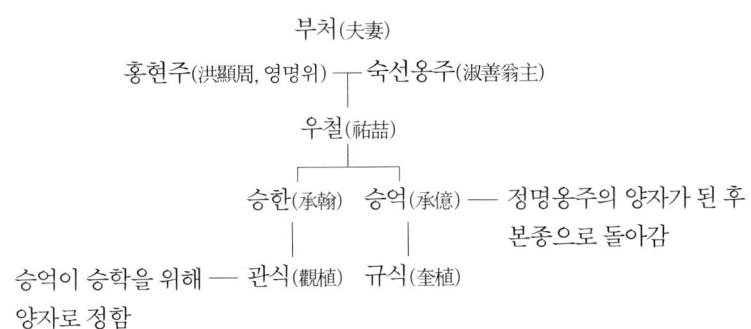

1. 홍승한은 1845년(개국 454년) 계축(癸丑) 3월 13일 사망
2. 홍우철은 1853년(개국 462년) 을사(乙巳) 정월 24일 사망
3. 홍현주는 1865년(개국 474년) 을축(乙丑) 6월 24일 사망
4. 홍승억 환종(還宗)[153]은 1865년(개국 474년) 을축(乙丑) 정월 중으로 이때 칙명은 별지 을(乙) 제1호증의 1 사본과 같다.
5. 홍관식 솔양(率養)[154]은 1874년(개국 483년) 갑술 10월 중
6. 홍승억 사망은 1882년(개국 491년) 임신 2월 6일
7. 홍승억 사망 후 문장 홍철주(洪轍周)가 상주하여 묘당(廟堂)의 의논을 거쳐 계자(啓字)[155]에 따라 관식을 종손으로 정하였다고 한다(『비서원(秘書院) 일기』에 기재되었다고 전함).
8. 홍규식 초사(初仕)[156]는 1887년(개국 496년) 정해년으로 이때의 칙명은 별지 을 제2호증 사본과 같다.
9. 문장 홍승영(洪承永)이 장예원에 1904년(明治 37) 갑진년 중 출원한 것이 있다고 전한다.

---

152 소송에 있어서 당사자 간의 다툼질이 되는 일.
153 본가로 돌아옴.
154 식구를 부양하거나 데려다 기르는 것.
155 임금의 결재를 받은 서류에 찍던 계(啓) 자를 새긴 도장.
156 처음 벼슬길에 오름.

을 제1호증의 1 사본

"정묘에 오르내리는 영이 만약 있다면 어찌 괴롭지 않겠는가. 정명공주의 사손 승억은 숙선귀주의 혈손이니, 형이 죽으면 아우가 받는다는 이치로 계승하여 본종에 귀의한다[正廟陟之靈若有之, 豈不憾哉, 貞明公主嗣孫承億, 卽淑善貴主血孫也, 繼以兄亡弟及之義, 還歸本宗]"

을축(乙丑) 정월(元月) 봉승(奉承)[157]

이에 가르침을 공손히 씀(玆敎謹書)
압(押)

을 제2호증 사본

『일성록』

(상략)

"초사흗날에 전하여 말하길, 숙선옹주의 사손 홍규식은 나이에 구애되지 말고 만기가 가까운 초사(初仕)에 자리를 만들어 의망하여 들이라[初四日傳曰, 淑善翁主祀孫洪奎植, 勿拘年紀, 瓜近初仕作窠擬入]".

(하략)

○ 회답

1, 2. 호주가 사망하고 장자손 역시 그에 앞서 사망하고 타가의 양자가 된 차손이 있는 경우에 죽은 장손이 성혼자일 때는 그에게 양자 삼는 것을 통례로 하고 미혼자인 경우에는 양가에 실자(實子, 남)가 있는 경우에 한해 차손의 귀종 봉사를 허하는 것이 관례이

---

157 웃어른의 뜻을 받들어 이음.

다. 그 차손이 성혼자일 때는 사후 그를 세대로 세는 것으로 한다.
3, 4, 5. 호주가 생존하고 장자 및 성혼한 장손이 이미 사망한 경우에 타가의 양자가 된 차손을 귀종시켜 죽은 장자 또는 죽은 장손의 지위를 잇게 하는 관습은 존재하지 않는다.
6. 사판에는 제사자의 이름을 기록하는 것을 상례로 한다.
7. 봉사자인 손은 사손(祀孫)이라 칭하고 장래 봉사자가 될 손은 사손(嗣孫)이라 칭한다.
8. 칙명으로 제사자를 정한 사례는 드물게 있지만 묘의(廟議)로 제사자를 정하는 관례는 없다.
9. "형이 죽으면 아우가 받는다는 이치로 계승하여 본종에 귀의한다"는 것은 장자손이 사망하고 계후가 없는 경우에 타가의 양자가 된 차자손을 귀종시켜 봉사케 하는 것을 일컫는다.
10. "숙선옹주의 사손 홍규식은 나이에 구애되지 말고 만기가 가까운 초사에 자리를 만들어 의망하여 들이라"는 문구 중 "숙선옹주 사손 홍규식"이 있음은 홍규식이 숙선옹주의 봉사손인 것을 인정하는 것에 다름 아니다.
11. 종손이 끊어졌기 때문에, 차종손이 조상의 분묘를 지키는 관례가 있다. 그리고 차종손은 종손의 아래 동생을 말한다.

[75] 여호주의 유무 및 첩의 유산상속에 관한 건(1913년(大正 2) 2월 10일 고등법원장 조회, 동년 2월 18일 참 제9호 정무총감 회답)

○ 요지
1. 조선에서는 종래 여호주를 인정한다. 또 단신 부녀로서 호주 혹은 가족이 아닌 경우가 있다.
2. 아들이 없는 첩이 사망하였을 때는 그 유산은 남편, 남편이 없을 때는 남계, 남계가 없을 때는 호주가 이를 승계한다.
3. 남편 및 남자손이 없는 첩은 그 생전에 외손, 기타의 자에게 사후의 제사를 맡기고 그 유산을 승계시킬 수 있다.

○ 조회
1. 조선에서는 절대로 여호주를 인정하지 않는가 아닌가 또, 단신 부녀로서 호주가 아니고 가족이 아닌 자가 존재하는 경우가 있는가?
2. 조선에서 관습상 아들이 없는 첩이 사망했을 때는 그 상속권은 누구에게 속하는가? 또 위의 첩이 생전에 실손 외손 혹은 기타의 자에게 사후의 제사를 위탁하고 그 유산을 상속할 권리를 줄 수 있는가?

○ 회답
1. 조선에서는 종래 여호주를 인정한다. 또 단신 부녀가 호주 또는 가족이 아닌 경우가 존재한다.
2. 첩이 사망하고 아들이 없을 때 그 유산은 남편에게 승계하고 남편도 역시 이미 사망하고 남손이 있을 때는 그 손이 이를 승계하고 남손이 없을 때는 호주가 이를 승계하는 것이 관습이지만 남편 및 남자손이 모두 없을 때는 외손, 기타의 자에게 제사를 맡기고 그 유산을 승계시킬 수가 있다.

[76] 별거하는 아내에 대한 남편의 부양의무에 관한 건(1913년(大正 2) 2월 19일 평양지방법원 정주지청 조회, 동년 2월 25일 참 제11호 정무총감 회답)

○ 요지
1. 남편이 아내를 그 친정에 별거케 한 경우에는 아내는 남편에 대해 부양료를 청구할 수 있지만 아내가 임의로 그 친정에서 별거하는 경우에는 이를 청구할 수 없다.
2. 남편이 아내를 친정에서 별거케 한 경우에 그 남편이 호주의 부양을 받고 있을 때에는 아내는 호주에 대해서 부양료를 청구할 수 있다.

○ 조회
1. 아내가 남편과 별거하여 그 친정으로 돌아간 경우에 아내는 남편에 대해서 부양료를 청구할 수 있는가?

1) 아내가 임의로 별거한 경우, 2) 남편이 아내를 별거시킨 경우로 나누어 설명하고 싶다.
2. 위 제1의 경우 아내가 청구권이 있다고 가정하고 남편이 15세로서 아버지인 호주의 부양을 받고 있는 경우에는 남편의 아버지인 호주에 대해 부양료를 청구할 수 있는가?

○ 회답
1. 조선의 관습에서는 남편이 아내를 그 친정에 별거케 한 경우에는 아내는 남편에 대해서 부양료를 청구할 수 있지만 아내가 임의로 그 친정에서 별거하는 경우에는 그 청구를 할 수 없다.
2. 남편이 아내를 친정에서 별거케 한 경우에 그 남편이 호주의 부양을 받고 스스로 아내를 부양할 능력이 없을 때는 아내는 남편에 대해 부양을 청구할 수 없지만 호주에 대해서 이를 청구할 수 있다.

[78] 아내와 딸의 상속 순위에 관한 건(1913년(大正 2) 3월 24일 경성복심법원 민사 제1부 재판장 조회, 동년 3월 25일 참 제17호 정무총감 회답)

○ 요지
1. 호주가 사망하고 아내와 딸만 있을 때는 사망한 호주의 유산은 아내에게 상속한다.

○ 조회
1. 아내와 딸(장녀) 1인을 남긴 호주인 남편(피상속인)이 사망하고 달리 남자인 제사상속인이 없는 경우 아내와 딸은 누가 남편의 가독상속(재산상속)을 할 권리가 있는가?

○ 회답
1. 호주가 사망하고 남자손이 없이 아내와 딸만 있는 경우에는 아내에게 사망한 호주의 유산을 상속하는 것이 관습이다.

[79] 승적자(承嫡子)에 대한 폐제 및 가산(家産) 관리 제한에 관한 건 (1913년(大正 2) 3월 31일 경성 지방법원장 조회, 동년 4월 17일 참 제19호 정무총감 회답)

○ 요지
1. 서자가 호주가 된 후에 가산을 탕진할 우려나 기타 사유가 있다고 해도 적모 및 근친의 협의로 그를 폐제하고 다시 선대의 상속인을 정할 수 있는 관습은 없다.
2. 제사 상속을 한 서자가 낭비를 하여 가산을 탕진할 우려가 있는 경우에도 적모가 근친과 협의한 뒤에 사우(祠宇)[158], 제구(祭具), 기타 가산을 관리할 수 있는 관습은 존재하지 않는다.

○ 조회
1. 적모 및 백중숙부의 협의로 승적된 서자가 제사상속에 의해 호주가 된 이후 부랑하고 뉘우칠 기미가 없이 영구히 그 집을 나가 봉사를 하지 않거나 혹은 선대의 장례에 상복을 입지 않고 적모에 대해 불효하는 등의 경우에 동 적모 및 백중숙부의 협의 또는 종회의 결의에 따라 그를 폐제(廢除)[159]하여 다시 선대의 상속인을 정하는 것이 가능한가?
2. 승적한 서자가 제사상속을 한 후 부랑하여 가산을 탕진할 우려가 있는 경우에 적모는 그 백중숙부와 협의하여 그 가의 조상이 전해 온 유산을 관리할 수 있는가? 또는 이러한 경우에 적모는 조상의 사당 및 부속 제구(祭具)를 관리할 권능을 가지는가?

○ 회답
1. 승적한 서자가 제사상속으로 인해 호주가 된 후 낭비를 하고 재준의 기미가 없이 들어간 가를 나와서 조상의 제사를 지내지 않거나 혹은 선대의 장례에 상복을 입지 않고 적모에 대해 불효하는 등의 경우에 적모는 백중숙부와 협의 또는 종회의 결의에 의해 그를 폐제하고 다시 선대의 상속인을 정할 수 있는 관습은 존재하지 않는다.

---

158 신주(神主)를 두기 위해 따로 지은 집.
159 상속인의 신분을 박탈함.

2. 승적한 서자가 제사상속을 한 후 낭비를 하여 가산을 탕진할 우려가 있는 경우에 적모가 백중숙부와 협의한 후 전래의 가산을 관리하거나 혹은 적모가 당연히 사당과 부속 제구 등을 관리할 수 있는 관습 역시 존재하지 않는다.

[80] 서자의 재산상속분에 관한 건(1913년(大正 2)4월 16일 고등법원장 조회, 동년 5월 7일 참 제23호 정무총감 회답)

○ 요지
1. 호주가 사망한 경우에 적남, 서남 각 1인이 있을 때 호주의 유산은 적남에게 그 3분의 2 이상, 서남에게 3분의 1 이하를 상속하는 것이 관습이다.
위의 경우에 서자남이 그 가에 동거하는가 아닌가에 따라 그 비율에 차이가 있는 것은 아니다.

○ 조회
1. 호주 사망의 경우에 적서의 남자가 있을 때는 서자도 당연히 그 재산의 일부를 상속하는 관습이 있는가? 만약 있다면 적자와의 비율이 어떠한가? 또 서자가 그 가에 동거하는 경우와 별거하고 있는 경우에 따라서 그 비율에 차이가 있는가?

○ 회답
1. 호주가 사망한 경우에 적남 및 서남 각 1인이 있을 때는 호주의 유산은 적남에게 3분의 2 이상, 서남에게 3분의 1 이하를 상속하는 것이 관습으로 서남이 그 가에 동거하는가 별거하는가에 따라 그 비율에 차이가 있는 것은 아니다.

[81] 상속인 미정의 유산에 대한 소송 및 해당 유산 대표에 관한 건(1913년(大正 2) 4월 28일 고등법원장 조회 동년 5월 22일 참 제27호 정무총감 회답)

○ 요지
1. 조선의 관습에서는 상속인 미정의 유산은 소송의 당사자가 될 수 있는 것으로 한다.
2. 소송에 붙여진 유산을 대표하는 자는 유산의 관리자이다.
    상속인 미정의 경우에 있어서 유산의 관리자가 되어야 하는 자는 근친·문장(門長)·기타 문중에서 선임한 자이고 이러한 관리자가 없을 때는 리·동장(里洞長)이 이를 관리하는 것이 관례이다.

○ 조회
1. 상속인 미정의 유산은 소송당사자가 될 수 있는 관습이 있는가?
2. 만약 그것이 있다고 한다면 해당 유산을 대표해서 소송행위를 하는 것은 누구인가? 그에 관한 관습

○ 회답
1. 상속인 미정의 유산에 대한 소송을 제기하거나 또는 유산을 관리하는 자가 소송을 제기하는 것은 종래 관습이 인정하는 바이므로 위 유산은 소송당사자가 될 수 있는 것으로 한다.
2. 소송에 붙여진 유산을 대표하는 자는 유산의 관리자로서 이를 관리하는 자는 근친 또는 문장, 기타 문중에서 선임한 자이고 이런 관리인이 없을 때는 리·동장이 관리를 하는 것을 관례로 한다.

[83] 유산상속에 관한 건(1913년(大正 2) 5월 23일 경성지방법원장 조회, 동년 5월 30일 참 제32호 정무총감 회답)

○ 요지
1. 남호주 사망의 경우에 그 유산은 제사상속인 및 기타 직계비족인 남자가 이를 상속한다.
2, 3. 남호주의 유산을 상속할 자가 2인 이상 있을 때는 제사상속인이 약 그 2분의 1을 상속하고 그외 사람들이 남은 것을 균분상속한다. 단 서자는 적자에 비해 일부 그 비율을

감하는 것이 관례이다.
4. 남호주가 사망하고 그 유산을 나누기 전에 제사상속인이 역시 사망한 경우에도 각 상속인의 상속분에는 영향이 없다. 다음으로 제사상속을 한 자가 분배하는 것으로 한다.
5. 유산을 나누는 방법은 일정하지 않지만 협의 조정되지 않을 때는 관에 고하여 결정을 받는 것과 같은 관습은 없다.
6. 호주의 유산을 상속한 자는 상속 개시 당시 피상속인의 가적에 있는 자에 한한다.

○ 조회
1. 호주 사망의 경우에 유산상속을 인정하는 관습이 있는가?
2. 유산상속인이 2인 이상인 경우에 각자 상속분은 어떠한가?
3. 서자의 상속분은 어떠한가?
4. 호주가 사망하고 장자가 사망한 경우에 다른 유자는 호주(아버지)의 유산의 분배를 장자의 장자에 대하여 청구할 수 있는가, 그 상속분은 어떠한가(장자의 장자가 상속분을 정하는가)?
5. 유산 분할에 대해 현물로서 하는가 가격 환산에 의하는가? 협의 조정이 되지 않을 때 관에 고하는 관습이 있는가?

○ 회답
1. 남호주 사망의 경우에 그 유산은 제사상속인 및 기타의 직계비속인 남자에게 이를 상속하는 것이 관습이다.
2. 남호주의 유산을 상속할 자가 2인 이상인 경우에는 제사상속인이 약 그 2분의 1을 상속하고 기타 다른 사람이 나머지를 평등하게 상속하는 것이 관습이다. 단 서자는 적자에 비해 일정 비율을 감하는 것을 관례로 한다.
3. 서자의 상속분은 적자에 비해 약간 적은 것은 전항과 같다.
4. 남호주가 사망하고 유산의 분할 전에 제사상속인이 역시 사망한 경우에도 사망한 호주의 유산을 상속할 자의 상속분에는 영향이 없다. 최후로 제사상속인이 된 자로부터 그가 분배하는 것으로 한다.

5. 유산의 분할은 현물로서 하는 것이 있고 환가의 방법에 의한 것이 있어 일정하지 않다. 그리고 분할에 대해 협의 조율이 되지 않는 경우에도 관에 알리어 그 결정을 얻는 것과 같은 관습은 없다.
6. 유산을 상속하는 자는 상속 개시 당시 피상속인의 가적에 있는 자에 한한다.

[84] 서자의 제사상속에 관한 건(1913년(大正 2) 6월 14일 고등법원장 조회, 동년 6월 19일 참 제37호 정무총감 회답)

○ 요지
1. 피상속인에게 적남자가 없는 경우에 적모 및 근친 협의상 서자남으로서 상속케 하는 것을 결정하는 관습이 있다. 이를 승적이라고 칭한다.
2. 서자가 승적의 수속을 거치지 않고 상속한 경우에도 그 상속의 효력에 영향을 미치는 것은 아니다.

○ 조회
1. 조선인의 상속에 대해 적출자가 없고 서남 1인이 있는 경우에 그 서자가 제사상속을 하기 위해서는 승적 수속을 요하는 관습이 있는가? 만약 그 관습이 있는 경우에 승적수속을 하지 않고서 사실상 상속을 한 때는 그 상속의 효과는 어떠한가?

○ 회답
1. 적남자가 없고 서남자가 1인만 있는 경우에 그 서자가 제사상속을 하기 위해서는 어머니 혹은 근친이 그에게 상속을 시킬 것을 결정하는 관례가 있다. 이를 승적이라고 칭한다. 그리고 이 수속을 거치지 않았을 때에도 사실상 이미 상속을 한 경우에는 그 상속의 효력은 보통의 경우와 다르지 않다.

[86] 유산상속 및 그 비율에 관한 건(1913년(大正 2) 6월 7일 고등법원장 조회, 동년 6월 19일 참 제36호 정무총감 회답)

○ 요지

1. 적모의 아들이 여러 명 있을 경우에는 죽은 아버지의 유산은 적장자가 약 그 2분의 1을 승계하고 나머지를 다른 적서자 사이에 분배한다.

   위 경우에 장자 이외의 자의 상속분은 적자 사이 및 서자 사이에는 평등하지만, 적자와 서자 사이에는 적자가 조금 많게 하는 것이 상례이다.

2. 위의 관습은 지방에 따라 다르지 않다.

3. 피상속인이 생전에 각 상속인의 상속분을 정한 경우에는 재산상속인은 제사상속인에 대해 그 상속분의 분배를 청구할 권리를 갖는다.

   피상속인이 생전에 각 상속인의 상속분을 정하지 않은 경우에도 재산상속인은 제사상속인으로부터 타당한 재산의 분배를 받을 권리를 갖는다.

   조선에서는 분배 전의 유산에 대해 각 상속인의 공유 관계를 인정하지 않고 그 유산은 일단 제사상속인에게 넘어가고 다른 상속인은 제사상속인의 분배에 의하여 비로소 그 권리를 취득하는 것으로 한다.

○ 조회

1. 적모의 아들이 여러 명이 있을 때는 유산상속의 비율

2. 각 지방에 따라 위 비율에 차이가 있는가? 만약 있다고 한다면 전남 나주군 지방에서의 비율

3. 유산은 우선 제사상속인에게 일단 전부 상속하고 그런 후에 다른 적서자에게 분배해야 하는 것인가? 아니면 호주의 사망과 동시에 적서의 각자에 대하여 당연히 유산의 상속권을 발생시키는 것인가? 만약 당연히 발생하는 것이라고 할 때는 누가 그 상속분을 확정하고 분배하는가 혹은 그 확정 분배까지의 유산에 대한 각 상속인의 권리 상태

○ 회답

1. 적서의 아들이 여러 명이 있는 경우에는 죽은 아버지의 유산은 적장자가 약 2분의 1을 승계하고 나머지를 다른 적서자 사이에 분배한다. 그리고 장자 이외의 자가 분배받는 비율은 적자 간에 또 서자 간에는 평등하지만 적자와 서자 사이에는 적자가 조금 더 많

은 것이 상례이다.
2. 위 내용은 지방에 따라 관습에 차이가 없다.
3. 재산상속인은 피상속인이 그 상속분을 정한 경우에 피상속인의 사망에 의한 제사상속인에게 그 상속분을 분배받을 권리가 있다. 또 피상속인이 이를 정하지 않은 경우에는 제사상속인으로부터 상당한 상속분을 분배받을 권리가 있다. 그리고 이를 결정하는 자는 장자이다. 그렇지만 조선에서는 분배 전의 유산에 대해 각 상속인의 공유 관념을 인정하거나 혹은 이를 상속재산으로서 특별히 취급하는 관례가 없으므로 관념으로서는 피상속인의 유산이라 보는 것은 물론이지만 그 소유 관계로부터 말한다면 일단 제사상속인에게 넘어가고 나머지 상속인은 분배로 인하여 비로소 그 소유로 귀착하는 것으로 한다.

[89] 봉사자에 관한 건(1913년(大正 2) 7월 1일 경성복심법원 민사제1부 재판장 조회, 동년 7월 4일 참제42호 정무총감 회답)

○ 요지
1. 대를 이을 아들[嗣子] 없이 사망한 자가 봉사자 없이 오랜 시간이 지나간 후, 방계친족인 자의 청원에 따라 장예원이 그를 봉사자로 삼는 입안을 성급(成給)하였을 때는 촌수의 멀고 가까움에 상관없이 유효한 것으로 한다.
2. 앞 항의 봉사자가 사망한 후 친족의 청원에 따라 장예원이 다시 청원자를 봉사자로 삼는 입안을 성급한 경우에는 죽은 봉사자의 승계자가 있을 때라 하더라도 입안에 따라 봉사자가 된 자의 지위에 영향이 없다.

○ 조회
1. 후계 자손이 없이 사망하고 그 후 봉사자가 없이 오랜 기간을 지난 경우가 있다. 이 경우에 그 방계친으로서 봉사손이 되고자 하는 자의 청원 등에 따라 장예원에서 상주(上

奏)[160] 등의 수속을 거쳐 입안으로 그 방계친을 봉사손으로 정하는 처분을 하는 관습이 있는가? 만약 이와 같은 관습이 있다면 그 사람보다 촌수가 가까운 방계친이 있을 때 그 처분의 관습상의 효력은 어떠한가?

2. 피봉사자에게 전교(傳敎)[161]에 따라 봉사손이 된 자가 있는 경우에, 그 봉사손도 역시 절가(絶家)가 되었다. 그런데 장예원에서는 절가된 봉사손의 계승자를 정하지 않고 직접 당초에 피봉사자의 봉사손을 정한 경우, 그 처분의 관습상 효력은 어떠한가? 즉 이런 경우에 절가된 봉사손의 승계자가 되는 자와 당초의 피봉사자의 봉사손이 되는 자(장예원의 입안에 의해) 중 누가 피봉사자의 봉사를 하는 것이 관습인가?

○ 회답

1. 후계자가 없이 사망한 자가 봉사자가 없이 오랜 시간을 경과한 후 어떤 방계친족의 청원에 의해 장예원에서 그 자를 봉사자로 삼는 입안을 발급한 경우에는 가령 그 자보다 가까운 방계친족이 있다고 하더라도 관습상 입안으로 인해 지령을 받은 자가 봉사자인 것으로 한다.

2. 앞 항 봉사자가 된 자가 사망하고 후계자가 없으므로 장예원에서 다른 친족의 청원에 대해 입안을 발급하고 그를 다시 봉사자로 삼은 경우에는 후일 친족 중에서 죽은 봉사자의 후계자가 될 만한 자가 있다고 하더라도 그 자는 입안으로 인해 봉사자가 된 자를 배척하고 봉사자가 될 수 있는 관습은 없다.

[90] 차양자에 관한 건(1913년(大正 2) 6월 28일 함흥지방법원재판장 조회, 동년 7월 23일 참 제43호 정무총감 회답)

○ 요지

1. 호주는 유언으로 그 6촌 동생을 차양자로 선정할 수 있다.

---

160 임금께 말씀을 올림.
161 임금이 명령을 내림. 또는 그 명령.

차양자는 아들이 출생함과 동시에 그 가를 떠날 필요가 없고 아들이 상당한 연령이 된 후 그 집을 떠나는 것을 통례로 한다. 아들은 차양자가 거가(去家)했을 때 호주가 된다.

○ 조회

1. 사망한 갑의 친아들 을이 호주가 되어 자녀 없이 사망한 때에 유언으로 을의 6촌 동생 병을 들여서 그 가(家)의 양자로 삼았는데, 병의 아들 정이 출생함에 이르러 병은 그 가를 떠나고 정을 그 가의 상속인으로 삼으려고 하는 경우가 있다. 위 병의 입양은 관습상 차양자인가 아닌가? 또 차양자가 아니라고 해도 위 입양은 유효한가, 아닌가?

○ 회답

1. 사망한 갑(남)의 친아들 을(남)이 호주가 되어 자녀 없이 사망하였을 때 유언으로 자신의 6촌 동생 병을 입양하여 그 가의 양자로 삼았다. 병의 아들 정(남)의 출생에 이르러 병은 그 가를 떠나고 정으로 하여금 그 가의 상속인이 되도록 한 경우에는 병은 사망한 갑의 차양자라 하는 것이 관습상 유효하다. 그리고 병은 정의 출생과 동시에 그 가를 떠날 필요는 없고 상당한 연령에 달한 후에 그 가를 떠나는 것이 통례이다. 병이 그 가를 떠남과 동시에 정은 그 호주가 되는 것으로 한다.

[94] 양자의 재산상속에 관한 건(1913년(大正 2) 9월 4일 공주지방법원 재판장 조회, 동년 9월 12일 참 제56호 정무총감 회답)

○ 요지

1. 남자인 호주가 사망하고 제사상속인이 없어 그 아내에게 유산을 상속한 후, 죽은 남자 호주에게 양자를 들였을 때는 양자는 입양일에 양모로부터 양부의 유산을 승계하는 것으로 한다.

○ 조회

1. 조선의 관습에서 관례는 남호주 갑이 사망하고 상속인이 없어 그 처인 과부가 일시 재

산을 상속한 후 과부가 양자를 삼는 경우에 있어서, 그 양자가 호주가 되어 갑을 상속하였을 때 갑이 소유했던 재산을 갑의 사망 당시로 거슬러 올라가 그 소유권을 취득한 것인가 혹은 과부로부터 다시 상속에 의해 소유권 이전의 수속을 한 것으로서 그 때로부터 소유권을 취득한 것이 되는가?
2. 앞 항의 관습은 일반적인 것인가, 지방에 따라 다른가? 만약 다르다면 그 관습 및 지역적 차이는?

○ 회답
1. 조선의 관습에서는 남호주가 사망하고 제사상속인이 없어 그 아내에게 유산을 상속한 후 죽은 남호주에게 양자를 한 경우에는 그 양자는 양자가 된 때로부터 양부의 유산을 양모로부터 승계하는 것으로 한다. 그리고 이 관습은 각 지역이 동일하다.

[98] 절후의 경우에 유산상속에 관한 건(1913년(大正 2) 9월 10일 평양지방법원 정주지청 조회, 동년 10월 1일 참 제58호 정무총감 회답)

○ 요지
1. 처와 딸만 있는 호주가 사망한 경우에는 양자를 정하기까지 처가 일시적으로 호주가 되어 유산 전부를 승계한다.

○ 조회
1. 호주 갑, 가족, 후처 을, 장녀 병, 차녀 정(갑을 사이에 태어난 자)의 호적상에서 장녀 병은 타가로 시집갔고 양자(남)를 들이지 않은 중에 호주 갑이 사망하였다. 이 경우에는 양자(남)가 없으므로 이 가(家)는 절가(絶家, 無後)가 되고 호주 갑 소유의 유산은 전부 당연히 후처인 을에게 귀속해야 하는 것으로 장녀 병, 차녀 정은 하등 상속 권리가 없는 것인가?

○ 회답

1. 남호주가 그 가족으로 후처, 딸이 있는 경우에 양자를 삼지 않은 중에 호주가 사망하였을 때는 후처가 양자를 정하기까지 일시 호주가 되어 전호주의 유산을 전부 상속하는 것으로 한다.

[99] 아버지의 자식에 대한 대리권에 관한 건(1913년(大正 2) 10월 9일 평양지방법원 조회, 동년 10월 14일 참 제65호 정무총감 회답)

○ 요지
1. 아버지가 음아자(瘖啞者)[162]인 자식을 대리하여 그 자식을 위해 고소를 하거나 혹은 이혼의 의사 표시를 할 수 있는 것으로 한다.

○ 조회
1. 조선의 관습상 아버지는 문자를 해득할 수 없는 언어장애인 자식을 대신하여 단독으로 그 자식을 위해 고소를 하거나 혹은 이혼의 의사 표시를 할 수가 있는가?
2. 만약 그렇게 할 수 있다면 이 경우에는 조선의 관습상 어떠한 방식에 따라 그것을 하는가?

○ 회답
1. 아버지는 문자를 해득할 수 없는 언어장애인 자식을 대신하여 단독으로 그 자식을 위해 고소하거나 혹은 이혼의 의사 표시를 할 수 있다.

[107] 형망제급(兄亡弟及)[163]의 효력에 관한 건(1913년(大正 2) 12월 18일 경성지방법원장 조회, 동년 3년 1월 10일 참 제83호 정무총감 회답)

○ 요지

---

162 농아자. 언어장애인.
163 형이 아들 없이 죽었을 때 아우가 혈통을 잇는 일.

1. 형망제급의 예에 따라 봉사하게 한 경우에는 제사권을 승계한 것으로 한다.
2. 대를 이은 아들(嗣子)이 형벌을 받아 죽고 동생이 칙명에 의해 대군의 제사를 모신 후에 다시 칙명에 따라 지난 죄가 사면되어 입후자를 정하였을 때는 그 자(子)는 입후자가 되어도 앞의 칙명에는 영향이 없다.

○ 조회

(천)이라는 조선인에게 장남 (갑), 차남 (자)가 있고 장남 (갑)에게는 장자 (을)과 장손 (병)이 있고 또 차남 (자)에게는 장남 (축)이 있다.

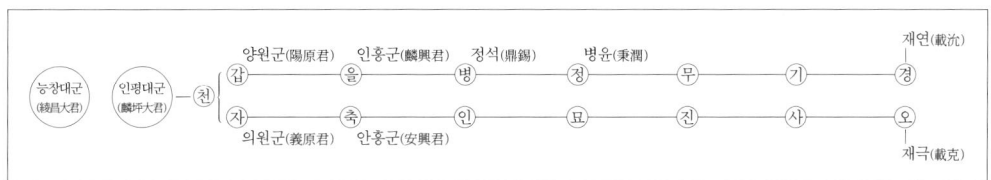

위 가운데 (천), (갑), (자)는 이미 사망한 후 지금으로부터 184년 전 1730년(영조 6) (을)은 죄로 처벌을 받아 죽었고 (병)도 역시 그다음 날 죽어서 제사가 끊겼으므로 그다음 해 1731년(영조 7) 영조의 특명에 따라 형망제급의 예로서 차손인 (축)으로 하여금 대군의 제사를 받들게 하여 세습하여 (오)에 이르렀다.

그런데 지금으로부터 50년 전 이태왕의 특명에 따라 (을)의 관작을 복원하고 종손 (정)을 세워 후사로 삼아서 세습시켜 (경)에 이르렀다. 단, 특명에 의해 입후하였을 때 (정)은 이미 사망했다.

1. 위의 경우에 형망제급의 효력은 단지 가령 제사를 섭행하는 데 지나지 않아서 후일 장손을 잇는 자가 있을 때는 그에게 제사를 양도해야 하는 것인가, 아니면 확정적으로 제사권을 승계한 것으로 해서 그를 세습해야 하는 것이 되는가?
2. 이미 형망제급의 예에 따라 제사를 받드는 자가 있을 때 입후의 특명이 있는 경우에는 어떤 효과를 발생시키는가?
3. 대군의 제사를 모시라는 특명과 입후의 특명은 그 효력에 차이가 있는가?

○ 회답

1. 형망제급의 예에 의해 봉사해 온 경우에는 제사권을 승계하는 것이 된다.
2. 먼저 형망제급의 예에 따라 (축)으로 하여금 인평대군의 제사를 받들라는 칙명이 있은 후에 마침내 (을)의 죄명을 말소하고 그 관작을 복원하여 (정)을 (을)의 계후로 삼는 칙명이 있는 경우에는 (정)은 (을)의 입후자가 되지만 앞의 칙명에는 영향이 없다.

[108] 서자가 있는 자의 양자에 관한 건(1914년(大正 3) 1월 22일 광주지방법원 목포지청 조회, 동년 2월 6일 참 제10호 정무총감 회답)

○ 요지
1. 서자가 있는 자가 양자를 삼는 관습은 갑오개혁 후에도 아직 일부에서 행해진다.
2. 전항의 관습은 호주·가족·상민·양반으로 인한 구별이 없다.

○ 조회
1. 조선에서는 서자가 있는 경우라도 양자를 할 수 있는 관습이 있는가?
2. 위 관습은 호주인가 가족인가 혹은 상민인가 양반인가를 불문하는가?
   (참조) 1894년(개국 503년) 6월 28일 의안, 「적첩이 모두 자(子)가 없는 뒤에야 솔양(率養)한다[嫡妾이 俱無子然後에 始許率養]」

○ 회답
1. 조선의 법제에서는 서자가 있는 자는 양자를 할 수 없지만 실제에서는 서류를 멸시하여 가계를 중시하는 자, 문벌이 있는 자 등은 서자가 있음에도 불구하고 양자를 하는 것이 관습상 유효하다고 인정되었다. 그런데 갑오개혁 후 이 관습은 비로소 혁파되었지만 지금은 아직 일부에서 행해져서 반드시 이것이 무효라 볼 수 없는 상황에 있다.
2. 위는 호주·가족·상민·양반에 구별이 없다.

[110] 차양자에 관한 건(1914년(大正 3) 2월 13일 경성복심법원 민사 제1부 재판장 조회, 동년 2월 24일 참 제16호 정무총감 회답)

○ 요지

1. 차양자는 아들이 출생하기까지 양가의 제사를 섭행하고 그 가의 재산을 일시 승계한다.
2. 차양자는 아들이 출생하고 그 아들이 상당한 연령에 이른 후에 그 가를 떠나는 것을 통례로 한다.

○ 조회

1. 차양자는 아들을 낳기까지 양가의 제사·재산 일체를 상속하는 것인가?
2. 만약 아들이 출생한 경우에 차양자는 곧바로 양가를 떠나고 그 아들이 상속해야 하는 것인가? 또는 출생아가 성년에 달한 후에 가를 떠나야 하는가?

○ 회답

1. 차양자는 아들이 출생하기까지 양가의 제사를 섭행하고 그 가의 재산을 일시 계승한다.
2. 아들이 출생하여도 차양자는 곧바로 그 가를 떠날 필요는 없고 그 아들이 상당한 연령에 달한 후에 그 가를 떠나는 것이 통례이다.

[111] 섭사(攝祀)[164]에 관한 건(1914년(大正 3) 3월 4일 경성복심법원 민사 제3부 재판장 조회, 동년 3월 9일 참 제22호 정무총감 회답)

○ 요지

1. 남호주가 사망하고 아들이 없을 때는 죽은 이의 가장 가까운 친족에서 섭사한다.
2. 섭사자는 죽은 자의 유산을 관리한다.
3. 섭사자는 1인으로 한정한다.
4. 섭사는 죽은 남호주의 가장 가까운 친족 중에 남자가 이를 맡고 별도로 선정자는 없다.
5. 호주의 동생, 동생이 없을 때는 4촌 친족 중의 남자가 이를 맡는다.
6. 섭사자인 상속인이 섭사 및 유산 관리의 권리·의무를 승계하는 경우는 없다.

---

164 남을 대신하여 제사를 지냄. 또는 그런 일을 하는 사람.

○ 조회

1. 남호주가 아들이 없이 사망한 경우에 섭사(攝祀 혹은 攝事)자를 선정하여 그 가에서 제사를 관장시키는 관습이 있는가?
2. 섭사자는 제사상속 및 유산상속을 하는가? 혹은 남호주의 상속인을 정하기까지 일시 제사를 관장하거나 혹은 유산의 관리를 하는 데 그치는가?
3. 섭사자는 1명으로 그치는가 혹은 여러 사람인 경우가 있는가?
4. 누가 섭사자를 선정하는가?
5. 어떤 사람으로부터 섭사자를 선정하는가?
6. 섭사자의 제사 및 유산에 관한 권리는 섭사자의 사망에 따라 그 상속인이 이를 승계하는 경우가 있는가?

○ 회답

1. 남호주가 사망하고 자식이 없는 경우에 그 죽은 자의 가장 가까운 친척으로 하여금 섭사를 행하게 하는 관습이 있다.
2. 섭사자는 제사상속 및 재산상속을 하지 않는다. 그리고 죽은 자의 유산에 대해 상속인이 없을 때는 일시 섭사자로 하여금 이를 관리하도록 하는 것이 관례이다.
3. 섭사자는 한 명으로 제한한다.
4. 섭사는 죽은 남호주의 가장 가까운 친족 중에 남자가 이를 맡고 별로로 선정하는 일은 없다.
5. 섭사자를 선정한 바가 없을 때는 앞 항에 기록한 바대로 섭사자인 자는 사망한 호주의 동생인 것을 통례로 하고 동생이 없을 때는 4촌 친족 중에 남자가 이를 담당하는 것으로 한다.
6. 섭사자의 상속인이 섭사 및 재산 관리의 권리·의무를 승계하는 관습은 존재하지 않는다.

[112] 협의이혼에 관한 건(1914년(大正 3) 3월 11일 경성지방법원장 조회, 동년 4월 9일 참 제24호 정무총감 회답)

○ 요지

1. 조선에서는 협의이혼의 관습이 없다.

○ 조회

1. 당사자가 부모의 동의를 얻지 않고 한 협의상 이혼의 효력은 어떠한가?

○ 회답

1. 조선에서는 협의이혼을 인정하는 관습은 없다. 따라서 협의이혼에 부모의 동의를 요하는가 아닌가에 대해서도 하등 관습이라 볼 만한 것이 없다.

[113] 부권(夫權)에 관한 건(1914년(大正 3) 3월 20일 경성복심법원 형사부 재판장 조회, 동년 4월 9일 참제25호 정무총감 회답)

○ 요지

1. 남편은 아내에 대해 감호, 교육, 징계 등의 권리를 갖지 않는다.
   남편은 아내의 법률행위 또는 영업을 허가하고 거소를 지정할 권리를 갖는다.

○ 조회

1. 조선인의 부부간에서 남편은 친권자의 어린아이에 대한 것과 같이 아내를 보호 감독할 권리를 갖고 의무를 지는가?
2. 덧붙여 부권의 효과로서 남편은 아내에 대해 어떠한 권능을 갖는가?

○ 회답

1. 조선의 관습에서는 부모는 자식에 대해 보호·교육·징계·거소의 지정, 직업의 허가, 재산의 관리, 호주권의 대리 행사 등의 권리가 있지만, 남편은 아내에 대해 감호·교육·징계 등의 권리를 갖지 않는다. 또 호주권 대리행사의 경우가 생기지 않고 그리하여 부권의 작용으로서 볼 만한 것은 아내는 남편의 허가를 받지 않으면 대개 법률행위

를 할 수 없다. 또 직업을 영위하는 데에서도 남편의 허가를 요한다. 기타 남편은 아내의 거소를 지정하고 동거를 강제할 권리가 있는 데 지나지 않는다.

[114] 서자 및 양자 상속에 관한 건(1914년(大正 3) 3월 20일 경성지방법원장 대리조회, 동년 4월 14일 참 제29호 정무총감 회답)

○ 요지
1. 호주가 사망하고 적남이 없을 때는 서남자가 상속하지만 양자를 하는 관습도 여전히 그치지 않는다.
2. 서자는 당연히 제사상속을 한다. 승적이라는 말은 편하게 말해서 서자의 제사상속을 지칭한다고 해석해야 한다.
3. 피상속인, 기타 양자를 선정하여 얻는 자는 서자남이 있는 경우에도 양자를 선정할 수 있다.

○ 조회
1. 남호주가 사망하고 적출자가 없는 경우에는 가에 있는 서자는 당연히 제사, 재산, 호주의 상속을 하는가?
   (1) 서자가 위 상속을 하기 위해서는 승적의 수속을 요하는가? 만약 그렇다면 그 수속은 어떠한가?
   (2) 피상속인, 기타 양자를 선정하여 얻는 자는 서자를 무시하고 양자를 선정할 수 있는가?

○ 회답
1. 조선에서는 법령상 서자는 제사, 재산 및 호주에 대해 당연히 상속권이 있지만 실제에서는 서자를 천시하고 청관(淸官)에 임할 수 없기 때문에 문벌이 있는 자는 서자가 있어도 타인의 적자를 양자로 삼아 제사, 기타의 상속을 하게 함을 통례로 하며 나아가 일반의 관습이 되었지만, 갑오개혁 때 서자가 있는 자의 양자를 금지하여 실제에서도

서자를 두고 양자를 하는 자는 점차 그 수가 감소하였다. 그렇지만 아직 전연 그 흔적이 끊어지기에 이르지 않아서 금일에는 일면 서자에게 상속권이 있는 것과 동시에 양자를 하는 것도 역시 지장 없는 상태에 있다.

2. 서자가 제사상속을 하기 위해서는 보통 그것을 선조의 사당에 고하는 것이 관례이고 이를 일컬어 승적(承嫡)이라고 한다. 그렇지만 이것이 반드시 서자 상속에 필요한 수속은 아니다. 사당에 고하지 않고서 상속을 한 경우에도 역시 이를 승적이라고 칭한다. 승적이란 말은 편히 말해 서자가 제사상속을 하는 것을 지칭하는 것으로 해석해야 한다.

3. 피상속인, 기타 양자를 선정할 수 있는 자로 서자가 있을 때라도 그가 선정을 할 수 있다.

[119] 파양에 관한 건(1914년(大正 3) 5월 20일 공주지방법원 재판장 조회, 동년 동월 29일 참 제46호 정무총감 회답)

○ 요지
1. 양친은 양자가 가산을 탕진한 바 있을 때, 불효할 때, 중죄를 범한 때, 고치기 힘든 병[惡疾]이 있거나 혹은 정신이상으로 계후에 적합하지 않을 때는 파양할 수 있다.
2. 파양을 하기 위해서는 양친이 가족일 때 혹은 어머니가 있을 때는 호주 또는 어머니의 동의를 요하는 외에 정해진 수속은 없다.

○ 조회
1. 양친은 자기의 단독 의사에 의해 양자를 파양할 수 있는가? 만약 파양할 수 있다면 어떤 경우에 또 어떤 수속을 마땅히 필요로 하는가?
위에 관한 조선의 관습

○ 회답
1. 조선의 관습에서는 양친은 양자가 가산을 탕진한 바가 있을 때, 불효인 때, 중죄를 범한 때, 고치기 힘든 병이 있을 때 또는 정신이상으로 계후에 적당하지 않을 때 임의로 파양을 할 수 있다.

2. 파양을 하기 위해서는 양친이 가족일 때는 호주의 동의를 요하고 양친이 호주로서 어머니가 있을 때는 그 동의를 얻는 외에 정해진 수속은 없다. 실제에서는 이를 선조의 사당에 고하고 족보를 고치는 등의 일이 있지만 구태여 요건은 아니다.

[122] 차자를 양자로 삼는 경우에 관한 건(1914년(大正 3) 5월 29일 해주지방법원장 조회, 동년 6월 18일 참 제47호 정무총감 회답)

○ 요지
1. 조선에서 상속에 관한 관습은 각지가 모두 동일하며 유복의 태아가 있는 경우의 사후 양자에 관해서 관습을 달리하는 지방이 있다.
2. 장남은 타가의 양자가 될 수 없다. 단, 지가(支家)의 자를 종가의 양자로 삼기 위해서는 장남을 요한다. 동생의 아들을 형의 양자로 삼는 경우에는 장남이라도 지장이 없다.
3. 막내 아우의 장남을 둘째 형의 양자로 삼을 수 있다.

○ 조회
1. 조선에서 상속에 관한 관습은 전도가 동일한가? 지방에 따라 관습을 달리하는가?
2. 조선에서 장남은 절대로 타인의 양자가 될 수 없는가?
3. 형제 3인이 있어 둘째 형이 대를 이을 아들이 없는 경우에 막내아우의 장자를 양자로 삼을 수 있는가?
4. 조선에서 관습에 반하는 입양은 절대로 무효인가?

○ 회답
1. 조선에서 상속에 관한 관습은 각지가 동일하지만 다만 다른 지방에서는 사망한 호주에 유복의 태아가 있을 때는 그 출생에 이르기까지 양자를 삼지 않음에도 불구하고 함경남북, 평안남북 및 강원도 등의 일부 지방에서는 태아가 있을 때라도 양자를 하고 아들이 출생하면 파양하는 관습이 있다.
2. 조선에서는 장남은 다른 가의 양자가 될 수 없음을 원칙으로 하지만 지가의 자를 종가

의 양자로 삼는 경우에는 반드시 장남인 것을 요한다. 또 동생의 아들을 형의 양자로 삼는 경우에는 장남이라도 지장이 없는 것이 관습이다.
3. 막내아우의 장남을 둘째 형의 양자로 삼는 것은 관습이 인정하는 바이다.

[125] 차양자의 상속 자격에 관한 건(1914년(大正 3) 7월 7일 고등법원장 조회, 동년 8월 11일 참제53호 정무총감 회답)

○ 요지
1. 차양자는 양가의 제사 섭행자(攝行者)[165]임에 그치고 제사를 승계하지 않지만 유산은 차양자에게 아들이 출생하기까지 잠시 이를 승계한다. 피상속인은 양친이 되는 것으로 한다.
2. 차양자에게 아들이 출생하면, 그 아들은 당연히 양가의 제사자가 되고 차양자가 잠시 승계한 유산은 당연히 그 아들에게 돌아간다.

○ 조회
1. 차양자는 그 양가의 가독상속을 하는 자인가? 만약 가독상속을 하는 자가 된다면 그 피상속인은 누구인가?
2. 차양자에게 아들이 출생할 때는 출생과 동시에 그 아들이 가독상속을 하고 차양자는 당연히 그 가독상속권을 상실하는가?

○ 회답
1. 차양자는 양가의 제사자인 지위를 승계하지 않고 단지 그 섭생자인 지위에 설 뿐이다. 그러므로 제사에 대해서는 차양자와의 사이에 상속을 행하지 않는다. 그렇지만 양친의 유산에 대해서는 차양자에게 아들이 출생하기까지 잠시 이를 승계함으로써 이 점에 대해서는 상속을 행하니 피상속인은 즉 양친이 되는 것이다.

---

165 일을 대신해서 행하는 자.

2. 차양자에게 아들이 출생하면 이와 동시에 그 아들은 양가의 제사자가 되고 차양자는 양가에서 제사 섭행자인 지위를 잃는다. 또 차양자가 일시 승계한 양친의 유산은 당연히 그 아들에게 돌아가는 것으로 한다.

[128] 차양자 복적의 경우에 신분 회복에 관한 건(1914년(大正 3) 7월 29일 경성지방법원장 조회, 동년 8월 22일 참 제60호 정무총감 회답)

○ 요지
1. 차양자의 생가 호주가 사망하여 양자를 삼았을 때는 차양자가 생가에 복귀하여도 호주인 양자의 지위에 변경을 가져오는 것은 아니다.
2. 전항의 양자는 일반적인 파양의 원인이 있는 경우에 한해 문중이 협의한 후에 파양을 할 수 있다.
3. 위 양자의 호주인 지위가 판결 등에 의해 정해진 후라도 이를 파양하는 데에는 지장이 없다.

○ 조회
1. 갑남이 차양자로서 다른 가에 들어간 후 생가의 호주가 사망하였기 때문에 갑남은 을남을 수용하여 생가를 잇게 하였고 그 후 십수 년을 지나 갑남이 생가로 복귀한 경우에 이미 호주로 된 을남의 지위에 변경이 초래되는가 아닌가?
2. 전항에서 이미 호주가 된 을남을 갑남 혹은 기타 친족이 파양할 수 있는가? 만약 파양할 수 있다면 그 수속은 어떠한가?
3. 위 을남의 호주된 지위는 판결 등에 의해서 정해진 후에도 여전히 파양 수속을 유효하게 수행할 수 있는가 아닌가?

○ 회답
1. 갑남이 차양자로서 다른 가에 들어간 후 생가의 호주가 사망하였기 때문에 을남을 사망한 호주의 양자로 삼아 생가를 계승하게 한 경우에는 가령 그후 생가에 복귀하여도

이미 호주가 된 을남의 지위가 변경되는 것은 아니다.

2. 전항에 이미 호주가 된 을남은 가산을 탕진한 바 있을 때, 불효인 때, 중죄를 범한 때, 고치기 힘든 병이나 정신이상으로 계후에 적합하지 않는 등 일반적인 파양의 원인이 있는 경우에 한해 문중이 협의한 후 이를 파양할 수 있지만 갑남이 단독으로 파양을 할 수는 없다.

파양에 대해서는 특별한 수속이 없다.

3. 을남의 호주인 지위가 판결 등에 의해서 정해진 후에라도 이를 파양하는 데에 지장이 없다.

[132] 첩의 양자에 관한 건(1914년(大正 3) 10월 8일 평양복심법원 민사부 재판장 조회, 동년 10월 14일 참 제76호 정무총감 회답)

○ 요지

1. 여자는 동성과 이성을 불문하고 양자를 삼을 수 없다.

○ 조회

1. 부첩의 사이에 아들이 출생한 후 부첩 관계를 끊은 첩이 일가를 창립하고 아들도 또 그 아버지가 상속을 하여 호주가 된 이러한 경우에 첩이 다시 다른 성의 남자를 양자로 삼을 수 없는가?

○ 회답

1. 조선의 관습에서는 양자를 삼을 수 있는 자는 남자에 한하고 여자는 양자를 삼을 수 없다. 그러므로 첩은 동성과 이성을 불문하고 양자를 삼을 수 없다.

[138] 상속인 폐제에 관한 건(1914년(大正 3) 12월 17일 경성복심법원 형사부 재판장 조회, 동년 12월 19일 참 제88호 정무총감 회답)

○ 요지
1. 장남이 어리석어서 가사를 계승하기 부적당할 때라도 이를 폐제하고 차남 또는 삼남으로 하여금 상속하게 할 수 없다.

○ 조회
1. 조선 종래의 관습상 장남이 어리석어서 가를 계승하기에 부적당한 경우에 피상속인의 의사에 의해 장남의 상속권(호주, 제사, 재산)을 박탈하여 차남 혹은 삼남으로 하여금 전부 상속하게 할 수 있는가?
2. 만약 할 수 있다면 피상속인 단독으로 이를 실행할 수 있는가?

○ 회답
1. 조선의 관습에서는 장남이 어리석어서 가를 계승하기 부적당할 때라도 피상속인의 의사에 따라 이를 상속인에서 폐제하고 차남 또는 삼남으로서 상속하게 할 수 없다.

[139] 양자에 관한 건(1914년(大正 3) 12월 23일 고등법원장 조회, 1915년 1월 14일 참 제6호 정무총감 회답)

○ 요지
1. 법제에서는 서자가 있을 때는 양자 들이는 것을 허용하지 않지만, 관습상 여전히 행해진다.
2. 서자가 있는 경우에 들여진 양자라도 상속에 관해서는 적출의 남자와 동일한 권리를 갖는다.

○ 조회
1. 서출의 남자가 있는 경우에 그 아버지는 여전히 다른 데에서 아들을 얻어 그를 자기의 양자로 삼는 관습이 있는가 없는가?
2. 만약 위의 관습이 있다면 상속에 관해 그 양자의 권리는 적출의 낳은 아들[實男]과 동일한가 아닌가? (이상 평안남도 안주군 지방에서 조선인 사이의 관습)

○ 회답
1. 조선의 법제에서는 서자가 있는 자는 양자를 삼을 수 없지만 실제에서는 서류를 천시하기 때문에 가계를 중요시하는 자, 문벌이 있는 자 등은 서출의 아들이 있음에도 불구하고 양자를 하는 자가 왕왕 있다. 관습상 이를 무효로 하지 않는다. 1984년(개국 503년)에 이르러 의안으로서 적첩이 모두 아들이 없는 경우에 비로소 양자를 허락한다는 규정을 지키도록 도모하였으나 행해지지 않았다. 금일에는 이와 같은 경우에 양자를 삼는 자가 극히 적지만 아직 전혀 그 흔적이 끊어지기에 이르지 않았다. 관습상 이를 무효로 볼 수 없는 상태에 있다.
2. 서자가 있는 경우의 양자는 상속에 관해 적출의 아들과 동일한 권리를 갖는다. (평안남도 안주군에서는 이 점에 관해서 특별한 관습이 없다.)

[140] 유산상속에 관한 건(1914년(大正 3) 11월 17일 평안남도 장관 조회, 1915년 1월 18일 참 제7호 정무총감 회답)

○ 요지
1. 호주의 장남이 사망하고 아들이 없을 때는 그 유산은 아버지인 호주에게 돌아간다. 호주가 사망하고 분가한 차남이 제사상속을 할 때는 망장자의 유산은 그 과부에게 돌아간다.

○ 조회
1. 호주 갑이란 자의 장남 을에 부동산 약간을 분여하였는데 그 후 을은 사망하고 자식이 없어 을의 처 병은 을이 갑으로부터 분여받은 재산을 관리하였다. 그런데 그 후 갑이 사망하였기 때문에 갑의 차남 정(분가하였다)은 제사를 상속하고 갑의 가에 들어와 호주가 되었다. 이러한 경우에는 을의 유산 부동산의 상속권은 병과 정 누구에게 있는가?

○ 회답
1. 문의한 경우에서는 장남 을의 유산은 을의 사망과 동시에 그 아버지인 호주 갑에게 귀

속하고, 갑의 사망 후에는 을의 아내인 병에게 귀속하는 것이 관습이다.

[141] 차양자에 관한 건(1915년(大正 4) 1월 14일 함흥지방법원 북청지청 조회, 동년 2월 16일 참 제8호 정무총감 회답)

○ 요지
1. 호주의 기혼 장남이 사망하고 대를 이을 아들이 없을 때 그 재종제를 호주의 차양자로 삼을 수 있다.
   죽은 장남이 미혼자일 때는 호주는 아들의 항렬로부터 보통의 양자를 삼을 수 있다.
2. 차양자는 제사를 섭행하고 유산 및 호주의 지위를 일시 상속한다.
3. 차양자에게 아들이 출생하면 그 아들은 즉시 제사·호주 및 재산의 상속을 하고 차양자는 실가로 복귀해야 하지만 그 아들이 상당한 연령에 달하는 것을 기다리는 경우가 있다. 복귀에 대해서는 하등의 형식이 없다.
4. 차양자는 호주의 양자로서 그 출생한 아들은 죽은 장남의 양자가 된다.
5. 차양자가 낳은 아들에 대해서 친권을 행하는 자는 죽은 장남의 아내이다.
6. 차양자가 있는 경우에는 다시 양자를 삼지 않는 것을 통례로 하지만 만약 차양자가 아들을 올릴 가망이 없기에 이른 때는 죽은 장남에게 양자를 삼을 수 있다.

○ 조회
1. 호주의 장남이 대를 이을 아들이 없이 사망했을 때 그 동렬(육촌의 동생)의 남자를 차양자로 하는 것은 관습상 인정되는 바이지만 이와 같아도 장남인 자가 미혼자인가 아닌가에 의한 구별은 없는가?
2. 차양자는 상속권이 있는가? 만약 있다면 차양자로서 그 신분상의 권리 의무는 어떠한가?
3. 차양자는 아들이 출생함과 동시에 실가로 돌아가는 것이 관습인 듯하지만 이 경우에서 만약 차양자에게 상속권이 있다면 출생아의 상속 개시의 시기 및 차양자의 실가 복귀의 시기 및 형식은 어떠한가?
4. 차양자는 장남의 양자가 아니고 호주의 소위 차양자가 될 출생아는 당연히 호주의

장남의 아들이 되어야 하는가?
5. 위 출생아의 친권자는 어떠한가? 즉 호주 및 장남은 이미 사망하고 호주의 아내 및 장남의 아내가 생존한 경우
6. 차양자가 있는 경우에 (남자 출생 전) 아들의 항렬에 있는 자를 양자로 할 수 있는가?

○ 회답
1. 기혼자인 호주의 장남이 사망하고 대를 이을 아들이 없기 때문에 그 동렬의 6촌 동생을 호주의 차양자로 삼는 경우는 관습상 유효하다. 그리고 만약 그 죽은 장남이 미혼자일 때는 호주는 아들의 항렬에서 보통의 양자를 할 수 있다.
2. 차양자는 양가의 제사자인 지위를 계승하지 않는다. 단지 그 섭행자인 지위에 있을 뿐이다. 그러므로 제사에 대해서는 차양자와의 사이에 상속을 행하지 않지만 양친의 유산 및 호주의 지위에 대해서는 차양자에게 아들이 출생하기까지 잠시 이를 승계함으로써 이 점에서는 상속을 행한다.
3. 차양자에게 아들이 출생하면, 그 출생아는 바로 제사, 호수 및 재산을 상속하고 차양자는 친가로 복귀해야 하지만 실제로는 출생아가 상당한 연령에 달하기를 기다리는 일이 있다. 그 시기는 정해져 있지 않고 또 복귀에 대해서는 어떤 형식도 없다.
4. 차양자는 호주의 양자로서 그 출생아는 당연히 죽은 장남의 양자가 되는 것으로 한다.
5. 출생아에 대한 친권을 행사하는 자는 사망한 장남의 아내이다.
6. 차양자가 있는 경우에는 통례로 다시 입양을 하지 않지만, 만약 차양자가 아들을 올릴 가망이 없기에 이른 때는 사망한 장남에게 양자를 들일 수 있다.

[146] 양자 및 상속에 관한 건(1915년(大正 4) 3월 20일 평양지방법원 정주지청 조회)

○ 요지
1. 미혼으로서 사망한 자를 위해 양자를 할 수 없다. 양자가 그 선대와 소목의 관계 있는 자가 될 때는 선대의 양자가 되는 것으로 한다.
2. 미혼으로서 사망한 호주의 유산은 양자를 할 때까지는 그 어머니에게 승계한다. 따라

서 그 소유에 속하는 동안에 행해진 유산의 매각은 유효하다.

○ 조회
1. 호주 이진택(李鎭宅)이 미혼자이며 13세로서 1913년(大正 2) 2월 7일 사망한 것으로 인해 이진창(李鎭昌)은 1914년(大正 3) 6월 20일 양자가 되었다. 위 이진창이 양자가 된 것은 이진택의 전 호주 이구배(李垢培)가 직접 양자했다는 의미로서 이진택의 양자가 된 것이 아닌가? 환언하면 조선에서는 호주가 미성년 남자이자 미혼으로서 사망할 때는 그 사망자의 양자를 할 수 없는가?
2. 과연 그렇다면 사망자 이진택이 재산을 소유했을 때는 이진창이 양자가 되지 않은 기간 그 어머니 정씨가 상속할 수 있는가? 아니면 단순히 보관 책무가 있는가?
3. 정씨가 상속을 할 수 없어서 양자를 정하기까지 보관 책무가 있다면 이진창이 양자가 된 이후에는 즉시 그 보관 부동산을 이진창에게 인도해야만 하는가?
4. 그런데 정씨는 1914년(大正 3) 4월 21일부로 이진택 사망으로 인하여 상속했다는 뜻의 이유로서 토지소유권 보존 증명을 받아 이를 다른 사람에게 매각하였다. 위 매각은 무효인가?

○ 회답
1. 조선에서는 미혼자인 사자를 위해서 양자를 할 수 없다. 그러므로 호주 이진택의 사후 이진창을 양자로 하였다는 것은 만약 그 친족 관계가 전 호주 이구배의 아들 항렬에 해당하는 남계혈족일 때는 이구배의 양자가 되는 것으로 해야 한다.
2. 사망한 호주 이진택의 유산은 양자를 하기 전에는 그 어머니 정씨에게 승계한다. 따라서 자기의 소유에 속하는 사이에 행한 매각은 유효하다.

[148] 협의이혼에 관한 건(1915년(大正 4) 4월 6일 경성복심법원 민사 제1부 재판장 조회, 동년 4월 19일 참 제31호 정무총감 회답)

○ 요지
1. 협의이혼에는 아버지의 부모의 동의를 요하고 아내의 부모의 동의를 요하지 않는다.

○ 조회
1. 행위능력이 있는 부부가 협의상 이혼을 하고자 하나 그 당사자 어느 쪽도 부모가 생존하지 않은 경우에는 당사자의 연령 여하에 관계없이 그 양친의 동의를 얻지 않는다면 유효하게 이혼을 할 수 없는가?
2. 혹은 행위능력이 있는 이상은 절대로 그 부모의 동의를 요하지 않는가?
3. 만약 그 당사자의 연령 여하에 의해 부모의 승낙을 얻는가 아닌가의 구별이 있을 때는 그 연령은 어떠한가?

○ 회답
1. 조선에서는 부부가 협의상 이혼을 하는 경우에 아버지의 부모가 있을 때는 그 동의를 얻는 것을 요하며 연령 및 행위능력의 여하를 묻지 않는다. 그렇지만 아내의 부모의 동의를 얻을 필요는 없다.

[152] 친권의 상실에 관한 건(1915년(大正 4) 2월 24일 경성지방법원장 조회, 동년 4월 28일 참 제16호 정무총감 회답)

○ 요지
1. 친권을 상실케 하는 관습이 없어도 어머니가 자식의 재산을 관리하는 경우 할머니가 이를 제한하거나 관리를 하지 못하게 하는 관습이 있다. 그렇지만 예전에는 이것을 재판소에서 소송으로 청구하는 것은 허용되지 않았다.

○ 조회
1. 친권 및 재산관리권 상실의 선언을 재판소에서 소송으로 청구할 수 있는 관습이 있는가?
2. 만약 이러한 관습이 있다면 친권 및 재산관리권 상실의 원인 사례와 청구권은 어떠한가?

○ 회답
1. 조선에서는 친권을 상실시키는 관습이 없지만 어머니가 자식의 재산을 관리하는 경우에 할머니가 이를 제한하거나 또는 그 관리를 하지 못하게 할 수 있는 관습이 있다. 단, 이를 재판소에서 소송하여 청구하는 것과 같은 일은 예전에는 허용되지 않았던 일이다.

[154] 과녀 재가의 방식에 관한 건(1915년(大正 4) 3월 17일 경성지방법원장 조회, 동년 4월 30일 참제25호 정무총감 회답)

○ 요지
1. 과부가 재가하는 경우에는 식을 거행하는 경우는 거의 없다.

○ 조회
1. 조선인 간의 혼인 성립에는 거식을 요건으로 하는 것은 의심할 여지가 없지만, 과부 재가의 경우에는 왕왕 혼인식을 거행하지 않고 단지 민적상 혼인신고를 하고 다수의 자녀를 갖는 자도 적지 않다.
이러한 경우에는 거식의 결여에서부터 그 혼인을 불성립한다고 간주해야 하는가? 아니면 예외로서 민적의 계출에 의해 당사자 합의의 확증이 있는 경우는 혼인의 성립으로 간주해야 하는가?

○ 회답
1. 조선에서는 지난날에 과녀의 재가를 금지하였고 후에 그 금지를 풀었음에도 일반에서는 이를 천시함으로써 재혼의 경우에는 식을 거행하는 자가 거의 없다. 그러므로 가령 식을 거행하지 않은 경우라도 사정에 따라 혼인의 성립이 있는 것으로 인정해야 할 경우가 있다.

[155] 양자 및 상속에 관한 건(1915년(大正 4) 4월 23일 평양지방법원 정주지청 조회, 동년 4월 30일 참제35호 정무총감 회답)

○ 요지

1. 호주가 사망하고 양자가 있는 경우에 남에게 개가한 사망한 호주의 어머니가 행한 유산처분은 무효이다.

○ 조회

1. 사망한 호주 이진택(李鎭宅)의 어머니 정씨는 1914년(大正 3) 3월 26일 타가(他家)로 혼인 입적하였고 위 이진택의 유산인 부동산은 1914년 5월 2일에 이르러 남에게 매각되었다.
위와 같이 타가에 시집간 이후에 그 유산을 매각한 것은 유효한가?
2. 호적 면에 의거하면 이규은(李奎銀)이란 자는 1914년 3월 1일 양자, 1914년 6월 21일 파양하였는데, 양자가 된 동시에 이규은에게 유산을 상속한 것으로 인정할 만하고 어머니 정씨에게 1914년 5월 2일에 이르러(이규은 양자 중에) 그가 매각을 할 권리가 없는 것은 아닌가?

○ 회답

1. 문의와 같은 경우에는 그 매각은 효력이 없다.

[156] 첩 및 미성년자의 행위능력에 관한 건(1915년(大正 4) 3월 1일 평양지방법원 정주지청 조회, 동년 4월 30일 참 제19호 정무총감 회답)

○ 요지

1. 남편과 동거하는 첩이 소송을 제기하거나 소송의 상대방이 되는 것은 남편의 허가를 요한다.
2. 남편과 동거하는 첩이 부동산을 매수하는 것은 남편의 허가를 요한다.
3. 전항의 경우에 첩이 독단으로 부동산을 매수했을 때는 남편은 취소할 수 있지만 무효는 아니다.
4. 「민법」 제19조에 규정된 바와 같은 관습은 없다.

○ 조회

1. 남편과 동거하는 첩이 소송을 제기하는 데 남편의 허가를 받아야만 하는가?
2. 남편과 동거하는 첩이 소송의 상대방이 되었을 때는 남편의 허가를 필요치 않는가?
3. 남편과 동거하는 첩이 부동산을 매수할 때에는 그 남편의 허가가 필요한가?
4. 만약 위의 경우에 허가를 얻지 못하고 매수했다면 그 매매는 무효가 되는가, 아니면 단순히 취소를 해야 할 것이 되는가?
5. 의사능력이 있는 미성년자(예를 들면 13세)가 법정대리인의 허가를 얻지 않고 그 소유 부동산을 매도했을 때는 그 법정대리인은 이를 취소할 수 있는 것은 『관습조사보고서』 14, 15항에 기재되어 있지만 위의 경우에 매주인 상대방은 일본 「민법」 제19조와 같은 권리를 갖는가?

○ 회답

1. 남편과 동거하는 첩이 원고가 되어 소송을 제기하기 위해서는 남편의 허가를 요한다. 또 소송의 상대방이 되었을 때에도 스스로 소송행위를 하기 위해서는 남편의 허가를 요한다.
2. 남편과 동거하는 첩이 부동산을 매수할 때는 남편의 허가를 요한다.
3. 위의 경우에 첩이 독단으로 부동산을 매수한 경우에는 남편은 이를 취소할 수 있지만 무효는 아니다.
4. 5의 경우에 대해서는 「민법」 제19조에 규정되어 있는 것과 같은 관습은 없다.

[158] 첩 출가의 경우에 재취의 효력에 관한 건(1915년(大正 4) 5월 1일 경성지방법원장 조회, 동년 6월 24일 조추발 제89호 정무총감 회답)

○ 요지

1. 예전에 양반의 아내가 무단가출하여 2, 3년 소재불명이기 때문에 다른 여자와 혼인하였을 때는 이로 인하여 전처를 이혼한 것으로 볼 관습이 있다.
2. 전항의 관습은 상민에게서도 다르지 않다.

3. 위 전처의 부재중 그 부모가 혼서를 남편의 가에 반환하였을 때는 이혼을 용인한 증거로서 볼 수 있다.

○ 조회

1. 1840년(道光 20)경에 혹 양반의 정처가 무단가출하여 소재불명이 2, 3년에 달하였을 때 그 남편이 이혼의 수속을 하지 않고서 다시 다른 여자를 식을 올려 맞아들인 후, 1, 2년이 되어서 전처가 돌아온 이래 그 남편은 전처와 후처와 동시에 부부의 사실을 이어 갔다. 위의 경우에
   1) 전처, 후처 누가 정처인가?
   2) 그 남편이 상민일 때는 그 관습에 다른 바가 있는가?
   3) 전처가 소재불명 중 그 아버지 또는 어머니가 혼서지를 남편 가에 반환하였을 때는 혼인 해소를 인정할 수 있는가?

○ 회답

1. 1840년경 양반의 처가 무단가출하여 소재불명이 2, 3년에 달하였기 때문에 남편이 특별히 이혼의 수속을 하지 않고 다시 식을 올려 다른 여자를 아내로 맞이한 후 1, 2년이 되어서 전처가 귀가하여 그 후 같이 산 경우에는 그 재취로 인하여 전처를 이혼한 것이라 볼 관습이 있음으로써 특별히 이혼의 수속을 하고 다시 후처를 아내로 맞이하는 경우와 다를 것이 없다. 고로 후처만이 아내라고 할 수 있다.
2. 위의 경우 남편이 상민일 때라도 다른 관습은 없다.
3. 전처의 부재중 그 아버지 또는 어머니가 혼서를 남편의 가에 반환한 경우는 아내의 부모가 이혼을 인정한 증거로 볼 수 있다.

[159] 가족 사망의 경우에 유산상속에 관한 건(1915년(大正 4) 5월 22일 평양지아법원 민사부 재판장 조회, 동년 6월 24일 조추발 제90호 정무총감 회답)

○ 요지
1. 가족이 사망하고 아내와 딸이 있는 경우는 그 유산은 아내에게 상속한다.

○ 조회
1. 갑을이 있어 을은 갑호주의 가족으로서 동거 중 특유재산을 남기고 사망하였다. 그런데 을은 친어머니[實母] 및 호주인 형 갑 외에 아내와 딸 하나를 남겼다. 이 경우 누가 유산상속을 해야 할 자가 되는가? 만약 여러 명이 상속을 해야 한다면 그 상속분은 어떠한가?
위 어머니는 형 갑의 서모로서 갑의 호적 내에는 있지 않은 자이다.

○ 회답
1. 가족이 사망하고 형인 호주, 어머니, 아내 및 딸이 있는 경우에는 그 유산은 아내에게 상속해야 한다.

[163] 독자(獨子)를 양자로 삼는 경우에 관한 건(1915년(大正 4) 6월 24일 평양지방법원 조회, 동년 7월 7일 조추발 제97호 정무총감 회답)

○ 요지
1. 독자인 장남은 본가 상속의 경우에 한해 다른 가에 양자가 될 수 있다.

○ 조회
1. 관습상 남의 장남으로서 독자인 자가 친아버지의 종제(從弟)에 해당하는 자가 사망한 경우에 양자가 되는 일은 불가한가?

○ 회답
1. 독자인 장남은 다른 가의 양자가 될 수 없지만 본가 상속의 경우에 한해 다른 가의 양자가 될 수 있는 것이 관습이다.

[164] 대습상속에 관한 건(1915년(大正 4) 7월 9일 해주지방법원 민사부 재판장 조회, 동년 9월 4일 조추발 제124호 정무총감 회답)

○ 요지
1. 상속인인 아버지가 상속을 개시하기 전에 사망하고 적자가 없을 때는 서자는 당연히 승중(承重)에 따라 상속한다.
2. 전항의 경우에서 호주인 할아버지가 죽은 아버지를 위해 양자를 지정하거나 혹은 조부의 사후 즉시 죽은 아버지의 아내, 친족 등이 양자를 하였을 때는 서자는 상속인이 될 수 없다.

○ 조회
1. 아버지가 상속 개시 전에 사망하고 그 적출자가 없이 서자만 있을 때는 그 서자는 하등의 수속을 필요치 않고 당연히 아버지를 대신하여 제사상속을 할 수 있는 것인가?(소위 대습상속) 혹은 수속을 하지 않으면 그 상속인이 될 수 없다면 어떤 수속을 해야 하는가?
2. 또 만약 위의 경우에 할아버지가 그 생전에 대습상속인으로서 아들(서자의 죽은 아버지)의 양자를 지정하거나 혹은 할아버지가 사망 직후에 서자의 아버지의 아내 및 친족 등에서 대습상속인이 될 망부를 위한 양자를 한 경우에는 서자는 그 대습상속을 할 수가 없는가?

○ 회답
1. 상속인인 아버지가 상속 개시 전에 사망하고 적자가 없이 서자만 있을 때는 서자는 승중에 따라 당연히 상속을 하며 하등 수속을 요하지 않는다.
2. 위의 경우에 호주인 할아버지가 사망한 아버지의 양자를 지정하거나 혹은 할아버지의 사후에 즉시 사망한 아버지의 아내, 친족 등에서 죽은 아버지의 양자를 하였을 때는 서자는 상속을 할 수 없다.

[167] 부양에 관한 건(1915년(大正 4) 11월 5일 평양지방법원 민사부 재판장 조회, 동년 11월 18일 조추발 제185호 정무총감 회답)

○ 요지
1. 여자가 회임 중 이혼을 하고 분만 후에 이 아이를 데리고 개가한 경우라도 친부[實父]는 그 자녀에 대해 부양의 의무가 있다.

○ 조회
1. 여자가 회임했을 때 이혼을 하고 분만 후에 이 아이를 데리고 다른 이와 결혼한 경우에 친부는 부양의 의무가 있는가? 그에 대한 관습.

○ 회답
1. 여자가 회임 중 이혼을 하고 분만 후에 이 아이를 데리고 개가한 경우라도 친부는 부양의 의무가 있다.

[168] 유산상속에 관한 건(1915년(大正 4) 11월 22일 대구지방법원 상주지청 조회, 동년 12월 25일 조추발 제208호 정무총감 회답)

○ 요지
1. 남자가 없이 호주가 사망하였고 딸이 하나 있지만 출가하였고 양자를 하지 않았을 때 호주의 형제 및 그 자손이 있어도 그 가는 끊어지고 유산은 출가한 딸에게 돌아가고 다시 제사자(祭祀者)에게 옮기는 것을 관례로 한다.
전항의 경우에 사망한 호주의 제사는 출가한 딸이 지정한 외손, 지정하지 않았을 때는 외장손이 이를 맡는다.

○ 조회
1. 지금으로부터 무릇 300년 전 무렵 어떤 가의 호주가 사망하고 그 가에는 남자가 없고

하나뿐인 딸은 다른 가에 시집가서 4남을 얻었다. 더욱이 다른 면에 그 호주의 형제 및 자, 그 손이 있는 경우에 그 호주의 유산을 상속하고 제사를 행할 권리와 의무가 있는 자는 누구인가? 그리고 그 순위에 대해서 당시의 관습 즉 다른 가로 시집간 호주의 딸이 먼저 상속을 한 후 그 아들이 상속하는가? 혹은 즉시 호주의 외손인 딸의 아들이 유산상속을 하고 동시에 제사의 권리 의무 관계가 발생하는가? 혹은 외손 상속한다고 하여도 외장손이 먼저 당연히 단독으로 상속하는가 혹은 외손 전부가 공동 상속하는가? 혹은 호주의 딸이 먼저 상속을 하는 경우가 있다면 그 지정에 의해서 상속이 인정되는 것인가 아닌가? 혹은 외장손이 자기의 가 및 친족의 가 제사를 지낼 수 없는 관습이 있는가? 혹은 외차손이 그 호주의 가의 제사를 지내는 관습이 있는가?

○ 회답
1. 호주가 사망하고 가에 남자가 없는데 하나뿐인 딸이 출가하고 양자를 하지 않았을 때는 가령 출가한 딸에게 아들이 있고 또 사망한 호주의 형제 및 그 자손이 있어도 그 가는 단절한다. 그리고 이와 같은 경우에는 유산은 결혼한 딸에게 돌아갔다가 다시 제사자에게 옮기는 것을 관례로 한다. 사망한 호주의 제사는 결혼한 딸의 지정에 의하여 외손 중에 이를 담당하지만 특별히 지정을 하지 않았을 때는 외장손이 이를 맡는 것으로 한다.

[175] 의붓자식[加捧子]의 양육료 청구에 관한 건(1916년(大正 5) 1월 15일 평양지방법원 재판장 조회, 동년 2월 2일 조추발 제40호 정무총감 회답)

○ 요지
1. 아내의 전남편의 자식을 임의로 양육한 경우는 그 친부[實父]에 대해 과거의 양육료를 청구할 수 없다.

○ 조회
1. 조선에서 전남편의 자식을 데려온 여성의 남편이 그 자식의 친부와 특약을 하지 않고

의붓자식을 양육한 경우에 위 남편이 그 친부에 대해 과거의 양육료를 청구할 수 있는 관습이 있는가?

○ 회답

1. 아내의 전남편의 자식을 임의로 동거하며 이를 양육한 경우에는 관습상 그 자녀의 친부에 대해 과거의 양육료를 청구할 수 없다.

[176] 과부의 재가 및 서자 상속에 관한 건(1916년(大正 5) 2월 1일 경성복심법원 민사 제2부 재판장 조회, 동년 2월 12일 조추발 제49호 정무총감 회답)

○ 요지

1. 1894년(이씨 개국 503년) 6월 이후는 과부의 재가는 자유이다.
2. 서자가 가를 계승하기 위해서는 사당에 고하는 관례가 있고 이를 승적이라고 말하지만 반드시 필요한 수속은 아니다.
3. 미성년의 서자가 가를 계승하여 그 가에 적모가 없을 때는 가에 있는 생모가 친권을 행사한다.

○ 조회

1. 과부는 시집가서 아내가 될 수 있는 것이 관습인가?
2. 서출의 남자는 적출자가 없을 때 가독상속을 할 수 있는가?
   위 상속에 대해서는 하등의 수속을 요하지 않는가?
3. 가독상속을 한 서자가 미성년자이고 집에 적모가 없는 경우에 그 생모는 친권을 행사할 수 있는가?

○ 회답

1. 1894년까지는 재가를 금하였지만 동년 6월의 의안에서 그 금지를 해소한 이후 재가는 자유가 되었다.

2. 서자가 가를 계승하기 위해서는 사당에 고하는 관습이 있다. 이를 승적이라 하지만 구태여 필요한 수속은 아니다. 따라서 서자의 상속에는 특별한 수속을 요하지 않는다.
3. 미성년자인 서자가 가를 계승한 후 그 가에 적모가 없을 때는 가에 있는 생모가 친권을 행사하는 것으로 한다.

[177] 친권에 관한 건(1916년(大正 5) 1월 25일 공주지방법원 재판장 조회, 동년 2월 16일 조추발 제52호 정무총감 회답)

○ 요지
1. 적모 및 생모가 가를 같이하는 서자의 친권자는 적모가 된다.
2. 가를 같이한다는 것은 동일 가적에 있다는 것을 말한다.

○ 조회
1. 가족인 서자에게 적모와 생모가 있고 함께 동일 가에 있는 경우에 서자의 친권자는 적모인가 생모인가?
2. 동일 가에 있다는 것은 민적부에 의해서 결정되어야 하는가? 혹은 동거하는 실제의 사실에 기초하여 결정되어야 하는가?

○ 회답
1. 적모 및 생모와 가를 같이하는 서자의 친권자는 적모이다.
2. 가를 같이한다는 것은 동일 가적에 있다는 것을 말하는 것으로 이 경우에는 동일 민적에 있어야만 한다.

[178] 파양 및 이혼에 관한 건(1916년(大正 5) 1월 25일 공주지방법원재판장 조회, 동년 2월 16일 조추발 제53호 정무총감 회답)

○ 요지
1. 양자가 호주가 된 후에도 낭비를 하여 가산을 위태롭게 한 바 있는 경우, 가명을 더럽히는 중대한 죄를 범한 경우, 불효가 심한 경우 등에는 파양할 수 있다.
2. 협의상의 이혼 또는 파양하는 경우에는 부모 또는 호주의 동의를 요하는 외에 하등의 수속이 없다.

○ 조회
1. 호주의 사망 후 양자로서 입가하여 민적부상에 이미 호주로서 등록된 자는 절대로 파양을 허용하지 않는가?
2. 이혼 혹은 파양은 당사자의 합의의 계약에 의해 즉시 그 효과를 발생시키는 것으로 간주해야 하는가? 혹은 계약 이외에 일방이 집을 떠나거나 혹은 다른 조건을 구비하는 것을 필요로 하는가?

○ 회답
1. 호주 사망 후 양자가 되어 호주가 된 자라도 비록 낭비를 하여 가산을 위태롭게 한 바가 있는 경우, 가명을 더럽힐 만한 중대한 죄를 범한 경우, 혹은 불효가 심한 경우 등에는 파양할 수 있다.
2. 협의에 의한 이혼 혹은 파양의 경우에는 부모 또는 호주의 동의를 요하는 외의 하등의 관습상 수속은 없다.

[179] 유산처분에 관한 건(1916년(大正 5) 3월 10일 내무부장관 조회, 동년 4월 6일 조추발 제105호 중추원서기관장 회답)

○ 요지
1. 상속인 불명의 행려사망자의 유류품은 사망지의 리(里)에서 매장비·제사비로 충당하고 상속인이 없는 것이 분명하게 되었을 때는 나머지는 리의 소유로 한다.
2. 상속인이 없는 경우에 유산은 가까운 친족의 소유로 돌아가고 가까운 친족이 없는 경

우에는 친족 협의 후에 귀속자를 정하고 친족이 없을 때는 리의 소유로 한다.

○ 조회
1. 상속권리자 또는 수유자(受遺者) 등의 유무가 판명되지 않은 행려사망인의 유류금품 처분에 관한 관례
2. 상속인이 없는 경우에 유산 처분에 관한 관례

○ 회답
1. 상속인 또는 수유자의 유무가 판명되지 않은 행려사망자의 유류품은 사망한 리(里)에서 이를 그자의 매장비로 충당하고 남은 것은 리의 재산으로 공동 관리하며 매년 제사비로 쓴다. 상속인 또는 수유자가 나타나지 않은 것이 분명하게 되었을 때는 리의 소유로 돌아간다.
2. 상속인이 없는 경우에 유산은 가까운 친족의 소유로 되고 가까운 친족이 없을 때는 친족 협의 후에 귀속자를 정하며, 만약 친족이 없을 때는 리의 소유로 한다.

[181] 친권에 관한 건(1916년(大正 5) 3월 18일 평양지방법원 신의주지청 재판장 조회, 동년 4월 14일 조추발 제116호 정무총감 회답)

○ 요지
1. 친권자가 친권을 남용하거나 혹은 품행에 바르지 못한 행위가 있을 때라도 재산의 관리 이외에는 친권을 제한하거나 혹은 이를 박탈할 수 없다.

○ 조회
1. 조선인인 친권자가 친권을 남용하거나 혹은 현저한 품행이 바르지 못한 행위를 하였거나 혹은 자식의 재산을 위태롭게 하였을 때는 친권의 전부 혹은 일부를 박탈하는 관습이 있는가? 있으면 그 수속.

○ 회답

1. 조선인인 친권자가 친권을 남용하거나 현저하게 품행이 바르지 못한 행위를 하고 자식의 재산을 위태롭게 하였을 때는 그 관리권을 제한할 수 있는 것은 관습이 인정하는 바이지만 재산의 관리 이외에는 친권에 제한을 가하거나 혹은 이를 박탈할 수는 없다.

[182] 양자 선정에 관한 건(1916년(大正 5) 3월 17일 평양지방법원 정주지청 조회, 동년 4월 14일 조추발 제117호 정무총감 회답)

○ 요지

1. 호주가 사망하고 그 처와 사망 호주의 아버지의 첩이 있는 경우에는 사망 호주의 처에게 양자를 선정케 하는 것으로 한다.
분가한 아들을 본가의 양자로 삼는 경우에는 장자라도 꺼리지 않는다.

○ 조회

1. 여기에 갑 호주, 동인의 처 을, 갑 호주의 사망한 아버지의 첩 병의 3인이 있는데, 갑 호주가 사망한 경우에 양자의 선정권을 갖는 자는 갑 호주의 처 을인가 혹은 갑 호주의 사망한 아버지의 첩 병인가?
2. 위 경우에 관습상 사망한 호주의 처 을에게 양자 선정권이 있다고 하여 동인이 사망 호주와 6촌 관계에 있는 자의 장남 정을 (양자로) 선정할 수 있는가? 말하자면, 장남은 타가의 양자가 될 수 있는가?

○ 회답

1. 호주, 호주의 처 및 호주의 사망한 아버지의 첩이 있는 경우에 호주가 사망하였을 때는 그 처가 양자를 선정하도록 한다.
2. 보통의 경우에는 타가의 장가를 양자로 삼을 수 없지만 분가한 아들을 본가의 양자로 삼는 경우에는 장자일 때라도 상관없다.

[186] 종가(宗家) 상속에 관한 건(1916년(大正 5) 4월 25일 대구지방법원 합의부 재판장 조회, 동년 6월 7일 조추발 제170호 정무총감 회답)

○ 요지

1, 2. 종손이 후사가 끊긴 경우에는 그다음 종손이 제사를 승계하고 그 차종손도 역시 후사가 끊겼을 때는 순차로 그다음 동생이 종가를 상속한다.
3. 종가에서 나와 타가의 양자가 된 자는 생가가 후사가 끊긴 경우라고 하더라도 파양하고 (본가로) 복귀한 후가 아니라면 그 가를 상속할 수 없다.
4. 생양가 봉사라는 것은 타가의 양자가 된 자가 양가의 제사상속을 함과 동시에 사실상 생가의 제사를 행하는 경우를 말한다.

○ 조회

1. 종손이 후사가 없는 경우에 그 차종손으로 하여금 종가의 제사를 상속하게 하고 그 분묘를 지키고 봉사케 하는 것이 관례인가 아닌가?
2. 차종손이 만일 종손가의 제사상속을 해야 하는 관례가 있어서 그가 상속을 한 경우, 그 차종손도 역시 후손이 끊기게 되었을 때는 순차로 그다음 동생에게 종가의 제사상속을 하게 하고 그 분묘를 수호하고 봉사하는 것이 관례인가 아닌가?
3. 종가에서 나와 타가의 양자가 된 자는 종가가 대가 끊긴 경우에 생가인 종가를 상속하고 그 분묘를 봉사하는 관례가 있는가 아닌가?
4. 소위 생양가를 봉사하는 관례가 있는가? 만약 있다면 어떠한 경우를 칭하는가?
5. 갑 제3호증과 같은 계보의 경우에는 조선에서는 종가 사주(師周)의 제사상속인이 되어 그 분묘를 봉사하는 자는 은(殷)이 되는가? 만약 은이 된다면, 은의 가가 후사가 끊긴 경우는 한(漢) 또는 그 자손이 되는가?

또는 은의 막내아들로 타가에 양자가 된 윤기(允奇) 혹은 그의 자손이 상속하는 것이 되는가?

만약 윤기 혹은 그 자손이 종가를 상속해야 하는 것이 된다면 이를 생양가 봉사라고 칭하는가?

○ **회답**

1, 2. 종손이 후사가 끊긴 경우에는 그 차종손이 종가의 제사상속을 하고 차종손도 역시 후사가 끊겼을 때는 순차로 그 다음 순서에 따라 종가의 상속을 할 수 있다. 그리고 상속을 한 자는 당연히 그 가의 분묘를 지키고 조상의 제사를 행하는 것으로 한다.

3. 종가에서 나와 타가의 양자가 된 자는 생가가 후사가 끊긴 경우라고 하더라도 파양하고 복귀한 후가 아니면 그 가를 상속할 수 없다.

4. 생양가 봉사란 타가에 양자가 된 자가 양가의 제사상속을 하면서 동시에 사실상 생가의 제사를 행하는 경우를 말한다.

5. 갑 제4호증[166]과 같은 경우에 종가 사주의 제사상속인이 되어야 하는 자는 은(殷)으로 은이 후사가 없는 경우에는 한(漢) 또는 그 자손이 된다.

---

[166] 지면의 한계상 인물명의 한문 병기가 어려워 해당 인물의 한자 표기를 여기에 제시한다.
1세: 정옹(鄭雍)
형(兄)의 가계(본종파)
    2세: 사주(師周)
    4세: 윤언(允彦) 윤공(允恭) 윤광(允匡) 윤신(允信) 윤기(允奇) 윤성(允誠)
    5세: 원종(元宗) 원량(元良) 원수(元壽) 원로(元老) 원필(元弼) 승조(承祖)
    6세: 래인(萊仁) 문숙(文俶) 필(苾) 창(昌) 언준(彦寯) 언굉(彦宏)
    7세: 백(伯) 흥서(興瑞) 홍종(興宗) 기무(基武) 선무(宣武) 사무(思武) 이무(而武) 시무(時武)
    8세: 자겸(自謙) 자신(自新) 자구(自久) 자후(自厚) 자강(自强) 자고(自固)
    9세: 란성(蘭成) 하성(夏成) 하(河) 두응(斗應) 대성(大成)
    10세: 지기(之岐) 지순(之峋) 지급(之岌) 지태(之泰) 시화(是華) 학(嶨)
    11세: 태구(泰耉) 태술(泰茂) 태관(泰觀) 일휴(日休) 일규(일규) 태항(泰恒)
    12세: 동로(東魯) 동섬(東暹) 동호(東昊) 가상(可相) 홍상(弘相) 동익(東翼)
    13세: 치희(致熙) 택희(澤熙) 재희(載熙) 길희(吉熙) 제희(躋熙)
    14세: 인룡(仁龍) 인대(仁大) 인기(仁基) 양택(陽宅) 인기(仁箕) 인중(仁重)
    15세: 상관(尙寬) 유관(有寬) 해관(海寬) 세관(世寬) 부관(敷寬) 길관(吉寬)
    16세: 원탁(源倬) 원조(源朝) 원동(源東) 원흥(源興)
    17세: 태모(泰模) 하모(夏模) 후모(厚模) 우모(禹模)

제(弟)의 가계
    •2세: 복주(復周) •3세: 태(溱) 환(渙) •4세: 윤망(允網) 윤기(允奇) •5세: 호(豪) 원충(元忠) •6세: 식(湜) •7세: 영후(榮後) •8세: 결(絹) •9세: 요봉(堯封) •10세: 지전(之銓) •11세: 태동(泰東) •12세: 옥상(玉相) •13세: 필희(必熙) •14세: 인택(仁宅) 양택(陽宅) •15세: 수돈(銹暾) •16세: 종유(宗裕) 원유(源裕) •17세: 람모(覽模) •18세: 휘세(輝世) •19세: 기수(箕壽)

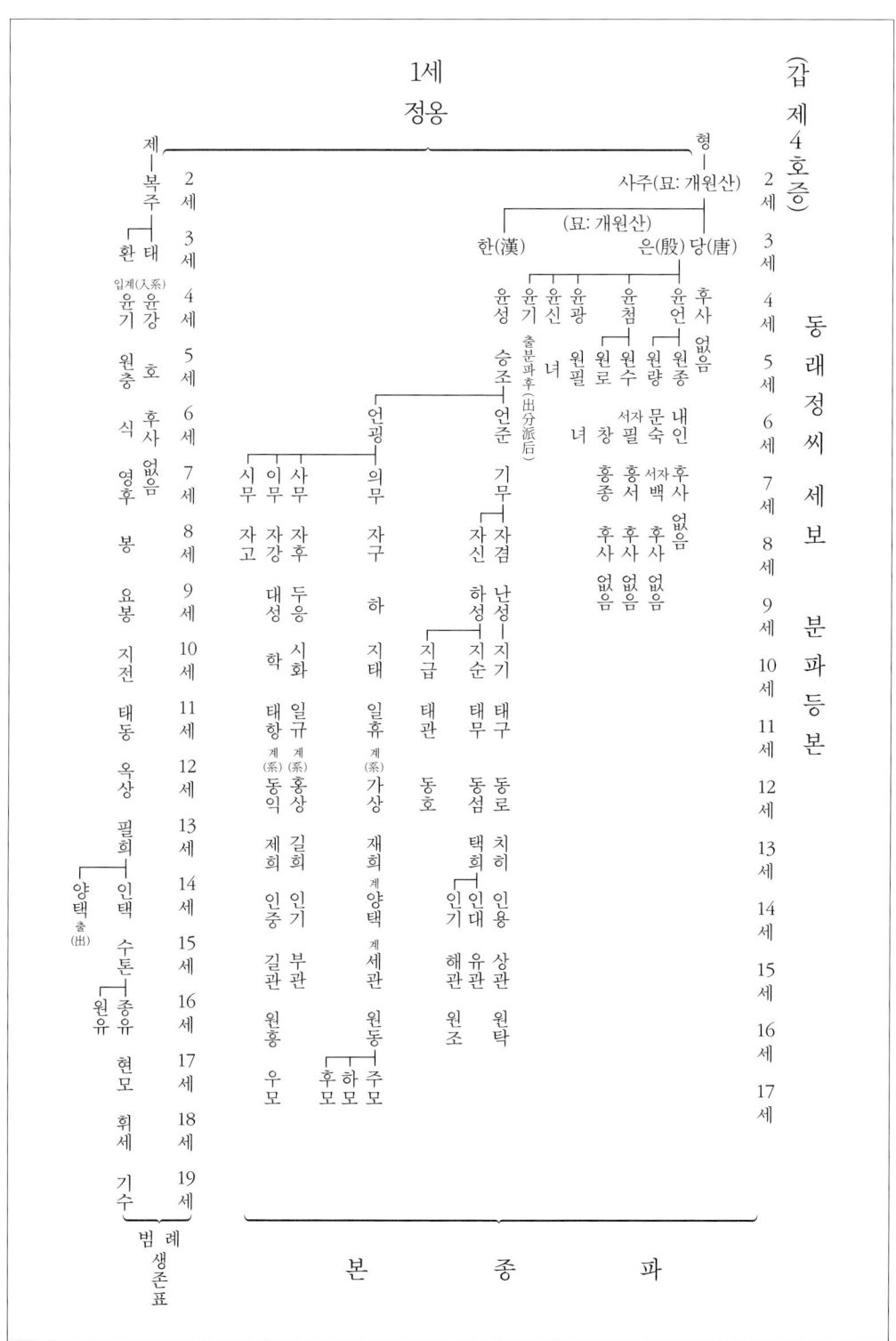

[187] 미혼자의 분가에 관한 건(1916년(大正 5) 5월 6일 공주지방법원 재판장 조회, 동년 6월 7일 조추발 제171호 정무총감 회답)

○ 요지
1. 성년의 기혼 남자가 아니면 분가를 할 수 없다. 단 서자는 미혼·미성년인 자라도 아버지의 사후는 생모와 함께 분가를 할 수 있다.

○ 조회
1. 조선에서는 장자 이외의 아들이라도 미혼의 미성년자는 절대로 분가를 할 수 없는 관습이 있는가? 또는 장자 이외의 서자는 미혼·미성년임에 불구하고 아버지의 사망 후에 그 생모와 함께 분가를 할 수 있는 관습이 있는가?

○ 회답
1. 조선의 관습에서는 성년인 기혼의 아들이 아니라면 분가를 할 수 없는 것이 관례이지만, 서자(장서자(長庶子)를 제외)는 미혼의 미성년이더라도 아버지의 사망 후에는 생모와 함께 분가를 할 수 있다.

[195] 서자 및 양자 상속에 관한 건(1916년(大正 5) 6월 10일 경성지방법원장 조회, 동년 9월 22일 조추발 제259호 정무총감 회답)

○ 요지
1. 서자만 있는 호주가 양자를 들이지 않고서 사망한 때는 그 서자에게 상속하는 것을 원칙으로 하지만, 일부 사회에서는 사망 호주의 아내가 사망한 남편을 위해 양자를 하고 상속을 시키는 관습이 있다.
대종가에서는 문회는 사망한 호주의 아내의 의사에 반하여 양자를 선정할 수 있는 관습이 있다.
양자라 할 만한 자에 대해 사망한 호주의 아내와 문회가 의견을 달리할 때는 사망한 호주의 아내의 의견에 따라야만 한다.
2. 서자만 있는데 기혼으로서 사망하였으며 다음 호주 역시 사망한 경우에는 사망한 호주 또는 사망한 서자를 위한 양자를 하는 것은 관습상 지장이 없는 바이다. 서자를 1대로 헤아려 그 양자로서 승중 상속을 시킬 것인가 아닌가는 사망한 호주의 아내와 문회의 의견에 따르는 것으로 한다.

전항의 경우에 사망한 호주 및 사망한 서자의 양자를 선정하는 자는 그 아내 및 문회이다.
3. 처의 사망 후 첩으로서 처로 하는 것을 인정하지 않지만 근래 이를 인정하기에 이르러, 첩이 처가 될 때는 첩일 때에 낳은 자식은 부모의 혼인일로부터 적자인 신분을 취득한다. 대종가인가 아닌가에 따른 차이는 없다.

○ 조회
1. 서출의 아들만 있고 적출의 아들이 없는 아버지(호주)가 양자를 삼지 않고 사망한 경우에 해당 서자는 당연히 죽은 아버지를 상속하는가? 혹은 양자가 되어야 할 항렬자가 없을 때에 한해서 죽은 아버지를 상속하는 관습이 있는가? 대종손가인가 아닌가에 따라 다른 관습이 있는가?

위 경우에서 죽은 아버지의 정처는 사후양자를 삼고 서자를 상속시키지 않을 수 있는가? 또 문회는 정처의 의사에 반하여 사후양자를 선정하고 서자를 상속시키지 않을 수 있는가?

또 위 문회의 결의에 반하여 정처는 사후양자를 삼을 수 있는 관습이 있는가?
2. 서출의 아들만 있고 적출의 아들이 없는 아버지(호주)가 그 서자에게 아내를 데리고 있게 하였지만 해당 서자가 사망하고 그 후 아버지도 역시 사망한 경우에 양자를 정함에 당해서는 죽은 아버지의 사후양자를 정해야 하는 것인가 아니면 죽은 서자를 세수에 헤아려 넣어서 해당 죽은 서자의 사후양자를 정하는 것이 관습인가?

위 경우에 양자를 선정하는 자는 죽은 아버지의 정처인가, 죽은 서자의 정처인가 혹은 문회는 죽은 아버지의 정처 또는 죽은 서자의 정처 의견에 반하여 양자를 정할 수 있는 관습이 있는가?

3. 첩은 정처 사망 후 그 남편의 후처가 될 수 있는 관습이 있는가? 만약 그것이 있다면 그 서자는 적출자가 되는 신분을 취득할 수 있는 것이 관습인가? 단 1915년(大正 4) 관통첩 제240호 발포 전의 관습.
이 경우에 대종손가인가 아닌가에 대해서 동일한 것이 관습인가?

○ **회답**

1. 서자만 있고 적자가 없는 호주가 양자를 삼지 않고서 사망한 경우에는 그 서자에게 당연히 상속을 하는 것을 원칙으로 하고 양자가 될 만한 항렬의 자가 없을 때에 한하여 상속을 하는 것은 관습이 아니다. 그리고 대종가인가 아닌가에 따라 달라지는 것은 없다. 그럼에도 사망한 호주의 아내는 위의 경우에 상속을 위한 양자를 선정할 수 있는 관습이 일부의 사회에서 존재함으로써 이러한 양자가 있을 때는 서자는 상속을 할 수 없는 것으로 한다.
   문회는 사망한 호주의 아내의 의견에 반하여 양자를 선정할 수 없지만 만약 그 가가 대종가일 때는 사망한 호주의 아내가 서자로서 상속시키려고 하는 의사가 있을 때라도 문회에서 양자를 선정할 수 있는 것이 종래의 관습이다. 그러나 그 양자가 될 만한 자에 대해 사망한 호주의 아내와 문회가 의견이 다를 때는 사망한 호주의 아내의 의견에 따라야만 한다.
2. 서자만 있고 적자가 없는 호주가 그 서자에게 아내를 데리고 있게 한 후 해당 서자가 사망하여 그 후 호주 역시 사망한 경우에는 사망한 호주 또는 사망한 서자의 양자를 하는 것은 관습상 지장이 없는 바이다. 그러나 서자를 1대로 헤아려 그 양자로서 승중상속을 하게 하는가 아닌가는 사망한 호주의 아내 또는 문회의 의견에 따르는 것으로 한다. 위 경우에 사망한 호주의 양자를 선정하는 자는 사망한 호주의 아내 또는 문회이지만 사망한 서자의 양자를 선정하는 자는 사망한 서자의 아내 혹은 문회가 된다.
3. 첩이 처의 사망 후 처가 되는 것은 이를 인정하지 않지만 근래 이를 인정하기에 이르렀다. 그리고 첩이 처가 되었을 때는 서자는 그 날로부터 당연히 적자인 신분을 취득한다. 대종가인가 아닌가에 따른 구별은 없다.

[196] 양자 선정에 관한 건(1916년(大正 5) 7월 31일 평양지방법원 민사부 재판장 조회, 동년 9월 22일 조추발 제260호 정무총감 회답)

○ 요지
1. 장남이 대를 이을 아들이 없이 사망했을 때는 그의 아버지가 양자를 선정한다.
2. 전항의 경우에 사망한 장자의 아내는 양자의 선정에 이의를 제기할 수 없다.
3. 위 양자 선정 전에 아버지가 사망한 경우에도 차남은 형수에 대해 양자의 선정을 청구할 권리를 갖지 않는다.
4. 전항의 경우에는 사망한 장남의 아내가 양자를 선정한다.

○ 조회
1. 조선에서 일반의 관습으로서 장남이 사망하고 그 상속인이 없는 경우에 부모되는 자(장남의 아버지)가 그 장남의 양자를 선정하고 장파(長派)[167]의 선조 및 자기의 제사를 행하게 할 권리가 있는가 없는가?
2. 위의 경우에 장남의 아내(미망인)는 단지 부모(장남의 아버지)의 명령에 따라 하등의 이의 없이 양자 선정의 일에 동의할 관습이 있는가 없는가?
3. 위 양자를 선정하기 전에 장남의 아버지 또는 사망한 장파가 폐절이 된 경우에는 그 차남은 부모의 권리를 승계하여 장남의 처에 대해 장형의 양자 선정의 일을 청구할 권리가 있는가 없는가?
4. 위의 경우에 장남의 아내(과부)는 당연히 양자 선정의 수속을 이행하여 장파의 선조 및 부모 또는 사망한 남편의 제사를 행하게 할 의무가 있는가 없는가?

○ 회답
1. 장남이 사망하고 봉사자가 없는 경우에는 그 아버지는 장남의 양자를 정하여 사망한 장남의 제사를 행하게 하는 것이 관습이다.

---

167 맏아들의 갈래.

2. 위의 경우에 장남의 아내는 그 양자 선정에 이의를 제기할 수 없다.
3. 위의 양자 선정 전에 장남의 아버지가 사망하고 절손이 된 경우에 차남은 사망한 장남의 아내에 대해 양자 선정의 청구를 할 권리가 없다.
4. 위 경우에 사망한 장남의 아내는 죽은 아버지의 양자를 선정해야 한다.

[197] 상속 및 의붓자식[加捧子]에 관한 건(1916년(大正 5) 8월 26일 평양복심법원장 대리 조회, 동년 9월 22일 조추발 제261호 정무총감 회답)

○ 요지
1. 호주의 장남이 기혼으로 아들이 없이 사망하고 차남 역시 기혼으로 딸 하나를 남기고 사망하고 그다음 호주도 사망하고 장남의 처는 다른 곳으로 개가를 하고 3남은 처자를 두고 차남의 처자와 동거하는 경우에 차남의 유자에 대한 보호 감독은 차남의 아내가 하는 것으로 한다.
  전항의 경우에 망장자에게 양자를 삼기까지는 그 가는 끊어진 상태에 있는 것이다.
2. 과부는 일단 친정으로 돌아간 후가 아니라면 재가를 할 수 없다. 또 그 딸을 재혼가의 가족으로 삼는 것은 양가 호주의 동의를 요한다.
3. 전항의 딸이 어머니의 재혼가의 가족이 되었을 때는 그 보호 감독은 어머니가 재혼한 남편이 해야만 한다.

○ 조회
1. 호주 갑에게 아들 셋이 있는데 상속 개시 전에 장남은 처를 맞아 아들이 없이 사망하였고 차남도 처를 맞아 딸 하나를 남기고 사망하였고 그다음 호주가 사망하였다. 장남의 아내는 그 후 다른 곳으로 재가하였고 삼남은 처자를 두고 현존하며, 차남의 아내는 여아(당 9세)과 함께 삼남과 동거하였다. 위 여아에 대해 보호 감독의 권리 의무는 누구에게 속하는가? 또 갑가의 상속은 위 삼남이 이를 행해야만 하는가?
2. 위 차남의 과부가 다른 곳에 재가하기에 당하여 앞서 기술한 여아를 재혼가에 데리고 갈 수 있는가? 또 아이를 데리고 재혼하는 데 대해 위 삼남 혹은 기타의 자의 동의를 요

하는가? 단, 위 삼남은 여아의 최근친 존속이다.
3. 재혼하면서 아이를 데려갈 수 있을 때는 동 여아에 대해 보호 감독의 권리 의무는 이후 누구에게 속하는가? 또 그 여아의 적은 어느 가에 속해야 하는가?

○ 회답
1. 호주(남)에게 세 아들이 있고 상속 개시 전 장남이 아내를 맞이하고 아들 없이 사망하고 차남도 역시 아내를 맞이하고 딸 하나를 남기고 사망하고 다음으로 호주가 사망하였다. 장남의 아내는 그 후 다른 곳으로 재혼을 하였고 삼남은 처자를 두고 차남의 아내와 그 딸(9세)과 동거하는 경우에 위 딸에 대한 보호 감독은 차남의 아내가 이를 행해야만 한다. 또 그 가의 상속은 장남에게 양자를 삼기까지 절사의 상태에 있는 것이다.
2. 차남의 과부는 일단 친정으로 복귀한 후가 아니면 재혼을 할 수 없다. 그리고 재혼의 경우에 그 딸을 재혼가의 가족으로 삼기 위해서는 양가 호주의 동의를 요한다.
3. 전항의 딸이 재혼가의 가족이 되었을 때는 그 보호 감독은 그 생모의 남편이 이를 해야만 하는 것으로 그 딸의 가적은 입적한 가에 있어야 하는 것은 물론이다.

[198] 첩인 자가 정처가 될 수 있는가 없는가에 관한 건(1916년(大正 5) 9월 13일 평양지방법원 조회, 동년 9월 30일 조추발 제268호 정무총감 회답)

○ 요지
1. 첩은 처의 이혼 후라도 처가 될 수 없지만 근래 처가 될 수 있기에 이르렀다.

○ 조회
1. 조선에서 첩인 자는 위 처의 이별 후에도 정처의 지위를 얻을 수 없는 관습이 있는가 없는가?

○ 회답
1. 첩인 자는 처가 이혼한 후에도 처가 될 수 없었지만 근래 처가 될 수 있기에 이르렀다.

[202] 유산 상속에 관한 건(1916년(大正 5) 10월 7일 공주지방법원 재판장 조회, 동년 11월 30일 조추발 제327호 정무총감 회답)

○ 요지

1. 사망한 아버지의 유산을 상속해야 할 차남 또는 삼남이라도 분가를 한 때가 아니라면 그 분배를 청구할 수 없다.
   분가를 할 수 있는 자는 기혼자에 한한다. 단 서자는 미혼자라도 아버지의 사망 후 그 생모와 함께 분가할 수 있다.

○ 조회

1. 조선에서 유산상속권이 있는 차남, 삼남으로서 아직 성년이 되지 않아 혹은 분가, 혼인을 하지 않은 이전에는 제사상속인인 장자에 대해 상속분의 분배를 청구할 수 없는 관습이 있는가?

○ 회답

1. 조선에서는 죽은 아버지의 유산을 상속할 차남 또는 삼남이라도 분가를 한 때가 아니면 유산의 분배를 청구할 수 없는 것이 관습으로서, 분가를 할 수 있는 자는 혼인을 한 자에 한한다(서자는 미혼자라도 아버지의 사후 생모와 함께 분가를 할 수 있다). 그리고 유산의 분배를 받는 데에는 성년에 달했는가 아닌가를 묻지 않는다.

[205] 양자에 관한 건(1916년(大正 5) 11월 18일 부산지방법원 민사부 재판장 조회, 동년 12월 11일 조추발 제343호 정무총감 회답)

○ 요지

1. 호주가 아들이 없이 처와 아내를 남기고 사망했을 때는 양자를 삼는다.
2. 처가 양자를 할 의사가 없을 때는 문회에서 양자를 선정한다.
3. 사망한 호주가 창립한 가일 때라도 역시 동일하다.

○ 조회

1. 호주가 아들이 없이 아내와 딸만을 남기고 사망한 경우에는 제사상속인인 양자를 삼는 것을 필요로 하는가?
2. 만약 이를 요한다면 양자의 선정을 해야 할 과부가 절대로 양자를 삼을 의사가 없다는 것을 확정한 경우에는 문회에서 과부의 의사에 반하여 양자를 선정할 수 있는가? (과부가 그 딸에게 제사 및 유산상속을 시키려는 의사로서 양자를 거부하는 경우에 차이가 있는가?)
3. 위 각항에 대해 몇 대에 걸친 피제사자가 있는 가와 사망 호주만이 피제사자인 가와의 사이에 차이가 있는가?
4. 위 관습은 일반적인 것인가 혹은 지방에 따라 다르다면 경상남도 김해군에서 관습은 어떠한가?

○ 회답

1. 호주가 아들이 없이 아내와 딸만을 남기고 사망한 경우에는 양자를 삼아야 한다.
2. 위의 경우에 사망 호주의 아내가 양자를 하지 않을 의사일 때는 문회에서 양자를 선정할 수 있고 아내가 딸로 하여금 제사 및 유산을 상속시킬 의사를 가져 양자 삼는 것을 거부하는 경우에도 차이가 없다.
3. 위의 경우에 그 가가 몇 대에 연속한 가인가, 사망 호주가 창립한 가인가에 따라 차이가 없다.
4. 위의 관습은 조선 전체에서 동일하다.

[206] 협의 파양에 관한 건(1916년(大正 5) 12월 25일 대구복심법원 민사 제2부 재판장 조회, 1917년 1월 30일 조추발 제16호 정무총감 회답)

○ 요지

1. 양자가 호주가 된 후에는 양모와 협의 파양할 수 없다.

○ 조회

1. 양자가 호주가 된 후에 양모와 협의상 파양을 할 수 있는가, 없는가?

   예를 들면 양자가 호주가 된 후 양모와 협의상 파양의 계약을 하여 그 양자는 생가로 돌아가 복귀를 하고 양모와 별거하고 있는 경우에는 그 파양의 계약은 효력이 어떠한가? 즉 유효한가 무효인가?

○ 회답

1. 양자가 호주가 된 후 양모와 협의상 파양을 하고 생가[實家]로 복귀하였어도 그 파양은 효력이 없다.

[214] 과부의 재가 및 친권 상실에 관한 건(1917년(大正 6) 4월 23일 광주지방법원장 장흥지청 조회, 동년 5월 24일 조추발 제127호 정무총감 회답)

○ 요지

1. 개가(改嫁)란 남편이 있는 여자의 중혼을 말한다. 과부가 남의 첩이 되었을 때도 통속적으로는 개가라고 칭한다.
2. 과부인 어머니가 현저하게 품행이 바르지 못하여 호주인 아들의 재산을 위태롭게 하였을 때는 문회는 그 관리를 제한하고 관리인을 선정할 수 있다.

○ 조회

1. 조선에서 과부가 첩으로 다른 가에 들어갈 경우도 또한 개가라고 칭하는 관습이 있는가 아닌가?
2. 조선에서 과부인 어머니가 현저하게 품행이 바르지 못한 행위를 하여, 나아가 호주인 아들의 재산을 위태롭게 한 경우에 친족이 협의한 후 이에 간섭을 한 적이 있다고 『관습조사보고서』에 기재되어 있다. 이 경우에는 친족회(문회)원을 소집하여 동회에서 결의하고 미성년자의 후견인을 선임할 수 있는 관습이 있는가 아닌가?

○ 회답

1. 개가란 유부녀가 중혼을 한 경우를 가리키는 것이나 과부가 남의 첩이 된 경우에도 역시 통속적으로 이를 개가라고 칭한다.
2. 과부인 어머니가 현저하게 품행이 바르지 못한 행위를 하여, 나아가 호주인 아들의 재산을 위태롭게 한 때는 문회에서 그 관리를 제한하고 친족 중에서 관리자를 선정할 수 있는 관습이 있다.

[217] 혼인의 성립에 관한 건(1917년(大正 6) 4월 20일 평양지방법원 조회, 동년 6월 12일 조추발 제144호 정무총감 회답)

○ 요지

1. 혼인식은 『사례편람(四禮便覽)』[168]에 의하지만 지방에 따라 혹은 가(家)에 따라 다소의 차이가 있다. 보통은 여가에서 전안례(奠鴈禮)를 행하고 나서 근례(졸禮)[169]를 행한다. 지방에 따라서는 근례를 행하지 않는 곳도 있다.

○ 조회

1. 조선인 사이에서 혼인은 혼식으로서 그 성립 요건이 된다는 관습이 있는가? 만약 그렇다면 어떤 의식을 거행해야 알맞은가?
2. 위 관습은 함경남도 영흥군 지방에서도 동일한가?

○ 회답

1. 조선인 사이에서는 통상 혼인의 식을 거행함으로써 혼인이 성립한 것이 되고, 그 방식에 대해서는 『대전회통』에 주희의 『가례』에 의한 것으로서 실제에서는 『가례』를 증감한 『사례편람』에 의한다. 그렇지만 지방에 따라 또는 집안에 따라 다소의 차이가 없는

---

[168] 관, 혼, 상, 제의 사례(四禮)에 관한 제도·절차를 경서 및 선유(先儒)의 책에서 간단 명료하게 뽑아 적은 책.
[169] 혼례 절차 중 하나로 신랑과 신부가 잔을 주고 받는 절차.

것은 아니다. 보통 행하는 바는 여가에서 우선 전안례를 행하고 나서 근례를 행한다. 즉 혼인은 이때에 성립하는 것으로 한다. 그럼에도 지방에 따라서 근례를 행하지 않는 곳도 있다. 이들 지방에서는 전안례를 행한 때로서 혼인이 성립한다. 그리고 함경남도 영흥 지방은 이에 속한다.

[218] 혼인의 성립에 관한 건(1917년(大正 6) 5월 26일 부산지방법원 조회, 동년 6월 12일 조추발 제145호 정무총감 회답)

○ 요지
1. 혼인에는 부모의 동의를 요한다. 아버지가 없을 때는 어머니의 동의로서 족한다. 연령에 따라 차이는 없다.
2. 혼인은 통상 혼인식을 거행함에 의해서 성립한다.

○ 조회
1. 경상남도 양산군 및 김해군 지방에서 혼인의 성립 요건(과녀의 재가의 경우를 제외한다)으로서 부모가 있는 자는 반드시 그 부모의 동의를 필요로 하는 관습이 있는가?
2. 만약 있다고 한다면 연령의 여하를 불문하고 그 동의를 요하는가?
3. 위의 경우에 남편인가 아내인가에 따라 서로 다른 점이 있는가?
4. 남편인 자에게 어머니만 있는 경우는 그 남편은 어머니의 승낙만을 얻는 것으로 족한가?
5. 부모가 승낙하면 결혼식을 거행할 필요가 없는가?

○ 회답
1. 조선에서는 자식이 결혼을 하기 위해서는 부모의 동의를 필요로 하고 어머니만 계실 경우에는 그 동의만으로서 족하다. 그리고 그 동의를 요하는 것은 연령에 관계없고 또 남녀에 따라 차이가 없다.
2. 혼인 성립을 위해서는 부모의 동의 외에 통상 혼인식을 거행한다.
3. 위는 경상남도 양산군 및 김해군 지방에서도 다른 관습은 없다.

[219] 서자의 친권자에 관한 건(1917년(大正 6) 6월 6일 경성복심법원 민사 제1부 재판장 조회, 동년 6월 26일 조추발 제156호 정무총감 회답)

○ 요지
1. 서자의 적모 및 생모가 그 가적(家籍)을 같이할 때는 적모가 친권을 행사한다. 적모가 먼 곳에 있어서 사실상 친권을 행사할 수 없을 때는 생모가 이를 행한다.

○ 조회
1. 미성년의 서자에게 적모와 생모가 있어서 모두 하나의 가적 내에 있어도 적모가 다년 수십 리 떨어진 장소에 거주하고 다시 귀가하지 않아 단지 민적을 같이하는 데 지나지 않을 경우에 위 서자의 친권자는 적모인가 아니면 생모인가?
2. 적모가 재가하거나 혹은 가적을 달리하는 경우 외에는 서자에 대한 친권을 상실치 않는 관습이 있다면 전항과 같이 사실상 친권을 행사할 수 없는 경우에는 미성년의 서자가 가진 재산의 관리, 처분은 누가 이를 행하는 것이 관습인가?

○ 회답
1. 미성년의 서자에게 적모 및 서모가 있고 모두 동일 가적에 있을 때는 그 서자에 대한 친권을 행사하는 자는 적모가 되지만, 만약 적모가 다년간 멀리 떨어진 곳에 거주하여 다시 귀가하지 않아 사실상 친권을 행사할 수 없는 경우에는 생모가 친권을 행사하는 것이 관습이다.

[222] 적자의 부인에 관한 건(1917년(大正 6) 7월 6일 대구복심법원 민사 제1부 재판장 조회, 동년 8월 20일 조추발 제196호 정무총감 회답)

○ 요지
1, 2. 남편은 아내가 혼인 중에 회태(懷胎)한 자식이라 하더라도 자신의 자식임을 부인할 수 있다.

3, 4. 부모의 혼인 중에 태어난 자식이 아버지에 대해 아버지의 자식이 아니라는 것을 주장할 수 있는가에 대해서는 관습이 없다.

○ 조회

1. 1917년(大正 6) 6월 22일 발 제1,162호 정무총감 수신[宛] 관습 문의 중

(3)은 자식(그 자식은 부모의 혼인 중에 회태한 자인 것을 전제로 한다)이 생부[實父]라고 주장하는 것에 대해 생부가 아니라고 주장할 권리를 갖는가 아닌가의 질문에 대해서 그 ①은 자식으로부터 아버지에 대해 어머니가 다른 남자와 간통하여 생긴 자식이라는 증거를 들어 아버지의 적출자가 아니다, 환원하면 친자[實子]가 아니라고 주장할 수 있는가 아닌가. 그리고 ②는 ①의 반대로 아버지로부터 자녀에 대하여 적출자가 아니라는 것을 확정하여 재판상의 청구를 하는 경우에 자식은 이에 대하여 어머니가 다른 남자와 간통하여 출생한 자가 된다는 이유에 따라 아버지의 적출자임을 부인할 수 있는가 아닌가를 묻는 것으로서, 요컨대 ①은 자식이 원고가 되고 아버지가 피고가 되는 경우, ②는 아버지가 원고가 되고 자식이 피고가 되는 경우가 된다. 이상 ①, ②의 경우에 부모의 혼인 중에 회태한 자식임은 분명하지만 자식이 주장하는 것과 같이 다른 남자와 간통하여 생겼다는 것이 증거상 명백할 때는 아버지의 적출자가 아니라고 선언할 수 있는 관습이 있는가, 이 관습의 유무에 대해 의문이 있다.

○ 회답

1, 2. 남편이 아내가 혼인 중에 회태한 자식임에도 불구하고 자기의 자식임을 부인할 수 있다. 단, 그 부인권을 상실하는 경우에 대해서는 관습으로 볼 만한 것이 없다.

3, 4. 부모의 혼인 중에 태어난 자식이 아버지에 대해 어머니의 간통 사실을 들어 아버지의 자식이 아니라는 것을 주장할 수 있는가 아닌가에 대해서는 관습으로 볼 만한 것이 없다. 따라서 그 시기 및 권리를 상실할 경우에 대한 관습도 존재하지 않는다.

아버지가 자기의 적자임을 확정하려고 하는 청구에 대해 자식으로부터 전기 사실을 들어 이를 다툴 수 있는가 아닌가에 대해서도 역시 관습으로 볼 만한 것이 없다.

아내가 혼인 중에 회태한 자식은 아버지의 자식이라 추정하는 관습은 이에 반하는 사

실을 들어 부인하는 데 지장이 없음은 물론이다.

[223] 유산상속에 관한 건(1917년(大正 6) 8월 8일 안동영사관 조회, 동년 8월 24일 조추발 제198호 정무총감 회답)

○ 요지
1. 가족인 장남의 유산은 아내 및 장녀가 있을 때라도 호주인 아버지가 이를 승계한다.

○ 조회
1. 호주 갑인 자가 장남 을이 중국[支那] 안동현에서 관유지(차지권)를 매수하였는데 그 후 을은 사망하고 을에게는 장녀 병(만 13세, 선처의 자), 아내 정(후처 만 19세)이 있다.
위의 경우에 을의 유산상속권은 갑, 병, 정 누가 우선하는가?

○ 회답
1. 가족인 장남이 사망하고 그의 아내, 장녀 및 호주인 아버지가 있을 경우에는 죽은 자의 유산은 아버지가 계승하는 것이 관습이다.

[227] 유산상속에 관한 건(1917년(大正 6) 9월 18일 평양복심법원장 조회, 동년 10월 20일 조추발 제231호 정무총감 회답)

○ 요지
1. 제사상속인에 대한 재산상속인의 유산분배청구권은 분가를 하지 않았으면 행사할 수 없다.
2. 유산분배는 재산상속인이 1인일 때는 3분의 1, 2인 이상일 때는 2분의 1을 그 인원수에 따라 평분하는 것을 관례로 한다.
3. 유산의 분배는 현물로서 하는 것이 보통이지만 환가의 방법에 의해서 할 수도 있다.
유산분배는 분배할 때의 현존액을 한도로 하여 앞서 서술한 비율로 나눈다.

○ 조회
1. 종래 조선에서 호주가 사망하고 적서남이 여러 명 있는 경우에 유산 전부는 일단 제사상속인의 소유로 돌아가고 기타 적서남은 동 유산에 대해 제사상속인으로서 상당한 상속분의 분배를 받을 권리를 갖는 데 지나지 않는 것으로 한다. 관습상 그 청구권 행사의 시기는 한정되지 않는가?
2. 상속인이 분배에 해당하는가 아닌가는 어떤 표준에 의해서 정해져야 하는가? 예를 들면 제사상속인의 임의에 의하는가? 상속 당시의 유산의 분량에 따라 차이가 있는 것인가? 분배는 현물로 한정되어야 하는가? 또 상속 당시의 유산의 전부 또는 일부가 청구 당시 이미 제사상속인의 재산에 속하지 않을 때는 어떻게 해야 하는가 등의 여러 점.

○ 회답
1. 제사상속인에 대한 재산상속인의 유산분배청구권은 그 행사의 시기에 대해 관습상 기한이 정해져 있지 않지만 재산상속인이 분가를 하지 않는다면 이를 청구할 수 없는 것을 관례로 한다.
2. 유산분배는 재산상속인이 1인뿐일 때는 3분의 1, 2인 이상일 때는 2분의 1을 그 인원수에 따라 평등하게 분배하는 것을 관례로 하며, 제사상속인이 이를 정한다. 가령 그 비율에 다소의 차이가 있지만 이 때문에 이의를 제기하는 것과 같은 일은 없다.
3. 유산의 분배는 현물로서 하는 것이 보통이지만 현물로서 분배할 수 없는 경우에는 환가의 방법에 의하는 일이 있다.
상속 개시 당시의 유산의 전부 혹은 일부가 분배 때 이미 제사상속인의 재산에 속하지 않는 경우에도 분배 때에 현조액을 한도로서 앞서 기술한 표준에 의거하여 분배하는 것이 관습이다.

[229] 후견인 선정에 관한 건(1917년(大正 6) 8월 18일 공주지방법원 충주지청 조회, 동년 11월 21일 조추발 제266호 정무총감 회답)

○ 요지
1. 여자는 후견인이 될 수 없다.
2. 후견인은 피후견인의 재산을 관리하고 처분할 권한을 갖는다. 친족의 동의를 필요로 하지 않는다.
3. 문회가 후견인에 대해 포괄적 재산의 처분을 용인하는 관습은 없다.

○ 조회
1. 유년자인 호주 갑이 있는 외에 망부의 첩인 서모 을과 갑의 형수 병 3인이 일가이다. 그런데 유년자 갑을 위해 형수 병을 후견인으로 삼으려고 한다. 이 경우 후견인 선정의 권한이 있는 친족은 촌등의 멀고 가까움을 묻지 않는가? 아니면 타성인 자도 이에 포함될 수 있는가? 그 친족의 범위는 어떠한가?
2. 전항 친족은 몇 사람으로도 가능한가? 최소 수에 대한 자체의 제한이 있는가?
3. 후견인은 재산의 관리 행위에 대해서만 전단권이 있고 처분 행위에 대해서는 친족의 동의를 필요로 하는가?
4. 전항의 동의를 요한다면 이미 후견인을 선정한 친족 전원의 동의를 요하는가, 아니면 그 나머지 친족의 동의로서도 가능한가?
5. 친족회는 포괄적으로 후견인에게 재산처분권을 용인하는 것인가?

○ 회답
1. 조선의 관습에서는 여자를 후견인으로 삼는 것을 인정하지 않는다. 그러므로 유년 호주의 서모 및 형수를 후견인으로 선정할 수 없다.
2. 후견인은 피후견인의 재산을 관리하고 처분을 할 권리를 갖는다. 이에 대한 친족의 동의를 요하는 것과 같은 관습은 없다.
3. 문회가 후견인에 대해 포괄적 재산의 처분을 용인하는 것과 같은 관습은 없다.

[230] 조선인과 외국인의 통혼에 관한 건(1917년(大正 6) 8월 30일 경성지방법원 조회, 동년 11월 21일 조추발 제267호 정무총감 회답)

○ 요지
1. 한국 시대에 외국인과의 혼인을 인정하는 사례가 상세하지 않다.

○ 조회
1. 구한국(특히 광무 연간) 정부가 한국인의 남녀의 외국인(특히 중국인)과의 혼인을 허가한 관례가 있는가?
2. 허가한 관례가 없는데도 그 혼인을 묵인하고 정식의 부부로서 취급한 관례가 있는가?
3. 허가 또는 묵인한 혼인은 일정한 방식을 이행한 것에 제한되었는가 아닌가?
4. 만약 일정한 방식을 요하지 않는다면 하등 혼인식을 거행하지 않는 사실상 부부로서 같이 살며 이웃으로부터 부부라고 인정을 얻은 관계가 있다면 정식의 부부로서 취급을 한 관습이 있는가?

○ 회답
1. 구한국 정부가 한국인과 외국인(특히 중국인)과의 혼인을 인정한 사례는 상세하지 않다.

[231] 친권상실에 관한 건(1917년(大正 6) 11월 13일 대구복심법원 민사 제1부 재판장 조회, 동년 12월 7일 조추발 제281호 정무총감 회답)

○ 요지
1. 친권상실을 인정하는 관습은 없다.
2. 어머니가 자식의 재산을 관리하는 경우에는 뚜렷하게 품행이 바르지 못한 행적이 있어 재산을 위태롭게 한 바가 있을 때는 친족회는 관리를 하지 못하도록 할 수 있다.

○ 조회
1. 조선에서 재판소, 기타 관서는 친권(자식의 감호 및 재산관리)의 상실을 선언할 수 있는 관습이 있는가? 있다면 그 원인 및 수속.
2. 친권자에 대해 자식의 재산 관리를 하지 못하도록 친족회에서 결의하거나 또는 재판

소, 기타 관서에서 선언할 수 있는 조선 관습이 있는가 없는가?

만약 이러한 관습이 있다면 그 결의 또는 선언을 얻는 데 따르는 원인과 수속 및 그 결의 또는 선언의 효력

○ 회답

1. 조선에서는 친권상실을 인정하는 관습은 없다.
2. 어머니가 자식의 재산을 관리하는 경우에 뚜렷하게 품행이 바르지 못하여 재산을 위태롭게 한 바가 있을 때는 친족회는 그 관리를 하지 못하게 하고 타인으로서 대신하여 관리를 하게 할 수 있다.

[234] 중혼에 관한 건(1917년(大正 6) 11월 21일 경성복심법원 형사부 재판장 조회, 동년 12월 12일 조추발 제285호 정무총감 회답)

○ 요지

1. 아내가 있는 남자 또는 남편이 있는 여자가 거듭하여 혼인하였을 때는 무효로 한다.

○ 조회

1. 조선 관습상 아내가 있는 남자가 거듭하여 다른 여자와 혼인을 하였을 때 그 혼인은 당연 무효인가? 아니면 취소를 얻음에 그치는 것인가?

○ 회답

1. 조선에서는 아내가 있는 남자 또는 남편 있는 아내가 거듭하여 혼인을 하였을 때에는 그 혼인은 이를 무효로 하는 것이 관습이다.

[236] 유산상속에 관한 건(1917년(大正 6) 11월 21일 경성지방법원 민사 제1부 재판장 조회, 1918년 1월 21일 조추발 제18호 정무총감 회답)

○ 요지

1. 제사상속인인 적장자가 사망한 아버지의 유산을 분배하지 않을 때는 다른 적서자는 분가할 때 이를 청구할 수 있다.
   서자의 분배액은 적자보다 적은 것을 관례로 한다.

○ 조회

1. 사망한 아버지의 유산에 대해 적장자인 제사상속인에 대하여 상속분의 분배를 받을 권리가 있는 다른 적서자는 적장자가 상속분을 결정하지 않을 경우에는 영구히 그 권리를 행사할 수 없는 것인가?
2. 적장자가 유산의 분여를 하고자 하지 않기 때문에 수년간 상속분을 결정하지 못한 경우에는 다른 적서자는 자신에게 해당하는 상속분을 결정하고 그 권리의 확정 또는 유산의 분할을 요구할 수 있는 관례는 없는가?
3. 제사상속인 이외의 적서자는 적자 2, 서자 1의 비율에 따라 유산의 분배를 받는 관례가 있는가?

○ 회답

1. 사망한 아버지의 유산에 대해 제사상속인인 적장자가 유산의 분배를 하지 않을 때는 다른 적·서자는 분가 때에 그 분배를 청구할 수 있다. 그리고 그 분배액은 서자는 적자보다 적은 것을 관습으로 하지만 그 비율에 대해서는 확정된 비율은 없다.

[238] 차양자에 관한 건(1917년(大正 6) 12월 4일 광주지방법원 전주지청재판장 조회, 1918년 2월 19일 조추발 제57호 정무총감 회답)

○ 요지

1. 호주인 차양자가 자식이 없이 사망하고 그 가에 양모 및 양조모가 계시지 않을 때는 다시 양자를 하기까지 차양자의 아내가 호주가 되어 유산의 전부를 상속한다.
2. 전항의 경우에 양모 또는 양조모가 있어 호주가 될 때는 전호주인 차양자가 이미 상속

한 재산만을 상속하고 차양자가 가져온 재산은 그 아내가 이를 계승한다.

○ 조회
1. 호주인 차양자가 아들이 없이 사망하고 그 가에 양모의 어머니 혹은 양모가 있지 않을 때는 차양자의 아내가 호주가 되어 유산을 상속할 수 있는가?
2. 차양자는 그가 호주인 시대에 특유재산을 소유할 수 있는 관습이 있는가?(예를 들면 차양자가 그 생가[實家]로부터 증여받은 부동산을 그 특유재산으로 하는 것과 같은.)
만약 특유재산을 갖는 것이 관습이라면 그 호주인 차양자가 아들이 없이 사망하고 그 가에 양모의 어머니가 있어 그가 호주가 되어 유산을 상속할 경우에 위 차양자의 특유재산은 양모의 어머니가 상속을 하지 않고 차양자의 아내에게 상속하는 관습이 있는가?

○ 회답
1. 호주인 차양자가 아들이 없이 사망하고 그 가에 양모 및 양조모가 있지 않을 때는 다시 양자를 하기까지 차양자의 아내가 호주가 되어 사망한 차양자가 가져온 재산 및 호주인 때 상속한 재산을 모두 상속한다.
2. 차양자가 호주인 경우에는 그가 가져온 재산과 호주인 때 상속한 재산과의 사이에 관습상 이의 구분을 인정한다. 그러므로 차양자가 사망하고 그 가족에게 양모 또는 양조모가 있어서 호주가 된 경우에는 그 차양자가 외부에서 가져온 재산은 그 아내가 이를 계승하고 호주가 된 양모 또는 양조모가 계승하지 않는다.

[240] 양자에 관한 건(1918년(大正 7) 2월 5일 대구복심법원 민사 제1부 재판장 조회, 동년 5월 21일 조추발 제135호 정무총감 회답)

○ 요지
1. 호주 갑이라는 남자의 사망으로 인하여 그 아들 을이 호주가 되었는데 자식이 없이 사망하고 그 아내가 다른 곳으로 재가한 경우에 갑의 아내가 갑의 동생의 아들 병을 양자로 하는 것은 보통의 양자로서 차양자가 아니다.

2. 전항의 경우에 을의 아내가 재가하지 않았을 때는 병은 차양자가 된다.

　　전항의 양자 병이 사망하고 아들이 없는 경우 을 및 병의 아내가 있을 때에도 갑의 아내가 호주가 되어 재산을 계승한다.
3. 전항의 경우에 그 가에 병의 아내만 있을 때는 병의 아내가 호주가 되고 재산을 계승한다.

○ 조회
1. 갑남이라는 호주가 사망하고 그 아들 을남이 상속하였는데 혼인하였지만 자식(아들 딸 모두)이 없이 사망하였다. 그런데 을남의 아내는 다른 곳으로 재가하여 그 가를 떠남에 따라 갑의 아내는 갑의 아우의 아들 병을 맞아 갑의 양자로 삼았다.

　　위 양자는 조선 관습상 보통의 양자인가 아니면 차양자라 칭하는 것이 되는가?
2. 위 양자 병은 양자가 된 후 혼인하였지만 이 역시 아들 딸 없이 사망한 경우 병이

　　1) 보통의 양자일 때
　　2) 차양자일 때

　　로 구별하여 갑가의 호주가 되어 재산을 계승할 자는 갑의 아내인가 병의 아내인가, 아니면 을의 아내(재가하지 않고 그 집에 있다면)인가?
3. 전술한 바와 같은 경우에 그 가에는 병의 아내만 있어서 갑, 을 등의 아내 또는 존속친도 있지 않을 때는 병의 아내는 병이 보통의 양자일 때는 물론 차양자일 때라도 그 가의 호주가 되어 재산을 계승해야 하는가, 또는 병이 차양자일 때는 병의 사망과 동시에 남편의 양가(갑가)를 떠나서 병의 생가로 복귀하고 갑가의 재산에 대해서는 관리, 기타 하등의 권리도 갖지 않는 것이 되는가? 혹은 재산에 대해서 하등의 권리를 갖지 않지만 갑가의 가족으로서 그 가에 머물러야 하는 것인가?

○ 회답
1. 호주 갑남이 사망으로 인하여 그 아들 을남이 호주가 되고 또 혼인을 하였지만 자식이 없이 사망하고 그 아내는 다른 곳으로 재가한 경우에 갑의 아내가 갑의 동생의 아들 병을 양자로 삼았을 때는 그 양자는 관습상 보통의 양자로서 차양자가 아니다.
2. 전항의 양자 병이 사망하고 자식이 없는 경우에는 그 가에 을의 아내 및 병의 아내가 있

을 때라도 갑의 아내가 호주가 되어 재산을 승계한다. 그리고 병이 차양자인 경우(을의 아내가 재가하지 않았을 때는 병은 차양자이다)도 역시 이와 다르지 않다.

3. 전항의 경우에 그 가에 병의 아내만 있고 갑의 아내 및 을의 아내 그리고 기타 존속친이 있지 않을 때는 병의 아내가 호주가 되어 재산을 승계한다. 그리고 병이 차양자인 경우에도 역시 을이 양자를 하기까지 병의 아내가 호주가 되어 재산을 승계하는 것으로 한다.

[243] 후견과 유산상속에 관한 건(1918년(大正 7) 4월 17일 공주지방법원 강경지청 조회, 동년 6월 24일 조추발 제163호 정무총감 회답)

○ 요지
1. 근래 실제의 필요상으로부터 후견인이 될 만한 적당한 남자가 없는 경우에는 증조모, 조모와 같은 여자라도 후견인이 되는 일이 있다.
2. 호주의 동생(미혼)이 사망하고 그 가에 적모 및 생모가 있는 경우 죽은 자의 유산은 생모가 상속하는 것이 관습이다.
3. 가족인 미성년자에게 부모가 없을 때는 호주가 법정대리인으로서 미성년자의 재산을 관리하는 관습이 있다.
위 경우에 호주가 여자일 때라도 친족과 협의할 것을 요하는 관습은 없다.

○ 조회
1. 조선인으로서 일족 일문 중에 남자가 없는 것이 판명되지 않는 경우에 친권자가 없고 미성년자인 호주의 후견인(보호자)은 어떻게 선정해야 하는 것인가?
단, 근친자 중에는 여자가 있다.
2. 별지의 사본과 같은 호적면에 있는 호주의 동생 간용(間容)이 사망한 경우에 위 유산토지는 호주 김순용(金順容)이 상속해야 하는가? 아니면 서모 이재신(李在新)이 상속해야 하는가?
3. (1) 조선인의 후견인을 정하는 경우는 미성년자 또는 정신병자가 호주가 되는 경우로 제한하는 관습이 있는 것으로 보인다. 그렇다면 미성년자가 가족으로서 친권을 행사하

는 부모가 없는 경우는 그 미성년자의 소유재산은 누가 관리해야 하는 것인가? 이 경우에는 호주가 그 재산을 관리, 수익을 하는 것이 관습(『관습조사보고서』 제142 제2항 참조)인 것 같다. 또한 가족의 특유재산이라도 호주가 자유롭게 처분할 수 있는 관습(『관습조사보고서』 제121 참조)이 있는 것 같다. 과연 그렇다면 위 호주가 미성년자인 가족의 특유재산에 대해 관리, 수익을 하는 것은 미성년자인 가족을 위해 하는 것은 아니므로 미성년자인 호주의 후견인과 동일시할 수 없다. 그렇다면 위 가족인 미성년자의 소유재산을 처분하려고 하는 경우에는 호주로서 등기신청을 해야 하는 것인가 아닌가?

(2) 앞의 문의와 같이 가족의 특유재산이더라도 호주가 자유롭게 처분할 수 있는 관습이 있다면 호주인 이상은 여자(본 문의의 경우 호주는 가족인 미성년자의 조모)의 경우라도 단독으로 처분할 수 있는가? 혹은 미성년자인 가족의 백숙부에게 협의를 하여 그 보조를 받는 것이 관습인가?

(3) 위 경우에 미성년자의 백숙부에게 협의하여 보조를 받아야 하는 것이 관습이라면 위 미성년자의 소유재산을 미성년자의 숙부에게 소유권을 이전시키려고 하는 경우에 다른 백숙부가 없는 경우는 문회의 협의를 요하는 것이 관습인가? 본 문의의 경우는 호주는 여자이지만 미성년자를 위해서 처분하는 것이 아니라 호주로서 가족의 재산을 처분하는 것에 대해 문회 등의 협의를 요하지 않는다고 생각하지만 과연 어떠한가?

○ 회답

1. 종전에는 여자는 후견인이 될 수 없었지만 근래 실제의 필요상에서 후견인이 될 적당한 남자가 없을 경우에는 증조모·조모와 같은 경우는 여자라도 후견인이 되는 일이 있다.
2. 별지 호적의 경우에서 호주의 동생 간용이 사망하였을 때는 그 유산은 생모인 이재신이 이를 계승한다.
3. (1) 가족인 미성년자에게 부모가 없을 때는 호주(통례로 그 형)가 관습상 대리인으로서 미성년자의 재산을 관리하고 따라서 등기의 신청에서는 법정대리인으로서 이를 행하는 것으로 한다.

(2), (3) 위의 경우에 호주가 여자일 때라도 가족인 미성년자의 재산을 관리하는 데 친족과의 협의를 할 것을 요구하는 관습은 없다.

[249] 친권에 관한 건(1919년(大正 8) 2월 26일 평양복심법원장 조회, 동년 6월 30일 조추발 제148호 정무총감 회답)

○ 요지

1. 이제까지 아내가 남편의 사후 재가를 한 경우 어떠한 사유가 있어도 전남편의 가에 들어갈 수 없으므로 전남편의 자녀의 친권자 또는 후견인이 될 수 없다.

○ 조회

1. 부부간에 아들이 하나 있고 남편이 사망한 후 과부가 다른 곳으로 재가하였지만 재가한 곳의 남편이 사망한 경우에 위 과부는 일단 친정[實家]으로 복귀하거나 혹은 복귀하지 않고 다시 가족으로서 전남편의 집에 들어가 전남편의 상속인이 되고 위 아들의 친권자 또는 후견인이 될 수 있는가?

사유				사유				사유				사유				본적
1915년(大正 4) 3월 8일 오후 7시 충청남도 논산군 연산면 오산리 2통 7호에서 사망																충청남도 논산군 연산면 오산리 8번지
신위				신위				신위								
계				서모				모				호주				
생년월일	성명	모	부	생년월일	성명	모	부	생년월일	성명	모	부	생년월일	성명	모	부	본
1909년 (明治 42) 2월 3일	간용(間容)	이재신(李在新)	김향수(金享洙)	1870년 (明治 3) 2월 4일	이재신	오씨(吳氏)	이석수(李錫疇)	1871년 (明治 4) 10월 10일	조신촌(趙新村)	남희(南熙)	조동승(趙東勝)	1900년 (明治 33) 5월 15일	김순용(金順容) 출생	조신촌	김향수	호주가된 원인 및 그 연월일 / 전호주 / 광산 / 김향수
	출생별 서자남 본(本)				출생별 장녀 본				출생별 장녀 본				출생별 장남			

2. 만약 할 수 있다면 입가, 기타에는 어떠한 수속이 필요한가? 또 누구의 동의를 요하는가?

비고: 위는 전남편의 부모 혹은 그 일방이 현재 생존하고 전남편의 집에 있으며 또 상속인인 아들은 아직 어린아이인 경우로 한다.

○ 회답

1. 아내가 남편의 사후 재가를 하여 재가한 곳의 남편이 사망한 경우에 친정으로 복귀할 수 있음은 물론이지만 복귀를 하거나 혹은 하지 않고서 전남편의 집에 가족이 된 것은 이제까지의 관습이 인정하지 않는 바이지만, 「민적법」 시행 후 전남편의 집에 들어가는 것을 인정한 경우가 있다. 그러나 재가한 자는 관습상 어떠한 경우에도 전남편의 자식의 친권자 또는 후견인이 될 수 없다.

[250] 유산상속에 관한 건(1919년(大正 8) 2월 26일 광주지방법원 민사합의부 재판장 조회, 동년 6월 30일 조추발 제169호 정무총감 회답)

○ 요지

1. 첩이 되어 갑남을녀를 얻은 후 친정으로 복귀하여 사망한 여성의 유산은 친정의 아버지, 아버지가 없을 때는 호주가 이를 승계하는 것이 관습이다.

전항의 갑남이 부가로부터 분가하여 생모와 동거할 때는 가적을 같이하는가 아닌가와 상관없이 갑남이 생모의 유산을 계승하는 것이 관습이다.

○ 조회

1. 어떤 가의 여자가 첫 번째로는 갑가의 첩이 되어서 딸 하나를 얻은 후 부첩 관계를 끊고 두 번째로 을가의 첩이 되어 아들 하나를 얻은 후 부첩 관계를 끊고 세 번째로 병가의 첩이 되어 딸 하나를 얻은 후 부첩 관계를 끊고 복적한 후 다른 곳에 거주 중에 사망하고 다수의 재산을 남겼다. 이 유산에 대해 갑, 을, 병 각 가에서 얻은 자녀는 그 각 가에 있을 때는 평등하게 유산상속을 해야 하는 관습이 있는가? 혹은 순위나 차별이 있으면 그 순위 혹은 차별의 관습은 어떠한가?

2. 전항에서 나타난 갑가의 딸은 현재 타가의 첩이 되었고 을가의 아들은 위 생모의 거소로 분가하여 생모와 동거하였지만 생모의 민적은 의연하여 여전히 을가 아들이 분가에 따라 창립한 가에 들어가기 전에 사망하고 그 유산이 있는 경우에 위 각 자녀의 유산상속권은 어떠한가?
3. 전항에서 나타났듯이 을가의 남이 분가하여 생모와 동거하고 생모를 그 가족으로서 입적시킨 경우에 위 각 자녀의 유산상속권은 어떠한가?

○ 회답
1. 갑의 첩이 되어 딸 하나를 얻고 다시 을의 첩이 되어 아들 하나를 얻고 또 병의 첩이 되어 딸 하나를 얻은 후 친정으로 복적하여 사망한 자의 재산은 친정의 아버지가 이를 승계하고 아버지가 없을 때는 호주가 이를 승계하는 것이 관습이다.

전항 을의 아들이 생모의 거소로 분가하여 생모와 동거 중에 생모가 사망한 경우에는 그 유산은 생모의 민적이 아직 그 분가로 들어가지 않았을 때도 가를 함께하는 자로 인정된 을의 아들에게 이를 상속하는 관습이 있다.

전항 생모가 분가의 민적에 들어간 후 사망한 경우에는 그 유산은 마찬가지로 을남이 승계하는 것으로 한다.

[251] 양자선정에 관한 건(1919년(大正 8) 10월 18일 경성지방법원 철원지청 조회, 동년 10월 29일 조추발 제251호 정무총감 회답)

○ 요지
1. 여호주의 승낙을 얻지 않고 단순히 문회만의 결의에 의해 양자를 선정한 것은 관습으로 인정되지 않는 바이다.

○ 조회
1. 아버지 갑과 어머니 을의 사이에서 병이라는 아들이 하나 있고 그 외에 가족이 없는데 갑이 사망하여 병은 제사상속을 하여 호주가 되었다. 그 유산을 승계하려는데 병은 그

후 미혼인 채 사망하고 을은 양자를 정하지 않고서 스스로 호주가 되어 병의 유산을 승계하였다.

위와 같은 경우에 여호주 을의 승낙을 얻지 않고 단지 문회만의 결의로서 양자를 선정하여 갑의 제사상속을 시키는 관습이 있는가?

2. 위와 같은 관습이 있다면 해당 양자는 일단 여호주 을이 계승한 병의 유산을 함께 취득할 권리가 있는가 없는가?

○ 회답
1. 여호주의 승낙을 얻지 않고 단지 문회만의 결의에 의해 양자를 선정하여 제사상속을 시키는 것은 관습이 인정하지 않는 바이다.

[252] 입양에 관한 건(1919년(大正 8) 10월 25일 평양지방법원 민사부 재판장 조회, 동년 11월 24일 조추발 제268호 정무총감 회답)

○ 요지
1. 양자는 동성동본인 자를 요하며 본관이 다를 때는 동성의 일족이 분기한 사이에서도 양자를 삼을 수 없는 것이 관습이다.

○ 조회
1. 동일 김 성(姓)이지만 하나는 김해의 김 성이고 하나는 원주의 김 성일 때는 그 사이에서 입양을 할 수 없는 것이 관습인가?
2. 본디 동일한 김 성에서 위와 같이 분기한 경우에도 그 사이에서 앞과 동일한 관습이 있는가?

○ 회답
1. 조선의 관습에서는 양자는 동본의 동성 사이에서만 이를 삼을 수 있다. 김해 김 성 중에는 원주의 김 성과 마찬가지로 신라의 경순왕에서 나온 경우도 있지만 동본의 동성이

아님으로써 서로 양자를 삼을 수 없다. 그리고 동성의 일족이 분기하여 본관을 달리하기에 이른 때라도 역시 다르지 않다.

[253] 유산상속에 관한 건(1919년(大正 8) 12월 17일 대구지방법원 민사부 재판장 조회, 1920년 1월 19일 조추발 제15호 정무총감 회답)

○ 요지
1. 남호주가 사망한 경우에 유산은 일단 장자가 이를 계승한 후 차자 이하에게 분배를 한 것으로 한다.
2. 유산의 분배를 받아야 할 자는 상속 개시 당시 피상속인의 가적에 있는 자에 한한다.
3. 유산의 분배는 차자 이하가 분가를 할 경우에 행하는 것이 관례이다.
4. 유산을 상속해야 할 자가 2인 이상인 경우에는 적장자가 약 그 2분의 1을 취하고 그 나머지를 다른 자가 평등하게 분여하는 것이 관습이다. 단, 서자는 적자에 비해 그 비율을 줄이는 것을 관례로 한다.
5. 유산의 분배를 받아야 할 중자(衆子)[170]는 장자에 대해 그 분배를 청구할 수 있지만 분배를 받을 동산·부동산 등을 지정할 권리는 없다.
   유산의 공유를 인정하는 관습은 없다.

○ 조회
1. 호주인 남자가 사망하고 유자녀인 아들이 여러 명인 경우에 호주권을 계승해야 할 장자는 유산의 전부를 계승한 후 차자 이하에 대해 그 얼마큼을 분여해야 하는가?
2. 장자로부터 분여를 해야 한다면 그 분여를 받아야 할 자는 전호주 사망 당시에 동일 가적에 있는 자에만 한정되는가, 아니면 사망 전에 분가한 자도 포함하는가?
3. 분가했지만 고르게 분여를 해야 한다면 그 분가 당시 또는 그 후에 전호주로부터 재산의 분여를 받은 것도 포함하는가?

---

170 맏아들 이외의 모든 아들.

4. 장자로부터 분여를 하는 것은 계승 직후에 해야 하는가, 아니면 차자 이하가 분가를 할 때라도 괜찮은가?
5. 분여를 하는 비율은 차자 이하는 장자의 반액인가 혹은 서자는 적자의 반액인가?
6. 장자가 이유 없이 분여를 하지 않을 때는 차자 이하의 자는 어떠한 방법에 의하여 그 청구권을 행사해야 하는가? 혹은 자신이 분여 받을 것에 해당하는 동, 부동산을 지정하여 그 소유권의 이전을 청구할 수 있는가? 혹은 유산 전부에 대해서 자신이 분여받을 것에 해당하는 공유권을 얻는 것을 청구할 수 있는가?

○ 회답
1. 남호주가 사망한 경우에 유산은 일단 장자가 전부 승계한 후 차자 이하에 대해 분배를 하는 것으로 한다.
2. 유산의 분배를 받아야 할 자는 상속 개시 당시 피상속인의 가적에 있는 자에 한정된다.
3. 유산의 분배는 차자 이하가 분가를 할 경우에 행하는 것이 관례이다.
4. 유산을 상속해야 하는 자가 2명 이상인 경우에는 적장자 약 그 2분의 1을 상속하고 기타가 그 나머지를 평등하게 상속하는 것이 관습이다. 단 서자는 적자에 비해 조금 그 비율을 줄이는 것을 관례로 한다.
5. 장자가 유산을 분배하지 않을 때는 다른 적서자는 그 분배를 청구할 수 있지만, 자신이 분배받아야 할 동산, 부동산 등을 지정하여 청구할 수는 없다. 또 유산의 공유권을 인정하는 관습은 없다.

[255] 차양자에 관한 건 (1919년(大正 8) 11월 25일 광주지방법원 전주지청 조회, 1920년 2월 4일 조추발 제25호 정무총감 회답)

○ 요지
1. 호주 갑남이 사망하고 그 아들 을남이 호주가 되어 혼인 후 자식이 없이 사망하였기 때문에 갑의 아내가 병남을 차양자로 삼았는데 병 역시 자식이 없이 사망하고 병의 아내가 유산을 상속한 경우에 을의 종제(從弟) 정을 갑의 차양자로 할 수 없지만 이를 갑의

양자로 하여 제사를 상속시키는 것은 관습이 인정하는 바이다.

○ 조회
1. 갑남 호주가 사망하고 그 아들 을남이 호주가 되었는데 혼인 후 을남이 아들이 없이 사망하고 을남의 아내가 재가를 하지 않는 동안 갑남의 아내가 병을 차양자로 삼았으나 병남도 역시 아들 없이 사망하여 그 가에 갑남, 을남의 아내가 없음에 따라 병남의 아내가 유산을 상속하였다(이 점은 1918년(大正 7) 5월 21일 귀관의 통첩으로부터 명확하다). 이 경우 을남의 양자를 정함에 당하여 그 일문 중 을남의 아들의 열에 있는 남자가 없음으로 문회에서 갑남의 형제 항에 있는 자의 아들 예를 들면 을남의 종제 정을 차양자로 삼을 수 있는가?
2. 전항의 경우 정을 차양자로 삼을 수 있다면 위 정을 양자로 정한 시기는 을남의 아내가 재가를 한 시기가 됨으로써 정을 보통의 양자로서 제사상속권을 취득하게 할 수는 없는가?
3. 앞의 2항은 누구도 이를 부정하지 않는다면 제1항 뒷부분의 경우와 같이 한 문중 을남의 양자가 될 만한 자 혹은 손이 마땅치 않아서 적격자가 없을 때는 문회에서 소목의 질서를 고려하지 않고 을남의 근친 중으로부터 양자를 정할 수 있는가?

○ 회답
1. 호주 갑남이 사망하고 그 아들 을남이 호주가 되어 혼인 후 자식이 없이 사망하였다. 때문에 을의 아내가 재가를 하기 전에 갑의 아내가 병남을 차양자로 삼았으나 병 역시 아들 없이 사망하고 그 가에 갑의 아내 및 을의 아내(재가) 모두 있지 않기 때문에 병의 아내가 유산을 상속한 경우에 갑의 형제 항렬에 있는 자의 아들, 예를 들면 을의 종제 정을 갑의 차양자로 삼는 것은 관습이 인정하지 않는 바이지만 이를 갑의 양자로 삼아서 제사를 상속시키는 것은 관습상 지장이 없는 바이다.

[256] 유산상속에 관한 건(1919년(大正 8) 12월 2일 평양복심법원장 조회, 1920년 3월 5일 조추발 제489호 정무총감 회답)

○ 요지
1. 여호주 갑이 사망하고 상속인이 없기 때문에 절가가 된 경우에 유산은 그 가의 친족 협의 후 귀속자를 정하는 것이 관습이다.

○ 조회
1. 여호주 갑이 사망하고 상속인이 없기 때문에 절가가 되어 갑의 친족으로서는 다음에 기록한 4명 외에 한 명도 생존자가 없어 갑의 유산은 다음에 기록한 1, 2에 거론한 여자에게 그것이 상속권이 있는가? 만약 있다면 그 비율은 어떻게 정해야 하는가? 또 만약 생존 친족이 1, 2에 거론한 여자만인 경우는 어떠한가?
   (1) 갑의 사망한 아버지의 누이가 혼인한 전남편과의 사이에 얻은 딸(달리 혼인한 남편이 있다) 2명
   (2) 갑의 사망한 아버지의 형(갑과 가를 달리한다)이 그 아내와의 사이에 얻은 딸(미혼독신) 1명
   (3) 갑의 사망한 아버지의 종제 혹은 재종제에 해당하는 자(갑과 가를 달리한다)가 그의 아내와의 사이에서 얻은 아들 1명

○ 회답
1. 여호주가 사망하고 상속인이 없기 때문에 절가가 된 경우에 유산은 그 가의 친족이 협의한 후 귀속자를 정하는 것은 관습으로, 가령 사망한 여호주의 종자매·재종제·삼종제 또는 외종자매 등이 있어도 이를 상속할 수 없다.

[262] 첩의 유산상속에 관한 건(1920년(大正 9) 4월 7일 대구복심법원 민사제2부 재판장 조회, 동년 6월 24일 조추발 제109호 정무총감 회답)

○ 요지
1. 부가로부터 분가한 서자 남은 동거한 실가로 복적한 생모가 사망한 경우 그 유산을 상속하는 것이 관습이다.

2. 전항의 경우 상속을 포기할 수 있는 관습은 없다.
3. 첩의 유산은 아들이 남편에 우선하여 이를 계승하는 것이 관습이지만 그 아들은 첩이 사망 당시의 남편과의 사이에 태어난 자일 것을 요한다.

○ 조회

1. 어떤 여자가 그 생모가 재혼할 때 같이 생모의 재혼 남편의 가에 들어갔고 첫 번째로 갑가의 첩이 되어서 딸 하나를 얻은 후 부첩 관계를 끊고 두 번째로 을가의 첩이 되어 아들 하나를 얻은 후 부첩 관계를 끊고 세 번째로 병가의 첩이 되어 딸 하나를 얻은 후 부첩 관계를 끊었다. 갑가 병가에서 얻은 두 딸은 모두 그 여자와 마찬가지로 그 여자의 생모의 재혼 남편의 가(민적)에 들어가 가족이 되었다. 그리고 갑가에서 얻은 딸은 타가의 첩이 되었고 병가에서 얻은 딸과 함께 그 여자는 을가에서 얻은 아들 갑이 을가로부터 분가한 곳에서 갑과 동거 중(분가 민적에 입적하지 않았다)에 그 여자는 사망하고 많은 재산을 남겼다.

위의 경우 조선 관습법상 유산상속 권리자는 누구인가? 여러 명이라면 각자의 상속분.

2. 조선 관습상 전항의 경우 을가에서 낳은 아들에게도 상속권이 있다면 그 아들은 갑·병가에서 낳은 두 딸에 대해 유상상속권을 포기하게 할 수 있는가? 만약 포기하게 할 수 있다면 아들은 두 딸에 대해서 포기의 의사를 표시하면 족한가, 또는 어떤 방식이 있는가?

3. 어떤 첩이 사망할 때 남편이 있고 첩에게 자식이 없을 때는 남편은 첩의 유산을 상속하는 것이 조선 관습인 것은 『관습조사보고서』에도 명시되어 있다. 따라서 어떤 첩이 사망할 때 남편이 있고 또 그 첩에게 자식이 있을 때는 첩의 유산은 자식이 상속해야 한다는 반대 해석은 관습법상 인정되는 바인가? 만약 그렇다면 그 자식은 남녀를 구별하지 않는가? 또 첩이 사망할 당시의 남편과의 사이에 태어난 자식이 아니어도 괜찮은가?

○ 회답

1. 어떤 여자가 생모가 결혼할 때 함께 생모의 재혼 남편의 가에 입적한 후 갑의 첩이 되어 딸 하나를 낳고 다시 을의 첩이 되어 아들 하나를 낳고 또 병의 첩의 되어 딸 하나를 낳

은 후 다시 생모의 재혼 남의 가로 들어왔고 병가에서 낳은 딸과 함께 을의 아들이 분가한 집에서 동거 중 사망하였을 때 그 유산은 그 동거한 아들이 이를 상속하는 것이 관습이다. 그리고 그 여자가 다른 날 동거한 남자의 가에 입적한 경우에도 다를 바 없다.
2. 전항 을의 아들은 갑 또는 병의 딸에 대해 상속권을 포기하게 할 수 있는 관습은 없다.
3. 첩이 사망한 때 남편이 있고 또 자식이 있을 때는 첩의 유산은 자식(아들)이 승계하는 것이 관습이지만 그 아들은 첩 사망 당시의 남편과의 사이에서 낳은 자일 것을 요한다.

[263] 제사상속인의 폐제에 관한 건(1920년(大正 9) 5월 12일 광주지방법원 민사합의부 재판장 조회, 동년 7월 7일 조추발 제494호 정무총감 회답)

○ 요지
1. 제사상속인이 되어야 할 장자가 어리석거나 병약한 등의 이유로 가정을 지킬 수 없는 경우에도 이를 폐제하여 차자 이하의 자로서 제사상속을 하도록 할 수 없다.

○ 조회
1. 당원 관내 전라남도 여수군 삼산면 거문도에서는 제사상속인이 되어야 할 장자가 어리석고 병약한 등으로 가정을 지킬 수 없는 사유가 있을 때는 물론 하등의 사유가 없는 경우라도 피상속인의 의사에 따라 이를 배제하고 막내로서 제사상속을 하게 하는 관습이 존재하는가?
주의: 거문도에서는 건재한 장자를 차치하고 막내에게 상속시키는 가가 십수 호가 된다고 한다.

○ 회답
1. 조선의 관습에서는 제사상속인이 될 장자가 어리석거나 병약한 등의 이유로 가정을 지킬 수 없다는 것을 이유로 하여 피상속인의 의사로서 이를 폐제하고 차자 이하의 자로서 제사상속을 하게 할 수 없다. 그리고 전라남도 여수군 삼산면 거문도에서는 이에 반하는 사례가 없는 것은 아니지만 말할 것도 없이 관습으로 인정되지 않은 바이다.

[264] 이혼에 관한 건(1920년(大正 9) 6월 21일 대구지방법원 민사부 재판장 조회, 동년 7월 21일 조추발 제512호 정무총감 회답)

○ 요지
1. 부부의 한쪽이 고치기 힘든 병이 있거나 혹은 생식기 장애인 경우 이를 이유로서 상대방이 이혼을 요구할 수 있는 관습은 없다.
2. 부부의 한쪽에 혼인 전부터 고치기 힘든 병이 있거나 혹은 생식기 장애인 경우에 혼인 당시 상대방이 이를 알았다면 혼인을 하지 않았을 것이라 인정되는 경우에도 그 혼인을 무효로 하는 관습은 없다.
   부부의 한쪽이 고치기 힘든 병 또는 장애를 숨기고 혼인을 한 경우 상대방이 사기를 이유로서 혼인의 취소를 요구할 수 있는가 아닌가에 대해서는 관습이 없다.

○ 조회
1. 조선에서 배우자 한쪽의 생식기 장애를 이유로 그 상대방으로부터 이혼소송을 제기할 수 있는가?
2. 조선에서 배우자의 한쪽이 나병 등의 고치기 힘든 병을 이유로 상대방으로부터 이혼소송을 제기할 수 있는가? 만약 있다면 그 고치기 힘든 병의 범위는 어떠한가?
3. 만약 이상의 각 경우에 이혼소송을 제기할 수 있어도 혼인 전에 배우자의 한쪽에 생식기의 장애 또는 고치기 힘든 병이 있어 혼인 당시 상대방이 이를 알았다면 혼인을 할 의사가 없었을 경우에는 혼인 무효확인의 소송을 제기할 수 있는가? 또 배우자의 일방으로부터 이러한 사실을 고의로 숨기고 혼인을 한 경우에는 사기에 기초하여 혼인을 한 것으로서 이를 취소하는 소송을 제기할 수 있는가?

○ 회답
1. 부부의 한쪽에 나병, 기타 고치기 힘든 병이 있거나 생식기 장애인 경우에 다른 일방으로부터 이를 이유로서 이혼을 청구할 수 있는 관습은 없다.
2. 부부의 한쪽에 혼인 전부터 고치기 힘든 병이 있거나 생식기 장애가 있는 경우에 혼인

당시 다른 한쪽이 이를 알았다면 혼인을 할 의사가 없었을 경우라도 그 혼인을 무효로 하는 관습은 없다. 또 부부의 한쪽이 이와 같은 사실을 고의로 숨기고 혼인을 한 경우에도 다른 한쪽으로부터 사기에 기초한 혼인으로서 그 취소를 요구할 수 있는지 없는지에 대한 관습은 없다.

[266] 파양에 관한 건(1920년(大正 9) 7월 22일 고등법원장 조회, 동년 10월 23일 조추발 제516호 정무총감 회답)

○ 요지
1. 장남을 위해 사후양자를 한 아버지는 상당한 원인이 있을 때는 이를 파양할 수 있다.

○ 조회
1. 조선인인 갑(호주)이 자기의 장남 을(기혼자)의 사망 후에 병이란 자를 을의 양자로 삼은 경우에 병에게 파양해야 할 원인이 있을 때는 갑은 병을 파양할 수 있는 관습이 있는가?

○ 회답
1. 조선인 갑이라는 자(호주)가 그의 장남 을(기혼자)의 사망 후에 병을 을의 양자로 삼는 경우에 병에게 파양할 만한 원인이 있을 때는 갑은 병을 파양할 수 있다.

[267] 상속에 관한 건(1920년(大正 9) 9월 10일 간도총영사 대리영사 조회, 동년 11월 26일 조추발 제582호 정무총감 회답)

○ 요지
1. 첩만을 둔 기혼남 호주가 아들이 없고 또 입양의 의사를 표시할 수 없을 때는 친족회가 양자를 선정할 수 있다.
   전항의 양자는 호주의 사망에 따라 호주가 되어 그 유산을 승계하는 것이 관습이다.

○ 조회

1. 조선의 관습에서 민적에 등록한 첩 외에 가족을 갖지 않은 호주가 빈사 상태일 때 친족회의에서 선정한 양자가 호주 사망에 따라 조선 정례에 따른 피발(披髮), 상복(喪服), 매장(埋葬), 제전(祭奠)의 예식을 행했다. 이 경우 가독, 유산의 상속은 양자가 아니라 첩이 되는가?

 단, 양자는 아직 민적 등록의 수속을 하지 않았다.

○ 회답

1. 달리 가족을 가지지 않은 그 가에 첩만이 있는 호주 남(기혼자)이 양자를 정하지 않고 양자 선정의 의사를 표시할 수 없는 상태에 있는 경우에 친족회의를 개최하여 선정한 양자는 호주의 사망에 따라 호주가 되어 또 그 유산을 승계하는 것이 관습이다. 따라서 양자가 그 가의 민적에 있는가 아닌가에 따른 차이는 없다.

[276] 첩의 유산상속에 관한 건(1921년(大正 10) 6월 27일 경성복심법원 조회, 동년 9월 19일 조추발 제299호 정무총감 회답)

○ 요지

1. 첩의 수양자는 관습상 인정되지 않는다. 그리고 첩의 유산은 아들, 아들이 없으면 손자·남편·호주의 순위에 따라 이를 승계한다.

○ 조회

1. 첩에게 수양자가 있고 남편은 죽어서 아들이 없고 본처가 호주인 경우에 첩의 유산을 상속하는 자는 본처가 되는가 수양자가 되는가?

○ 회답

1. 첩의 수양자는 관습상 인정되지 않는다. 따라서 첩의 유산은 아들, 아들이 없으면 손자, 아들과 손자가 모두 없으면 남편, 아들과 손자 및 남편이 없으면 호주가 이를 승계하는

것이 관습이다.

[277] 양자인 호주의 제사권에 관한 건(1921년(大正 10) 7월 1일 경성복심법원 조회, 동년 10월 8일 조추발 제308호 정무총감 회답)

○ 요지
1. 호주가 된 양자가 품행이 바르지 못한 행위 때문에 그 제사권을 박탈당하고 다른 친족으로서 이를 행하게 할 수 있는 관습은 없다.

○ 조회
1. 양자 상속으로서 호주가 된 후이지만 품행이 바르지 못하여 선조의 제사를 봉행하는 데 적당치 못한 자로 인정되었을 때는 관청 또는 문회에서 제사권만을 박탈하여 다른 친족으로서 이를 행하게 하는 관습이 있는가?

○ 회답
1. 양자가 호주가 된 후 품행이 바르지 못하여 선조의 제사를 하는 데 적당치 않을 때라도 그 제사권을 박탈하여 다른 친족으로서 이를 행하게 할 수 있는 관습은 없다.

[278] 유산에 관한 건(1921년(大正 10) 4월 29일 부산지방법원 거창지청 조회, 동년 10월 18일 조추 제231호 정무총감 회답)

○ 요지
1. 미혼의 서자가 사망하고 형이 호주인 경우에 그 가에 생모[實母]가 있을 때는 유산은 생모가 승계한다.
2. 위의 경우에 호주 및 사망한 자가 적자가 아닐 때는 호주가 그 유산을 승계한다.

○ 조회
1. 호주의 아우(아내와 자식이 없는 자)가 1920년(大正 9) 중에 사망하였는데 그 유산인 부동산은 형인 호주에게 귀속해야 하는 것으로 서모에게는 상속의 권리가 없는가?(「민법」 제998조, 『관습조사보고서』 356항 참조)
2. 앞에 기술한 경우에 서모가 아니고 생모인 경우에도 마찬가지인가?

○ 회답
1. 미혼의 서자가 사망하고 형이 호주인 경우에 그 가에 생모(호주의 서모)가 있을 때는 유산은 생모가 계승한다.
   위의 경우에 호주 및 사망한 자가 적자가 아니고 그 가에 생모가 있을 때는 호주가 그 유산을 계승한다.

[281] 동본동성의 혼인에 관한 건(1921년(大正 10) 9월 28일 부산지방법원 민사부 재판장 조회, 동년 12월 20일 조추 제366호 정무총감 회답)

○ 요지
1. 동성동본 사이의 혼인은 무효로 한다.

○ 조회
1. 조선인 사이에서 동성동본 간의 혼인을 금지하는 관습은 지금도 일반적으로 존속하는가 아닌가? 만약 존속한다면 그 사이에서 행해진 혼인은 무효인가?

○ 회답
1. 조선의 관습에서는 동성동본 간의 혼인을 인정하지 않는다. 이와 같은 자의 사이에서 행해진 혼인은 이를 무효로 한다.

[287] 재가한 자의 친권행사에 관한 건(1922년(大正 11) 5월 10일 대구복심법원 형사 제1부 조회, 동년 6월 26일 조추 제184호 정무총감 회답)

○ 요지
1. 남편의 사망 후 자식을 남기고 재가하거나 혹은 타인의 첩이 된 부녀가 사망한 전남편의 가에 복귀한 경우에도 자식에 대해서 친권자가 될 수 없는 것이 관습이다.

○ 조회
1. 조선에서는 아내가 남편의 사망 후에 자기가 낳은 아이를 남기고 다른 가로 시집가거나 혹은 첩이 되어 재가한 후, 다시 다른 가의 남편과 이혼하거나 혹은 부첩 관계를 끊고 사망한 남편의 가로 복귀한 경우에는 자신이 낳은 아이에 대해서 친권을 가질 수 없는 것을 관습으로 하는가?

○ 회답
1. 아내가 남편의 사망으로 인하여 그 남편과의 사이에 낳은 자식을 남겨 두고 다른 가의 아내나 첩이 되었다가 후일에 이르러 다시 그 남편과 이혼을 하거나 첩인 관계를 끊고 사망한 전남편의 가로 복귀한 경우에 그 전남편과의 사이에 낳은 자식에 대해서 친권을 갖지 못하는 것이 관습이다.

[288] 호주의 권리 의무에 관한 건(1923년(大正 12) 6월 23일 함흥지방법원 민사부 재판장 조회, 동년 7월 17일 조추 제240호 정무총감 회답)

○ 요지
1. 호주는 가족에 대해 거소를 지정할 수 있는 관습이 있다. 단 가족이 손아랫사람인 경우에 한한다.
2. 가족이 호주의 뜻에 반하여 그 지정한 장소에 있지 않는 경우라도 호주는 이에 대해서 부양의 의무를 면하는 관습은 없다.

3. 부양의무자는 그 선택에 따라 부양권리자를 떠맡아서 부양을 하거나 혹은 떠맡지 않고 생활의 자료만을 급부할 수 있는 것이 관습이다.

○ 조회
1. 조선인 사이의 관습으로서 호주는 가족에 대해 거소를 지정할 수 있는 관습이 있는가? 가족이 손윗사람인가 손아랫사람인가에 따라 구별이 있는가?
2. 만약 호주에게 지정권이 있다면 가족이 호주의 뜻에 반하여 호주가 지정한 거소에 있지 않는 동안에는 호주는 이에 대해 부양의 의무를 면하는 관습이 있는가?
3. 부양의무자는 자기의 선택에 따라 부양권리자를 떠맡아 이를 부양하거나 혹은 이를 떠맡지 않고 생활의 자료를 급부할 수 있는 관습이 있는가?

○ 회답
1. 호주는 가족에 대해 거소를 지정할 수 있는 관습이 있다. 단, 이 권리는 가족이 손아랫사람인 경우에나 행할 수 있는 것으로 한다.
2. 가족이 호주의 뜻에 반하여 그 지정한 거소에 있지 않을 경우라도, 호주가 이에 대해 부양의 의무를 면하는 관습은 없다.
3. 부양의무자는 자기의 선택에 따라 부양권리자를 떠맡아 그를 부양하거나, 그를 떠맡지 않고 생활의 자료를 급부할 수 있는 관습이 있다.

[290] 이혼의 효과에 관한 건(1922년(大正 11) 9월 19일 공주지방법원 조회, 동년 10월 12일 조추 제365호 정무총감 회답)

○ 요지
1. 친정으로 돌아가 어버이를 봉양 중인 아내에 대해 이유 없이 남편이 이혼장을 발하여 아내의 소유품을 송부하여도 아내가 승낙하지 않는 한 이혼의 효력이 생기는 것은 아니다.

○ 조회
1. 조선인 사이에서 남편이 단순히 친정을 방문하는 취지로 친정에 돌아가 어버이를 봉양 중인 아내에 대해 돌연 이혼장과 아내 소유의 짐을 송환하여 아내가 이를 수령한 채 하등의 이의를 제기하지 않고 6개월 이상의 기간 묵과하였을 때는 가령 아내가 진심으로 이혼 승낙의 의사가 없음에도 불구하고 남편이 위와 같이 일방적으로 한 의사 표시에 따라 이혼의 효과가 발생하는 관습이 있는가? 나아가 민도의 계급에서 차이가 있는가?

○ 회답
1. 조선인 사이에서 친정으로 돌아가 어버이를 봉양 중인 아내에 대해 하등의 이유도 없이 남편이 이혼장을 보내고 동시에 아내의 소유품을 반환하였는데 아내가 이를 받고서 하등의 이의를 제기치 않고 6개월 이상을 경과한 때라도 아내가 이혼을 승낙할 의사를 표시하지 않을 때는 관습상 이혼의 효력이 생긴다고 인정하지 않는다.
위는 계급에 따라 다를 바가 없다.

[295] 제사상속에 관한 건(1923년(大正 12) 5월 19일 부산지방법원 진주지청 재판장 조회, 동년 7월 14일 조추 제269호 정무총감 회답)

○ 요지
1. 적장남은 종가가 아닌 생가 상속을 위해 양자가 될 수 없다.
2. 양자의 아내와 자식은 양자를 따라 양가에 입가하고 그 적장남은 그 가의 제사상속인이 되어야 하는 것이 관습이다.

○ 조회
1. 조선에서 적장남은 종가 상속 외에는 생가(아버지 또는 조부의 생가) 상속을 위해서라도 다른 가의 양자가 되어 그 가의 제사상속인이 될 수 없는 것이 관습인가?
2. 위와 같은 것이 관습이라면 그 생가의 상속을 인정하는 범위는 어떠한가? 예를 들면 아버지 또는 조부의 생가에 그치는 것인가? 혹은 증조부 이상 수대까지도 미치는 것이어

야 하는가?
3. 조선에서 적장남을 데리고 타가의 양자가 되었을 때 그 적장남은 아버지와 함께 입가한 가의 제사상속인이 되어야만 하는가?

○ 회답
1. 조선의 관습에서는 적장남은 종가 상속의 외에 생가(아버지 또는 조부의 생가) 상속을 위해 타가의 양자가 될 수 없는 것으로 한다.
2. 조선에서 양자는 아내와 자식이 있는 자는 항상 그 처자를 데리고 입가해야 하는 것으로 그 적장남은 그 가의 제사상속인이 되어야 하는 것이 관습이다.

4) 구관및제도조사위원회

해제

1921년 4월 30일 조선총독부 산하에 설치된 구관및제도조사위원회는 1918년 중추원에 설치되었던 구관심사위원회의 사업을 계승하여 조선인의 친족·상속에 관한 사항을 심의했다. 기존의 관습조사 기관이던 취조국·참사관실·중추원 등이 조선 관습을 조사하는 기관이었다면, 구관심사위원회 및 구관및제도조사위원회는 기존에 조사했던 조선 관습을 새롭게 심의·결정하는 것을 목적으로 설치된 것이었다. 따라서 위원회에서 심의·의결한 내용은 그대로 관습법으로 채택될 가능성이 매우 높았다.

1910년대 관습법 설명의 주된 방식이었던 정무총감 및 사법부장관 회답이나 조선고등법원의 판결 등이 단일 사안에 대한 것이었다면, 위 위원회들은 조선 관습에 대한 포괄적인 심의를 목표로 했다. 특히 두 위원회는 『관습조사보고서』의 관습 인식을 일정 부분 승계하면서도 1910년대 조선 관습법의 변화와 조선총독부 관습법 정책을 일부 반영하였다. 이와 같은 관습법의 재정립은 1918년부터 추진된 조선총독부의 친족·상속 관습의 성문화 계획과 관련이 깊었다. 그러나「조선민사령」개정을 둘러싸고 조선총독부와 일본 내각 법제국이 서로 갈등한 끝에 조선총독부가 기안했던 구관주의적 민사령안이 폐안되면서, 조선총독부는「조선민사령」제11조 개정안에 관해서 일본「민법」의용 원칙을 수용하는 대신, 구관및제도조사위원회는 조선총독부가 초기에 구상했던 관습법을 새로 정립하는 방향을 모색했던 것으로 보인다. 구관및제도조사위원회의 결의사항은 조선총독에게 보고되었고, 결의안의 내용은 조선총독부 중추원이 발간한『민사관습회답휘집』에 부록으로 실려 있다.

조사위원회는 결의사항을 통해 '가', 호주권, 호주 상속 등에 관해서 일본「민법」의 개념을 도입하여 해석함으로써 조선 관습에 일본「민법」의 요소가 가미된 것을 새로운 관습으로서 확인했다. 이러한 '가' 및 '호주'에 관한 구관및제도조사위원회의 결의는

1909년부터 지속적으로 추진했던 조선총독부의 행정적 규제를 반영한 것이었다. 예컨대 동거집단으로서 조선 재래의 '호'가 일본 「민법」 개념의 친족집단으로 전환되었다. 조선 재래의 '호'에서 편성 기준이 '동일 가옥의 거주자'였다면, 일본 「민법」상의 '가'는 동거 여부가 아니라 호주에 부속된 친족집단으로 정의되었다. 또 조선에서는 호주 신분을 상속 대상으로 파악하지 않았으나 일제는 상속의 종류를 제사상속, 호주상속, 재산상속으로 정하여 호주 지위도 상속의 대상으로 정했다. 그리고 조선 재래의 제사상속을 근본 개념으로 설정함으로써 일본 「민법」의 가독상속 개념과도 다른 상속제도를 확립했다. 따라서 '가'의 승계와 상속은 일본 「민법」과 같이 외형상으로는 호주를 중심으로 이루어졌으나 호주 지위 상속의 순서를 조선 재래의 봉사자(奉祀者) 상속의 순위와 일치시킴으로써 조선의 특성을 일부 반영했다. 이 결의는 1919년부터 1921년까지 조선총독부가 실행한 구관 심사 가운데 중요한 심사였으나, 1920년대에는 관습법 정책의 변화에 따라 수정되었다. 예컨대 양자제도, 미혼 남자의 분가, 결혼 연령 등에 대한 조선총독부 관습법 정책이 수정됨에 따라 결의가 관습법으로 채택되지 못한 경우도 있었다.

여기에는 구관및제도조사위원회에 관한 언론보도와 구관및제도조사위원회의 결의 내용을 수록하였다.

〈자료 68〉 구관조사회 설치 (《매일신보》, 1921.4.30)

조선 옛부터의 문화 및 관습 등으로 선량한 것은 가히 이를 만한 것은 채택하여 시정의 자료에 제공하려는 것은 총독 취임 당시의 성명이었던바, 그 후 이의 준비를 추진하여 필요한 경비를 증액하고 금회 제도구관조사위원회 규정의 발표를 봄에 이른 것이라. 이 위원회는 정무총감을 위원장으로 하고 본부 소속 관서의 고등관 및 내선 민간에서도 이 사무의 학식, 경험이 있는 인사를 위원에 촉탁하여 이를 조직할 터이라. 조선의 제도 및 구관을 조사하여 시정의 참고에 제공함은 통치상 가장 긴요한 일로 구관에 대하여는 총독부 설치 이래 취조국 및 중추원에서 이를 속행하던 것으로 조사서류, 보고서 등은 상당히 성립되었으나 이를 시정의 자료에 제공하여 참고로 함에는 오히려 한층 조사의 범위를 확장하고 이에 그 진보를 도모하여 동시에 그 조사와 각 반 시정과 연락을 취함이 필요함으로 이번에는 조직을 새로이 하여 인원을 충실케 하여 크게 그 진보를 도모하기로 되니라. 따라서 금후에 조사의 범위는 구관 외 고대 일선(日鮮) 관계로부터 각 시대의 관제, 사회, 경제 각 방면의 제도, 풍속으로부터 다시 나아가 부락에 사회적 조사 등까지 실행케 할 예정이나 조사회는 이런 일 등의 대강을 정하여 그 진행계금(進行計金)과 조사의 결과를 어떻게 이용할 것인지 등에 대하여 심의를 행할 터임으로 조사의 진행에 따라서 조선 통치상에 크게 공헌함이 있을 바를 믿노라.

조선총독부 훈령 제25호

구관 및 제도조사위원회 규정을 다음과 같이 정함.

1921년(大正 10) 4월 30일

조선총독부 남작 사이토 마코토(齋藤 實)

구관및제도조사위원회 규정

제1조 조선총독부에 구관및제도조사위원회를 둠.

    구관및제도조사위원회는 조선의 구관 및 구제도에 관한 사항을 조사함.

제2조 구관및제도조사위원회는 위원장 1인, 부위원장 1인, 위원 약간 명으로 조직함.

    위원장은 조선총독부 정무총감, 부위원장은 조선총독부 중추원서기관장이 맡게 함.

    위원은 조선총독부 동 소속 관서의 고등관 및 학식, 경험이 있는 자 중에서 조선총독이 이를 명하고 또는 촉탁함.

제3조 위원장은 회무를 총괄하고 의사를 정리함.

    위원장이 사고가 있을 때는 부위원장이 그 사무를 대리함. 위원장, 부위원장이 모두 사고가 있을 때는 위원장이 지정한 위원이 그 사무를 대리함.

제4조 위원회는 필요가 있다고 인정할 때는 위원 중에서 특별위원을 선정하여 조사를 행할 수 있음.

제5조 위원회에 간사 1인을 두고 조선총독부 중추원서기관으로 이를 맡게 함.

    간사는 위원장의 지휘를 계승하여 서무를 장리(掌理)[171]함.

제6조 위원회에 서기를 두고 조선총독부 또는 조선총독부 중추원 판임관 중으로 이를 명하고 또는 촉탁함.

    서기는 위원장 및 간사의 지휘를 계승하여 서무에 종사함.

〈자료 69〉 구관조사 개회(《매일신보》, 1921.8.7)

6일 총독부 회의실에서 구관및제도조사위원회 제1회 회의를 개최하고 위원 20명은 위원장 미즈노(水野) 정무총감의 총재하에 동일 오전 10시로부터 오후 ■시 10분까지 의사를 행하였더라.

---

171 맡아서 처리함.

〈자료 70〉 친족구관(舊慣) 토의(《매일신보》, 1921.8.18)

조선구관조사위원회의 제1회 회의를 총독부 제2회의실에서 개최하고 미즈노(水野) 위원장 총재 이하 관계위원이 출석하여 17일 오전 10시부터 정오까지 종료하였는데 금회 회의의 내용은 조선인 친족에 관한 것이라더라.

〈자료 71〉「구관및제도조사위원회 결의」(조선총독부 중추원 편, 『민사관습회답휘집(民事慣習回答彙集)』, 조선총독부 중추원, 1933, 부록으로 수록)

제1 친족에 관한 사항(1921년(大正 10) 8월 6일 및 17일 결의)

1. 친족의 명칭 (생략-편역자)
2. 친족의 범위

조선에서 친족이라 칭하는 자의 범위는 심히 광범하여 그중에 특히 유복의 친족을 근친으로 한다. 그러므로 이로써 법령에 친족이라 칭하는 자의 범위로 간주하는 것 외에는 없다. 관습상 유복 친족은 다음과 같다.

아버지, 어머니, 할아버지, 할머니, 증조부, 증조모, 고조부, 고조모, 남편, 아내, 아들, 딸, 며느리, 손자, 손녀, 손자며느리, 증손자, 증손녀, 장증손부(長曾孫婦)[172], 현손(玄孫)[173], 현손녀, 장현손부(長玄孫婦)[174], 형제, 자매, 형제의 아내, 조카, 조카딸, 조카며느리, 종손, 종손녀, 종손부, 종증손, 종증손녀, 백숙부, 백숙모, 고(姑), 종형제, 종자매, 종형제의 처, 종질, 종질녀, 종질부, 재종손, 재종손녀, 종조부, 종조모, 대고(大姑), 종백숙부, 종백숙모, 종고(從姑) 재종형제, 재종자매, 재종질, 재종질녀, 재증조부, 재증조모, 재종백숙부, 재종백숙모, 재종고

---

172 맏증손자며느리.
173 손자의 손자.
174 맏현손자며느리.

(再從姑), 삼종형제, 삼종자매, 외조부, 외조모, 외숙부, 외숙모, 이모, 외종형제, 외종자매, 이종형제, 이종자매, 사위, 외손, 외손녀, 외손부, 생질, 생질녀, 생질부, 내종형제, 내종자매, 아내의 아버지, 아내의 어머니, 남편의 아버지, 남편의 어머니, 남편의 조부, 남편의 조모, 남편의 증조부, 남편의 증조모, 남편의 고조부, 남편의 고조모, 남편의 형제, 남편의 자매, 남편의 형제의 아내, 남편의 조카, 남편의 조카딸, 남편의 조카며느리, 남편의 종손, 남편의 종손녀, 남편의 종손부, 남편의 종증손, 남편의 종증손녀, 남편의 백숙부, 남편의 백숙모, 남편의 고, 남편의 종형제, 남편의 종자매, 남편의 종형제의 아내, 남편의 종질, 남편의 종질녀, 남편의 종질부, 남편의 재종손, 남편의 재종손녀, 남편의 종조부, 남편의 종조모, 남편의 대고, 남편의 종백숙부, 남편의 종백숙모, 남편의 종고, 남편의 재종질, 남편의 재종질녀, 남편의 외조부, 남편의 외조모, 남편의 외숙부, 남편의 이모.

3. 촌수의 계산

조선의 관습에서는 촌수를 계산하기 위해서는 자기를 중심으로 직계에 있어서는 자기가 나온 자는 순차로 이를 올라가고 자기로부터 나온 자는 순차로 이를 내려가 계산한다. 방계에 있어서는 같은 부조(父祖)로 올라가 다시 그 자에서 내려가 계산한다. 그리고 촌수의 칭호는 직계에 있어서는 세 또는 대로서 방계에 있어서는 촌으로서 모두 1세를 1촌수로 하였다.

4. 준친자(準親子) 및 출모(出母), 적모(嫡母)와 친자[實子]

(1) 준친자

조선에서는 실제 친자가 아니지만 관습상 친자로 간주하는 세 가지 경우가 있다. ① 양부모와 양자 ② 계모와 전처의 자 ③ 적모와 서자가 그것이다.

① 양친과 양자

양자를 할 수 있는 자는 남자에 한하므로 양친 된 자는 항상 남자이다. 또 죽은 후에 양자를 하는 것을 인정함으로써 양친이 되는 자가 사자(死者)인 경우가 있다. 그리고 양자가 될 수 있는 자는 남자에 한하므로 여자인 양자는 없다.

양자는 양친에 대해 적자인 신분을 취득하고 양친의 아내와 양자와의 사이에는 모자의 관계가 발생한다.

종전에 있어서는 수양자인 자를 인정하여 기아, 기타 부모가 분명치 않는 유아를 양육하기 위해 그 가적에 들이는 것을 허용하였지만 지금은 이를 허용하지 않는다. 다만 종래 수양자였던 자에 한해서 그대로 가적에 두는 것으로 하였다. 그리고 수양자는 수양부의 성을 칭하지만 수양부 및 그 아내와 수양자와의 사이에는 친자의 관계를 인정하지 않는다.

② 계모와 전처의 자(子)

계모는 전처의 자에 대하여 후처로 칭하며 계모와 전처의 자와는 이를 모자로 간주한다. 단 모자라고 부르고 계모자라는 호칭을 사용하지 않는다. 또 양자와 양부의 후처와의 사이도 마찬가지로 계모자의 관계가 발생한다.

③ 적모와 서자

아내의 소생이 아닌 자는 이를 서자라고 칭한다. 서자로부터 보아 아버지의 아내를 적모라고 칭한다. 그리고 적모와 서자와는 이를 모자로 간주하고 부르기는 모자라고 하며 구태여 적모·서자라는 칭호를 쓰지 않는다. 또 적모와 서자를 친자[親子]로 인정하는 관습은 동일 가적에 있는가 아닌가를 불문한다.

(2) 출모(出母)·가모(嫁母)와 친자[實子]

조선에서는 남편에게 이혼당하고 그 가를 떠난 아내를 그 친자로부터 보아 출모라고 칭한다. 또 남편의 사후 재가한 아내를 그 친자로부터 보아 가모라고 칭한다. 그리고 출모 혹은 가모와 자식과의 사이에는 친자의 정을 끊을 수는 없으나 인륜의 의[倫義]를 중시한 결과 모자의 관계가 존재하지 않는 것으로 간주하였다.

5. 호주 및 가족

조선의 관습에서는 가(家)를 인정한 사람은 반드시 가에 소속되어야만 한다. 가에는 호주가 있고 호주 이외의 자를 가족이라 하였다.

호주는 남자인 것을 통례로 하지만 호주가 되어야 할 남자가 없는 경우에는 여자가 호주가 되는 일이 있다. 그리고 여호주의 입부혼인(入夫婚姻)을 인정하지 않음으로서 여호주의 남편[入夫]이 호주가 되는 경우는 없다. 또 호주의 은거를 인정하지 않으므로 아들이 호주이면서 아버지가 가족이며 여자가 호주이면서 어머니가 가족이고 며느리가 호주이면서 남편의 어머니가 가족인 경우는 없다.

가족의 범위는 남호주의 경우에 있어서는 호주를 중심으로 하여 그 직계 여존속·아내·직계비속 및 그 아내·방계혈족이면서 아직 출가하지 않거나 혹은 분가하지 않는 자, 그 아내 및 직계비속을 포함한다. 여호주의 경우에 있어서는 직계비속인 여자, 직계비속의 과부·방계혈족이면서 아직 출가하지 않거나 혹은 분가하지 않은 자, 그 아내 및 직계비속을 포함한다.

위의 외에 「민적법」에서 입가를 인정한 호주는 그 친족 또는 가족의 친족을 자기의 가적에 들일 수 있으므로 호주 또는 가족의 친족이면서 그 가에 있는 자는 역시 가족이 되는 것으로 한다.

수양자 및 첩은 종전의 이것을 가족에 포함했지만 지금에는 수양자 및 첩을 인정하지 않음으로써 새롭게 가족에 보태는 것을 허용하지 않는다. 다만 종래 가족인 자는 그대로 가족으로서 가적에 있다.

또 1909(隆熙 3) 4월 「민적법」 시행 이래 부적(附籍)[175]하는 것을 인정하고 일가의 민적에 다른 가족의 민적을 부속시키는 것으로 했다. 단, 지금에는 가능한 한 부적을 허용하지 않는 것으로 한다.

수양자 및 첩은 종전에는 이를 가족에 넣었지만 지금은 수양자 및 첩을 인정하지 않으므로 새롭게 가족에 더해지는 것은 허용되지 않는다. 다만 종래 가족이었던 자는 그대로 가족으로서 그 가적에 있는다.

또 1909년 4월 「민적법」 시행 이래로 부적인 경우를 인정하여 1가의 민적에 다른 가족의 민적을 부속시키는 것이 있었다. 단 지금은 가능한 한 부적을 허용하지 않는 것으로 하였다.

---

175 호적부에 없는 호적을 새로 끼어 실음.

제2 혼인에 관한 사항(1921년(大正 10) 8월 6일 및 17일 결의)

1. 혼인의 연령

혼인의 연령에 대해서는 관습상 한정이 없다. 다만 실제에서 10세 이상이 아니면 혼인을 하지 않는 것을 보통으로 할 뿐이다. 조선시대에 법령의 규정으로서는 『경국대전』에 남자 15세, 여자 14세를 허혼연령으로 하고 이 규정은 근래 『대전회통』 편성 때에도 이를 개정하지 않았으나 실제에서는 이를 엄격히 행한 흔적은 없다. 특히 중류 이상의 가에서는 조혼에 기를 써 15세 이하의 남자를 혼인시키는 경우가 많았다. 법의 제한은 전혀 효력이 없는 글에 불과했다. 그 후 1894년(개국 503년)에 이르러 조혼의 폐를 방지하기 위해 허혼연령을 정하고 남자 20세, 여자 16세로 하였지만 행해지지 않았다. 1907년(隆熙 1)에 이르러 다시 남자 만 17세, 여자 만 15세 이상으로서 비로소 시집가고 장가드는 것을 허한다고 하였지만 일반이 두루 알지 못하였고, 이에 위반한 혼인을 무효로 한 예는 없다. 그러나 병합 후 1915년(大正 4)에 이르러 남 만 17세 이상, 여 만 15세 이상의 혼인이 아니면 민적계를 수리하지 않는다는 내용의 통첩을 발하여, 그 연령에 달하지 않은 자는 실제 혼인을 하여도 그 입적을 허용하지 않았다. 또 그 사이에 생겨난 자식은 서자로서 민적에 입록되었지만 관습은 의연하여 변하지 않았다. 고등법원에서도 몇 해 전 연령에 제한이 없다는 취지의 판결을 하였을 뿐으로 이후 관습이 실제의 취급과 같이 변화하였다는 것을 인정한 판례는 나오지 않았다.

2. 통혼의 제한

조선에서 관습상 통혼을 허락하지 않는 경우는 다음과 같다.

(1) 중혼

배우자가 있는 자는 거듭해서 혼인을 할 수 없다. 가령 혼인을 하였어도 무효이다.

(2) 간통자 사이의 혼인

아내가 간통으로 인하여 이혼하였거나 형에 처해졌을 때는 그 자와 상간자와는 혼인을 할 수 없다. 가령 혼인을 하였어도 무효이다.

(3) 혈족 간의 혼인

조선에서는 남계의 혈족 간에는 혼인을 허용하지 않는다. 또 어떤 범위의 혈족·인족 및 인족의 혈족과의 사이에서도 혼인을 허용하지 않는다. 이러한 자의 사이에서는 혼인을 하여도 무효이다.

관습상 통혼을 허하지 않는 혈족·인족은 다음과 같다.

남계혈족

남계 외/ 직계혈족

직계인족

이부(異父)자매와 이부형제

이모와 이질(姨姪)

외종자매와 내종형제

이종자매와 이종형제

어머니의 종자매와 종자매의 자

어머니의 내종자매와 외종자매의 자

어머니의 외종자매와 내종자매의 자

어머니의 이종자매와 이종자매의 자

어머니의 외종고와 종자매의 외손

아버지의 외종자매와 내종질

아버지의 이종자매와 이종질

아버지의 외종고와 종자매의 손

생질녀와 외숙부

종자매의 딸과 외종숙부

내종자매와 외종형제

대고(大姑)의 딸과 외종질

형제의 처와 남편의 형제

이부(異父)형제의 처와 남편의 이부형제

질부와 남편의 백숙부
질손부(姪孫婦)와 남편의 종조부
종증손부와 남편의 종증조부
백숙모와 남편의 조카
종형제의 처와 남편의 종형제
종질부와 남편의 종백숙부
재종손부와 남편의 재종조부
종조모와 남편의 종손
종백숙모와 남편의 종질
재종형제의 처와 남편의 재종형제
재종질부와 남편의 재종백숙부
종증조모와 남편의 종증손
재종조모와 남편의 재종손
재종백숙모와 남편의 재종질
삼종형제의 처와 남편의 삼종형제
종고조모와 남편의 종현손
재종증조모와 남편의 재종증손
삼종조모와 남편의 삼종손
삼종백숙모와 남편의 삼종질
사종형제의 처와 남편의 사종형제
외숙모와 남편의 생질
외종형제의 처와 남편의 내종형제
이종형제의 처와 남편의 이종형제
생질부와 남편의 외숙부
내종형제의 처와 남편의 외종형제
며느리의 자매와 자매의 남편의 아버지
사위의 자매와 형제의 아내의 아버지

손자며느리의 자매와 자매의 남편의 조부

3. 혼인의 방식

조선의 관습에서는 혼인을 하기 위해서는 남녀 양가에서 먼저 주혼자를 정하고 주혼자는 할아버지가 있으면 할아버지가 이를 맡고 할아버지가 없을 때는 아버지가 이를 맡는 것으로 하지만 할아버지·아버지 모두 없을 때는 형이 이를 맡는다. 이러한 사람이 모두 없을 때는 백숙부가 이를 맡고, 백숙부 역시 없을 때는 근친이면서 남자 손윗사람이 이를 맡는 것으로 한다. 그리고 혼인은 주혼자의 사이에서 결정되고 본인이 상호 의사를 표시하는 것은 없다. 그럼에도 백숙부, 기타 근친이 주혼자가 되는 경우에는 만약 어머니 또는 할머니가 있을 때는 실제 혼인을 결정하는 자는 어머니나 할머니이고 주혼자는 다만 표면상 중요한 역할을 맡을 뿐이다. 또 형이 주혼자인 경우에도 어머니·할머니 등의 의사에 반하여 혼인을 결정하는 일은 없다.

혼인의 의식은 여가(女家)에서 행하고 근례(卺禮)로서 혼인 성립의 증거로 삼는다. 근(卺)은 표주박을 나누어서 만든 술잔으로 남녀가 각기 그 하나를 잡고 의식의 술을 마시므로 이를 합근(合卺)이라 칭한다. 그렇지만 근래에는 반드시 근을 사용하지 않고 보통의 술잔으로 이를 대용하는 경우도 있다. 그렇지만 아직 그 명칭은 변하지 않았다.

위의 외에 근래에는 종교상의 의식에 따라 혼인을 행하는 자가 있는데 관습상 혼인의 의식으로서 이를 유효하다고 인정한다.

4. 혼인의 효력

조선에서 관습상 인정하는 혼인의 효력은 다음과 같다.

1. 당사자의 사이에 부처의 관계를 발생시킨다.
2. 보통의 혼인에서는 아내는 남편의 집에 들어가고 데릴사위에 있어서는 남편이 아내의 집에 들어간다.
3. 남편은 아내의 일족과의 사이에, 아내는 남편의 일족과의 사이에 어느 범위 내에서 친족 관계를 발생시킨다(친족의 범위 참조).

4. 아내는 행위능력에 제한을 받거나 영업을 하기 위해서는 남편의 허가를 받는 것이 필요하다.

5. 아내의 거소는 남편의 지정에 따른 것을 요한다.

6. 혼인 후의 생활 비용은 남편이 이를 부담한다.

7. 남편은 아내의 재산을 관리하고 기타 사용 수익을 하는 것을 할 수 있다. 그렇지만 남편은 아내의 승락이 아니라면 아내의 재산을 처분할 수는 없다.

8. 일상의 가사에 대해서 아내가 행한 행위는 남편에 대해 효력을 발생시킨다.

9. 부처(夫妻)는 서로 동거할 의무가 있다.

10. 부처는 서로 부양을 할 의무가 있다.

5. 이혼

조선의 관습에서는 이혼은 주로 아내를 내쫓는 경우를 인정하며 부처(夫妻) 협의에 의한 이혼에 대해서는 조금 명확하지 않지만 구태여 이를 인정하지 않는 것은 아니다. 그리고 협의상 이혼에는 부모 동의를 요한다. 부모가 없을 때는 조부모의 동의를 요하는 것으로 한다.

부처의 한쪽의 의사에 의한 이혼에 대해서는 종전에는 일정한 원인에 따라 남편의 의사로서 아내와 이혼하는 것은 인정하였지만 아내로부터 남편에게 이혼을 요구하는 것은 허용하지 않았다. 다만 근래에 이르러 이혼의 소를 제기하는 자가 왕왕 있어서 재판소에서도 상당의 이유가 있는 경우에는 그 요구를 시인하여 재판으로서 이혼을 선고하는 것으로 했다. 일반의 관념에서는 아내에게 도벽이 있거나 중혼 또는 간통을 하거나 혹은 도망하거나 조부모, 부모 등 남편의 직계존속에 대해 불효한 행위 등이 있는 경우에는 남편에 의해 이혼을 할 수 있는 것으로 하고 남편이 아내를 유기하여 아내의 직계존속에 대한 심한 학대 또는 모욕을 가한 경우는 아내가 이혼을 요구할 수 있는 것으로 하였다. 그리고 부모, 조부모 등의 동의를 필요로 하는 것은 협의이혼의 경우와 마찬가지다.

6. 배우의 사망으로 인한 친족 관계의 이동

조선의 관습에서는 남편의 사망에 의해 아내와 남편의 일족과의 친족 관계에서 이동이 발생하지 않는다. 그렇지만 아내가 재가했을 때는 그 친족 관계는 소멸한다. 또 아내의 사망은 남편과 아내의 일족과의 친족 관계에 영향이 없다.

7. 데릴사위[招壻]

조선에서는 시집가고 장가드는 것[嫁娶]을 혼인의 본뜻으로 하여 혼인으로 인하여 아내가 남편의 가에 들어가는 것을 통례로 하지만, 남편이 아내의 가에 들어가는 경우가 없지는 않다. 일반에서는 이를 천하게 여겨 여자만이 있는 하류의 가에서 가끔 보이는 사례에 지나지 않는다. 그렇지만 관습이 인정하는 바로서 이를 데릴사위라고 칭한다.

8. 혼인과 성(姓)의 관계

조선인은 모두 성을 칭한다. 그런데 각인의 성은 아버지의 성에 따라서 정한다. 따라서 일생동안 변경하지 않는다. 다만 타인에게 수양되어 수양자의 성을 칭하는 자가 아버지가 밝혀진다면 본성으로 복귀할 뿐이다.

이와 같이 성은 평생 변경되지 않는 것으로 혼인으로 인하여 다른 가에 입적하여도 구태여 성을 변경하지 않는다. 남편과 아내가 성을 달리하고 어머니와 자녀가 다른 성을 칭하는 것은 차라리 통례로서 한 가의 안에 여러 성이 보이는 것은 드물지 않다.

제3 양자에 관한 사항(1921년(大正 10) 10월 13일 결의)

1. 양자의 종류

조선에서 종래 행해지는 양자에는 양부 생전의 양자, 양부 사후의 양자, 차양자 등이 있다.

(1) 양부 생전의 양자

양부 생전의 양자는 양부인 자에게 아들이 없거나 아들이 있지만 그 아들이 혼인을 하지 않고 사망한 경우에 이미 노년에 이르렀거나 혹은 기타 사정에 의해 아들이 태어날 가망이 없을 때에 이를 위해서 하는 것이다.

(2) 양부 사후의 양자

양부 사후의 양자는 양부가 되는 자가 아들이 없이 사망하거나 혹은 아들이 있지만 그 아들이 혼인을 하지 않고 먼저 사망한 경우에 이를 위한 것이다. 그리고 그 명칭은 단순히 양자라 칭하고 양부 생전의 양자와 구별할 만한 명칭을 허용하지는 않는다.

(3) 차양자

기혼의 장남 혹은 양자가 사망하고 그에게 아들이 없고 또 자기의 아들이 없는 경우에 그 장남 또는 양자에게 양자를 삼지 않고 그와 동렬에 있는 자를 자기의 양자로 삼아 그 양자에게 아들이 출생하기를 기다려 사망한 장남 또는 사망한 양자의 양자로 삼는 것이다. 풍속에 이를 차양자라고 칭한다. 그리고 이런 종류의 양자는 양부가 되는 자의 사후에도 역시 이를 행하는 일이 있다. 단, 지금 민적의 취급에서는 이를 양자라 칭하여 차양자라는 호칭을 사용하지 않는다.

이상의 외에 생양가봉사라 칭하는 경우가 있다. 양자가 되는 자가 생가[實家]의 제사를 행하는 자가 없어 양가를 위하여 제사를 행하며 동시에 생가의 제사를 행하는 경우로서 왕왕 그 사례가 있지만 그 양자인 점에서는 보통의 양자와 다르지 않다.

또 수양자가 되는 경우가 있지만 관습상 이를 양자라 인정하지 않는다.

2. 결연[緣組]의 요건

(1) 양친에 대한 요건

양자를 하기 위해서는 그자가 남자일 것, 기혼자일 것, 아들이 없을 것 또는 아들이 있어도 혼인을 하지 않고 사망했을 것을 필요로 하고 양자는 항상 1명에 한한다.

① 남자일 것

조선에서는 양자를 하는 목적은 후계자를 얻어 혈통의 단절을 막는 데 있다. 따라서 혈통은 남자만을 인정하고 여계를 인정하지 않음으로 양자를 할 수 있는 자는 남자에 한정하며 여자는 양자를 할 수 없다.

② 기혼자일 것

조선에서 친족관습의 기초가 되는 관념에 의하면 남편과 아내가 있어서 비로소 아들이 있고 아직 혼인을 하지 않는 자는 아들을 둘 자격이 없는 자가 된다. 그러므로 아직 혼인을 하지 않는 자는 그 생전과 사후를 불문하고 양자를 하는 것을 허용하지 않는다. 양자를 할 수 있는 자는 항상 기혼자에 한하고 그 연령에는 한정이 없다.

③ 아들이 없을 것 또는 아들이 있어도 혼인을 하지 않고서 사망했을 것

양자는 아들이 없기 때문에 타인의 아들을 길러 아들로 삼는 것이다. 그러므로 만약 아들이 있다면 다시 양자를 하는 것을 허용하지 않는다. 따라서 그 아들이 적자인가 서자인가는 구태여 묻지 않는다. 또 기혼의 아들이 있는 자는 그 아들에게 양자를 하여 뒤를 잇게 할 수 있으므로 역시 양자를 허용하지 않는다.

(비고)

종전에는 일반에 서자의 계통을 천시하는 풍조가 있어서 서자인 아들이 있음에도 불구하고 양자를 삼는 일이 있었지만 지금은 적자인지 서자인지를 불문하고 아들이 있는 자의 양자를 인정하지 않는다.

④ 양자는 1인으로 제한한다

양자의 목적은 후계자가 될 만한 아들을 얻는 데 있으므로 이미 양자를 한 자는 아들이 있는 자에게 양자를 허용하지 않는 것과 동일한 이유로 다시 양자를 하는 것을 허용하지 않는다.

(2) 양자에 대한 요건

양자가 되기 위해서는 그자가 남자일 것, 양부보다 나이가 어릴 것, 양부인 자의 남계혈족일 것, 양부 된 자에 대해 손아랫사람일 것, 양부 된 자와 소목(昭穆)의 관계에 있을 것을 요한다.

① 남자일 것

양자를 삼는 목적은 혈통의 연속 및 제사를 위해 후계자를 얻는 데 있다. 그런데 남자가 아니면 혈통을 전할 수 없고 제사자가 될 수 없음으로 양자가 될 수 있는 자는 남자만으로 여자가 양자되는 것을 인정하지 않는다.

② 나이가 적은 자일 것

양자는 양부보다 나이가 적은 자를 요한다. 이것은 친자인 관계상 당연한 이치이다. 그렇지만 그 연령의 차이에 대해서는 별도의 정해진 한도가 없다. 다만 실제에서는 아버지와 아들로서 알맞은 연령인 자를 택하는 것을 관례로 할 뿐이다.

③ 남계혈족일 것

조선에서 양자제는 혈통의 연속을 기초로 하고 혈통은 남계만을 인정하고 여계를 인정하지 않음으로서 양자가 될 수 있는 자는 남계의 혈족으로 제한된다.

(비고)

남계의 혈족인가 아닌가는 사실에 의거하여 이를 결정해야 하는 것인데, 조선에서는 사람은 모두 성과 본을 칭하고 동본동성은 대개 남계혈족으로서 성과 본에 의거하여 남계혈족인지 아닌지를 알 수 있다.

④ 손아랫사람일 것

손윗사람을 손아랫사람으로 삼고 손아랫사람을 손윗사람으로 삼는 것은 인류의 질서를 문란케 하는 것으로 양자는 항상 양친이 되는 자의 손아랫사람일 것을 요한다.

⑤ 소목에 해당할 것

조선에서는 자기와 동렬에 있는 남자의 아들이 아니라면 양자로 삼을 수 없다. 그리고 동렬의 남자는 형제·종형제·재종형제 등으로 그 아들은 즉 질·종질·재종질 등이다.

소목은 부자의 순서로서 질과 백숙부, 종질과 종백숙부, 재종질과 재종백숙부는 소목의 관계 있는 것으로 하였다.

(비고)

양자가 될 수 있는 자는 차남 이하의 아들을 통례로 한다. 대개 장남은 그 가의 제사를 행해야 할 자가 됨으로써 다른 가에 들어가는 것을 허용하지 않는다. 그럼에도 종가를 중요시한 결과 종가에 아들이 없을 때는 지가(支家)의 장남을 양자로 삼는 일이 있다.

3. 결연[緣組]의 방식

(1) 양자의 선정

양자의 선정은 양부가 되는 자가 이를 행하는 것을 원칙으로 한다. 그리고 양부가 되는 자에게 부모가 있을 때는 부모의 동의를 얻을 것을 요구한다. 조부모가 역시 있다면 그 동의를 얻어야만 한다. 만약 양자된 자가 가족으로서 손윗사람이 호주인 경우에는 호주의 동의도 얻는 것이 필요하다.

양자의 선정은 유언으로서 할 수 있다. 양부가 되는 자의 유언이 있을 때는 양자는 그 유언에 따라서 선정된 것으로 한다. 그렇지만 그 배우자는 사망한 남편의 부모·조부모의 동의가 있을 때는 이를 변경할 수 없는 것은 아니다. 또 부모·조부모가 없을 경우에는 문회의 동의를 얻어서 이를 변경할 수 있다.

양부 사후의 양자를 선정해야 할 경우에는 양부가 되어야 할 자의 배우자가 이를 선정해야 하는 것으로 사망한 남편의 부모·조부모가 있을 때는 그 동의를 얻을 것을 요한다. 그 배우자가 가족으로서 손윗사람이 호주일 때는 호주의 동의를 필요로 하는 것은 양부인 자가 이를 선정할 경우와 다를 바 없다. 그리고 배우자가 있지 않을 때는 아버지, 아버지가 역시 있지 않을 때는 어머니, 부모가 모두 있지 않을 때는 조부, 조부가 역시 있지 않을 때는 조모, 조모가 역시 있지 않을 때는 형이 이를 선정한다. 형 역시 있지 않을 때는 백숙부가 이를 선정하고 이들이 모두 있지 않을 때는 문회에서 이를 선정한다.

양자를 선정해야 할 배우자가 선정을 하지 않을 때는 부모·조부모·형·백숙부 등의 순서로 이를 선정해야 한다. 이들이 모두 있지 않을 때는 문회에서도 역시 이를 선정할 수 있다.

(2) 친가[實家]의 승낙

조선에서는 입양은 양친되는 자와 친부모가 이를 결정하는 것을 원칙으로 한다. 양자가 되는 자에 대해서는 아버지가 있을 때는 아버지, 아버지가 없을 때는 어머니가 이를 결정하는 것으로 한다. 그렇지만 만약 부모가 없을 때는 조부가 이를 결정하고 조부 역시 없을 때는 조모가 이를 결정하고 조모 역시 없을 때는 형이 이를 결정하고 이들이 모두 없을 때는 백숙부가 이를 결정한다. 그리고 그 결정자에게 부모·조부모 등이 있을 때는 그 동의를 얻을 것을 요한다. 또 그가 가족으로서 손윗사람인 호주가 있을 때는 그 동의도 얻을 것을 요한다.

(3) 결연의 의식

양자결연의 의식으로서는 다만 양가에서 이를 선조의 사당에 보고하는 관례가 있다.

(비고)

지난날에는 예조에 청원하여 예사(禮斜)를 받는 성문화된 규정이 있어서 이로써 그 방식을 이행했지만 수십 년 이래 점차 행해지지 않기에 이르렀다.

4. 결연의 효력

1. 양자가 된 자는 양부의 적장자인 신분을 취득하며 또 양부의 친족과의 사이에 친자[實子]와 동일한 친족 관계가 발생한다.
2. 양자는 결연으로 인하여 즉시 양가에 들어가고 그 아내, 직계비속 및 그 아내 등이 있을 때는 이들도 역시 따라서 그 가에 들어간다.

   차양자는 결연으로 인하여 즉시 양가에 들어가고 그에게 아내 및 직계비속이 있을 때는 이들도 역시 따라서 그 가에 들어간다.
3. 양부 사후의 양자는 양부가 호주일 때는 그 가에 들어감과 동시에 호주가 되고 차양자의 경우에도 양부가 이미 사후이고 또 호주일 때는 차양자는 그 가에 들어감과 동시에 호주가 된다.

(비고)

차양자의 경우에 그에게 아들이 출생했을 때는 생가[實家]로 복귀하거나 또는 분가를 하는 일이 있다. 그리고 그 아들은 양가의 사망 장자 또는 사망 양자의 양자가 되는 것으로 한다.

양자가 된 자는 친부모[實父母]에 대해 상복 1등을 감하며 마치 백숙부모에 대한 것과 같은 관계에 서는 것으로 한다.

5. 파양

종전에는 양자는 양가에서만 이연하는 것을 인정하여 이를 파양이라고 칭한다. 또 생가가 후사가 끊어진 경우에 한해 양자의 복귀를 허락하는 성문화된 규정이 있다.

(비고)

근래에서는 협의 파양을 인정하고 또 양자 또는 양자의 생가로부터 파양을 요구하는 경향이 생겨났다.

파양의 원인으로서는 양자가 양가의 직계존속에 대해 불효의 행위가 있는 경우 및 친족 간에 간음을 한 경우로서 그것이 현저한 것이 되거나 가명을 더럽힐 만한 중대한 범죄를 범하거나 혹은 가산이 기울어질 만한 낭비를 행했을 때는 사정이 어찌할 수 없는 경우에 한해 파양의 원인이 있는 것으로 하였다.

파양할 수 있는 자는 양가의 아버지를 원칙으로 하고 아버지가 없을 때는 조부, 조부 역시 없을 때는 어머니, 어머니 역시 없을 때는 조모로서 하고 이들이 파양하기 위해서는 부모·조부모 등이 있을 때는 그 동의를 얻을 것을 요한다. 존속인 호주가 있을 때는 그 동의를 얻을 것을 필요로 하고 어머니 혹은 조모가 파양하기 위해서는 문회의 동의를 얻는 것을 필요로 한다. 또 이들이 모두 있지 않을 때는 문회에서도 파양할 수 있다. 따라서 파양은 양자가 호주인가 아닌가에 구속받지 않는다.

이연의 방식으로서는 사당에 보고하거나 혹은 양자가 사실상 생가[實家]에 복귀할 뿐으로서 특별히 정해진 형식은 없다.

(비고)

지난날에는 예사를 받아 결연을 한 자는 파양의 경우에도 역시 예사를 받은 일이 있다.

제4 가(家)에 관한 사항(1921년(大正 10) 12월 1일 및 5일 결의)

1. 호주권

조선에서는 한편으로 호주의 가족에 대한 권리를 인정하지만 또 한편으로는 존비의 질서를 중요시함으로써 호주의 권리는 가족이 지속인 경우에만 행해지고 가족이 존속인 경우에는 행해지지 않는다.

호주의 가족에 대한 권리를 들면 대개 다음과 같다.

(1) 가족의 입양 또는 파양에 대한 동의
(2) 가족의 분가에 대한 결정 또는 동의
(3) 가족의 거소의 지정
(4) 가족의 직업의 지정
(5) 가족의 재산의 관리 및 수익
(6) 가족의 재산 처분에 대한 허락
(7) 가족의 교육
(8) 가족의 감호
(9) 가족의 징계

가족이 독립의 생계를 영위하는 경우에는 호주는 (4), (5), (6)의 권리를 행사할 수 없다.

호주가 유연일 때 또는 신체, 정신의 이상으로 인하여 스스로 호주권을 행사할 수 없는 경우에는 그 가에 조모가 있을 때는 조모, 조모가 없을 때는 어머니가 대신하여 이를 행사한다. 이들이 없을 때는 근친 중에서 보호자를 정하여 그 보호자가 대신하여 호주권을 행사한다.

호주는 가족의 거소를 지정할 수 있지만 가족이 이를 따르지 않을 경우에 이를 이적시키거나 혹은 부양의 의무를 면하는 것과 같은 관습은 없다.

2. 가족의 특유재산

조선에서는 일가의 재산은 호주의 소유에 속한다. 그리고 호주는 당연히 가족을 부양해야 되는 것으로 가족은 대개 재산을 가지지 않는다. 가족이 얻은 재산이라도 이를 호주에게 귀속시키는 것을 통례로 하지만, 또 가족이 특별히 재산을 소유하는 일이 있다. 이 경우에는 이를 호주의 재산과 구별하였다.

가족의 재산은 가족이 독립의 생계를 세웠을 때는 그 가족이 스스로 이를 관리하고 호주는 이에 대하여 관섭(管攝)을 하지 않는다. 그렇지만 가족이 호주에 부양을 받는 경우에는 가족의 재산은 그 가족이 상당한 연령에 달하여 호주가 특별히 그 관리를 허락하는 경우 외에는 호주가 이를 관리하고 그 수익에 대해서도 특별히 가족의 소득으로 이를 구별하지 않고 자연히 호주의 소득으로 돌아가게 하는 경우가 있다. 그리고 가족이 부동산, 기타 중요한 재산을 처분하기 위해서는 호주의 허락을 받아야만 하는 것으로 하였다.

3. 분가(分家)

조선의 관습에서는 가를 계승해야 할 자는 장계(長系)의 장남자일 것을 원칙으로 하고 기타 남자는 분가를 한다. 여자는 다른 가에 시집가야만 하는 자로서 장계의 장남자가 아닌 남자는 조만간 분가를 해야 하는 경우에 있는 자이다.

4. 폐가(廢家)

조선의 관습에서는 마음대로 가를 폐하는 것을 허락하지 않는다. 그렇지만 호주가 타가에 양자가 된 경우에 그 가에 제사할 선조가 없을 때는 상속인을 정하지 않고 그 가족은 호주와 함께 양가로 들어감으로써 그 가는 저절로 폐가가 된다. 또 분가를 한 자가 본가의 절사로 인하여 본가의 상속을 하는 경우에는 그 분가는 저절로 폐가가 되는 것으로 한다. 그리고 「민적법」에서도 폐가의 사실을 계출하게 하는데 그치고 폐가를 하는 데 대한 수속을 규정하지 않았다.

폐가의 재흥(再興)은 관습에서 인정하지 않는다.

5. 절가(絶家)

조선의 관습에서는 호주가 사망하거나 호주가 다른 가에 들어간 경우에 그 가에 호주 될 만한 자가 없을 때는 양자를 하고 이를 호주로 삼는 사례도 있지만 양자가 될 만한 자가 없을 때는 그 가는 자연히 절가가 되는 것으로 한다. 그렇지만 호주의 사후 또는 다른 가에 들어간 후 즉시 양자를 할 수 없는 경우가 있어 이와 같은 경우에는 그 가를 절가로 인정하지 않는다. 그러므로 전연 양자를 삼을 가망이 없을 때에 이르러 비로소 절가가 발생하는 것으로 해석한다.

절가의 경우에는 가족은 종래 근친인 가에 기식하고 가적을 갖지 않는 자가 있었지만 현재 민적의 취급에서는 일가를 창립하는 것으로 한다.

절가의 유산은 가족이 이를 승계하고 가족이 없을 때는 친족이 이를 처분한다. 친족이 역시 없을 때는 그 소재 부락의 소유로 돌아간다.

절가가 된 후 최후의 기혼의 사망한 남호주에게 양자를 하고 그 가계를 계속하는 일이 있다. 이 경우에는 그 가는 재흥된 것으로 역시 관습이 인정하는 바이지만, 이 외에는 친족인가 아닌가를 불문하고 절가를 재흥하는 일은 허락하지 않는다.

6. 자녀를 입적해야 하는 가(家)

조선의 관습에서는 자식은 아버지의 가에 들어가야 하는 것으로 어머니의 가에 들어가는 것을 허락하지 않는다. 따라서 적자인가 서자인가를 불문하고 적어도 아버지가 정해진 자는 당연히 아버지의 가에 들어가고 호주는 가족의 서자라 하더라도 그 입적을 거부할 수 없다. 그렇지만 사실상 아버지가 정해지지 않은 자는 들어갈 가가 없으므로 근래 민적의 취급에서는 이를 어머니의 가에 입적시키고 또 부모를 모두 알지 못하는 자는 일가를 창립하는 것으로 했다.

제5 친자(親子)에 관한 사항 (1921년(大正 10) 12월 1일 및 5일 결의)

1. 친자[實子]의 종별(種別)

실자는 종래 적자·서자·간생자(姦生子)의 세 가지로 구별되지만 근래 간생자라는 호칭을 사용하지 않고 사생자라는 호칭을 사용하기에 이르렀다.

(1) 적자

아내의 소생을 적자라 칭한다. 그리고 아내가 혼인 중에 회임을 한 자녀는 적어도 간통으로 인해 회태한 사실이 없는 한 남편의 자녀로 추정한다.

혼인 전에 회태한 자녀는 혼인 중에 출생하고 또 남편의 자녀임이 명확한 경우라도 이를 적자로 간주하는 관습은 없지만 근래 민적의 취급에서는 이를 적출자로 하였다.

또 부모의 혼인으로 인하여 당연히 적자가 되는 관습이 없지만 이 역시 민적의 취급에서 이를 적출자로 하였다.

(2) 서자

첩의 소생 및 아버지가 인정한 혼인 외의 자녀는 이를 서자라 칭한다. 그리고 현재 민적의 취급에서는 남자 17세, 여자 15세 미만의 자의 혼인은 인정하지 않은 결과 그 사이에 태어난 자녀는 서자라고 하였다.

(3) 사생자

종전에는 사통 또는 간통으로 인해 태어난 자녀를 간생자라 칭했지만 근래에는 이를 사생자라 칭한다. 적자·서자 이외의 자녀는 모두 이를 사생자 안에 포함되는 것으로 하였다.

2. 자녀의 인지 및 부인

자녀의 인지에 대해서는 정해진 방식이 없으므로 자기의 자녀를 인정하거나 혹은 이를 인정한다고 볼 만한 사실이 있는 경우에 인지가 있는 것으로 간주하는 외에는 없다. 그리고 이를 인정하기 위해서 유언을 하는 경우도 있다. 또 태내의 자녀라도 이를 인정하는 경우가 있다. 단, 태내의 자녀를 인정하기 위해서는 어머니의 동의를 필요로 한다.

남편이 아내가 낳은 자녀를 부인하는 경우는 관습이 인정하는 바이지만 실제로는 그 사례를 많이 보지는 못한다.

3. 친권

조선에서 관습상 인정한 친자녀에 대한 권리는 대개 다음과 같다.

(1) 자녀의 교육
(2) 자녀의 감호
(3) 자녀의 징계
(4) 자녀의 거소의 지정

(5) 자녀의 직업의 지정

(6) 자녀의 재산의 관리

(7) 자녀의 혼인의 결정 또는 이혼의 동의

(8) 자녀의 입양의 결정, 동의 또는 파양의 동의

친자녀에 대한 권리는 그 가에 있는 아버지가 이를 행하는 것을 원칙으로 하며, 아버지가 없을 때는 어머니가 이를 행한다. 또 아버지가 이 권리를 행하는 경우라고 하더라도 징계, 이혼의 동의, 입양 및 파양의 동의에 대해서는 어머니도 역시 그 권리를 행하는 것으로 한다. 다만 분가한 자녀에 대해서는 (7), (8)에 대해서는 본가의 부모가 역시 마찬가지이다. 그리고 어머니가 이 권리를 행하는 경우에는 중요한 사항에 대해서는 자녀의 백숙부에 협의하는 것을 통례로 하지만, 구태여 이를 필요로 하는 것은 아니다. 또 그 어머니가 실모인가 계모인가 적모인가에 따라 조금도 차이가 없다.

자녀가 독립의 생계를 영위하는 경우에는 (5), (6)의 권리를 행사하지 못한다.

친자녀에 대한 권리는 관습상 이의 상실을 인정하지 않는다. 그럼에도 어머니가 자녀의 재산을 위태롭게 한 바가 있을 때는 문회의 결의로서 그 관리를 제한하거나 혹은 이를 하지 못하게 할 수 있다.

제6 친족회에 관한 사항(1921년(大正 10) 12월 1일 및 5일 결의)

조선에서 종래 행해진 친족회에는 두 가지가 있다. 하나는 문회라 칭하고 하나는 종회라 칭한다.

문회는 일문(一門)의 회합으로 유복친의 범위로서 그 범위로 한다. 일문의 남자만이 이에 열석(列席)하고 여자는 열석하지 않는다. 남자라 하더라도 종래에는 관례를 치르지 않은 자[未冠者]는 열석하지 않는 것으로 한다. 문회에서 논의할 만한 사항은 일문에 관한 사항으로 일문의 제사·분묘·문중 재산·양자·유자(幼者) 또는 신체, 정신에 이상이 있는 자의 보호 등 그 현저한 것이 된다. 그리고 문회의 소집은 문장이 이를 행하고 일문 중 행렬·연령 모두 가장 높은 남자가 이를 담당하는 것으로 한다.

종회는 일족의 회합으로 남계의 혈족을 일족이라 칭한다. 본과 성을 같이하는 자가 즉 남계의 혈족이다. 종회에 부칠 사항은 종중에 관한 사항으로서 종중의 제사·종산(宗山)·종중재산·종가의 양자 등을 그 주된 것으로 한다. 그리고 회의에 열석하는 자는 그 회의 사항에 관련 있는 종중의 남자만으로 여자는 열석하지 않는다. 또 종래 관례를 치르지 않은 자가 열석하지 않는 것은 문회의 경우와 다르지 않다. 또 종회의 소집은 일족 중 행렬·연령이 가장 많은 남자가 이를 행하는 것으로 한다.

제7 부양에 관한 사항(1921년(大正 10) 12월 1일 및 5일 결의)

조선에서 관습상 부양을 인정하는 범위는 그 한계가 명확하지 않지만 대체로 다음의 자에 대해서는 부양을 해야 하는 것으로 한다.

(1) 본종 직계존속
(2) 남편의 본종 직계존속
(3) 본생(실가) 직계존속
(4) 남편의 본생(실가) 직계존속
(5) 배우자
(6) 본종 직계비속 및 그 처
(7) 출계 자손
(8) 본종 형제·자매 및 그 처
(9) 남편의 본종 형제·자매 및 그 처
(10) 본생 형제·자매 및 그 처
(11) 출계 형제
(12) 본종 백숙부모·고(姑)
(13) 남편의 본종 백숙부모·고
(14) 본종질·질녀·질부
(15) 남편의 본종질·질녀·질부

(16) 본종 종형제자매

(17) 본종에서 외조부모

(18) 본종 종조부모·대고(大姑)

(19) 처의 부모

(20) 외손·외손녀

(21) 본종 종손·종손녀

(22) 사위

(23) 가족

위 중에서 손녀 이하의 직계비속인 딸·고모·조카딸·종자매·대고모·외손녀·종손녀는 출가 전에 한하고, 아내의 부모, 사위는 아내 또는 딸의 생존 중에 한하며, 시집간 자의 부양을 해야 할 본종의 범위는 부모·형제·자매에 한한다.

부양은 이를 받는 자의 필요와 그 정도에 응하여 부양을 하는 자의 자력에 의해 이를 행하는 것으로서 그 순서는 대체로 부양을 받는 자는 본종과 인척과의 사이에 있어서는 본종을 우선하고 본종 중에서는 직계존속·배우자·직계비속·형제자매·백숙부모, 기타의 방계 친족의 순서에 따라, 부양을 하는 자 사이에서는 배우자·직계비속·직계존속·형제자매·백숙부모의 순서에 따라서 해야 하는 것도 확실한 관습이 있는 것은 아니다. 또 호주는 당연히 가족을 부양해야만 하는 것으로 그밖에 부양을 하고 있는 자인가 아닌가에 상관없이 그 가족을 부양해야 하는 자로 하였다.

제8 상속에 관한 사항(1923년(大正 12) 12월 1월 25일 결의)

1. 상속의 종류

조선에서는 종전에는 상속이라는 말을 사용하지 않았지만 이를 사용하기에 이른 것은 최근의 일이다(참조 1, 참조문은 말미에 첨부한다). 그렇다 할지라도 오늘날에는 법령 및 재판상의 용어로서 일반에서 인정될 뿐만 아니라 일상 담화의 사이에도 이를 통용하기에 이르렀다.

조선에서 인정하는 상속으로는 선조의 제사자인 지위를 승계하는 것과 일가의 호주인 지위를 승계하는 것 그리고 피상속인에 속하는 재산을 승계하는 것의 3종류가 있다. 그리고 그 명칭에 대해서는 종전부터 사용해 온 봉사라는 말이 있고(참조 2) 선조의 제사자인 지위를 계승하는 경우에 이를 쓰는 일이 있지만, 봉사는 선조의 제사자가 된다는 뜻으로 특별히 승계의 의미를 포함하지 않는다. 따라서 이 말을 써서 제사자인 지위의 상속에 해당하게 하는 것은 적절하지 않다. 또 호주인 지위의 상속 및 재산의 상속에 대해서는 이에 해당할 만한 명칭이 전혀 없다. 그러므로 3종의 상속에 대해서 재래의 용어로서 그 명칭을 표시할 수 없다. 또 「민법」에서 사용하는 가독상속 및 유산상속이라는 말은 아래 쓰여진 대로 그 내용에서 조선에서 행해지는 상속과 다소 다른 바가 있으므로 「민법」의 용어를 직접 이에 해당하게 할 수 없다. 이로써 종래의 조사에서는 그 실질에 의해서 제사자인 지위의 승계를 제사상속, 호주인 지위의 승계를 호주상속·재산의 승계를 재산상속이라 칭하였다. 재판소에서도 이와 같이 명칭을 사용하였던 예가 있다.

위 3가지 상속에 대해 그 내용을 나타내면 다음과 같다.

(1) 제사상속

조선에서는 선조의 제사를 가장 중요한 일로 삼는다(참조 3). 장자손(장남 또는 장남계의 장남손)이 제사자의 지위에 서고(참조 2) 만약 그 지위에 서야 할 자손이 없을 때는 양자(남자에 한한다)를 하여 그 단절을 방지하는 것으로 하였다(참조 4). 이를 봉사라 칭한다. 그리고 봉사자는 통상 선조의 제사자인 자의 지위를 승계함과 동시에 선대의 봉사자가 되는 일이 있지만 선조의 제사자인 지위를 승계하는 것은 아니어서, 단순히 선대의 봉사자임에 지나지 않는다. 예를 들면 이미 몇 대에 걸친 가에 있어서는 봉사자는 항상 선대를 가진 선조의 봉사자가 되는 지위를 승계한다. 동시에 선대의 봉사자가 되는 일이 있지만 분가를 한 가의 첫 번째 대의 사망에 따라 그 자손이 봉사자가 되는 경우에는 선대가 선조의 봉사자인 지위에 있지 않다. 결과 단순히 선대의 봉사자임에 지나지 않는다. 또 가족이 사망하고 그 자손이 봉사자가 된 경우에는 대개 사망한 자가 선조의 봉사자인 지위에 서지 못함으로써(희유의 사례로서 죽은 자가 조부 제사자가 되는 일이 있을 수 있다.) 자손은 단지 조부 봉사자가 되는 데 지나지 않는 것을 통례로 한다.

제사자인 지위의 상속은 호주인 지위의 상속을 수반하는 것을 보통으로 하지만 가족이 제사자인 지위를 승계할 경우(부조(父祖)의 제사자인 가족이 사망하여 그 아들이 봉사자가 될 때와 같다)는 아니다. 또 제사자인 지위의 상속은 항상 재산의 상속을 수반하는 것으로 한다.

(2) 호주의 상속

조선에서는 호주의 사망, 기타 사유로 인하여 가에 호주가 없기에 이른 때는 그 가에서 선조의 제사가 되는 지위를 승계할 자(남자에 한한다)는 호주의 지위를 승계하고 만약 제사자인 지위를 승계할 자가 없을 때는 특별한 경우(차양자가 있을 때)를 제외하고 그 가에 있는 여자 중 가장 윗 순위에 있는 자가 호주의 지위를 승계한다(참조 5, 6). 그럼에도 제사자인 지위의 승계는 항상 호주인 지위의 승계를 수반하는 것은 아니다(가족이 봉사인 경우와 같다). 호주인 지위의 승계도 역시 반드시 제사자인 지위의 승계를 수반하지 않는다(차양자 또는 여자가 호주가 되는 경우와 같다). 이 점에서 제사자인 지위의 승계와 호주인 지위의 승계는 이를 별개의 상속으로 간주할 수밖에 없다. 다만 그 가의 제사자가 될 수 없는 자가 호주가 되는 것은 변칙으로 일가의 제사는 호주가 이를 행하는 것을 원칙으로 한다. 그러므로 근본의 관념에서 본다면 제사상속과 호주상속은 본래 일체의 것이라고 말할 것이다.

「민법」에 규정된 가족상속은 호주인 지위를 상속하는 것으로써 이 점에서는 조선에서 호주의 지위의 승계에 상당하지만 가독상속에서는 호주의 지위를 승계함과 동시에 호주가 소유한 전재산도 함께 승계한다. 그 재산에 대해서는 달리 상속인이 있는 것은 아니다. 그리고 조선에서 호주상속도 역시 호주의 지위를 승계함과 동시에 호주가 소유한 재산을 승계하는 것이지만 어떤 경우에는 그 전 재산을 승계하고(독자 또는 여호주 상속의 경우와 같다) 어떤 경우에는 2분의 1을 승계하고(상속인이 장남이고 2남 이하 2인 이상의 남자가 있는 경우와 같다) 혹은 3분의 2를 승계하는(상속인이 장남이고 차남 1인이 있는 경우와 같다) 등 각기 달라서 「민법」의 가독상속이 재산에 대해 전 재산 상속주의를 채택한 데 대해 조선의 호주상속은 재산에 대해 분할상속주의(참조 7, 8, 9)에 의거함으로써 전연 그것을 동일하다고 볼 수 없다. 따라서 그 명칭에 대해서도 가족상속의 호칭을 쓰는 것은 내용에 대해 오해를 야기할 염려가 있다.

(3) 재산상속

조선에서는 호주가 사망, 기타 사유로 인하여 변경되었을 때는 전호주에 속한 재산은 그 전부 혹은 일부를 새로운 호주가 승계한다. 또 가족의 사망·파양 등의 경우에도 상속인이 그 유산을 승계하는 것이 전례로서 제사상속의 경우에 있어서는 항상 재산상속을 수반한다. 호주상속의 경우에 있어서도 역시 항상 재산상속을 수반하는 것으로 한다. 그렇지만 재산상속은 제사상속 또는 호주상속과 전연 별개의 상속인이 그 상속을 하는 경우가 있다. 예를 들면 장남이 제사상속을 한 경우에 차남 이하의 자가 사망한 아버지의 유산에 대해 그 일부를 승계하는 경우와 같은 것은 차남 이하의 자는 재산만을 상속하고 제사의 상속을 하는 것은 아니다. 그러므로 재산상속은 전연 제사상속에 포함되는 것이라 말할 수 없다. 또 가족이 사망한 경우에 유산의 상속과 같은 것은 호주상속과 관계없다. 그러므로 재산상속과 호주상속은 이를 구별하여 관찰해야만 한다.

「민법」에 규정된 유산상속은 재산의 상속인 점에서 조선의 재산상속과 동일하지만 유산상속은 가족 사망의 경우에만 이를 인정하고 호주 사망의 경우에는 이를 인정하지 않는다. 그런데 조선에서 재산상속은 가족 사망의 경우 외에 호주 사망의 경우에도 발생하는 상속이므로 이 점에서 서로 다른 바가 있다. 특히 조선에서 재산상속은 피상속인 사망의 경우에만 보는 상속이 아니다. 호주의 경질 또는 그 지위를 떠남에 따라 재산상속을 개시하는 경우가 있으므로(여호주가 그 가에 양자를 하거나 혹은 출가한 경우와 같다) 그 명칭에 대해서도 두 가지를 구별할 필요가 있다.

2. 상속의 개시

(1) 제사상속의 개시

제사상속은 선조의 제사자인 지위에 있는 자가 사망하거나 혹은 그 지위를 떠난 경우에 개시한다. 즉, 다음과 같다.

① 봉사자의 사망

선조의 제사자인 지위에 있는 자를 칭하며 봉사자라고 한다. 그리고 봉사자는 호주임을 보통으로 하지만 가족이 봉사자인 경우가 있다. 예를 들면 가족인 아버지가 사망하고 가족인 아들이 그 봉사자가 되었을 경우와 같다. 또 봉사자가 될 수 있는 자는 남자에 한하며, 여자의 봉사는 인정하지 않는다. 그러므로 봉사자는 항상 남자로서 여자 봉사자는 있지 않다.

봉사자가 사망하였을 때는 그 자의 제사를 하고 선조의 제사를 하기 위한 봉사자의 필요가 생긴다. 그리고 이 경우에는 장자손이 봉사자가 되는 것이 관습으로 이에 제사상속의 개시를 보는 것으로 한다.

② 봉사자의 출계(出繼)

봉사자인 자가 호주인가 가족인가를 불문하고 그 가에 있어서 선조의 제사를 해야 할 자이므로 타가에 들어갈 수 없는 것을 원칙으로 한다. 그럼에도 본분가(本分家)의 관계에서는 본가를 중시한 결과 분가의 봉사자가 본가에 들어가 봉사자가 되는 경우가 있다(참조 10). 즉 분가의 봉사자가 본가에 양자가 되는 경우로서 본가에서는 항상 제사상속의 개시를 보는 것으로 한다.

③ 봉사자의 파양

봉사자가 양자일 때는 파양으로 인하여 봉사자인 지위를 떠남으로 이 경우에도 역시 제사상속의 개시가 있는 것으로 한다. 그리고 양자가 봉사자인 경우는 양부가 사망한 경우에 한해서 조선에서는 양부 사후의 입양을 인정하므로 봉사자인 양자의 파양을 보는 경우가 있다.

(2) 호주상속의 개시

호주상속은 호주의 사망 및 호주가 그 지위를 떠남으로 인하여 개시한다. 또 새롭게 호주가 된 자가 있기에 이른 경우에 개시한다. 즉 다음과 같다.

① 호주의 사망

호주의 사망은 호주상속 개시의 가장 보통의 경우로 가족 중 호주의 지위를 승계할 순위에 있는 자가 상속을 한다. 혹은 양자를 하여 이를 상속시키는 것을 전례로 한다.

호주상속은 제사상속과 동시에 행해지며 상속인도 역시 동일인임을 보통으로 하여 호주가 그 가의 봉사자임을 원칙으로 하지만 가족이 그 부조(父祖)의 봉사자인 경우가 있으므로 봉사자는 항상 호주라고 말할 수 없다. 또 여자가 호주가 되는 경우가 있음으로 호주는 항상 봉사자라고 말할 수 없다. 따라서 호주상속과 제사상속은 반드시 항상 동시에 행해지는 것은 아니다. 그 개시 원인에 대해서도 이를 별개로 관찰해야 한다.

② 호주의 출계

본가에 호주인 봉사자가 없기 때문에 분가의 호주가 본가에 양자가 되는 경우가 있다. 이 경우에 만약 그 분가가 1대[初代]일 때는 그 가는 자연 폐가가 되지만 만약 2대 이상을 지난 가인 때는 이를 폐할 수 없으므로 호주상속의 개시를 보는 것으로 한다. 그리고 이 경우에는 항상 재산상속의 개시를 수반하는 것은 물론이다.

③ 호주의 파양

호주가 양자인 경우에 파양할 때는 양자는 파양의 결과 호주의 지위를 떠남으로 항상 호주상속을 개시한다. 그리고 조선에서는 양부의 사후에 양자를 삼는 사례가 적지 않아서 이 경우에 있어서는 양자는 항상 호주가 되는 자로서 이런 종류의 양자는 그 가의 봉사자인가 호주인가에 상관없이 파양할 수 있는 관습이 있으므로 호주의 파양에 따라 호주상속을 개시하는 사례가 왕왕 있다.

④ 여자가 호주인 가의 입양

여자가 호주가 되는 것은 그 가에 남자 호주가 될 만한 자가 없는 경우로서 이와 같은 가에 있어서는 최후로 사망한 남자 호주(단, 미혼인 채로 사망한 자는 제외한다)의 양자가 되어야 할 자를 구하고 이로써 그 가의 제사인인 지위를 계승하게 하는 것이 관습이다. 따라서 그 양자는 동시에 호주가 되므로 여호주는 양자결연과 동시에 그 지위를 떠나는 것으로 한다. 그리고 이 경우는 새롭게 호주가 된 자가 있기에 이르렀기 때문에 호주의 변경을 발생시키는 것으로 보통으로 보는 호주상속의 경우와 그 관계를 달리한다.

여자가 호주인 경우에는 그 가의 선조 제사는 그 여호주가 그 권한으로 이를 행하든지 혹은 근친인 남자가 그 제사를 섭행한다(이를 섭사(攝祀)라 칭한다). 제사인인 지위는 상속 개시하고 상속인이 없는 상태에서 있으므로 그 가에 양자를 할 때는 양자는 호주가 됨과 동시에 또 봉사자가 되어 제사상속을 하는 것으로 한다.

⑤ 여자가 호주가 되는 가의 남자 출생

여자가 호주가 되는 경우에 그 여호주 또는 그 며느리가 사망한 남호주의 아내로서 남편의 사망 전부터 회태한 일이 있다. 그리고 그 회태 중의 자녀가 출생하고 만약 아들일 때는 그 아들은 출생과 동시에 그 가의 제사자가 되고 또 호주가 되는 것을 관습으로 하므로 여호주는 그 지위를 물러나고 이에 호주상속의 개시를 보는 것으로 한다. 즉 이 경우도 역시 새롭게 호주가 된 자가 있기에 이르렀기 때문에 호주의 변경이 발생되는 것으로 보통의 경우와 그 관계를 달리하는 것은 여자가 호주인 가에 양자를 하는 경우와 마찬가지이다.

⑥ 여호주의 출가(出嫁)

조선에서는 종전에는 미혼의 여자가 호주인 경우가 없었지만 최근에 이르러서는 미혼의 여자라도 그 가에 달리 호주가 될 자가 없을 때는 당연히 호주의 지위에 서는 것이 되었다. 그리고 호주인 미혼의 여자가 혼인을 하여 다른 가에 들어가는 것은 관습상 지장이 없는 것으로 이 경우에는 그 가에 호주가 될 자가 없고 따라서 호주가 없는 결과를 발생시키지만 그 혼인을 할 수 있는 것에 대해서는 호주가 되어야 할 미혼의 여자가 구태여 다른 것은 없다.

⑦ 여호주의 거가(去家)

조선에서는 과녀(寡女)의 재혼으로서 윤상(倫常)[176]에 반하는 것으로 삼은 지 오래로 이를 금지하였지만(참조 11) 1894년(개국 503년)에 이 금지를 해제하였다(참조 12). 그럼에도 과녀가 혼가(婚家)로부터 재가(再嫁)를 하는 것은 관습상 인정하지 않는 바로서(참조 13) 일단 그 가를 떠난 후가 아니라면 재가를 할 수 없다. 그리고 호주인 과녀가 혼가를 떠날 때는 그 호주의 지위를 잃는 것은 물론으로 혼가에서는 호주상속의 개시를 보는 것으로 한다.

⑧ 차양자의 아들 출생

차양자는 자기의 아들이 출생할 때는 이를 양가에서 사망 장남의 양자로 삼고 그 가의 제사자인 지위를 계승하도록 하는 것으로 그 차양자가 호주일 때는 그 태어난 아들이 호주가

---

176 인륜의 떳떳하고 변하지 않는 도리.

됨과 동시에 차양자는 호주의 지위를 떠나는 것으로 한다. 그러므로 호주인 차양자에게 아들이 출생할 때는 호주의 변경이 발생됨에 따라 호주상속을 개시한다. 그리고 이 경우에는 새롭게 호주가 된 자가 있기에 이르렀기 때문에 호주상속을 개시하는 것으로 하여 보통의 경우와 그 관계를 달리하는 것은 여호주의 경우에서의 양자결연과 동일하다.

⑨ 차양자가 호주인 가의 양자결연

차양자가 호주인 경우에 자기에게 아들이 출생하지 않을 때는 때에 따라서는 양가의 사망 장남에게 양자를 하는 일이 있다. 이 경우에는 그 양자는 양가의 봉사자가 됨과 동시에 호주가 되는 것이 관습이다. 그러므로 이에 호주상속의 개시를 보는 것으로 한다. 그리고 이 경우에 있어서는 차양자는 아들이 출생하였을 때와 마찬가지로 호주상속을 할 자가 있기에 이르렀기 때문에 호주의 경질이 발생함에 따라 호주상속의 개시가 있는 것으로 한다.

(3) 재산상속의 개시

재산상속은 호주 또는 가족의 사망·파양으로 인하여 생기거나 혹은 호주가 그 지위를 떠나거나 혹은 경질됨에 따라 생기는 것으로 한다. 즉 다음과 같다.

① 호주의 사망

호주가 사망한 때는 호주의 유산은 호주상속을 하는 자가 이를 전부 혹은 일부를 승계하고 동시에 다른 상속인이 있을 때는 그 일부를 승계한다. 그리고 이 경우에 있어서는 그 재산상속은 제사상속 및 호주상속과 동시에 행해지는 것을 통례로 하지만 제사상속을 할 자가 없을 때(남자가 없거나 양자를 삼을 만한 자가 없는 경우와 같다) 또는 호주가 여자일 때(이 경우에는 상속을 할 자도 역시 여자가 된다)는 호주상속만 동시에 행해지는 것으로 한다. 그리고 조선에 있어서는 가족이 재산을 가지는 경우는 오히려 드물어서 호주의 사망은 재산상속 개시의 원인 중 가장 보편적인 것으로 한다.

② 호주의 출계(出繼)

분가의 호주가 본가에 양자가 되었을 경우에 만약 그 분가가 1대[初代]가 아닐 때는 그 가를 폐할 수 없다. 차남 이하의 자로서 그 가를 계승하거나 또는 양자를 삼아 이를 계승하도록 하는 것을 요한다. 그러므로 이에 제사상속 및 호주상속의 개시를 보는 것과 동시에 또 재산상속의 개시를 보는 것으로 한다.

③ 호주의 파양

호주의 파양은 항상 호주의 지위를 떠나게 하는 결과를 발생시킨다. 그리고 호주가 파양에 의해 그 지위를 떠날 때는 그 재산은 새롭게 호주가 된 자에게 이를 승계하는 것이 관습이다. 이 경우에는 새롭게 호주가 된 자는 호주의 지위 및 전호주의 재산을 승계함과 동시에 제사상속을 하는 것이 된다. 그렇지만 그 피상속인은 호주의 지위 및 재산에 대해서는 전호주 즉 파양한 양자이지만 제사상속에 대해서는 새롭게 호주가 된 자가 전호주를 대신하여 제사자가 되는 지위에 서는 것이 되므로 피상속인은 즉 최후로 사망한 남호주 즉 양부인 것으로 한다.

④ 호주의 경질

호주가 사망으로 인하지 않고서 경질되는 때는 항상 신호주가 전호주의 재산을 승계하는 것이 관습이다. 그러므로 이 경우에도 역시 재산상속의 개시가 있는 것으로 한다. 그리고 이러한 경우는 여자가 호주가 되는 가의 아들 출생 또는 양자결연, 호주인 차양자의 아들 출생, 차양자가 호주인 가의 양자결연 등이다.

호주의 경질로 인하는 재산상속은 항상 호주상속과 동시에 행해지는 것은 물론이지만 제사상속과 동시에 행해지는 경우가 있고(양자를 삼는 경우와 같다) 혹은 아닌 경우가 있다(여호주 출가의 경우와 같다. 이 경우에는 제사상속을 하는 자가 없다).

⑤ 여호주의 출가(出嫁)

여호주가 출가하였을 때는 그 재산은 새롭게 호주가 된 자가 상속하는 것이 관습으로 여호주의 출가와 동시에 그 재산에 대한 재산상속의 개시가 있는 것으로 한다.

⑥ 여호주의 거가(去家)

여호주가 혼가를 떠난 경우에는 그 가에서 호주인 지위를 잃는 것은 물론으로 그 재산은 여호주 출가의 경우와 마찬가지로 새롭게 호주가 되는 자가 이를 상속하는 것이 관습이다. 그러므로 이 경우에도 역시 재산상속의 개시를 보는 것으로 한다.

⑦ 가족의 사망

가족이 사망하였는데 만약 유산이 있을 때는 관습상 정해진 승계자가 이를 승계한다. 따라서 이 경우에도 역시 재산상속의 개시가 있다. 그리고 가족의 사망으로 인하는 재산상속은 드물게 제사상속과 동시에 행해지는 일이 있지만(죽은 자가 부조(父祖)의 봉사자일 때와 같다) 통례는 재산상속만이 행해지는 것으로 한다.

(비고)

봉사자 실종의 경우에 사실상 제사상속의 개시를 보는 일이 있다. 즉 봉사자가 종적을 잃어 오랜 시일을 경과하여 생사 불명인 경우에 그 자를 사자로 간주하고 그 아들로서 제사상속을 하도록 하는 일이 있다. 그렇지만 조선에서는 종전에 실종에 따른 제도가 확립되지 않았고 또 그에 관한 일정한 관습이 없다. 다만 사실상 실종 후 오랜 시일을 경과한 자를 죽은 자로 간주하는 일이 있어 관습상 이를 용인하는 데 지나지 않는다. 그러므로 이 경우에 제사상속의 개시는 실종으로 인한 것은 아니고 사망에 이한 제사상속 개시의 한 변례로 해석해야 한다. 그렇지만 「조선민사령」 시행 이후에 있어서는 「민법」의 규정에 따라 실종의 선고를 해야 할 자인 것과 동시에 그 선고가 있을 때는 소정의 기한 만료 때에 사망한 자로 간주하는 것은 물론이다.

위는 호주상속 및 재산상속에 대해서도 동일하여 호주 또는 재산상속의 경우에 피상속인의 사망에 당연히 포함되는 것으로 한다.

(참조 생략)

3. 「조선민사령」 및 「민적법」 개정 논의

해제

조선총독부는 1910년대 중반부터 친족·상속 관습에 관한 관습법 체제를 부정하고 성문법을 제정하려고 하였다. 특히 각종 민사 분쟁에서 직접 재판을 수행해야 했던 조선총독부 사법관들은 불문(不文)의 관습법으로 각종 분쟁에 대응하는 것이 곤란했기 때문에, 재판의 안정성을 위해 관습법 영역을 축소하고 성문법령을 설치해야 한다고 요구하고 있었다. 조선총독부는 사법관들의 의견을 수렴하여 1917년 12월경 「민사령」 중 조선인의 능력, 친족, 상속에 관한 규정의 개정, 호적에 관한 법령의 제정 등의 방침을 결정하였다.

1918년 1월 제국의회에 공통법이 상정되자, 조선총독부는 곧바로 대응 작업에 들어가 조선민사령 및 민적법 개정조사위원회를 설치하고 1918년 1월 23일에 총 10명의 조사위원을 선정하였다. 「민적법」 개정 과정에는 내선인 결혼 문제가 크게 관련되어 있었다. 식민화 이후 일반인 사이에서는 조선인과 일본인 사이의 결혼이 점차 이루어지기 시작했는데, 조선과 일본 사이의 법제적 문제가 해결되지 않은 상태에서 조선에서 조선인과 일본인 사이의 결혼은 법적으로 인정되지 않고 있었다. 일본 정부는 1918년 「공통법」을 제정해 일본과 조선에서 시행되는 법제들 사이의 관계를 정하였지만, 내선결혼에 관련된 제3조는 조선에 호적제도가 마련될 때까지 유예했다. 결국 내선결혼은 부령 제99호로 시행해 오던 1921년, 입양, 사생자 인지 등 조선인과 일본인 사이의 다른 가족 관계들은 「조선호적령」이 시행된 1923년에야 신고 지역에 대한 법적인 제약 없이 성립할 수 있게 되었다. 내선결혼의 법제의 제정 과정에서는 조선총독부가 일본 정부보다 적극적이었음을 알 수 있다. 본토의 법적 안정성을 중시한 일본 정부는 식민지에도 일본 본토와 대등한 호적제도가 시행되지 않는 한, 식민지의 법제가 일본인의 신분에 영향을 미치게 해서는 안 된다는 입장이었던 것이다.

일본 정부는 1920년 4월 28일 조선 왕세자 이은과 나시모토노미야 마사코 여왕의 혼인을 단행하였다. 이토 히로부미는 일찍부터 이은을 일본인과 결혼시킬 계획을 세우고 있었는데 이들의 결혼은 이미 1916년에 결정되어 있었지만 절차상의 문제로 시간이 더 걸렸다. 이렇게 황실 결혼을 거행하였으나 일반인 사이에서 조선인과 일본인 사이의 내선결혼은 법적인 문제로 공인받지 못하는 상황이었다. 이에 황실 결혼을 전후하여 내선결혼이 조만간 공인될 것이라고 전망되었다. 천황이 일시동인을 강조하면서도 내선결혼을 공인하지 않는 것에 대한 불만을 피력하는 조선인들도 있었다. 특히 3·1운동으로 「조선민사령」 개정 및 호적에 관한 법령의 제정이 지연되면서, 내선결혼의 공인마저 지연되자, 조선인들 사이에 불만과 의혹이 증폭되는 것을 우려해 조선총독부는 법제 마련에 서둘러 나섰다.

조선민사령 및 민적법 개정조사위원회는 1921년 1월 31일 「조선민사령」과 「민적법」의 개정안을 성안했다. 《매일신보》 등에는 내선결혼이 양 민족 융화의 첩경이라며, 일본 정부가 성안을 승인해 내선결혼이 공인되기를 기대하는 기사들이 실렸다. 민사과장 하라 세이테이(原正鼎)도 왕세자의 혼인도 있었으므로 기회가 좋다며 「민적법」 개정 법안의 통과를 낙관했다. 그러나 내지연장주의의 입장에 서 있던 수상 하라 다카시(原敬)와 법제국의 반대로 조선 관습을 성문화하려 한 조선총독부의 초안은 부정되었다. 하라 수상은 사정이 허락하는 한 속히 내선결혼이 가능하도록 제도를 정비해야 한다고 했지만, 내선결혼을 위해 다른 시정 방침을 양보하거나 무리할 생각은 없었던 것이다. 그러나 조선총독부는 내선결혼의 공인을 더 이상 미룰 수 없어서, 사법성에 「공통법」 제3조를 시행하는 데 필요한 절차 규정을 마련하도록 촉구하였고, 이에 일본 정부는 일본인과의 혼인이나 입양에 관한 규칙을 만들기 위해 「공통법」 제3조를 시행해야 한다며 「호적법」 개정안을 제국의회에 제출하였다. 개정안은 「공통법」 제3조에 의해 일본의 이에(家)를 떠난 자와 다른 지역의 이에를 떠나 일본의 이에에 들어온 자의 호적 기재 절차에 일본 지역 내의 송적 절차를 준용한다는 조항을 신설하는 것으로, 이 개정안은 제국의회를 통과하여 1921년 4월 일본 법률 제48호로 공포되었다. 조선총독부도 「조선민사령」을 개정하는 동시에 호적제도를 제정하려던 계획을 대폭 축소하여, 조선인의 혼인 성립 요건은 관습에 맡기고 내선결혼에 관한 민적 절차만 정하기로 하였다.

요컨대, 1910년대에는 대한제국을 병합한 이후 제국 일본의 법적 구조가 완비되지 못한 상태에서 내선인 간의 혼인을 법적으로 인정할 수 없었지만, 결국 1921년 내선결혼 법제를 제정, 시행하기에 이른다.

조선인들이 내선결혼이 법적으로 인정되지 않는 상황을 일본 제국주의의 식민지에 대한 고의적 차별로 간주했기 때문에, 이로 인한 민심 이반를 우려하여 조선총독부가 조선의 호적제도 제정을 서둘렀고, 일제는 내선통혼을 부정하면 조선인을 동화시킬 수 없다는 현실 인식하에 그에 대응하여 법제를 제정해 나갔던 것이다.

그러나 내선결혼에 대해서는 선전을 강화하는 것 외에 통혼을 장려하기 위한 실질적이거나 직접적인 시책을 시행하지는 않았다. 내선결혼이 급증하면 호적상의 민족 구별이 무화될 수 있기 때문에 점진적 동화의 방침을 취한 일제는 내선결혼에 대해서도 소극적이고 간접적인 장려정책을 취했고 법적인 장애를 제거하는 식의 태도를 취한 것이다.

여기에 소개하는 《매일신보》 기사들은 조선민사령 및 민적법 개정조사위원회와 관련된 내용들을 담고 있다.

1) 사법관 회의 자문사항 답신서

해제

「민사령」 개정작업은 각 지방에서 법의 집행을 담당하고 있던 사법관들의 의견을 수렴하면서 이루어졌다. 사법관회의를 통해 조선총독부의 자문사항을 시달하고 그에 대한 답변을 요구하였다. 1917년 조선총독부에 의해 비밀문서로 작성된『(비)사법관회의 자문사항답신서』는 이와 관련된 내용을 담고 있는 자료이다. 이 자료에는 민사령 개정과 관련 사법관들의 의견이 담겨 있는데, 그 자문 사항 중에는 "법령의 제정 및 개폐에 대한 의견"이 있었다. 이에 대한 각 지방 및 복심법원장들의 답신은 법 집행 당사자들인 사법관들의 「조선민사령」 제11조개정에 대한 의견을 보여준다. 이들의 답신은 관습법 운용상의 어려움을 토로하였는데, 일부는 조선민사령 제11조의 폐지를 주장하였고, 일부는 법규의 제정을 건의하였다. 아래에서 그 내용을 발췌 번역하여 소개한다.

⟨자료 72⟩ 조선총독부, 『(비)사법관회의자문사항답신서((秘)司法官會議諮問事項答申書)』, 1917.10.

사법관회의 자문 사항

제1 원장, 검사장 및 검사정(檢事正)에 대한 자문

7. 법령의 제정 및 개폐에 관한 의견

경성지방법원장 답신
　조선인에 대해서도 금치산, 준금치산의 선고를 할 수 있는 내용이 제정되었으면 한다.
　원래 조선인의 능력 및 친족상속에 관한 완전한 법령의 제정을 희망하는 바이지만 이는 쉬운 일이 아니다. 「민사령」 제11조의 규정이 있으므로 관습에 따라야만 하는 것이라면 파고들어 재량하는 번거로움은 잠시 참는다고 하여도 치산(治産)의 제한으로서 능력이 완전치 못한 자를 보호하는 관습이 없으므로 특히 이것이 제령을 필요로 하는 까닭이다.

공주지방법원장 답신
　「조선민사령」 제11조를 폐지하길 바란다.
　「민사령」 제11조에 의하면 사람의 능력·친족 및 상속에 관한 사항은 조선인에 대해서는 조선의 관습에 따르는 것으로 되어 있다. 그러나 그 관습이 심히 명료치 않고 또 전혀 없는 경우도 있어, 이러한 경우에는 조리에 의거한다고 하면서 민법의 규정에 따르고 있는 것이 오늘날 재판의 실례에 비추어 볼 때 명확하다. 그러므로 이것이 (법령) 존재의 필요를 인정한다.

함흥지방법원장 답신
　조선인의 친족상속 및 능력에 관한 법규를 제정할 것.

경성복심법원장 답신

능력, 친족, 상속 등에 관한 「민법」의 규정을 조선인에게 적용하는 것은 오늘날의 현상에 비추어 가장 필요하다고 생각된다. 아마도 일면에서 조선인의 고래의 관습이 명확하지 않은 경우가 적지 않을 뿐만 아니라 본래 조상숭배, 가족조직으로서 사회의 기초로 삼는 것은 내지와 조선이 동일하므로 근본에서 양자의 관행은 거의 모순되는 바가 없다. 이제 힘써 조선의 관습을 명확히 하여 막상 내지와의 사이에 확연한 거리를 두는 것보다는 지금에 이르러서는 하루 속히 양자를 통일하는 것이 낫다고 믿는다. 하물며 오늘날 이러한 사항에 관해 조선인 스스로가 나아가 「민법」의 규정과 마찬가지의 주장을 하는 것이 이미 실제 사례에서 적지 않은 때에야.

평양지방법원장 답신

「민법」의 능력 친족 및 상속에 관한 규정을 조선인에 적용하기 위해서 「민사령」 제11조를 삭제할 것.

이유: 조선인에 대한 능력 친족 및 상속에 관한 사항에 대해서는 관습에 의해야 하는 것은 「민사령」이 규정하는 바이지만 그 관습이라는 것은 일정하고 부동하는 것이 아니므로 자칫 착오가 생기기 쉽고 따라서 분쟁이 많아질 뿐 아니라 관습의 범위가 명확하지 않아서 그에 관한 조사 및 능력의 판정 등이 실제로 매우 곤란하다. 그리고 이들 사항에 관한 「민법」의 규정은 대체로 조선의 관습과 배치되지 않는다. 그러므로 이들 사항에 관해 민법의 규정을 적용하여도 아무런 어려움이 없다. 또 조선인 사이에서도 이들에 관해 법률로 규정하는 것을 가장 절실히 희망한다. 본 건은 1914년(大正 3)의 회의에 제출되었지만, 시운(時運)의 진전에 따라 더욱 성문으로서 이를 명확히 하는 것이 급하다고 느끼므로 이에 다시 제출한다.

해주지방법원장 답신

「민사령」 제11조 '능력'의 두 자를 삭제할 것.

이유: 조선에서 행위 능력의 관습은 망막하여 재판상 곤란을 느끼는 바가 있다. 이제 조선인의 능력에 대해 「민법」을 적용하여도 아무런 어려움이 없음을 인정할 수 있을 뿐 아니라 도리어 낭비자에 대한 보호 즉 준금치산의 선고를 받을 수 있는 것과 같은 실익을 얻을 수

있으므로 이 개정을 희망한다.

대구지방법원장 답신

「민사령」 중 조선인에 대한 「민법」 적용을 제외한 능력·친족·상속에 관한 규정의 폐지.

조선에서 친족·상속의 관습은 「민법」의 규정과 대체로 저촉하는 바가 없고, 가끔 다른 경우는 정의(情義)에 반하거나 혹은 망막하여 명확히 인식하기 어려우므로 준승(準繩)[177]이라 할 이유가 없다. 또 최근에 조선인 부호 자제의 낭비자 무리가 출현하여 방탕한 결과 부형의 인장을 위조하여 타인으로부터 돈을 빌려 민형사 사건을 야기하는 경우가 있다. 이러한 낭비자에 대한 보전 방법의 법령을 요망하는 경우가 적지 않다. 준금치산에 관한 「민법」 규정의 적용은 가장 절박하다.

대구복심법원장 답신

「조선민사령」 제11조를 개정하여 조선인에 적용할 능력·친족·상속에 관한 법규를 제정할 것을 바람.

이유: 「민사령」 제11조에 의하면 사람의 능력·친족 및 상속에 관한 사항은 조선인에 대해서는 조선의 관습에 따르는 것으로 되어 있지만, 그 관습이 매우 명확하지 않거나 전혀 관습이 존재하지 않는 것 등이 있으므로, 재판의 통일을 깨뜨리고 나아가 재판의 위신을 실추시킬 우려가 있다. 또 준금치산 수속 같은 것은 오늘날의 조선에서 반드시 필요한 제도라고 인정되므로 「민사령」 제11조를 폐지하고 조선인에게 적용할 법규를 제정할 필요가 있다고 생각한다.

---

177 규칙이나 법도.

2) 조선민사령 및 민적법 개정조사위원회

〈자료 73〉 「민사령」·「민적법」 개정의 조사, 「공통법」 대응 준비(《매일신보》, 1918.1.27)

조선총독부에서는 「조선민사령」 및 「민적법」을 개정하기 위하여 23일 조사위원장 및 조사위원을 임명하여 25일 『관보』로써 공포하였는데 그 제1회 위원회는 아마 내주 수요일(30일) 총독부 ■■실에서 개최할지라. 이에 대하여 한 조사위원은 말하여 왈 「조선민사령」은 1912년(明治 45) 3월 공포되고 또 「민적법」은 구한국 정부가 융희 연대에 제정, 시행된 것을 금일까지 존치한 것인데 이들 법령에 개정을 가하고자 하는 기도는 법령 자체가 ■를 필요로 할 뿐 아니라 전일 정부가 제국의회에 제출한 공통법안이 의회를 통과하여 실시케 되는 경우에 응하고자 하는 것으로 주요 이유는 즉 후자에 있으나 그러나 금일에 어떠한 규정으로 개정을 가할는지는 물론 불명이라.

〈자료 74〉 「조선민사령」 개정에 대하여, 고쿠분(國分三亥) 사법부장관 담(談)
　　　　　　(《매일신보》, 1918.6.4)

「조선민사령」 개정의 건은 31일 각의에 부의 결정된 일은 도쿄에서 알려온 바와 같거니와 이에 대하여 고쿠분 사법부장관 담에, 다음은 「조선민사령」 중 다만 일부의 개정에 불과하니 즉 6월 1일부터 시행케 된 공통법안에 대하여 내지, 조선 간에서 판결에 공통점을 인식할 일이로되 공시 최고(催告) 등은 종래 『조선총독부관보』에만 게재하던 것을 그 어떤 부분은 내지 『관보』에 게재할 필요상 「민사」 중 제9조에 규정된 제1조의 법률 중 "『관보』에 게재할 공고는 『조선총독부관보』에 게재함"이라는 것을 개정할 것인데 4, 5일 중에는 제령으로 공포될지라. 그리고 목하 조선민사령조사위원회의 내용에 속한 것과는 전연 별종이라더라.

〈자료 75〉 「민적법」개정의(改正議)(《매일신보》, 1918.7.14)

「조선민사령」 및 「민적법」 개정에 대하여는 미리 총독부 사법부 주사위원이 대체의 기초안을 세워 이를 주사위원회에 부쳐 그 결의대로 다시 기안한 이래 사법부에서 예의(銳意) 심의 중이더니 심의가 매우 진보되어 늦어도 오는 7월 하순에는 제1회 민사령 및 민적접 개정 조사위원회를 개최하겠고, 동 위원회 결의에 기초하여 성안이 되기는 올해 말경이 예정이오. 그 후 총독의 결재를 거쳐 척식국 경유 법제국, 기타 심의를 요하므로 이 개정안의 실시는 빨라도 내년 5, 6월경이 되리라더라.

〈자료 76〉 민사민적(民事民籍) 개정위원회(《매일신보》, 1918.8.9)

총독부에서는 8일 오전 9시부터 총독부 제1회의실에서 민사령·민적법개정위원회를 개최하고 각 위원이 출석하여 협의한바 있다더라.

〈자료 77〉 내선인(內鮮人)의 결혼이, 불원간 법률상으로 인정된다, 고쿠분 사법부 장관 담(《매일신보》, 1919.1.13)

8년도 조선 예산 중에 「공통법」의 시행과 함께 「조선민적령」을 개정하고 민적의 정리를 할 필요가 있어서 그 경비 37만 590만 원을 예산하였는데, 이에 대하여 고쿠분(國分) 사법부 장관은 이야기하되, "그 예산을 작정하였음은 조선에서 누누이 문제가 되는 「민사령」과 「민적법」을 개정하는 데 쓸 것이라. 종래 조선의 「민적법」이 극히 불안전하여 결혼의 등록에 의하여 부부의 관계를 얻는 것으로 인정은 하나 이에 의지하여 법률상의 효과는 아무 것도 없었으므로 민적에 등록된 것은 오직 한 증거가 됨에 지나지 아니하여 그중에는 비상한 결함이 있었다. 더욱이 조선의 「민적법」을 개정하기 전에 먼저 「민사령」을 개정할 필요가 있으며 이것을 개정하는 조사령이 작년 4월에 시작되어 벌써 20회의 위원회를 열었는데 아직 구체적인 성안을 세우지 못하였다. 「민적법」이 개정되는 날이면 내선인의 혼인이 법률상 인정

될 터이며 따라서 등록명부라는 것은 비상히 귀중한 것이 될 터이고 종래와 같이 면사무소에만 이것을 비치하지 아니하고 감독관청 즉 군청에도 이것을 비치하게 될 터이라"더라.

〈자료 78〉 조선 친족법 (《매일신보》, 1919.3.26)

조선인의 살인범, 간통죄 등은 병합 후 금일에 이르러서는 그 수가 줄어들지 아니하는바, 그 원인이 한 가지가 아니나 대부분 조혼의 폐에 기인함으로써 이에 총독부는 엄밀한 친족법 및 상속법을 제령으로 공포하여서 이 불상한 범죄를 방지하라고 조사를 진행 중이며, 한편 사법성에서는 시모야마(霜山) 참사관을 이에 참여케 하여 동 참사관은 일전에(지난날) 조선으로 건너와 당국과 제반의 실현을 마쳤으므로써 금회 제령 기안에 착수(著手)를 동 제령은 늦어도 8년 말에는 공포에 이를 예정이라더라. (도쿄 전)

〈자료 79〉 내선인결혼법 대략 해결되었다고 (《매일신보》, 1920.4.27)

도쿄 전 = 이(李) 왕세자 은(垠) 전하와 나시모토노미야 마사코(梨本宮方子) 여왕 전하와의 어혼의(御婚儀)는 일선인 융화상에 대하여 영구 잊기 어려운 대전(大典)인데 이 성사를 기념으로 하여 내선인 간의 결혼■이 점차 해결되게 되었다는데 이에 대하여 오스카(大塚) 참사관은 말하길, 친족법이라 풍속법이라 운운함은 각국이 모두 그 토지의 풍속 관습에 따라 작성되는 것으로 조선에 있어서도 원래 동일하나 현재 일본인이 조선에 와서 조선인과 결혼하여도 조선에서는 이를 부부라고 인정하나 일본의 호적 면에는 다시 파동(波動)을 불생(不生)하고 또 내지 부인이 조선에 와서 조선인과 결혼하여도 일본에 귀국하여 다시 일본인과 결혼할 수 있는바, 일본에서는 이를 유효로 인정한다 하면 일면에서 유부간(有夫姦)[178]을 공인함과 같은 불가함이 있으므로 법학자 사이에서도 대개 중대한 문제로 취급하는지라. 그러나 이번에 경하할 만한 세자 전하와 방자 여왕 전하와의 어경(御慶)이 있음을

---

178 남편이 있는 여자가 다른 남자와 간통함

경행(慶幸)으로 하여 이를 기념으로 예의 불호(不好)한 법규를 개정하기로 급히 조사를 진행하여 머지않아 공포되기까지 되었는데 어경사의(御慶事儀) 전에 발표키 불능함은 실로 유감이라더라.

〈자료 80〉「민사령」·「민적법」 개정, 우선 일부를 개정해, 법무당국자 담(談)
《매일신보》, 1920.5.14)

「조선민사령」 및 「민적법」을 개정코자 함은 작년 이래 총독부에서 개정위원을 임명하여 그 조사 진행에 착수 중이었으며, 또 일반이 주지하는 사실인데 종래 조선인은 구한국시대에 제정한 「민사령」에 의하여 「민법」상의 보장을 얻었는바 구 「민사령」은 제정 당시에 급하게 발포하기 위하여 완전한 조사를 행치 아니하고 임시적으로 시행한 것이며 따라서 조선인은 「민법」상 권리 의무에 관한 법률상의 규정이 없어서 취급상 비상한 곤란을 느끼며 이 일반의 법률행위에 대하여도 비상히 불리한 지위에 있었도다. 이와 같은 결점을 보완하기 위하여 민사령 개정위원을 임명하여 예의(銳意) 그 개정에 착수하였는데 최초의 계획으로는 조선인의 「민사령」에 관한 사항을 전부 조사하여 일시에 개정할 조항의 전부를 발포할 예정이었으나 이와 같이 하면 그 발표를 볼 때까지 장구한 시일이 걸릴 터인 고로 지금에 우선 그 급속을 요하는 권리 의무에 관한 일과 친족법상 상속 등의 조항을 개정코자 한다. 그런데 이 친족법 중 혼인에 관한 일도 개정하여 일선인의 혼인을 법률상으로 인정하게 하고자 하는데 이의 발포는 가능하면 급속히 하고자 하는 바이나 그러나 일본의 「민적법」에도 다소의 개정을 행치 아니하면 불가한 고로 자연 시일을 요할 터이나 그러나 이것의 개정을 볼 것은 물론이라. 종래의 일선인 혼인에 대하여는 조선인 중에서 비난의 목소리를 내는 자 적지 않았는데 이는 당국자가 양찰(諒察)치 아니함이 아니나 그러나 인정 풍속이 전연 동일치 아니함에도 불구하고 이를 인정한다 함은 상호에 불편을 느낄 것인바 그 제정을 ■치 아니한 것이오. 결코 다른 의미가 없는 것이로다. 지금 개정위원이 조사를 종료하는 대로 안을 완성하여 심의한 후 발포할 터이오. 이것이 완성을 보기까지는 다소의 시일이 필요할 터이나 그러나 조만간 실현될 터인 고로 종래에 불완전한 「민사령」의 규정에 따르던 조선인도 이제 원만히 권리 의무를 행사하게 될 터이오. 일선인 융화에 큰 관계가 있는 통혼 문제도 해결됨이 단시일에 ■할 터인바, 요는 시세의 진운과 민지(民智)의 계발에 따라서 완전한 「민법」을 제정코자 함에 있도다. 운운.

〈자료 81〉 내선인(內鮮人)의 결혼법 성안(成案), 내선인의 결혼을 법률로 허락하다
《매일신보》, 1921.2.2

지나간 1월 30일 오후 1시부터 총독부 제1회의실에서 민적법·민사령 개정위원회가 열려 필경 최후에 성안을 얻게 되었다는데 여기 대하여 요코타 고로우(橫田五郞) 법무국장은 말하되, 「민적법」과 「민사령」이 개정되기 전에는 내선인이 아무리 정당한 결혼을 하였더라도 인정치 않고 남녀를 생산한다 하여도 사생자로 인정함으로 일선 융화상 얼마큼 장애가 되므로 이번 회의에 법률로 아주 인정을 하는 것이 긴급하다 하여 성안까지 이번 회의에서 얻게 되어 하라(原) 민사과장은 불원간 이 성안을 가지고 도쿄에 건너가 사법성과 협의한 후 무사통과되는 날은 어재가를 받아 공포할 터라는데 속히 이 법률이 제정되는 날은 양 민족 간 얼마큼 더욱 친선하게 된 듯하다더라.

〈자료 82〉 「민적법」·「민사령」 개정, 관계 내선법규(內鮮法規) 공통
《매일신보》, 1921.2.3

「조선민적법」 및 「민사령」의 개정은 보도와 같이 지난 31일 개회에 민적·민사령 개정위원회에서 신중 심의의 결과 드디어 최후의 성안(成案)을 얻어 즉시 법제국(法制局)에 회부하기로 되었다. 이상은 다년의 현안인 내선인 결혼에 관한 「민적법」 및 「민사령」의 개정이나 단 조선 측 법규의 개정으로써 그 목적을 달성함을 얻을 것이 아니라 내지(內地)의 「호적법」 및 「민법」의 일부를 개정하여 이에 적응(適應)하여 내선 관계 법규의 공통을 도모하지 아니하지 못할 관계에 있는 것이나, 사실상 「호적법」의 개정은 어떠하든지 「민법」의 개정은 일이 쉽지 아니함으로써 내지 측에서는 조선의 「민적법」 및 「민사령」의 개정에 순응할 특별 법규를 새로이 제정 발포하여서 소기의 목적을 달성하기로 되겠고, 가까이 위원회 결정의 성안을 휴대(携帶)하고 도쿄로 갈 하라(原) 법무국 민사과장의 용무도 이때에 별도로 법규정(法規定)에 관하여 사법성 및 법제국 등과 협의하기 위함이라더라.

〈자료 83〉 사설: 내선인 결혼법 실현 미구(未久), 내선융화의 첩경

《매일신보》, 1921.2.4

역대의 총독이 내선인의 융화에 대하여 진력하였음은 금(今)에 다언(多言)을 불요하거니와 최근 수년 이래 아니 만세의 소동이 발발된 이래 내선인 융화책에 대하여 관민이 모두 일층 고려하지 아니치 못하게 되었으며 동시에 호개(好個) 방침을 방출(倣出)하지 아니치 못하게 되었도다. 물론 내선인 융화의 방법이 다기다양에 이를 것이다. 그러하나 그중에서 가장 융화의 첩경이 될 융화책은 물질적으로 내선인 공동 협력함보다 정신적으로 공동 협력하여 피차의 이익과 행복을 교환하여야 하겠도다. 그러하므로 내선인의 정신적 융화기관으로 내지 도쿄에 일선청년융화회(日鮮靑年融和會)가 설립되어 장차 《일선(日鮮)》이란 잡지까지 발행하게 되었으며, 이것 이외에 내지에 유력한 정객이며 또는 식자가 자발적으로 동광회(同光會)란 정신적 융화기관이 또다시 조직되었도다. 그러하나 이것―능히 내선인의 의사를 소통하는 바의 유력한 정신적 기관이 못 되리라 하노라. 피차에 애(愛)란 연쇄가 없는 이상은 어떠한 방법으로 정신적 융화책을 세울지라도 소기의 목적과 소기의 성립을 이루지 못할 것은 사실이라. 그러하므로 나는 이를 항상 근심하여 불이(不已)하였도다.

진정한 내선인의 융화책―아니 내선인 융화의 첩경은 애(愛)의 연쇄책에 있다. 나는 단언하는 바이다. 이로 인하여 내선인의 통혼이 필요함을 극론(極論)하는 동시에 항상 피차 사이에 법률상으로 부부 되는 바의 특권이 있게 되기를 기다렸도다. 그러하나 지금 내선인 사이의 정식 통혼법이 성립되지 아니함으로 나는 아닌 게 아니라 과연 당국의 완만(緩慢)함을 탄(歎)하였던바 금회에 내선인 통혼에 대한 민적법및민사령개정위원회가 지난달 31일 총독부 제1회의실에서 개최되었는바 위원장 요코타(橫田) 법무국장관의 총재하에서 기타 위원이 신중히 심의한 결과 그 안을 얻은 듯하며 오래지 않아 이 성안(成案)을 휴대하고 법무국의 하라(原) 민사과장이 도쿄로 가서 사법성(司法省)과 교섭한 후 어재가(御裁可) 발포(發布)

를 앙대(仰待)하게 되었다고 전하는도다.

종래의 내선인의 결혼은 「민적법」이 인정하지 아니하였으므로 하등의 법률상 관계가 있지 아니하였으며 이로 인하여 그 관계가 소위 내연의 부부됨에 불과하였도다. 이에 의하여 보건대 이는 실로 내선융화의 대(大)정신에 위배하는 바의 일대 문제라 가히 칭하겠나니 진실로 「민적법」 및 「민사령」이 개정되어 발포, 실시되는 때에는 내선인의 결혼이 청천백일 하에서 애(愛)를 연쇄하게 하는 적극적인 책(策)이 되겠으며 동시에 내선융화상으로 볼지라도 실로 경하할 만한 양책(良策)이 되겠도다.

물론 조선인도 성상(聖上)의 무애(撫愛)하시는 적자(赤子)라. 그러함에도 불구하고 내선인 사이에 애의 연쇄가 흘금(迄今)에 없었음은 위로는 성상의 진념(軫念)하시는 바를 봉부(奉副)치 못할 것이 될지요. 아래로는 공존공영의 도(道)를 위배하는 무엇이 될지라. 그간 당국자며 유력한 식자들로서 내선인 통혼■■하여 논(論)을 가지고 왔으나 여러 가지 사정으로 인하여 지금까지 그 실현이 없게 됨이라. 다행히 당국자는 이에 대하여 예의(銳意)로 실행하고 이번 기회에 이르러 성안을 주출하였으며 작(昨) 주출한 성안을 사법성과 교섭하게 될 지경에 이름은 실로 내선인의 융화를 위하여 축하할 일대 경사며 동시에 내선인 공존공영의 대의를 성수(成遂)하는 바의 일대책이라 하겠고, 나가서는 방가(邦家)의 장래와 동양의 장래를 위하여 축하하지 아니치 못하겠도다. 나는 이에 대한 성안이 무사히 낙착되어 그 실현이 불일(不日) 사이에 있게 되기를 기대하노라.

〈자료 84〉 「민적법」 개정에 대하여, 총독부 법무국 민사과장 담(談)
《매일신보》, 1921.2.7

「조선민적법」 개정안은 합병 이래의 현안으로 역대 총독도 이 안의 실현에 노력하였으나 그 기약에 이르지 못하였더니 최근 조선민적법개정위원회의 결(決)■한 사항을 제출하고 4일 아침 시모노세키(下關) 도착, 같은 날 밤 7시 10분 발로 도쿄로 간 총독부 법무국 민사과장 하라 기요사다(原淸鼎) 씨는 말하길, 4주간 예정으로써 정부와 협의키 위하여 도쿄로 가는 바인데 일선융합(日鮮融合)의 근본안이라고도 이를 바는 일선민(日鮮民) 결혼의 자유를 인용(認容)함에 있으니 원래 양 국민의 결혼은「호적법」상 아직 인정치 아니하였다. 즉 일본 부인이 조선인에게 시집갈 경우는 조선 호적에도 처(妻)로 입적함을 얻으나 일본 호적에서는 제거되어 소위 이중국적을 갖게 됨이라. 조선인이 일본에 와서 결혼할 경우도 같은 양상이니 이 일선융화책에 모순된「호적법」개정에는 역대 총독도 노력한 바나 내지 당국자의 공명(共鳴)을 얻지 못하고 또 실현함에 이르지 못한지라. 그러나 작금(昨今)은 점점 그 기운(機運)에 봉착하여 조선의「호적법」개정은 대만과 달라서 그리 복잡한 관계도 없고 곧 이왕세자 양전하의 어귀선(御歸鮮)[179]도 있으니 실로 좋은 기회로 생각하노라. 운운. [모지(門司) 전]

〈자료 85〉「공통호적법」개정, 결혼에 대한 구관(舊慣)을 존중, 방금 제령에 대한 연구 중(《매일신보》, 1921.4.7)

지난번 의회를 통과한 조선인과 내지인과의 혼인에 관한「공통호적법」의 개정에 대하여는 내지에서는 이미 법령의 공포와 공히 당연 조선인의 입적과 내지인의 제적(除籍)은 적법으로 실시하기로 되었으나 조선 내에서는 다시 제령(制令)으로써 그 수속법을 제정할 필요가 있어 지난번 이후 총독부에서는 상당한 성안(成案)을 갖춰 법제국과 심의 중이더니 조선인의 결혼에 관한 관습의 인정 정도로 법제국에 종종 이론이 있었다. 즉 결혼연령에도 내지법에 의하면 남자 만 17세, 여자 만 15세이고 또 남자 만 30세, 여자 만 25세에 이르면 친권자의 승낙이 없이 자유결혼을 인정하나 조선의 옛 관습으로는 자유결혼과 같은 것은 없으며 선량한 풍속을 문란하는 것이라 하여 일반이 기탄하는 바이므로 이러한 점에 관하여 다시 수정안을 작성하기 위하여 상경 중인 사법국 민사과장은 급거 귀선(歸鮮)하였는데 안목은 일선융화의 철저를 기함에 하루라도 속히 실시를 요할 것임으로써 총독부의 성안이 결정되는 대로 곧바로 관계 이원(吏員)이 상경하여 법제국의 심의를 거쳐 곧 제령의 공포를 보리라더라. [도쿄 전(電)]

---

179 조선으로 돌아옴.

〈자료 86〉 통혼(通婚) 법안의 경과, 법무국 하라(原) 민사과장 담《매일신보》, 1921.4.8)

내선인 통혼 법안의 경과에 대하여 세상에 혹은 난산이라 전하는 바 있으나 터럭만큼도 그런 일이 없으니 당국은 착착 그 실시를 향하여 진보(進捗) 중이다. 원래 해당 안의 제정에 대하여는 내지 법 제령과의 연락을 도모할 필요가 있나니 조선에서만 법규의 제정을 위하였다 하더라도 도저히 내선통혼의 완전한 목적을 달성함을 얻을 바가 아니다. 즉「공통법」 제3조에 '한 지역의 법령에 의하여 그 지역의 가(家)에 입(入)하는 자는 타 지역의 가(家)를 거(去)함. 한 지역의 법령에 의하여 가를 거함을 얻지 못하는 자는 타 지역의 가에 입함을 부득함' 운운이라 규정함도 현재 오히려 내지 및 조선 상호의 그 가에 입(入)하는 경우에 그 가를 거함에 대하여 수속법이 정해져 있지 못하였으므로「공통법」중 다음 제3조의 규정만이 아직 시행되지 아니한 관계에 있어 금일 내선인 통혼이 완전히 그 목적을 달성치 못함이라.

그런고로 내선인 통혼에 대하여도 우선 내지에서든지 조선에서든지 상호 그 가에 입하는 경우에 그 가를 거함에 대하여 각 호적에 관한 수속 규정을 제정한 후에「공통법」제3조를 내지·조선 간에 시행하기 시작하여 그 운용의 목적을 달성함을 얻을 것이다. 따라서 당국에서는 지난번 내지의 주무관청인 사법성과 교섭하여 내지에 필요한 전기 수속 규정의 성안을 재촉한 결과 해당 안은「호적법」중 개정의 건으로 이미 지난번 의회의 협찬을 거침에 이른지라. 그러한즉 조선 측에서는 처음 이와 같은 일에 대응할 수속 규정 외에 다음번 혼인에 관한 실체적 규정도 제정함이 상당함으로 인정하여 성안을 얻은 후 법제국의 심의에 회부하였으나 실체적 규정을 개설하는 것에 대하여는 해당 국(局)에서 의논이 있어 쉽게 그 결정을 보지 못함으로써 조선에서도 내지 동양(同樣) 호적에 관한 수속 규정만을 개설하기로 하고 목하 그 기획의 완성을 급속히 하는 중인즉 내선인 통혼 법안의 계획상 털끝만큼도 지장이 생길 리 없도다. 그 실시에 대하여는 오히려 상당한 준비기간을 둘 필요가 있고 다소 여일(餘日)이 있을 것이로되 결코 먼 장래가 아니라 믿노라. 이상 기술한 바의 법령은 그 실시 후 성립한 혼인에 대하여 적용할 것이나 기왕에 성립된 혼인에 대하여도 상당한 고려를 하여 가급적 동일하게 취급할 방침이나 그 규정의 형식은 지금 언명한 바의 안이라. [완(完)]

〈자료 87〉 능력에 관한 규정, 하라(原) 법무국 민사과장 담《매일신보》, 1921.5.9)

6일 중추원 회의에 제출된 「조선민사령」 중 능력에 관한 규정을 설치하는 건에 대하여 하라(原) 민사과장은 말하길, "조선에는 민사에 관한 성문법이 없어 전부 관습에 따라서 불문법을 행하였으나 이와 같이 하여서는 통치상 지장이 생김이 적지 아니함으로 1912년 (明治 45)에 비로소 「민사령」이 제정되어 재산 능력, 친족, 상속 중 우선 재산권에 관한 규정이 마련되었으나 능력 이하에 대하여는 조선 독특의 관습이 있음으로 이에 따르기로 하여 금일에 이른 것이다. 그러나 관습에는 심히 명확함을 결한 것이 많고 또 시대의 진운을 따라가지 못하는 한이 있어 1918년(大正 7) 중 「민사령」 개정의 의(議)가 일어나 민사령개정위원회라 하는 것이 설치되어 제종(諸種) 관습을 조사하여 금일에 이른 것이다. 그러나 전부를 완성하기까지에는 자못 용이치 아니하여 작년 내선통혼령이 제안되어 내지의 법제국과 협의하고 연락을 취하기로 되었는데 그 수속법은 올해 4월 17일 발포된 터이며 그 실체법에 대하여는 법제국의 의견도 있어 발포하지 아니하였으나 이러한 일은 대만과 연락을 취할 필요가 있어 급하게 결정하기는 어려우며 이 점에 대하여 한두 신문은 심히 오해하는 모양 같으나 별로 그런 것도 아니오. 간단하고 취급은 용이한 편이라. 이와 같은 터로 금일에 미쳤는데 급함을 필요로 하는 것은 능력의 문제라. 그리하여 이번에 능력에 관하여 제정(制程)할 ■를 중추원 회의에 제출한 것인데 제1일에 의사로 진행하고 약간의 질문도 있었으나 결국 만장일치로 채택된 것이라. 금일까지는 관습으로도 낭비자 등에 대한 처분법은 하나도 없어 이로 인하여 폐(弊) 아닌 폐해가 있었으니 능력에 관한 문제는 결코 본인의 능력을 제한하여 고통을 주는 것이 아니라 전혀 보호의 목적으로 제정된 것임으로 본인을 위하여도 이익됨이 크며, 따라서 사회의 질서를 보호함에도 하루라도 불가결할 양법(良法)이라. 이에 의하여 재산권의 보호도 충분히 그 목적을 달성함을 얻으리라 생각하노라." 운운.

〈자료 88〉 내선통혼 법령, 칙령 발포 가까운가, 요코타(橫田) 법무국장 담
《매일신보》, 1921.5.22)

조선총독부 법무국장 요코타 고로(橫田五郞) 씨는 부인 동반하여 19일 아침 시모노세키

(下關)를 경유하여 도쿄로 향하였는데 그 담(談)에, "내지인 및 조선인 간의 대문제인 일선인 결혼법은 내지인에 대한 법률은 이미 통과하고 조선인에 대한 건은 의회의 협찬을 거칠 필요도 없으므로 총독부에서 제정하여 목하 칙령의 발포를 기다릴 뿐인데 대만인과 내지인의 결혼법도 목하 제정 중이므로 혹은 동시에 칙령의 발포를 볼지도 알 수 없는바, 그 발포의 결과는 내지인과 조선인의 결혼은 호적상 공연(公然)으로 되는 것임으로 이중호적이나 서자 사생아는 그 후를 기다릴 터이며 또 조선은 고래의 관습으로 선인(鮮人) 남자는 타가(他家)에 양자도 갈 수 없으므로 이 양자 제도를 제정할 필요가 있으나 지금 곧 종래의 습관을 타파하고 신제도를 실시함은 쓸데없이 감정을 상하게 할 뿐이므로 이는 기회를 기다려 제정할 예정이며, 기타 조선 통치상 내지와 조선의 법률 관계를 통일함이 최대 중요 문제이므로 법제국은 이에 통일에 노력하는 중이라." 운운.

〈자료 89〉 긴급한 「민법」 개정 문제: 금치산법(禁治產法)의 급무, 변호사 김우영(金雨英) 씨 담(談)(《매일신보》, 1921.5.22)

경성을 중심으로 한 전선(全鮮)의 법조계에서는 조선 청년 중에 부랑자가 비교적 다수 배출되어 그 대부분은 조석지간에 거대한 유산을 탕진하며 혹자는 부호가의 자제를 유인하여 기괴한 수단으로 타인의 재물을 편취하여 필경은 형사 문제 등이 야기되는 결과, 이로 인하여 원대한 일생의 전정(前程)을 타락하여서 부랑자대(浮浪者隊)는 한편으로 전문사기사를 업 삼는 동시에 미혹한 부호자제 등은 사기를 당함이 적지 않아 그 폐단은 ■환무궁(■環無窮)함을 유감으로 생각하여 수년 내 그 방지책을 연구 중이었다. 지난번 전선변호사회의(全鮮辯護士會議)에서 이런 폐단을 멸소(滅少) 또는 예방함에는 일본에 현재 시행하는 「민법」의 능력에 관한 규정을 조선인에 적용함이 유일의 상책이라는 결의로 당국에 구진(具陳) 중이러니 법무국에서는 지난 6일 중추원 회의에 이 법률 적용의 가부를 자문하여 시비 없이 만장일치로 가결된 결과 일반은 속히 그 실현됨을 기대하는 중이다. 이에 대하여 변호사 김우영 씨의 의견을 들은즉, 지난번 변호사회의에서 결의되어 당국에 견진(見陳)한 바는 「민법」으로 전부 조선인에 적용하라 함은 별반 조선에서는 인정할 만한 관습도 없으므로 별문제로 하고, 또 능력, 상속, 친족법은 적용치 않기로 하여 단지 금치산자와 준치산자에 대한 법률을 조선인에게 적용케 하라 함인데 이는 조선인 현재를 관찰하는 경우에 긴절(緊切)히 필요한 줄 인정하노라. 일본에서는 이에 대한 법률이 1896년(明治 29) 4월 27일에 법률 제89호로 제정되어 1898년(明治 31)에 칙령 제123호로 7월 16일부터 시행한 것인데 현재 조선인에게도 이를 시행함이 조계(早計)가 아니로다. 금치산자로 말하면, 심신상실의 상태에 있는 자를 재판소에서 본인, 배우자, 4촌 내의 친족, 호주, 후견인이나 또는 검사의 청구에 의하여 금치산의 선고를 하여서 일절 법률상 권리 의무가 생기는 행위는 후견에 부(付)하며 또 금치산자 된 이상에는 그 행위를 취소할 수가 있으므로 금치산의 원인에 이르러 재판소에서 등기청구자의 청구에 의하여 금치산 선고를 취소할 때까지 안전히 보호가 되며 준금치산자로 말하면 심신미약자, 농자(聾者), 아자(啞者), 맹자(盲者)를 등기금치산자와 낭비자를 등기금치산자와 같이 재판소에서 준금치산자로 선언하여 보좌인을 둔 후 법률상 일체의 권리, 의무, 이득 상실에 대한 행위를 보좌인의 동의를 얻은 후가 아니면 불능케 하여서 종래의 폐단을 절(絶)■케 하고 재산보호를 정전무결(定全無缺)케 함이니 이와 같으면 늘상 그런 심신상실자는 우선 놓아 두고 금전낭비자와 같음도 일단 준금치산의 선고를 받은 후에는 그 선고가 취소될 때까지는 하등 단독 능력이 없는 고로 추호의 폐단이 발생할 여지가 없으며 따라서 혹자의 사기적(詐欺的) 수단적(手段的)도 ■지(■地)에 귀(歸)하는 동시에 이에 따라 이들 이해관계는 돈절(頓絶)할 가망이 있으므로 나는 심히 이에 찬동하는 바이며 재판소 측에서도 역시 동감하여 여차한 제정이 하루라도 조속 실시됨을 희망하는 바이며 이 제정이 시행되는 때에는 재판소의 사무가 일부 증가되어 번잡할 줄로 생각하노라.

〈자료 90〉 긴급한 「민법」상의 능력 문제, 만강(滿腔)의 찬의를 표함, 구관(舊慣)을 무시함은 불가, 하라(原) 법무국 민사과장 담(談)(《매일신보》, 1921.5.28)

조선인은 종래 능력, 친족, 상속에 관한 규정에 대하여는 일본 내지의 「민법」을 적용치 아니하고 불완전이 극(極)한 조선의 「민사령」에 의하여 일반의 법률행위를 하게 되었는데 이에 의할지라도 전기 능력, 상속 등에 대하여는 특별한 규정이 없고 조선의 구관(舊慣)을 참관(參觀)하여 이를 정하는 고로 그 불완전, 불철저하여 국민생활상 최중최절(最重最切)한 「민법」의 결함을 드러내는 동시에 「민법」 중에도 그 골자라 칭할 만한 능력, 친족, 상속 등의 규정이 없었다. 그러므로 지금에 있어서 그 제정이 필요하며 그 제정이 없는 고로 폐해가 점점 드러났다 함은 이제 와서 구차하게 말할 필요가 없는 바로 어떤 사람을 물론하고 이의 제정을 반대할 자! 없을지오. 낭자(曩者)에 개최하였던 중추원 회의에서도 만장일치로 가결된 까닭이라. 고로 지금에 문제가 됨은 이 능력 법규를 제정함에 당하여 어떠한 범위 내에서 어떠한 형식으로 이를 정할까 함인바 이에 대하여는 가볍게 제정하기 어려운 바이니 구관을 무시할 수 없음은 물론 또 현재 및 장래를 생각하며 아울러 내지의 「민법」과의 법규상 통일을 고려치 아니하면 불가하다. 그러므로 총독부에서는 지금 신중히 연구 조사 중에 있다. 이에 대하여는 의논이 구구하여 혹은 내지의 「민법」을 그대로 채용하자 하며 혹은 이와 달리하여 조선의 민도 관습을 참고하여 특별의 조선인 능력에 관한 법규를 정함이 가하다는 등 여러 가지 설(說)이 있다. 그러니 조선의 구관을 무시하고 내지의 「민법」을 그대로 적용함도 법률의 정신이 아니며, 그렇다 하여 동일한 국민으로 두 가지 민사 규정을 설(設)함은 취급상 불편이 많을 것은 물론 법규 통일의 취지에 반하는 바인 고로 신중히 연구 조사가 필요한 문제로 하루아침에 단안(斷案)을 내리기 불능한 바이라. 이 법규의 급박함을 생각하면 이전에 중추원에서 가결된 후 즉시 원안을 작성하여 도쿄에 회부하여 그 발포의 조속을 도모할 것이니 그러니 상술한 바와 같이 가볍게 제정키 어려운 문제인 고로 다소 지연된다 할지라도 구체적 근본 법규를 제정함이 국가 민중에 대하여 절요(切要)한 이유라. 그런 고로 지금에 그 조사 개정에 착수하였는 고로 그 완료될 시기, 발포 기일은 금일에 있어서 예측키 어려운 바이며 가급적 조속히 조사하여 조선에 법령의 공포를 행코자 함이 총독부의 본지(本旨)임은 물론이라. 돌이켜 10여 년 전 「조선민사령」 제정 당시와 금일과를 비교하여 생각하면 사회 상태가 심히 복잡하였음과 동시에 민도의 향상과 지식의 계발된 정도는 능력에 관한 법규 제정이 없으므로 발생하고 일반 사항을 보더라도 가히 증명할 만하며 병합 후 10년을 경과한 금일에 이 제정에 착수하였다 함은 다소 지연의 혐의가 없지 아니하나 그러나 일방 이를 제정치 아니하면 불가하게 된 이유 즉 민지(民智)의 향상되었음에 대하여는 차제 특히 선인(鮮人) 동포들을 위하여 경하(慶賀)함을 그치지 않는 바이라.

〈자료 91〉 긴급한 「민법」상의 능력 문제, 관습을 존중할 뿐 불비(不備)한 제도는 당연히 개폐(改廢), 요코타(橫田) 법무국장 담(《매일신보》, 1921.5.29)

병합 이후 조선에서는 민사에 관한 사항에 대하여는 1912년(明治 45) 「조선민사령」의 공포가 있어서 총(總)히 민사에 관하여는 내지인임과 조선인임과를 불문하고 균일히 그 지배를 받지 아니치 못함은 이미 세상이 숙지하는 바로 민사에 관한 사항 중 채권 물권과 같은 재산권에 대한 사항은 「민법」이나 조선 관습이나 모두 대동소이하며 그 제도의 근본의(根本義)에 있어서는 상이한 것이 없는 고로 「민법」 중 이러한 사항에 관한 규정은 「민사령」의 내용으로 하여 인용함에 이르렀으나 인(人)의 능력, 특히 친족 상속에 관한 사항에 이르러서는 내지, 조선 각 고유의 발달을 따라온 까닭으로 양자 제도 간에 현저한 차이가 있다. 따라서 내지 법률로써 그대 조선인의 이들 사항에 관한 준칙으로 함이 불가함은 물론이리. 그러므로 「민사령」은 민법의 규정 중 능력, 친족 및 상속에 관한 규정은 이를 조선인에게 적용치 아니하고 전혀 관습에 준거할 뜻을 규정하여서 관습을 존중히 하도다. 그러니 인(人)의 능력, 친족 및 상속에 관한 조선의 관습은 그 존재 내용 등 반드시 명확치 아니한 것이 있으며 그뿐 아니라 그 후 시세의 추이에 따라서, 또 내선(內鮮)의 교섭이 접촉에 의하여 기존의 관습도 또한 자연 영향을 입지 아니함을 면하지 못할 것이 있음과 동시에 종래 관습이 없는 사항에 대하여는 제도의 불비(不備)를 하소연함과 같은 사정이 생김에 이르렀으며 시세의 추이는 상술한 바와 같이 도저히 조선 관습에만 맡길 수 없는 정세에 이르렀는 고로 이들 실제상의 필요에 닥쳐 앞서(1918년, 大正 7) 「민사령」 개정의 계획이 있어서, 특히 위원을 선정하여 이 조사 심의에 착수하였으니 일(事)―국민생활의 근본의에 관하여 신중을 기할 필요가 있는 고로 이것의 완성은 용이한 일이 아니며 오히려 상당한 시간을 기다리지 않을 수 없는 상태에 있도다. 앞에 서술한 개정을 요할 사항 중에도 자연 완급의 구별이 있는바, 혹 특수한 것은 이 응책(應策)을 베풂에 당하여 도저히 일반 개정 사업의 완성을 기다림을 허하지 아니할 것이 있도다. 이에 대하여 특히 일(事)의 긴급을 요할 것에 대하여는 일반 개정에 앞서 부분적으로 제도의 개정을 행하여 점차 이것의 대성(大成)을 기하는 방침을 취(取)함에 이르렀도다.

이 방침에 따라서 법무국은 지난번 내선인 통혼의 장애를 제거할 법안을 기획하였는데 대개 내선인의 통혼은 내선융화의 진체(眞諦)로 각하(刻下)의 급무임을 인식한 까닭이오. 또 위 기획은 내지 법제와 연락을 요하는 고로 지난가을 이래 주무관청인 사법성과 협의를 해서 그 법제의 제안을 재촉한 결과 다행히 양해를 얻어 해당 법안은 이미 「호적법」의 개정으로 하여 지난달 17일에 그 공포를 보기에 이르렀으며, 당국 초안도 역시 이미 탈고되어 대략 그 준비를 완료하였는데 해당 안(案)의 실시상 필요한 「공통법」 제3조의 시행에 대하여는 대만의 법제도 관련이 있으니 이의 해결로 오히려 다소의 시일을 기다릴 필요가 있으니 목적을 이룰 것은 아마도 멀지 아니함에 있을 것이로다.

〈자료 92〉 긴급한 「민법」상의 능력 문제, 관습을 존중할 뿐(하), 불비(不備)한 제도는 당연히 개폐(改廢), 요코타(橫田) 법무국장 담《매일신보》, 1921.5.30)

차(次)에 각하(刻下) 조선의 사회 상태에 있어서 가장 긴급을 요함은 조선인의 능력에 관한 제도의 확립이로다. 무릇 제반의 법률행위는 능력자가 홀로 이를 함을 득(得)할지오. 무능력자는 이를 한다 할지라도 완전한 효과를 발생케 하지 못할 것은 다언(多言)을 불사(不俟)할 바이라. 고로 '인(人)'이 능력자인가 무능력자인가를 확정함은 일상(日常) 오인(吾人)의 생활에 재(在)하여 취인(取引)의 안전을 기함에 있어서 극히 긴절 중대한 사항에 속할 뿐 아니라. 또한 그 무능력자에 대하여는 일정한 기관을 설립하여 이를 보호하는 길을 강구하지 아니하면 사회질서의 유지는 도저히 이를 바라지 못할 것이라. 조선에서도 관습상 종래 능력의 완전한 자와 불완전한 자를 구별하여 그 능력이 불완전한 자의 행한 행위는 법률상의 효과를 부여치 아니하며 또 이를 위하여 보호기관을 설치하는 제도가 있음은 명백한 바이니 과연 여하한 조건으로써 무능력자로 인정함에 대하여는 하등 법규의 준표(準標)할 것이 없으며 관습은 '인(人)'이 완전한 능력이 있느냐 없느냐에 대하여 개개의 경우에 사실상의 판단에 의하여 정하며, 또 현금 재판 사례도 또한 차의 견해에 기초하여 개개의 소송사건에 대하여 일일히 신체지능 발육의 상태를 심사하여 능력의 유무를 판정하는 현황이로다. 이와 같이 호상취인(互相取引)함에 대하여 상대자의 능력을 심사할 필요가 있으며 또 자기의 판단이 후일 분쟁을 일으킨 경우에 과연 재판소 판단과 일치되겠느냐 그렇지 않느냐 함에 대하여 위구의 염(念)을 품지 않을 수 없는 형편으로 취인(取引)의 안전은 도저히 기대키 어려운 바 이-능력에 관한 제도 개정을 필요로 하는 이유의 제1이오. 다음으로 무능력자에 대하여 설치할 보호기관은 여하히 하면 가(可)할가, 이 점에 대하여는 대체 관습의 존(存)함이 있다고 하나 내지「민법」의 규정 등에 비하여 그 보호가 아직 충분치 못한바, 이것이 그 이유의 제2이오. 다음으로 신체 정신상 이상이 없을지라도 헛되이 재산을 낭비하는 성벽(性癖)을 가져 결국 가산(家産)을 탕진함에 이른 자가 많음은 조선 현시(現時)의 가장 우려할 현상으로 이러한 자들에 대하여 일면 그 행위능력을 제한하며 일면 이들의 재산을 보호할 관습제도가 없음은 현시 법률제도의 결함임을 부실(不失)하는 바 이것이 그 이유의 제3이오.

처(妻)의 능력은 과연 여하한가. 고래의 관습에 의하면 처는 절대로 부(夫)에게 복종할 것으로 중요한 법률행위는 물론 중요치 아니한 행위라도 극히 자세한 행위를 제(除)한 외는 모두 부(夫)의 허가가 없으면 독단으로 이를 행할 수 없으므로써 본칙(本則)으로 하는 듯하나 그러나 이와 같은 것은 과연 금일의 시세에 적응한 제도로 인정받을 수 없을 것으로, 이것이 그 이유의 제4이라. 이상의 이유에 의하여 이번에 조선인의 능력에 관한 제도를 확립코자 하는 바이라. 전술한 바와 같이 친족상속에 관한 제도는 제국(諸國) 각 고유의 발달을 이루어 그 사이에 자연 현격의 심(甚)함이 없지 않으나 '인(人)'의 능력에 이르러서는 필히 그렇지 않으며, 특히 인종이 동일하며 기후 풍토에 큰 차이가 없으며 또 똑같이 종족주의의하에 입(立)한 내지인, 조선인 간에 있어서는 양자(兩者) 모두 다소(多小)의 상위(相違)는 면치 못하나 그러나 거의 대동소이하다 말할 만한 고로, 비견(卑見)에 의하면 친족, 상속은 고치(姑置)하고 이 능력에 관한 사항에 대하여는 이미「민사령」공포 당시에 있어서 민법주의를 채용함이 상당하다 생각하였는바 하물며 시세가 진전된 현시에 있어서 조선에서도「민법」과 동일주의하에 능력에 관한 제도를 확립함은 조선 구관(舊慣)의 본의(本義)와 하등 저촉됨이 없을 뿐 아니라 일면 내선 법률제도의 통일상 지대한 편익을 수반할 것으로 가장 책(策)의 득(得)한 것이라 생각하노라.

3) 가족개혁론

해제

　일제는 「조선민사령」을 통해 가족 관련 사항에 관해서는 조선의 '관습'에 의거할 것으로 규정하였지만, 조선인 내부에서는 19세기 말 이래로 가족개혁에 관한 논의가 계속해서 이어지고 있었다. 특히 1910년대에는 일본 유학을 통해 새로운 사상을 흡수한 유학생층이 조선에 귀국하면서 가족개혁론은 보다 구체화되었다. 이들은 단순히 몇몇 낡은 관행의 타파를 주장하는 것을 넘어서 삼강오륜을 근간으로 하는 종래의 유교적 가족 윤리 전반을 전면적으로 비판하였다. 개인의 자유와 권리에 근거한 새로운 가족 윤리를 모색했다는 점에서 이들은 이전 세대와 달리 근본적이고 급진적이었다. 종래의 유교적 가부장제와 부권의 전제적인 권위에 기반한 가족과는 다른 대안적인 가족상은 '신가정', '스위트 홈' 혹은 '이상적 가정'이라 호명되었다. 3·1운동 이후 사상계에 불어닥친 개조론과 문화운동의 흐름 속에서 가족의 개조와 신가정의 건설은 조선 사회의 주요한 이슈로 부상하였다.
여기서는 이와 관련된 잡지의 기사를 수록하였다.

〈자료 93〉 추호(秋湖),[180] 「가정제도를 개혁하라」(《여자계》1-2, 1918)

가정은 인생으로 하여금 안식을 얻게 하며 쾌락을 주어야 될 것이어늘, 조선의 가정은 도리어 사람으로 하여금 불평이 생기게 하며 고통을 받게 하니 이런 애달픈 일이 또 있으리오. 가정은 사람으로 하여금 사회에 나가서 활동할 정력을 얻게 하여야 될 것이어늘, 조선의 가정은 도리어 모처럼 있던 정력도 빼앗아 없어지게 하니 어찌 원통한 일이 아닌가. 이것이 웬 까닭이냐 궁구하매 물론 가정을 지은 이들이 교육이 없는 것이 한 가지 원인이 맞지만 그 밖에 제일 큰 원인이 있으니 곧 우리나라 예로부터의 가정제도라. 이것이 실로 근본적 원인이로다.

조선의 가정제도는 곧 유교의 감화로 된 가족제도라. 본래는 아름다운 도덕으로 일어난 것이니 후세에 와서 그 정신은 몰각이 되고 오직 형식만 남은 때문에 차차 부패하여 나중에는 폐해가 되고 악풍이 되어 현대의 우리에게 몹쓸 고통을 주게 되었도다. 이제 유교의 가정 도덕을 보건대 부의(父義), 모자(母慈), 형우(兄友), 제공(弟恭), 자효(子孝), 부부유별(夫婦有別), 장유유서(長幼有序) 등이 있고 또 천문자에 부창부수(夫唱婦隨)란 말이 있으니 조선 가정의 도덕도 이런 문구의 지배를 받아 온 것이라.

대개 가정에는 사랑 한 가지가 있을 뿐이오. 이와 같이 번잡한 도덕이 아무 의미가 없을 것이라. 하물며 그것이 타락하고 퇴화함에리오. 한 가정 사이는 서로 사랑할 따름이어늘 동양의 도덕은 어쨌든지 아버지는 엄해야 하고 자식은 아버지를 공경하여야 하고 남편은 아내를 압제하고 아내는 남편에게 순복할 것으로 여긴 고로 아버지는 자녀 앞에서 웃지를 아니하고 자녀는 어버이 앞에서 감히 말을 하지 못하였느니라.

조선 가정은 말하면 부친은 전제왕이오. 기타 가족은 다 신민이오, 남편은 일가의 주인이오. 부인, 기타 가족은 모두 노예이니, 이러한 가운데 무슨 화평이 있으며 어찌 쾌락을 바라리오. 그러므로 쫓아서 우리네 가정에는 여러 가지 부자연하고 무리한 관습이 있고 심지어 괴상하고 무도한 습관이 있어 우리에게 불평과 고통을 주며, 문명한 안목으로 보면 야만이라고 눈살을 찌푸리고 동정하는 마음으로 보면 눈물을 흘리게 되는 것이로다.

---

180 전영택의 호.

1. 한 집안 가운데 웬 차등이 그리 심하리오. 조부모와 부모와 형과 아우, 오라비, 누이, 큰아이, 어린아이, 딸, 며느리에 따라서 의복, 거처, 음식이 매매 차등이 있음이 조선처럼 심한 나라는 흔하지 않을 것이라. 의복, 거처, 음식의 차등이 있음은 본래 그 지위와 권리의 차등이 있음이로다.

아버지는 명주 옷을 입고 아들은 무명 옷을 입히고 어머니는 더운 데서 자고 딸은 찬 데서 자고 며느리는 불도 안 때는 방에서 떨며, 아버지는 사랑에서 제일 미미자양(美味滋養)[181]의 음식으로 큰상에 받쳐 먹고 어머니와 아이들은 어른들이 먹다 남은 음식으로 되는대로 먹고, 며느리는 또 한층 낮은 반찬과 밥으로 부엌에서 하인과 같이 먹는 것은 우리 가정의 떳떳한 규율이니 대개 이것은 무슨 무리한 짓이리오. 형세가 좀 웬만큼 사는 집을 보더라도 주인(돈벌이 하는 이)은 어육의 찬으로 쌀밥을 먹고 그 외에는 온 집안이 어머니까지라도 조밥과 김치, 된장을 먹고 며느리 딸은 묵은 조밥과 된장 한 가지로 먹고 살며, 비록 만석 부잣집이라도 며느리 되는 이는 입쌀밥[182]과 고기는 일 년이 다 가더라도 얻어먹지 못하나니 이 어찌 참혹한 법이며 괴상한 습관인가?

생각하여 볼지어다. 부모가 자녀를 사랑하는 마음이나 자녀가 부모를 위하는 마음이나 남편이 부인을 사랑하며 부인이 남편을 사랑하는 마음이 무엇이 다른가? 피차 편안하게 하고 잘 먹게 하려고 하는 것은 사람의 본심이니 조금도 차이가 없을 것이라. 무슨 까닭으로 한 집안에 의복과 음식의 층절(層節)이 있으리오. 부자연하고 무리하기 이와 같이 심한 일이 어디에 있으랴? 어머니와 부인과 어린아이들은 조밥과 맛 없는 찬으로 먹는데 주인 혼자만 입쌀밥과 고기 반찬을 대접하면 주인은 그것이 차마 넘어가며 넘어가면 살로 갈 수 있으리오? 그러한 가운데도 가정의 화락이 어찌 있으리오? 문명한 나라의 가정을 보면 식사 시간에 온 집안이 둘러앉아서 같은 음식을 나누어 먹으며 웃고 이야기하는 가운데 무한한 쾌락을 보는데 우리나라 가정은 과연 무미하고 불쾌하기 끝이 없나니 우리는 이 무슨 불행인가?

그런즉 먼저 한 가정에 의식주의 층절을 전폐하라. 비단옷을 입으면 온 집안이 다 입고 못 입을 터면 다 무명것을 입을 것이며 침방과 침욕(寢褥)도 온 집안이 꼭 같이 할 것이며, 음식

---

181 맛있고 자양분이 많은.
182 멥쌀밥.

은 쌀밥이면 다 쌀밥, 조밥이면 다 조밥으로 하고, 그렇지 않으면 다 같이 섞어 먹고, 반찬도 먹으면 같이 먹고 못 먹으면 같이 못 먹어 차등이 없게 할 것이라. 그리하고 일정한 시간을 작정하고 다 한데 모여서 먹게 하라.

이와 같은 것을 개혁하는 것은 온전히 부인의 수중에 있으니 과단 있게 실행할지어다. 남자가 아무리 하고자 하여도 부인들이 듣지 아니하면 할 수 없는 것이라.

2. 어찌 남편만 집안에서까지 왕 노릇을 하며 중심이 되리요. 가정이라는 회사의 지배인은 남편이 아니오 부인이 될 것이며, 한 가정에서 제일 위해 주며 중심이 될 사람은 아이들일지니라. 조선 부인이 아무리 무식하다 한들 집안 살림살이야 못 하리요. 살림은 마땅히 부인이 맡아서 해야 할 것이라. 그리고 온 집안에서 제일 귀하고 중한 것은 아이들이 아닌가? 마땅히 그들을 중심을 삼아 보육할 것이니라.

우리 조선 가정을 보면 사나이가 집안에 들어와서까지 공연히 권세를 부리고 행패를 하여 마침내 일가를 교란하여 불평케 하여, 부인과 아이들은 부들부들 떨며, 모든 재정을 사나이가 다 맡아서 부인은 동전 한 푼 마음대로 쓰기를 두려워하나니 이리하고 어찌 가정이 원만히 나가리오. 밤이나 낮이나 모든 범절에 소위 주인만 위하고 주인만 대접하여 아이들은 돌아볼 여가가 없고 업신여겨 내버려 두는 고로 제일 사랑스럽고 또한 약한 아이들은 할 일 없이 학대를 받아 그 신체와 정신에 큰 손해를 받는도다.

늦어도 이제부터는 가정 안의 권세는 그 부인이 잡아 가지고 있어야 할지니라. 대개 가정의 일은 가정에 있는 부인이 알 것이니 만일 항상 밖에 나가 있는 남자가 상관하게 되면 그 가운데 통일이 없어서 필경은 원만하게 다스려 나가지 못할 것이니라. 그뿐 아니라 남자가 가정의 일까지 간섭하며 주관하게 되면 남자의 사업상에 방해를 받음이 많을 것이니라. 현상 가정은 부인의 유일의 영토이니 가정의 통치권은 부인의 것이라. 사람의 권리를 빼앗는 것처럼 악이 없고 권리를 빼앗기는 것만큼 분한 일이 없으며 그 가운데는 불평과 쟁투가 일어나는 것이니라.

조선 아이들은 지금껏 과연 가련한 정형 가운데 있었도다. 우리나라에 어느 집에서 아이들이 매 맞는 것을 못 보는 수가 있으며, 언제나 아이 우는 소리 못 들을 날이 있는가. 우리는 가정에 들어가서 어여쁜 아이들이 공연히 매맞고 욕먹는 것을 차마 볼 수 없더라. 화락하던 가정에 살기가 가득 찬 악담과 처량하게 울리는 곡성은 흔히 아이들이 욕먹고 매맞는 것이 아니뇨.

　자녀를 교육함에는 물론 책망도 해야 되고 편달도 해야 된다 할지라도 조선 가정에서는 '어린아이의 존중함과 어린아이의 권리'라는 것은 온전히 모르고 또한 어린아이를 교육하는 도리는 도무지 깨닫지 못하고 다만 어린아이를 업신여기는 마음으로 자기 감정대로 욕하고 구타하기를 함부로 하니 어찌 완전한 자녀교육이 된다 하리오. 그러하고 자녀를 둔 이상에는 부모는 그 몸과 마음을 온전히 자녀의 장래를 위하여 받침이 가하니, 부모는 자녀를 위한 삶이 그의 의무요 쾌락이 되어야 할지니라. 이는 민족 발전과 번영상에 사회의 진보 발달상에 가장 중대한 일이니라.

　그리고 남편은 부인에게 권리를 주지 아니하고 부인은 덮어 놓고 맹종할진대 거기에 무슨 사랑이 있으며 어찌 화락이 있으리오. 남편은 부인을 하인으로 알아 사역하고 박대할 줄만 알고 부인은 남편을 대왕-주인으로 봉사하고 복종할 따름이오 중심으로 사랑하며 즐겁게 지내는 것은 없나니 조선 가정에 웃음소리가 없고 화기가 없음은 면치 못할 일일지니라.

　그런즉 남편이 주인이 되고 중심이 되는 가정제도를 개혁하여 가정의 주인은 부인이 되며 한집의 중심은 어린애가 되게 할지니라.

　3. 다음에는 시부모와 며느리가 동거하는 제도를 개혁할지니라. 생각하여 보아라. 우리 가정에 시부모와 며느리가 동거하여 과연 행복스러운가 혹은 불행한가. 서양 사람의 개인주의의 가정에 비하여 어떻게 보면 3, 4대의 가족이 같이 사는 조선의 가족주의의 가정이 아름다운 듯하나 실은 그와 같이 무리하고 부자연하고 불의한 것은 없을 것이니라. 한 집안에 3, 4 형제 내지 7, 8 자녀의 부부가 같이 살고 또 손자의 부부가 같이 살고 심지어 첩까지 같이 사는 집이 흔히 있으니 그네들이 다 성현이 아니오 천사가 아니거든 어찌 불평과 충돌과 갈등이 생기지 않을 수 있으리오. 그 가운데서 원만한 가정의 행복을 누리기를 바람은 몹시 어리석은 일이로다.

　비록 고래로 내려오는 효도의 마음이 뇌수에 박혀 있다 할지라도 사람이 어렸을 때 말이지 장성하면 부모를 사랑하던 마음이 변하여 이성을 애모하는 마음이 일어나서 부모에게 대한 사랑보다 강렬해지는 것은 천연한 성품이라. 그런 것을 동양의 가정 도덕은 말하면 한 땀 단체를 부모의 집에 같이 있게 하고 남편을 사랑하며 섬기라고 하고 (또 그리함이 마땅한) 자부를 억지로 시부모를 섬기게 하며, 천성으로 아내를 사랑하려고 하는 아들로 하여금 아내에 대한 사랑을 희생하여 부모를 섬기라고 하니 이는 사람의 자연성을 무시한 형식적 도덕에 지나지 못하는 것이로다. 그런 고로 이 무리한 제도로 인하여 생기는 여러 가지 폐해와 고통은 이루 셀 수가 없도다.

그뿐 아니라 아무리 부자간이라도 아들이 장성하여 한 사람이 되면 그 아들 된 청년과 부모 된 노인이 의사와 성정이 도저히 합할 리가 없나니, 더욱이 근일의 노인과 청년은 합하지 못할 뿐 아니라 충돌이 생기며 상치(相馳)[183]가 됨을 면치 못하니 이와 같이 합하지 못하는 사이에 일가에 동거한들 무슨 재미가 있으며 낙이 있으리오. 도리어 피차간 고통이 있을 뿐이로다. 그리하고 사람은 신령(神靈)한 동물인 고로 육신상-물질적 쾌락보다도 정신적 쾌락을 가져야만 만족하는 것이니 부모가 자부의 마음 없는 (혹은 불평의) 접대를 받는 것보다 차라리 안 받음이 나으며, 아들의 부부는 고통 가운데서 일가에 동거하며 무위하게 부모를 의뢰하고 사는 것보다 차라리 어떠한 곤고(困苦)[184]를 당하든지 독립생활을 함이 훨씬 나을 것이 아니뇨?

조선에 이 제도가 있기 때문에 어느 가정에나 풍파가 그칠 날이 없고 불평이 없는 가정이 드물다. 실상 시부모와 며느리가 동거하여 진정으로 화평한 가정이라고는 온 조선에 하나도 없으리라. 다만 가련한 부인들이 밖에 발표하지 않을 따름이오, 일가의 내정이 외부에 드러나지 않을 따름이로다.

독자여! 행여나 기자의 주창(主唱)을 오해하지 말지어다. 부모와 아들의 부부가 절대적으로 동거함이 불가하다 함이 아니로다. 가정의 형편을 따라서 부모와 아들네의 의사가 합하여 동거할 만하면 물론 함께 동거함이 가하리니 이에서 더한 행복이 없으리로다. 그러나 인습적 습관과 예로부터의 형식적 도덕의 구속을 받아서 시비곡직을 불문하고 모든 사정을 가리지 않고 아들이 있으면 있는 대로 다 한집에서 살림을 하여야 할 줄로 생각하는 것이 불가하다 함이로다.

그러나 독자는 부디 우리나라의 고유한 친자 간의 아름다운 도덕을 잊어버리지 말지어다. 우리가 만일에 고유한 아름다운 도덕을 파괴하여 따뜻하던 가족주의의 가정으로 하여

---

183 서로 어긋나는 것.
184 고생스럽고 딱함. 곤란하고 고통스러움.

금 냉랭하게 만들면 그는 큰 잘못이니 기자가 지금껏 말해 온 것이 친자 간의 의리와 도덕을 무시하고 파괴함으로 알면 그는 심한 오해로다. 한 사물의 폐해를 말하면 반드시 그것이 악하다 함이 아니라. 독자가 기자의 말을 오해하면 기자의 주창은 불가불 위험 사상이라는 비난과 공격을 면치 못하리로다. 그러나 현명하신 독자는 물론 이 글을 읽고 부모에게 효행하던 아들이 불효하며 시부모를 잘 섬기던 며느리가 불공할 리는 만무할 줄을 깊이 믿노라. 실상 말하면 반드시 동거하여야 친자 간의 도리와 사랑을 다한다 하면 그는 잘못된 생각이니, 별거하여서도 넉넉히 효행을 할 수 있고 애정은 떠나 있음으로 더욱 두터워지나니 이는 서인의 가정에서 실지로 볼 수 있는 것이라. 여하간에 생존경쟁이 날로 격렬한 현대에서 생활을 부지하기 위하여 민족의 장래의 발전과 번영을 도모하기 위하여 또는 현세의 생의 낙을 넉넉히 누리기 위하여 현대에 처한 우리는 옛날의 인습적 도덕과 습관을 무리하게 지킬 수 없도다. 다시 말하면 간단하게, 유약하게 고폐(古廢)한[185] 도덕만 지키고 앉아 있다가는 현대에서 생존을 유지할 수 없으리라 함이로다.

이상에 말한바 가정 내의 차등, 가정의 남주인 중심, 시부모와 며느리의 동거, 이 세 가지는 가장 우리의 가정을 평안치 못하게 하며 우리에게 고통을 많이 주는 것이지만 이보다 더 심하게 조선 가정을 문란하게 하며 가정의 평화를 깨뜨리는 원인은 소위 조상 숭배심의 영향을 받은바 일부다처주의로 생긴 결혼제도니 즉 한 사람에게 부인이 많으며 한 아이에게 모친이 많은 것이라. 이 역시 장래는 생각하지 않고 과거만 돌아보는 사상에서 나온 것이니 가정의 행불행은 어찌하였든지, 자손의 악감화(惡感化)는 어찌하였든지, 다만 선조의 대를 끊지 아니하리라는 목적으로 첩을 두는 것이라. 자녀의 교육상에 또는 자녀의 유전상의 악영향은 사실상 조선 사회의 실정을 보고 알 수 있으며 또한 우리가 절통(切痛)[186]하게 느끼는 바로다. 사회상, 인도상 이에서 더 죄악된 일이 없으리라. 하물며 방탕하고 부도덕한 동기로 첩을 둠에리오? 이는 실로 조선 사회의 대문제니 여기 몇 마디로 다 말할 수 없는 것이라. 차라리 그만하여 그치려 하노라.

최후에 두어 가지 말하려 하는 것은 우리나라 가정 생활로 하여금 아주 원만하게 하기 위

---

185 오래되고 폐지된.
186 지극히 원통함.

하여 가옥제도와 의복제도를 개혁하여야 하리라 함이로다. 조선 가옥은 역시 가정제도를 따라서 된 것이니 가정제도를 고치면 자연히 가옥제도도 고쳐야 할 것이라. 원래 가옥이 가정들로 하여금 화락하게 지내지 못하게 되었으니, 가령 안방과 사랑이 너무 멀고 방과 방 사이가 너무 절벽(絶壁)이라. 게다가 사랑에 있는 남자들은 졸연히 안방에 들어가지 아니하고 사랑에서 기침(起寢)하며 식사하니 어찌 한 가정의 화평과 원만을 바라리오. 그리하고 웬만큼 잘사는 집에도 아이들을 위한 방이라고는 없나니 그들이 어디서 마음 놓고 놀며 쉬리오. 어린아이들이 종일 엄한 부모 앞에서 어떻게 견디리오.

그리하고 의복제도는 너무 번잡하고 불편하여 부인이 맡은 일이 너무 많고 책임이 너무 과하니, 부인들은 그것으로 인하여 정신상 위로라든지 수양을 얻을 틈이 없으며 조선 가정에 의복과 음식으로 인하여 풍파가 일어남이 또한 많으니라.

이상에 말한 개혁론이 다만 개인 본위요 향락주의라는 비난이 혹 있을 듯하나 한 사회가 든든하고 완전하려면 개인이 완전한 생활을 해야 하고 완전한 가정이 모여야 되리니, 아 조선 사회도 근본적으로 개혁하여 근본적으로 완전하는 날이어야 되리라 하노라.

〈자료 94〉 강인택(姜仁澤), 「나의 본 조선 습속의 2, 3」 《개벽》 제5호, 1920.11)

건설하려면 파괴부터

어떤 민족, 어떤 사회, 어떤 국가를 막론하고 각기의 습속이라는 것이 있으며 그리하여 그 습속 중에는 지킬 것도 있으며 혹은 개량치 아니치 못할 것도 있는 것이다. 왜? 습(習) 중에는 선악미추(善惡美醜)의 구별이 있는 까닭이며 따라서 그 민족에 대한 흥패진퇴(興敗進退)를 좌우할 만한 계기가 있는 까닭이었다.

원래 습(習)은 지(地)의 동서(東西)와 족(族)의 갑을(甲乙)을 따라 각기 다르나니 자세히 말하면 동(東)은 동의 습, 서(西)는 서의 습이 고유하고 갑자는 갑의 습, 을자는 을의 습이 고유하여 동의 적자(適者)-서엔 부적자(不適者), 서의 적자-동엔 부적자도 있고 갑의 미자(美者)-을엔 불미자, 을의 미자-갑엔 불미자도 있다. 말미암아 일국가(一國家), 일사회(一社會),

일인족(一人族)에 있어서도 처지와 시대를 따라서 또한 적부적(適不適), 미불미(美不美)의 점이 없지 않음은 사실이었다. 이러한 부적자(不適者), 불미자(不美者), 불급자(不及者) 즉 습의 구폐자(舊弊者)란 파괴지(破壞之), 개혁지(改革之)하고 다시 그 시대, 그 처지, 그 사상, 그 요구의 적자(適者)·미자(美者)·선자(善者)·급자(及者) 즉 습에 신성자(新成者)란 택취지(擇取之), 건설지(建設之)하여 과거로 하여금 미래의 거울을 삼고 구폐(舊弊)[187]로 하여금 신투(新套)[188]를 경계하여 옴으로 우리 인류 사회의 도태·진화와 향상·발전이야말로 자꾸자꾸 보일보(步一步) 나아간 결과 필경 금일이란 요만치의 발달에 이른 것이 아닌가? (중략) 예컨대 신가옥을 건축하려면 먼저 구가옥의 흠처결점부터 잘 알고 이를 들어 개선할 주안(主眼)이 있어야 후일 신건축에 완전한 낙성을 이룰 수 있다. 소위 '전차(前車)의 복(覆)은 후차(後車)의 계(戒)'[189]라 함이 이것이 아닌가.

그런 시대의 요구에 순응하여 문화 개조의 벽두에 선 우리 조선의 습속엔 '인습적 도덕습·윤리습·예절습상 절대 보수(保守)할 자, 즉 효부모·존장상(尊長上)·신붕우(信朋友)·인휼상제(隣恤相濟)…' 등도 있지 않는 것은 아니나 다대수는 개선할 문제 중에 현안(懸案)되어 있다. 무엇 무엇…이 죄다 개량할 자뿐이다. 동시에 필자의 용렬하고 편벽된 정견이나마 실지 경험상, 목도상(目睹上)에 촉감(觸感)한 바 이(二), 삼(三)을 들어서 외람히 여러분 동지에게 호소하노라.

1. 관혼(冠婚)

조혼의 악습

기대

---

[187] 오래된 폐단.
[188] 새로운 틀.
[189] 앞의 차가 넘어지는 것을 보고 뒤의 차가 경계로 삼는다는 뜻.

이 문제야말로 노노(呶呶)한[190] 췌언(贅言)[191]을 기다리지 않고도 누구나 통각(痛覺)[192]하는 동시에 시급히 개량하기를 절규하는 시급 문제 중의 하나였다.

무릇 혼인이란 것은 일부일부(一夫一婦)의 이성(異性) 결합으로 생민(生民)의 시작이며 만복의 근원이라. 따라서 인간의 생활상·윤리상·생식상으로 보든가 혹은 성적애(性的愛)·정적연(情的戀)이라든가, 기타 여하한 방면으로 보든지 중차대한 일이다. 누구나 어찌 이를 소홀히 두고 등한히 생각할 바이랴. 그러하므로 근세 문명 제국(諸國)에서는 이에 대한 개인의 부주의점이 혹 있을까. 이를 예방키 위하여 성혼기를 법률로써 판정한다. 이로써 보아도 그의 영향은 당사자 일(一), 이(二) 개인에만 한함이 아니오. 전 사회 전 국가까지 미침을 가히 알 수 있다. 물론 남녀간 대등의 지식을 갖고 근육의 발달이 완전하여 혈기가 이미 정해져 있고 의지가 확립하여 성년발육기(생리학상 25세로 표준) 즉 상당한 연애기에 달한 동시에 이 복잡한 사회의 생존경쟁 장에서 능히 완전한 독립생활을 영위할 만한 지력·체력을 갖춘 연후에 쌍방의 상적(相適)한 의사 합치로써 결합하여 우선 연연(戀戀)한[193] 성적 생활과 융융(融融)한[194] 이상적 가정을 이루는 것이 나와 세계 사이 행복의 제일막이라 하여도 과언은 아니다. 이것이 원래 혼인의 목적이었다.

그러나 우리 조선이 이에 대한 종래의 습관 풍속이야말로 어찌 되어 왔는가. (지금은 일부 완고배(頑固輩)에 소습(所習)이지만은) 조선 사람인 우리는 한번 생각해 보고 논평해 볼 필요가 있다. 아니 꼭 개량하고 실행하여야 하겠다. 선(善)이면 그만이지만 분명 선으로 왔는가? 아니 악으로 왔다. 미(美)라면 그만이지만 과연 미로 왔는가? 아니 폐(弊)로써 왔다. '스물에 시집가고 서른에 아내를 얻는다'는 옛글은 무례한 말이지만 우식과자식(牛食菓子式)으로 능송능필(能誦能筆)하면서도 서자서아자아(書自書我自我)로 실행 문제는 별인(別人)에 사양하여 왔다.

그리고 만약 자녀를 낳는다 하면 낳은 즉시로부터 유일한 희망과 목적은 인격 양성과 학

---

190 왁자지껄한.
191 불필요한 말.
192 아프게 깨달음.
193 그리워서 애를 태움.
194 서로 뜻이 맞아 사이 좋은 상태.

식 배양에 두지 않고 여하튼지 얼른 장가나 들여 시부, 시모의 노릇 하겠다는 것이 제일 문제가 되어 구생유취(口生乳臭)[195]의 해제(孩提)로써[196] 강제 성혼하나니 이가 어찌 부부의 논리적 관계와 자연의 성적 생활 여하를 알 수 있으랴.

차라리 부모, 그자의 며느리는 될까 망정 그 아들의 아내 되기는 어렵다. 따라서 이러한 폐(弊)가 있다. 그런데 나는 원래 이학가(理學家)도 아니오. 의사도 아니다. 만만 종래 통속상으로 목도한 바 사실로써 직설코자 하노라.

(ㄱ) 요수(夭壽)의 폐(弊). 혈기와 의지가 아직 정(定)치 못하고 따라서 발육이 완전하지 못한 아이 시기로부터 이성(異性)의 색정육욕(色情肉慾)에 포로한 바 되어 소금이 물에 들어감과 같이 부지불식간에 선천적 정신과 체력이 함께 소모됨으로써 정해진 수명[定壽, 25×5=125. 생리학상]의 기분간(幾分間) 감소됨은 분명하기 불을 보는 것과 같을 것이오.

(ㄴ) 생식 열등의 폐(弊). 나는 일찍 감자를 경작해 보았다. 완전한 종자를 파종할 때에는 따라서 완전한 묘(苗)[197]를 얻고 만일 이와 반하여 완전치 못한즉 미성(未成)의 종자를 심을 때는 따라서 불완전한 묘를 얻는다. 동시에 나는 '무릇 묘는 종자의 묘라 언제든지 종자 즉 친자(親者) 그의 정비례로 되는 법이라 어찌 감자뿐이랴' 이렇게 생각하여 본 적이 있었다. 그러함으로 완전치 못한 아이가 만일 자식을 낳는다고 하면 아버지인 그 아이의 신체도 아직 완전치 못한 아이이거늘 하물며 아이의 아들인 제이아(第二兒)야말로 더욱 완전치 못할 것은 정해진 이치가 아닌가? 이렇게 일세이세(一世二世)에 차차 연쇄 비례식으로 열등의 자손이 될 것이었다. 소위 인종 개량 문제도 이 점에 있다고 생각하노라.

(ㄷ) 이혼과 축첩의 폐(弊). 이에 대한 이유도 종종이라 하겠지마는 대체상 두 가지로 나눠 볼 수 있다. 첫째는 여자의 감정으로, 둘째는 남자의 염증으로 된다. 왜 그러냐 하면 남자는 대개 8, 9세 내지 13, 4세가량의 수자(竪子)이오. 여자는 16, 7세 내지 22, 3세가량의 상당한 연애기에 달한 바 여자의 출가(出嫁)란 것은 시부모만 위하여 온 것도 아니오 금전을 보고 온

---

195 입에서 젖냄새가 나는.
196 어린아이를 끌어다가.
197 곡식, 싹.

것도 아니겠다. 다만 남편 하나를 위하여 온 것이것만 남편은 일개 명사에 불과하고 춘화조(春花朝)[198]와 추월야(秋月夜)[199]에 전전반측(轉輾反側)[200]의 독지한(獨知恨)[201]으로 청춘반생(青春半生)의 화세방년(花歲芳年)[202]을 무연도송(無緣徒送)[203]하게 되나니 이는 전자(前者)에 속한 이유이오.

그리고 남자가 23, 4 내지 32, 3세의 장년이 된다 하면 여자는 벌써 30세나 내지 40세의 노파가 되고 마나니 남자의 염증은 필경 이혼이나 축첩의 감히 인위(忍爲)치 못할 지경에 이른다. 이는 후자(後者)에 속한 이유이로다. 이렇게 간단적 첩경으로 말하고 보더라도 일조혼하(一早婚下)에서 발생하는 제반 폐해야말로 과연 어떠한가? 일(一)을 들어 십(十)이나 백(百)을 가히 추측할 수 있다 하노라.

(중략-편역자)

그런데 이상에 말한바 이(二), 삼(三) 문제는 시대의 순응인지 또는 우리의 자각인지 미지(未知)어니와 근래 차차로 소위 중류 이상의 일류 가정이라든가 혹은 신지식을 학득(學得)하고 신공기를 호흡함과 공(共)히 개조의 간판을 쓴 청년 학생계에 있어서는 절대 그렇지 않은 이도 있다. 그리고 탈속적(脫俗的) 개량에 노력하는 이들도 적지 않다마는 일반 통속을 관찰함에는 협착히 도회(都會) 일대에만 경계치 않고 원근의 일반 향촌을 경계(境界)하며 단순한 몇 개인 일류 가정의 소수에만 표준함이 아니오. 대소의 전체 인민을 표준하는 것이 정칙(正則)이다. 그러함으로 이에 필법상 문체의 불완전, 불충분함과 또는 기사상 조직의 전도착란함을 불구하고 일반이 다 아는 바이나 우리의 습속 악화된 사실대로 편집상 여백을 빌려서 잠깐 소개하고 호소하나니 독자 여러분은 체재와 기사의 착란은 십분 용서하실 줄로 자신하노라.

---

[198] 봄 꽃이 핀 아침.
[199] 가을 달밤.
[200] 잠 못 들고 뒤척임.
[201] 홀로 한탄함.
[202] 꽃 다운 나이.
[203] 배웅할 인연이 없음.

4. 재판 기록

1) 혼인 연령 관련 재판

해제

　혼인과 관련된 사항 중 조선의 관습이 문제가 된 것은 혼인 연령에 관한 것이었다. 조선 정부는 이미 한말 조혼을 폐지하는 의안과 통감부 시절 조칙의 제정을 통해 조혼에 대한 폐해를 지적하고 혼인 연령을 정한 바 있다. 그러나 『관습조사보고서』는 조혼을 조선의 폐습이라 하였지만 일반적인 관습으로 인식하였다. 그리고 여기 소개하는 〈유부간통의 건〉 판결에서 나타나듯이 조선인 사이에서는 당사자의 연령 여하에 관계 없이 혼인을 할 수 있다고 판시함으로써 조혼자의 혼인을 인정하였다. 그러나 이처럼 조혼을 관습으로 인정한 판례는 곧 조선총독부에 의해 무효가 되었다. 조혼자의 혼인에 대해 행정적인 수단을 통하여 제재를 가하기 시작하였기 때문이다. 조혼자의 민적 등재를 거부함으로써 조혼은 법적으로 인정되지 않기 시작했다. 「조선민사령」 도입으로 관습을 인정한다고 하였으나, 조선총독부는 민적 등재의 거부라는 법적인 제재를 통해 관습의 변화를 유도해 나갔음을 알 수 있다.
　여기서는 『조선고등판결록』에 실린 이와 관련된 재판 기록을 수록하였다.

⟨자료 95⟩ 유부녀 간통[有夫姦]의 건 [1911년(明治 44) 형상 제91호 1911.8.21 판결]

[판결 요지]

1. 조선인 사이에서는 당사자의 연령에 관계없이 그 혼인은 유효하다 할 것이다. (변호사 상고이유 제1점, 피고인 상고이유 제2점)
1. 조선인의 행위능력 유무는 오로지 재판소의 사실 판단에 속한다 할 것이다. (같은 제2점, 같은 제1점)

[제1심] 평양지방재판소 신의주지부
[제2심] 평양공소원
[피고인] 가와하라(川原貞季)   변호사 모리(森肇), 나카무라(中村時章)

위 유부녀 간통 피고 사건에서 1911년(明治 44) 6월 26일 평양공소원이 선고한 판결에 대하여 동년 6월 27일 피고인으로부터 일부 상고의 제기가 있어 본원은 조선총독부 검사 젠쇼지로(膳鉦次郎)의 의견을 듣고 다음과 같이 판결한다.

[주문]
본건 상고는 이를 기각한다.

[이유]
변호사 모리(森肇) 및 나카무라(中村時章)의 상고이유 제1점 및 피고인 상고이유 제2점은 다음과 같다.

혼인 관계의 존재는 「형법」 제183조 간통죄 성립의 요건임은 두말할 필요도 없다. 그런데 원심에서 혼인 관계의 존재 사실을 적법, 유효하게 인정하지 아니하고 피고인에 대한 제1심 유죄판결을 인용한 것은 위법한 판결이다. 그 이유는 「형법」 제183조의 소위 "남편(夫)"이란 「민법」상 유효한 혼인을 한 남자를 말하고, "아내(婦)"란 「민법」상 유효하게 존립하는 여자를 말한다. 그런데 혼인이 무효인 경우에는 그 혼인은 전혀 성립하지 않은 것이므로 애당초 유효한 혼인이라고 말할 수 없다. 「민법」 제765조에는 남자는 만 17세, 여자는 만 15세가 되지 않으면 혼인을 할 수 없다고 되어 있고, 동 제775조에는 혼인은 이를 호적 담당 공무원에 신고함으로써 그 효력이 발생한다고 되어 있어, 이에 의하면 남자는 만 17세, 여자는 만 15세 이상으로 호적 담당 공무원에 신고하지 않으면 「민법」상 유효한 혼인 관계는 존재한다고 말할 수 없음은 물론이다. 그렇다면 「형법」 제183조에 유부녀 또는 본남편이라고 규정한 것은 「민법」상 유효한 혼인을 한 남자 또는 여자를 지칭함에 한 점의 의문도 없는 것이다. 그런데 본건 사실은 한일합방이 된 지금 조선 민족의 혼인 관계에 관한 것으로서 그 성립, 효력에 관한 관습 등에 대하여 반드시 논의와 연구가 있어야 한다. 그리고 그 혼인 사실이 모국인에게 미치는 효력도 의논하여 정해야 한다고 사료된다. 원래 본건 사실에서 본 남편 송기렴은 1897년(光武 1) 7월 10일생으로 본건 고소 제기 당시에 14세 미만임은 원심판결 사실 및 민적등본에서 명백하다. 그런데 유부녀로서 제1심에서 피고인이 된 김성녀는 현재 22세로 송기렴과 혼인계약을 한 것은 4년 전, 즉 남자는 11세, 여자는 18세 때이며, 아직 육체 관계도 없는 사실은 일건 기록에서 명백한 사실이다. 이와 같은 혼인계약이 조선 민족 사이에서 과연 유효한지의 여부를 고찰하건대, 비록 원래 한국에는 혼인에 관한 제정법이 없다 하여도, 1907년(隆熙 1) 8월 17일 조혼금지의 조칙이 있고, 혼인은 결혼할 때 특히 당사자 쌍방의 자유로운 의사가 있어야 함은 혼인계약 자체에 있어서 당연한 조리이다. 그런데 본건 사실과 같이 어린아이[幼者]가 자유의사가 없다면, 가령 당사자 쌍방의 친권자가 장래에 혼인할 것을 예약한다 해도 이는 법령이 허용하지 않는 바이다. 만일 한국에 그러한 관습이 있다고 가정하여도 이것은 선량한 풍속을 해치고 사회질서를 문란하게 하는 악관습이므로 이를 준수할 의무가 없으므로 그것이 무효임은 당연하다. 더구나 모국민에 대한 경우에 그것이 무효임은 물론이다. 그런데 원심에서 이러한 혼인예약을 유효하다고 인정하고 특히, 모국 민족인 피고인에 대하여 유부녀 간통죄의 책임을 묻는 것은 위법한 판결이다. 이상 논술한 바와 같이 본건에서 혼인사실은 성립 무효이고 결국, 혼인이 없는 것과 동일하게 귀착한다. 그런데 원심에서 법령에 위반하여 사실을 확정하고 피고인의 항소를 기각한 것은 위법한 판결이라 확신한다.

그렇지만 ○ 조선인 사이에서는 당사자의 연령 여하에 관계없이 혼인을 하고 그 혼인이 유효함은 본원이 인정하고 있는 바이다. 그렇다면 원심이 본남편 송기렴의 연령 여하를 묻지 않고 김성녀와의 혼인의 효력을 인정함과 동시에 그 김성녀를 유부녀라 하고 피고인이 그 점을 알면서 동인과 간음한 사실을 인정한 것이 판결문상 명백하므로 원심판결이 피고인의 행위에 대하여 유부녀 간통죄를 적용한 것은 불법이 아니다. 또한 「민법」 제765조, 동법 제775조를 원용하여 논의할 일이지만, 조선인 사이의 혼인에 대하여서는 원래 「민법」의 적용을 받아야 하는 것이 아니므로, 이 점의 논지는 원심 판결을 공격할 효력이 없으므로 본 논지는 모두 그 이유가 없다.

같은 변호사 상고 이유 제2점 및 피고인 상고 이유 제1점은 다음과 같다.

본남편[本夫]의 고소도 역시 간통죄 성립의 요건임은 더 논할 필요가 없음에도 원심이 14세 미만인 송기렴의 고소행위를 유효하다고 판정한다는 것은 위법한 판결이다. 그 이유는 원심판결은 "(전략) 조선에는 아직 사람의 행위능력에 관한 규정이 없으므로 그 능력의 유무는 재판소의 사실판단에 따라야 한다. 지금 본건 고소인인 송기렴이 고소 제기 당시에 14세 미만인 점은 민적등본 기재에 의해 알 수 있지만, 이미 13세가 넘은 이상은 의사능력이 있고 사리를 식별할 수 있는 능력이 있는 자로 인정할 수 있으므로, 본건의 고소행위가 유효함은 명백하다"고 설명하였고, 또한 원심은 변호인이 제출한 본남편의 고소는 소추 조건임에도 불구하고 부적법하고 무효인 고소에 의해 본건 공소를 수리한 것은 위법하다는 내용의 신청을 기각하였다. 그렇지만 원래 「형법」은 제41조에 14세 미만인 자의 행위는 이를 벌하지 않는다고 명문화하고 있고, 일본 「형법」에서는 14세 미만의 자는 절대적 무능력자이며 이는 형사상 무책임자를 규정한 것이다. 그러므로 본건 역시 고소의 효력을 인정할 수 없음은 명백하다. 그럼에도 불구하고 원심이 능력의 유무는 어디까지나 재판소의 사실판단에 따른다고 하고, 13세가 된 이상은 의사능력이 있고 사리를 식별할 수 있는 능력이 있는 자라고 인정한 것은 사실심 법관의 권한 범위를 넘는 위법한 판결이라고 해야 한다. 왜냐하면, 비록 이는 법관이 갖는 사실심에 대한 인정권한이라 하여도 이것은 무관한 것이 아니기 때문이다. 원래 모국 민족은 14세 미만자는 무능력자라고 법률로 규정되어 있음에도 불구하고, 그 지식 발육의 정도에서 모국인에 비하여 뒤떨어진다는 조선 민족이 13세 이상이 되었다고 해서 의사능력이나 사리를 식별할 능력이 있다고 인정한 것은 법률의 명문에 위반하여 사실을 확정했을 뿐만 아니라, 일본 입법권을 심히 침해한 것이라고 해야 한다. 이것이 원심판결이 법률에 위반하여 월권하여 사실을 인정한 위법한 판결이라고 주장하는 이유이다. 물론 조선 민족 사이의 관계에 그치지 않고, 모국민에 대하여 그 효력을 미치게 하여 일본 「형법」이 적용되는 곳의 모든 민족에 대하여도 유효성을 인정한 그런 경우는 실로 불법이다.

그렇지만 ○ 조선인의 행위능력에 대해서는 아직 아무런 법령이 없으므로 그 능력의 유무는 오로지 재판소의 사실판단에 속한다. 그렇다면 원심이 본건 고소인인 송기렴이 고소 제기 당시 13세 이상 14세 미만이지만 의사능력이 있고 사리를 식별할 수 있는 능력이 있음을 인정하여 그 고소가 유효하다고 하였다면 본 논지는 결국, 원심의 직권에 속하는 사실 인정의 당부를 논의하는 것으로 본 논지도 역시 그 이유가 없다.

이상 설명하는 바와 같이 본건 상고는 그 이유가 없으므로 「형사소송법」 제285조에 따라 주문과 같이 판결한다.

고등법원 형사부

〈자료 96〉 혼인확인 등 청구 사건(1928년(昭和 3) 민상 제310호 1928.10.26 민사부 판결)

[원고] 항소인 피상고인 백석녀(白石汝)
[피고] 피항소인 상고인 호경성(胡慶星) 외 1인
　　　소송대리인 미우라 토오타(三浦虎太)

[제1심] 해주지방법원
[제2심] 평양복심법원

[판시 사항] 혼인 연령

[판례 요지]
1923년(大正 12) 7월 1일 시행의 「조선민사령」 제11조가 개정되기 이전에는 혼인은 연령에 관계없이 완전히 성립하는 것으로 한다.

[참조] 〈민적사무 취급에 관한 건〉(1915년(大正 4) 8월 7일 관통첩 240호)의 8, 혼인에 관한 사항: 1. 남 17세 미만, 여 15세 미만인 자의 혼인 신고는 이를 수리하지 않을 것.

「조선민사령」 제11조 제1항: 조선인의 친족 및 상속에 관해서는 별도의 규정을 제외하고 제1조의 법률에 의하지 않고 관습에 따른다. 단, 혼인 연령, 재판상 이혼, 인지, 친권, 후견, 보좌인, 친족회, 상속의 승인 및 재산의 분리에 관한 규정은 그러하지 아니하다(1921년(大正 10) 「제령」 제14호, 1922년(大正 11) 「제령」 제13호에 의해 전문 개정).

「조선민사령」 부칙(1921년 「제령」 제13호): 본령의 시행 기일은 각 조에 관해 조선총독이 이를 정한다(제1조, 제38조 및 제72조의 개정에 관한 규정은 1922년 총령(總令) 제152호에 의해 1923년 1월 1일부터, 제11조 내지 제11조의 9 및 제73조 제1항의 개정에 관한 규정은 1923년 총령 제64조에 의해 1923년 7월 1일부터 시행).

[사실]
원고의 원심 청구 원인의 요지는 다음과 같다.

원고는 1920년(大正 9) 음력 10월 20일 피고 호경성과 혼인을 한 이래 동거하여 왔다. 그런데 피고 호준두는 호경성의 조부로서 호주인데도 혼인신고 수속을 하지 않았고, 피고 호경성은 원고와의 혼인을 부인하였다. 일찍이 혼인 당시 원고는 16세, 피고 호경성은 14세로서 현행법상의 혼인 연령에는 미달하였지만, 당시에는 연령에 제한 없이 혼인이 성립하였다. 다만 신고만 할 수 없다는 관습이 있을 뿐, 위 혼인은 유효하다.

피고 답변의 요지는 다음과 같다.

원고의 주장과 같이 혼인의 사실 및 피고 호준두가 호경성의 조부인 것은 이를 인정하지만, 원고가 주장하는 관습의 존재는 부인한다. 혼인 당시 원고는 16세, 피고 호경성은 12세로서 혼인 연령에 미달하여 그 혼인은 유효히 성립하지 않았으므로 원고의 청구는 부당하다.

제2심 법원은 다음과 같이 판시하였다.

피고 등은 혼례를 치를 당시 원고는 16세, 피고 호경성은 12세로서 아직 혼인 연령에 달하지 않았으므로 위의 혼례식이 있었다 하더라도 여전히 그 혼인은 유효히 성립하지 않은 것이라 주장하지만, 혼인 연령에 어떤 제한이 없었다는 것은 조선 종래의 관습으로서, 이 관습은 1923년(大正 12) 7월 1일의 개정 「민사령」 시행 당시까지 존속하였다고 인정하는 것이 타당하다. 따라서 피고의 항변은 배척되어야 한다.

[상고 이유]

상고 이유 제1점은 다음과 같다.

원심은 그 판결 중에 "피고들은 위 혼례식 당시에는 원고는 16세, 피고 호경성은 12세로서 아직 혼인 연령에 달하지 않았으므로 위 예식이 있었다고 하더라도 아직 그 혼인은 유효히 성립하지 않은 것이라 주장한다. 그러나 혼인 연령에 어떤 제한도 없었던 것이 조선 종래의 관습으로, 이 관습이 1923년(大正 12) 7월 1일 개정 「민사령」 시행 당시까지 존속했다고 인정하는 것이 타당하다"고 하였다. 그러나 조선에는 옛부터 조혼의 풍습이 행해져 왔으므로 구한국 1907년(隆熙 1)에는 이 폐풍을 타파하여 남자 17세, 여자 15세를 허혼 연령으로 한다는 조칙이 발포되었다. 그러나 갑작스럽게 그 폐풍을 타파하기에는 이르지 못한바, 그 후 인지의 발달에 따라 상하 일반에 조혼의 폐해를 각성하기에 이르러 위와 같은 조혼의 관습은 점차 폐기되었다. 그와 동시에 남자는 만 17세 여자는 만 15세가 되지 않으면 혼인이 성립되지 않는 관습이 생겨나게 되어 적어도 1914년(大正 3) 이후에는 조선인 사이의 혼인에서 이러한 관습이 일반적으로 행해지게 되었다. 그리하여 현재 1915년(大正 4) 8월 7일 관통첩 제240호에 의해, 지금부터 민적사무의 취급상 남 17세 미만, 여 15세 미만인 자의 혼인 신청을 수리해서는 안 된다는 내용의 통첩을 발하였는바, 이는 남자 만 17세, 여자 만 15세 이상이 되지 않으면 혼인이 성립되지 않는다는 관습의 확립을 전제로 하였음에 다름 아니다. 또, 1922년(大正 11) 12월 7일 혼인 연령에 관한「민사령」의 개정도 역시 당연히 행해지고 있던 앞에서 판시한 관습을 성문법화한 것이었음에도 불구하고, 원심이 1922년(大正 11) 7월 1일까지 조선인 사이에 혼인 연령의 제한이 없다고 보아 본건 혼인을 유효하다고 판정한 것은 법률의 해석을 그르친 불법의 판결이다.

[판결 이유]

그러나 조선에서는 옛부터 조혼의 풍습이 있어, 구한국 1907년(隆熙 1)에는 남자 17세, 여자 15세를 허혼 연령으로 하는 조칙을 발포하였으나 갑작스럽게 그 풍습을 혁신하기에 이르지는 못하였다. 그 후 1915년(大正 4) 8월 7일에는 앞에 언급한 연령에 달하지 않은 자의 혼인 신고를 수리하지 말라는 뜻의 민적사무 취급에 관한 관통첩을 발하게 되자 점차 이러한 관습의 개폐가 촉진되었다. 그렇지만, 1923년(大正 12) 7월 1일부터 시행된「조선민사령」의 개정에 의해 혼인 연령에 관해서는「민법」규정에 따르는 것으로 정해지기까지는 조혼은 대개 일반에서 행해진 것이었다. 따라서 위 개정「민사령」이 시행되기 전의 혼인은 연령에 상관없이 완전히 성립된 것으로 보아야 한다. 그러므로 이와 같은 취지에서 나온 원심판결은 정당하고 법의 해석을 잘못한 것이 아니다. 따라서 논지는 이유 없다.

2) 입양 관련 재판

해제

 양자의 관습도 일제의 관습 해석에 의해 일본 「민법」을 의용할 수 있는 방향으로 변경되어 갔다. 양자결연에서 가장 문제가 되었던 사안은 서자가 있음에도 불구하고 양자를 들일 수 있는가 하는 문제였다. 조선시대 『경국대전』이나, 조선 말기의 의안에는 적처와 첩에게 모두 아들이 없을 경우에 양자를 허용한다고 규정되어 있었다. 그러나 조선총독부는 서자가 있어도 입양을 하는 경우가 있다며 서자가 있는 경우에도 입양을 하는 것이 조선의 관습이라고 해석하였다. 여기 소개하는 〈양자 확인 청구에 관한 건〉[1913년(大正 2) 민상 제8호 1913.5.20. 판결]은 이러한 조선총독부의 태도를 잘 보여 준다. 서자가 있는 경우 일부 입양하는 경우도 있었지만, 1913년 이 판례로 그것이 하나의 관습으로 인정되기에 이른 것이다. 그러나 1915년에 발한 관통첩 240호를 통해 양자를 삼을 수 있는 자를 엄격히 제한함으로써 서자가 있는 경우의 입양을 제한하였다. 1915년 당시까지도 서자가 있는 경우의 입양도 법적으로 효력이 있었음은 〈가독상속권(家督相續權) 확인 청구에 관한 건〉[1914년(大正 3) 민상 제509호 1915.1.29 판결]을 통해 알 수 있다. 이 당시까지도 서자가 있는 경우의 입양은 법적으로 부정된 것이 아니라 민적 등재만 거부된 것이었다. 그러나 〈가독상속권 확인 및 민적 말소 청구에 관한 건〉[1917년(大正 6) 민상 제215호 1917.11.27. 판결]을 통해 서자가 있는 경우의 양자 입양은 법적 효력을 상실하게 되었다. 이처럼 조선총독부는 관습주의를 표방하며 조선의 관습에 의거하겠다고 하였으나, 관습에 대한 해석을 변경해 나감으로써 조선 관습을 일본 「민법」에 부합하는 방향으로 통제해 나갔다. 여기서는 관련 소송의 재판 기록을 번역하여 수록하였다.

⟨자료 97⟩ 양자확인 청구에 관한 건[1913년(大正 2) 민상 제8호 1913.5.20 판결]

[판결 요지]

1. 『대전회통』 「예전」 '입후조(立後條)'에 "적처와 첩 모두 아들 없는 자는 관에 고하고 동종의 지자(支子)로 후사를 세운다[嫡妾俱無子者, 告官, 立同宗支子, 爲後]"라 하고, 또 그 보문(補文)에서 "자기 스스로 후사를 삼은 자는 죄를 논한다[私自立後者 論罪]"라 하고 있더라도, 위 규정은 실제로 행해지지 않았고, 그래서 적자가 없는 경우 서자가 있더라도 예사를 받지 않고 양자로 해도 무방함이 서인(庶人)이나 종친(宗親), 국척(國戚) 할 것 없는 조선의 일반 관습이다(변호사 정명섭 상고 이유 제3점, 제4점).

[제1심] 경성지방법원
[제2심] 경성복심법원
[상고인] 민영익(閔泳翊)
　　　　소송대리인 정명섭(丁明燮), 최진(崔鎭), 마스지마 로쿠이치로(增島六一郎)
[피상고인] 민준식(閔俊植)

위 당사자 사이의 양자 확인 청구 사건에 관하여 1912년(大正 1) 10월 29일 경성복심법원에서 언도된 판결에 대하여 상고인이 상고하였으므로 본원은 다음과 같이 판결한다.

[주문]
본건 상고는 이를 기각한다.
소송 비용은 상고인의 부담으로 한다.

[이유]
변호사 정명섭의 상고 이유 제1점은 다음과 같다.

상고인(항소인)과 피상고인(피항소인) 사이에 입양할 당시에 상고인이 동의하였는가 아닌가 하는 쟁점에 대하여 오로지 상고인의 아내 김운정(金芸貞)의 행위로서 상고인이 승낙하지 않았다는 통지를 하지 않았다고 추인한 것은 이유 불비의 판결이다. 왜냐하면, 대개 판결의 이유는 사실이 명확할 것이 요구됨에도 만일 애매한 사정으로 추인한다면 그 추인을 받는 자는 억울함을 면할 수 없기 때문이다. 하물며 아내가 한 행위는 남편도 역시 이를 취소할 수 있다는 것은 법률 조문에도 있을진대, 아내의 행위로써 그 남편의 행위를 추인한다면 사실상 애매한 것이 이보다 심한 경우는 없을 것이다. 그런데도 원판결 이유에서 "이미 김운정은 양자를 들일 때 근친과 협의를 하였으므로 만약 항소인이 그에 대하여 승낙하지 않겠다는 통지를 하였다면 또한 이 사실도 근친에게 알려 그에 대한 선후책을 강구하는 것은 세상 보통의 사례에 비추어 당연한데도 김운정이 이 같은 행위를 한 흔적이 없다. 뿐만 아니라 민적부에는 양자로서 등록하였고, 또 피항소인이 항소인의 집에서 동거 중에 결혼하였으며, 11년간 항소인을 대신하여 조상의 제사를 봉사하였음에도 불구하고, 김운정이 피항소인과 동거하는 것을 승낙하고 있었다는 사실을 참작할 때는 항소인이 김운정에 대하여 불승낙의 통지를 하지 않은 것으로 추인할 수 있게 된다"고 하였다. (1) 김운정이 근친에게 알려 선후책을 강구하지 않은 일에 대하여는 김운정의 우매한 행동이라면 상고인이 알 바가 아니지만, 그 사실을 살펴보면 상고인이 이미 첩을 얻어 아들을 낳았으므로 김운정도 투기가 없지 않았고, 이 때문에 이미 피상고인을 임의로 양자로 삼은 것이라면 외국에 있는 상고인의 명령을 김운정이 순종하지 않은 것임은 그 사정상 그럴 만하다. 설사 김운정이 근친에게 알려 선후책을 강구하려는 생각이 있었던 경우라고 한다면, 양자를 삼기 전에 상고인에게 그 뜻을 통지하여 승낙을 얻은 후에 양자를 정할 생각은 없었겠는가. 그런즉 김운정이 피상고인을 양자로 한 행위는 투기에서 발생한 것이고, 선후책을 강구하려는 것이 아님은 말할 것도 없이 그렇다. (2) 민적부에 양자로서 등록한 일에 대하여는 이 역시 김운정의 행위이고, 김운정의 생각에 필시 "남편은 외국에서 첩을 얻어 아들을 낳았는데 나는 홀로 아들이 없으니 이야말로 원통하구나[夫在外國, 娶妾生子, 我獨無子, 是爲可冤]"라고 하여 이미 마음대로 양자를 한 것이라면, 양자로서 민적부에 등록한 것 역시 이러한 사정 때문이다. 그리고 그 민적부 등록으로 말미암아 피상고인이 상고인의 양자로 되어 있는 것을 상고인이 비로소 알고 민적 정정 신청을 제출한 것이다. 이러한 민적부 등록에 대해서는 상고인이 승낙치 않겠다는 통지를 하지 않았다고 추정할 수 없는 것이다. (3) 피상고인이 상고인 집에서 동거 중에 결혼한 일에 대해서는 이는 상고인이 알지 못한 일이다. 상고인은 외국에 있었으므로 집안에서 무슨 일이 있어도 사람의 통지가 없으면 알 수 없다. 그 결혼의 일을 통지한 사람이 없었으므로 상고인이 승낙치 않았다는 통지를 하지 않았다고 추정하는 것 역시 불가능할 뿐만 아니라, 오히려 피상고인이 상고인의 양자로 되지 않았다는 점에 대한 확증이 된다고 할 수 있다. 왜냐하면 아들이 만일 아내를 얻는다면 반드시 부모에게 알리는 것은 인간사의 통례인데도 피상고인은 결혼의 일을 상고인에게 알리지 않았기 때문에 이는 상고인을 아버지로 인정하지 않은 것이다. 김운정도 그 일을 숨기고 상고인에게 통지하지 않은 것이다. (4) 피상고인이 11년간 상고인을 대신하여 조상의 제사를 봉행했다는 사실에 대해서는 이 또한 상고인의 아내가 자의로 한 것으로 역시 상고인의 행위가 아니어서 이것도 상고인이 모르는 일이다. 조상의 제사는 족인(族人)이 대행하는 예가 있으므로 상고인이 외국에 있는 동안에는 족인 중 누구라도 대행했을 것임을 인정했을 뿐이며, 피상고인이 대행하였다는 것은 상고인으로서는 알 길이 없었던 것이다. 이상의 사실로써 상고인과 피상고인 사이에 양자결연 당시 상고인이 상고인의 아내 김운정이 피상고인을 양자로 삼는 데 대하여 승낙지 않는다는 통지를 하지 않았다고 도저히 추인할 수 없는 것이다. 그런데도 원판결에서 그 애매한 사실을 이유로 했던 것은 부당하여 원판결은 이유 불비의 판결이다.

○ 원심 법원은 증거에 의하여, 항소인(상고인)의 양어머니와 아내가 피항소인(피상고인)을 양자로 하려는 희망이 생겨 항소인에게 조회 교섭한바, 항소인이 그 말을 받아들여 스스로 결연 당사자가 되어 피항소인의 친부모와 합의한 후에 양자결연을 완성하였다고 인정한 것이다. 그래서 그 이유 중 항소인이 김운정에 대하여 승낙하지 않는다는 통지를 하지 않았다고 추인할 수 있다고 설시한 것은 단지 김운정의 증언을 믿을 만하지 않다고 하는 데 불과하고, 앞서 말한 것처럼 증거에 의하여 본건 양자결연에 대해 상고인의 승낙이 있었다는 것으로써 이유를 삼은 것이므로, 소론과 같은 위법이 있는 것이 아니다. 논지는 이유 없다.

같은 상고 이유 제2점은 다음과 같다.

원판결의 사실 적시에서 "항소인은 1911년(明治 44) 6월 중에 이미 피항소인을 파양하였고, 다만 항소인의 양아버지에게 서자가 있음에도 불구하고 항소인이 양자가 된 사실은 다툼이 없다는 내용으로 진술하였다"고 되어 있다. 동 판결 이유에서 위 사실을 거론하고 증명하였다고 해도 위와 같은 사실은 전혀 없다. (1)상고인은 1911년 6월 중 피상고인을 파양한 사실에 대하여 1911년 무렵 상고인이 민적등본을 받아 보니 피상고인이 상고인의 양자로 기입되어 있어 착오로 기입된 것이라 인정하여 민적 정정 신청을 민적계에 제출하고 상고인의 어머니에게 글을 보내 민준식(피상고인)을 그 집으로 돌려보내라고 한 것이 사실이다. 그런데도 제1심 재판 당시 상고인의 소송대리인은 사실을 착오로 진술하여 파양하였다고 하였기 때문에, 제2심 재판 때에는 파양하였다는 진술을 취소하고 원래의 사실에 대해서만 진술하였다. (2)상고인의 양아버지가 서자가 있음에도 불구하고 상고인이 양자로 되었다는 사실에 관해서는, 상고인의 양아버지는 서자가 없고, 상고인의 친부는 서자가 한 명 있었다. 그래서 제2심 재판 때 상고인의 친부는 서자가 있다고 진술하였는데 이로 인하여 상고인의 양부에게 서자가 있다고 오인하였는지 모르겠으나, 이미 취소한다는 진술을 당사자가 제공한 것으로 한 점 및 제공되지 않은 사실을 제공한 것으로 오인하여 판결을 내린 것은 모두 부당하다. 그렇다면 위법한 판결이다.

그렇지만 ○ 제1심 이래 줄곧 다투어진 사실은 당사자 사이의 양자결연에 대하여 상고인의 승낙이 있었는지의 여부임이 제1심과 원심의 구술변론조서에서 명확하다. 그리하여 원판결은 상고인의 승낙이 있었다고 하여 피상고인의 본건 청구를 인용한 것이다. 그렇다면 상고인의 소송대리인이 한 진술 중에 착오가 있음으로 말미암아 오인되었다고 하더라도, 그 사실과 같은 것은 앞서 기록한 판단에 저촉되는 것이 아니므로, 원판결이 위법하다는 논지는 이유 없다.

같은 상고 이유 제3점은 다음과 같다.

원판결은 법률상 항변에 대해서는 정무총감의 회답서를 신빙하면 족하다고 하여 예사(禮斜) 또는 양자에 관한 『대전회통』 및 의안(議案)과 같은 것도 본건 양자결연 당시에는 어느새 소멸하여 겨우 형체만 남아 있는 것에 불과하였다고 인식하고 있지만, 이는 오해라 하지 않을 수 없다. 왜냐하면 『대전회통』의 반포는 지금으로부터 48년 전인 1865년(을축년) 11월로서 『경국대전』, 『속대전』, 『대전통편』을 합치고, 『대전통편』 이후 수교(受敎)[204] 및 품주정식(稟奏定式)[205] 가운데 현재 볼만한 것들을 보태어 한 책으로 만든 것인데, 『경국대전』은 '원(原)' 자를 써서 먼저 수록하고, 『속대전』은 '속(續)' 자를 써서 그다음에 수록하고, 『대전통편』은 '증(增)' 자를 써서 그다음에 수록하고 새로이 보충된 조문은 '보(補)' 자를 써서 앞뒤를 구별하였다(『대전회통』 범례에 상세히 나와 있음). 그런 까닭에 『대전회통』에서 '보' 자를 쓴 조문은 곧 당시 현행의 것인데, 『대전회통』 「예전」 '입후조'의 '원' 자 아래에 "아내와 첩 모두에게 아들이 없는 경우에는 관청에 신고하여 같은 집안의 아들 항렬을 양자로 삼아 가통을 잇는다"라 하였고, '보' 자 밑에는 "3년마다 호적을 작성할 때와 과거 합격자의 발표 후에 예조의 문서를 비교 검토해서 사사로이 양자를 한 경우에는 처벌하고, 호적에는 그대로 등재하지 않으며, 합격자 명부에서도 이름을 빼 버린다"라 하고 있어, 관청에 신고하지 않고 사사로이 양자 삼은 경우에는 처벌하고 그 호적은 시행하지 않는다는 법규가 바로 당시의 현행법이었음이 명확하다. 『대전회통』의 반포 이후 본건 양자결연 당시에 이르는 사이 아무런 개정이나 폐지의 법이 없으며, 지금 정무총감의 회답서에도 구법제상 서자가 있는 경우에는 예사를 받아 양자하는 것을 허락하지 않았지만, 실상은 예사를 받은 경우는 매우 드문 것일 뿐, 관청에 신고하는 법규가 폐지되었다고는 할 수 없으므로, 그 법규가 어느새 소멸하였다고는 할 수 없다. 또 서자가 있는 경우에도 양자를 하는 것이 있다고 하더라도, 이는 의안 반포 이후에는 있는 일이 아니다. 원래 서자가 있어도 다시 양자를 하는 것은 그 원인이 관직 문제에서 나온 것이다. 1894년(갑오년, 지금으로부터 19년 전) 이전 시대에는 서자에 대해 청관(淸官)을 허용하지 않았기 때문에 자기 혈족의 서자가 있더라도 청관을 얻지 못하여 좋은 문벌이 가업을 계승할 수 없었으므로 동종의 아들을 다시 입양하였다. 하지만 의안 반포 이후(즉, 갑오년 이후)에는 청관의 관직(한림, 대교, 대제학, 부제학 같은 것)을 모두 폐지하고 적서에 대하여 모두 관직을 허락하였으므로, 이 시대에서는 자기의 혈속(血屬) 소생을 버리고 남의 아들을 양자로 삼을 이유가 어찌 있겠는가. 그런 까닭에 본건 입양 당시에는 서자가 있는 자가 다시 양자 삼

---

204 조선 때 임금이 내리던 교명(敎命).
205 임금께 상주하는 의식.

을 수 없음은 물론 설혹 서자가 있는 경우에 다시 양자를 삼는다거나 관청에 신고하지 않고 사사로이 양자를 삼는 관습이 있다고 하더라도 이는 법률을 위반한 나쁜 관습이다. 그러므로 선량한 풍속을 파괴하는 관습은 나쁜 관습이고, 나쁜 관습으로써 법률의 효력을 잃게 하는 것은 법률상의 원칙에 위반한다고 하지 않을 수 없다. 그러므로 원판결은 선량한 풍속을 파괴하는 나쁜 관습을 인용하여 수백 년 시행한 성문법을 소멸시킨 것으로서 적용하여야 할 법률을 적용하지 않은 위법의 판결이다.

또, 상고 이유 제4점은 다음과 같다.

관습에 대해서만 말해도, 양자를 삼는 것은 관청에 신고하지 않아 예사가 없는 경우가 간혹 있지만, 이는 사서인(士庶人)의 집에서나 간혹 있는 일로, 종친·국척에 이르러서는 양자를 하고자 하면 반드시 예조에 신고하고 예조가 주품(奏稟)[206]하여 허가하는 칙재(勅裁)[207]를 받든 뒤에 양자를 하는 것이 관례이다. 만일 칙재를 받들지 않으면 비록 그 양아버지와 친아버지가 협의하여 완전히 확정된 양자라도 감히 양자가 될 수 없다. 하물며 상고인의 집안은 양대 국구(國舅)[208]가 봉사(奉祀)하는 종가이므로 상고인의 어머니가 상고인을 양자로 집안에 들일 때에도 예사가 있었다. 그런데 피상고인을 상고인의 양자로 들이는 때에는 예사가 없었으므로 이는 무효인 양자이다. 원판결은 이와 같은 관습도 채용하지 않았기에 관습에 위반한 판결이다.

그렇지만 ○『대전회통』「예전」'입후조'에 "아내와 첩 모두에게 아들이 없는 경우에는 관청에 신고하여 같은 집안의 아들 항렬을 양자로 삼아 가통을 잇는다"라고 하고 또 그 보문(補文)에서 "사사로이 양자를 한 자는 죄를 논한다"라고 하더라도, 위 규정은 실제로 행해지지 아니하였고, 그래서 적자가 없는 경우 서자가 있더라도 예사를 받지 않고 양자를 삼아도 무방함이 서인이나 종

---

206 임금께 아뢰는 일.
207 황제의 결재.
208 임금의 장인.

친, 국적 할 것 없는 것이 조선의 일반 관습이다. 그러므로 원판결에서 이와 동일한 이유에 따라 상고인의 항변을 배척한 것은 위법이 아니다. 위 논지는 아무 이유 없다.

최진(변호사-편역자)의 상고 이유 보충서 제1점은 다음과 같다.

피상고인의 제1심에서의 청구원인이 되는 사실은 1901년(光武 5) 12월 상고인 집안과 피상고인 생가의 합의, 그리고 종회의 협의 및 당시 황실의 칙명에 따라 피상고인은 상고인의 양자가 되었다고 소장과 제1심 판결에 기재되어 있다. 또 제1심의 제2회 심문조서 중에 "문: 원고(피상고인)를 피고(상고인)의 양자로 삼은 것은 원고의 친아버지와 피고가 명한 대로인가? 원고는 피고를 본 적이 있는가? 답: 피고와 원고의 친아버지가 면담한 것(원고를 양자로 삼는 것에 관하여)인데, 원고의 양어머니와 양할머니와 친아버지가 상담한 후에 당시 부재하여 청국 상하이에 머물러 있는 피고에게 원고를 양자 삼을 것을 정하여 통지하는 한편, 이곳에서는 친족회를 열어 원고를 피고의 양자로 삼는 것을 가결하였다. 원고는 피고를 본 적이 없다", "문: 원고를 피고의 양자로 삼은 것을 관청에 보고했는가? 답: 칙유(勅諭)[209]로써 원고를 피고의 양자로 하는 사정이라면 별도로 관청에는 보고하지 않는다"고 하였다. 또 제2심 제1회 심문조서 중에서 "피항소인(피상고인)이 양자로 되었을 무렵에 항소인(상고인)은 이미 상해에 가 있었고, 피항소인이 양자가 되는 데 대해서는 칙명에 의한 것으로, 항소인의 어머니와 아내가 항소인에게 통지하여 그 승낙을 거친 것이며, 위 칙명은 피항소인 집안과 항소인 집안에 내려진 것이다"라고 하여, 여러 번 피항소인은 칙명에 의해 양자가 되었다고 하며, "그때 한국 황실은 전제군주이므로 그 칙명에는 국민된 자는 절대 복종해야 한다"고 주장했다. 그렇다면 피상고인이 상고인의 양자가 된 것은 국민된 자가 절대 복종해야 하는 것인 칙명이 양가에 내려졌고 그 칙명에 따라 피상고인의 친아버지와 상고인의 어머니와 아내가 상담한 후에 피상고인을 양자로 삼기로 결정한 뒤 바로 칙명에 따라 양자가 양자결연을 체결하고서 그 후에 상고인의 어머니와 아내가 그 내용을 상고인에게 통지한 것으로, 상고인도 승낙을 하였다는 것으로 귀착된다. 그러므로 상고인의 승낙은 즉, 자기의 어머니와 아내의

---

209 임금이 몸소 이름. 또는 그런 말씀이나 그것을 적은 포고문(布告文).

행위를 나중에 추인한 것이거나 혹은 칙명이 내린 뒤에 승낙한 것임이 피상고인의 원인 사실에 의해서 명백하다. 제2심에서 피상고인의 청구 원인이 된 사실은 그 제1회 심문조서에서 "피항소인(피상고인)이 양자가 되는 데 대해서는 칙명에 의한 것이어서…(중략)…양자결연에 대해 항소인(상고인)이 승낙을 표시한 것은 피항소인이 양자로 되기 이전이다"라고 주장하였다. 그렇다면 칙명에 따라서 양자가 된 것은 제1심 원인사실과 동일하지만, 그가 승낙을 표한 시기는 제1심 원인사실과 크게 다르다. 즉 칙명이 내린 시기도 승낙을 표시하기 이전이라는 것을 명료하게 알 수 있으므로, 제1심에서는 양자 삼는 것을 정하여 통지하였다고 하면서 제2심에서는 양자를 정할 것을 통지한 후에 상고인이 그 통지를 접하고 상고인이 양자를 정하였다고 하는 것이 된다. 원판결 중에 "(전략)…피항소인이 항소인의 양자가 되는 데 대해 미리 항소인의 어머니와 아내가 피항소인의 친아버지 민영찬과 상의를 하고 당시 상해에 머물고 있던 항소인에게 통지하여 그 승낙을 얻은 것으로 특별히 그 양자결연할 당시에 칙명에 기초해서 이를 하기에 이른 것이라고 설명하였다"고 하는 데 의하더라도 양자결연이 성립되기 이전에 통지가 있었음은 명백하다. 이런 사유에서 보면 승낙의 전후가 모순되므로 이것은 소의 변경이라 하지 않을 수 없다. 그런데도 원심 법원이 이를 허용하여 판결한 것은, 결국 당연히 허용하지 않아야 할 것을 허용한 위법한 판결이다.

그렇지만 ○ 제1심의 구술변론조서 및 소장에 따르면, 피상고인은 피고 집안과 원고 생가의 합의, 그리고 종회의 결의 및 당시 황실의 칙명에 의해 양자가 되었는데도, 피고(상고인)는 원고(피상고인)를 양자로 삼은 일이 없다고 하여 민적 경정(更正)[210]을 신청하였으므로 본 소를 제기한다고 진술하였다. 제2심에서 피항소인(피상고인)이 항소인(상고인)의 양자가 되는 것에 대해서는 미리 항소인의 어머니와 아내가 피항소인의 친아버지 민영찬과 상의를 마치고 당시 상해에 머물던 항소인에게 통지하여 그 승낙을 얻은 것이어서 특별히 그 양자결연할 당초에 칙명에 기초하여 결연하기에 이른 것이라고 설명한 것은 원판결과 구술변론조서에 비추어 명료하다. 피상고인은 제1심 이래로 줄곧 본건 양자결연은 상고인의 승낙이 있었음을 주장하는 것으로 그 결연을 하기에 이른 동기는 당시 칙명이 있었던 때문이라는

---

210 바르게 고침.

내용을 진술하는 데 그친 것이다. 그렇다면 소의 원인을 변경하는 것이 아니며, 따라서 그것을 인용한 원판결은 위법이 아니다. 논지는 이유 없다.

같은 상고 이유 보충서 제2점은 다음과 같다.

또한 피상고인 제1심 이래의 원인사실에 의하면 칙명에 의하여 양자 삼은 것이라고 전제한 것이 명확하다. 절대로 복종하여야 하는 칙명이 내려지자 양가의 합의가 있고 그 후에 승낙이 있었으며, 이 승낙도 칙명에 따른 당연 승낙이었다고 해야 한다. 이에 반하여 승낙이 먼저 있고 양가 합의상 양자를 정하고 그와 동시에 혹은 그 뒤에 칙명이 내려진 것이라 할 수 있겠는가. 과연 그렇다면 칙명의 유무는 본건에서 아무런 관계가 없다고 해야 한다. 따라서 칙명에 따라 양자가 되었다는 주장의 정신을 생각한다면, 적어도 양자 문제에 대해 처음 양가의 상담이 있는 동시에 칙명이 내려졌고, 그것은 절대 복종해야 하는 관계에 따라 양가가 합의한 뒤에 입양을 완성한('정하여'라고 함) 뒤에 상고인이 승낙하였다고 하여도 무방하다. 그렇다면 본건 입양에 관해서는 칙명이 제1원인을 준 것이라고 잘라 말할 수 없다. 만약 승낙이 먼저 있고 입양이 성립하였다면 칙명이 그 후에 내릴 리도 없을 뿐 아니라 칙명에 따라 양자를 삼았다는 주장을 하지 않는 것이 적절한데도 무엇 때문에 피상고인이 제1심부터 줄곧 온 힘을 다해 칙명을 주장한 것인가. 이 점에서 보더라도 피상고인의 의사 및 원인은 먼저 칙명에 있었다고 말해야만 한다. 그런데도 원심 법원은 칙명이 본건에서는 전혀 관계없는 듯이 칙명 유무에 대해 설명을 생략하고 판결(원판결 이유에서 쟁점의 판단은 위에서 서술한 바와 같으므로 칙명의 유무, 기타 여러 점에 대한 설명을 생략했다고 함)한 것은 사실을 부당하게 인정하고 이유 불비이며 피상고인이 제공한 중요한 사실을 유탈하여 판결한 위법의 판결이다.

그렇지만○ 제1점 아래에서 설명한 것처럼 피상고인은 본건 입양에 대해 상고인의 승낙이 있었다는 사실을 주장하고, 그로써 청구 원인을 삼은 것이며, 그 결연은 당초 칙명에 기초한 것이라고 진술하였다. 그렇지만 칙명의 유무는 입양의 요건이 아니므로 원판결에서 상고인이 본건 입양의 승낙을 하였다고 판시하고 칙명의 유무에 대한 설명을 생략하였더라도 위법은 아니다. 그러므로 논지는 이유 없다.

같은 상고 이유 보충서 제3점은 다음과 같다.

피상고인이 제1심에서 주장한 원인사실에 의하면, 앞에서 기록한 바와 같이 양자를 정한 후에 통지하였고, 상고인이 이에 대하여 승낙한 것이 명백하다면, 이 승낙행위가 추인인 것은 한 점 의심이 없다. 그렇다면 이 추인행위는 무효이다. 왜냐하면 상고인의 어머니와 아내는 양자의 선정권이 없는 것이 두드러진 관습이기 때문이다. 그런데도 원심 법원이 이를 유효라고 판결한 것은 관습법에 위반한 판결이고 또 부조리한 위법 판결이다.

그러나 ○ 원심은 본건 양자에 대해 상고인이 승낙하였다고 인정하여 피상고인의 청구를 정당하다고 하였음이 판결문상 명료하다. 따라서 상고인의 추인이 있다는 이유로 원판결을 비난하는 본 논지는 원판결의 취지에 부합하지 않으므로 이유 없다.

같은 상고 이유 보충서 제4점은 다음과 같다.

판결은 이유 중에서 "(전략)…항소인의 양어머니와 아내는 피항소인을 양자로 하려는 희망이 생겨 항소인에게 조회 교섭한바, 항소인이 그 말을 받아들여 스스로 결연 당사자가 되어 피항소인의 친부모와 합의한 후 본건 입양을 완성하였음을 인정함"이라 되어 있고, 피상고인이 제2심에서 주장한 사실의 모든 내용에 따르면, 상고인의 승낙을 거친 뒤 상고인의 어머니와 아내가 피상고인의 친아버지와 (피상고인의 제1심 주장에서 양가 합의에 해당함) 그 양자결연을 한 것이 된다. 그렇다면 그 합의는 직접이 아니라 간접인 것이 명백하다. 그런데도 원심 법원이 합의가 상고인의 직접 행위라고 한 것은 사실 인정을 부당히 한 것이며, 결국 피상고인이 제공하지 않은 사실을 제공한 것처럼 판결의 재료로 삼은 판결로서 위법한 판결이다.

그렇지만 ○ 원심과 제1심의 구술변론조서와 소장을 조사하면, 피상고인은 그 친아버지와 상고인 등의 합의에 의해 본건 입양을 하였다는 내용을 주장하였음이 명확하다. 그러므로 원심은 그 주장에 기초하여 증거를 종합하여 그 청구를 인용한 것이므로 위에서 논한 바와 같은 위법은 없다.

마스지마 로쿠이치로(增島六一郞) 변호사의 상고 이유 추가서 제1점은 다음과 같다.

원심 법원이 그 판결을 뒷받침하는 사실을 인정함에 있어 피상고인이 소송 원인으로 신청한 사실의 밖으로 벗어나 앞 뒤가 상반되는 두 가지 사실로써 소(訴)의 원인인 사실인 것처럼 설명하여 그 판결 이유로 삼은 것은 이유 불비의 재판이다. 피상고인이 원심 법원과 제1심에서 소의 원인으로서 주장한 사실은 그 각 조서의 보고하는 것과 같이 "피항소인이 양자로 되는 데 대해서는 칙명에 따른 것이어서 항소인의 양어머니와 아내가 항소인에게 통지하여 그 승낙을 거쳤다"는 것이다. 그런데도 원심 법원은 이 원인사실이 과연 있었는지에 대하여 하나도 판시한 것이 없다. 판결문 앞 부분에서는 상고인의 아내와 어머니가 피상고인을 양자로 하는 데에서 그 친속과도 협의한 후에 상고인에게 협의한바 상고인이 이에 동의하고 상고인 스스로 양친이 되어 본건 양자결연을 체결하였다고 인정하였다. 판결에서 "항소인은 그 말을 받아들여 스스로 결연 당사자가 되어 피항소인의 친부모와 합의한 뒤에 본건 양자결연을 완료하였다고 인정한다"고 한 것이 바로 그것이다. 그리고 뒷부분에서는 상고인의 아내와 어머니가 친족과 협의하여 피상고인을 양자로 하고 그것을 상고인에게 통지하였는데, 상고인인 그에 대하여 불승낙의 통지를 하지 않았다고 원인사실을 인정하였다. 판결에서 "항소인이 김운정에게 불승낙의 통지를 하지 않은 것이라 추인한다"는 것이 그것이다. 위의 두 가지 인정 사실은 피상고인이 원고로서 신청하여 원판결이 적시한 바인 "피항소인이 항소인의 양자가 되는 데 대하여 미리 항소인의 어머니와 아내가 피항소인의 친아버지 민영찬과 상의를 마치고서 당시 상해에 머물던 항소인에게 통지하여 그 승낙을 얻은 것으로 특별히 그 양자결연할 당초에 칙명에 기초하여 하기에 이른 것이라고 설명하였다"는 사실에 반하는 것이 된다. 왜냐하면, 원심 법원은 상고인이 스스로 간여하여 양자결연을 이루었다고 판시하였을 뿐 아니라, 피상고인도 증명할 수 없는 것인 칙허(勅許) 사실이 있었음을 판시하는 것도 아니다. 그리하여 원판결이 판시한 사실은 피상고인이 제소한 취지를 뒷받침하는 데에 도움이 되는 사실로는 적당하지 않다. 하물며 상고인은 상해에 머물고 있었으므로 양자결연의 당사자가 될 이유가 없는 것이다. 이런 까닭에 원판결은 제소자인 피상고인의 원인사실에 부합하지 않는 것이므로 본안에 대한 재판이라 할 수 없다. 원래 법원은 당사자가 주장하지 않는 소의 원인사실을 인정할 수 없음이 소송법의 원칙이다. 그런데도 쟁점 사실을 심사하지 않고 다른 관계 없는 사실을 본소의 원인으로 하여 판시한 것이라 한다면, 실로 이유 불비인 것이므로 적법한 판결이 아니다.

그렇지만 ○ 원심에서 피상고인은 본건 양자결연에 대해 당초 칙명에 기초한 것임과 아울러 상고인의 승낙이 있었음을 주장하였는데, 원판결은 단순히 상고인 승낙의 점만을 판단하고 칙명의 유무에 대해서는 설명을 생략한 것은 상고인이 따지는 바와 같다. 그렇더라도 입양은 당사자의 승낙이 있기만 하면 된다. 원심은 본건 청구에 대해 상고인의 승낙이 있었음을 판시함으로써 그 판결을 지지하는 이유로 삼은 것이다. 그리하여 그 판결문에서 항소인(상고인)이 김운정에 대하여 불승낙의 통지를 하지 않았다고 추인한다고 설명하는 것은 김운정의 증언을 믿을 수 없는 이유를 설명한 것에 불과하고, 원판결을 지지하는 이유로 삼은 것이 아니므로, 판결 이유에 불비의 위법이 있지 아니하다. 논지는 이유 없다.

같은 상고 이유 추가서 제2점은 다음과 같다.

원판결은 "상고인의 어머니와 아내는 피상고인의 아버지 및 근친과 협의를 마친 끝에 피상고인을 상고인의 양자로 삼기로 한 합의에 따라 동거하도록 한 것임은 한 점 의심이 없다"고 하여, 오직 쟁점은 입양 당시 항소인이 동의를 하였는지 아닌지에 있다고 하면서, 그 인용한 증인 민영소(閔泳韶), 민영변(閔泳釆), 민영린(閔泳璘)의 증언의 모든 내용을 고찰하여, "항소인의 양어머니와 아내는 피항소인을 양자로 삼을 희망이 생겨 항소인에게 조회 교섭한 바, 항소인은 그 말을 받아들여 스스로 결연 당사자가 되어 피항소인의 친아버지와 합의한 뒤 입양을 완료하였다고 인정한다"고 재판하였다. 즉 상고인은 미리 합의하고 나서 결연 당사자로서 그것을 완성하였다는 것이 위 인정의 골자가 된다. 그렇지만 위 증인의 증언을 되씹어 보아도 하나도 위 인정을 지지할 만한 것을 발견할 수 없다. 미리 상고인에게 그 합의를 구하였다는 사실을 지지할 만한 증언은 하나도 없다. 도리어 위 증언 가운데에는 위 인정에 반하는 증언이 있다. 예를 들면, 민영소는 "문: 양자가 되는 상담은 한편으로는 원고의 아버지와 계획하였고, 다른 한편으로 피고 쪽에서는 누구들과 상담하였는가? 답: 피고의 어머니 및 피고의 아내와 상담한 것이라 생각합니다. 문: 양가에서 양자하기로 결정하고서 친족회를 열어 그 친족회에서도 동의하였는가? 답: 친족회란 것인지 모르겠는데 회의를 열었는지 어찌하였는지는 모르겠습니다. 문: 원고를 양자로 할 때 피고 집안 사람들이 피고의 양자로 원고를 정하였다고 전해 온 것이 있는가? 답: 그것은 없습니다" 하고 증언하였으며, 민영린은 "문: 원고를 양자로 하는 것은 피고에게 통지하였는가? 답: 잘 모르겠습니다만 자연히 통지되었다고 생각합니다. 문: 증인이 피고에게 원고를 양자할 것이라 통지한 것이 있는가? 답: 없습니다" 하고 증언하였고, 민영주는 "문: 원고를 양자로 할 때 상해의 피고에게는 누구로 하여금 알렸는가? 답: 누가 통지하였는지 증인은 시골에 살고 있어서 모르겠습니다. 문: 원고를 양자로 할 때 피고에게는 통지를 한 것인가? 답: 통지하였다는 것을 들었습니다" 하고 증언하였다. 이로써 살펴보더라도 하나도 인정의 재료가 없을 뿐 아니라, 도리어 반대의 증언임이 뚜렷하다. 오직 원판결은 증언의 모든 내용이라는 애매한 문자를 사용하여 증언 가운데 어느 부분에 따라 인정을 한 것인지 불분명하고, 다른 증언은 모두 상고인에게 통지하여 양자결연에 합의하였다는 부분과 관련되지 않는다. 그렇기 때문에 원심 법원의 인정을 지지하는 근거가 없다. 따라서 원판결은 근거로 할 만한 증언 없이 그냥 인정을 한 것이어서 불법한 인정에 기초하여 재판한 것임을 면치 못한다.

그렇지만 ○ 증언의 취사 판단은 원심 법원의 직권이어서 이를 비난하는 본 논지는 상고 이유가 되지 못한다.

같은 상고 이유 추가서 제3점은 다음과 같다.

본건에서 뚜렷한 사실로서 원판결에서 "항소인은 1885년(明治 18)에 다시는 고향 산천을 보지 않을 결심으로 조선을 떠나 오랫동안 외국에 머물러 있으면서 귀환하지 않았으며, 서자 한 사람이 있더라도 아버지와 함께 상해에 있어 집안 제사를 받들 수 없었기 때문에 항소인의 양어머니와 아내가 피항소인의 아버지 민영찬(閔泳瓚)의 승낙을 받아 근친과 협의한 끝에 피항소인을 항소인의 양자로 삼는다는 합의에 따라 그를 동거하도록 한 것임은 한 점 의심이 없다"고 하였기에, 상고인은 처음부터 본건의 입양에 당사자가 된 것이 아니다. 애당초 상고인의 어머니와 아내가 원고를 양자로 한 것은 원래 무효의 행위를 이루는 것이므로 그것을 추인할 이유가 없다. 그런데도 원판결이 유일한 쟁점으로서 본건 입양 당시 항소인이 합의를 하였는지 여부를 판결하는 데 있어 원심 법원이 앞의 제1, 제2 이유에서 논고한 대로인 불법이고 불비한 이유로써 상고인이 본건의 양자에 합의하였다고 판정한 것도, 이미 앞서 피상고인의 아버지 및 근친과 협의한 끝에 피상고인을 상고인의 양자로 삼는다는 합의가 있었다는 것이 사실이므로 상고인이 미리 합의한 것이 아님이 명확하다. 따라서 상고인의 어머니와 아내가 멋대로 피상고인을 양자로 하여 동거하도록 한 것이므로 만일 합의 사실이 있다고 한다면 이는 오로지 추인으로 할 수밖에 없다. 그런데 위에서 논고한 것과 같이 양자로 하는 권한은 오로지 호주인 상고인에게 있으므로 상고인의 어머니와 아내가 한 양자는 불법인 결연이다. 그러므로 원판결이 인정한 합의 즉, 추인이 「민법」 제109조 단서에 따라 적법한지 여부를 원심 법원이 설명하지 않은 것은 원판결이 아직 적법하게 추인 사실을 판정한 것이라 할 수 없다. 그런데도 원판결의 설명에서 한마디도 그것을 언급하지 않은 것은 원판결이 적시한 바이다. 이는 법률에 어긋나고 이유를 붙이지 않은 이유 불비의 불법 재판이다.

그렇지만 ○ 위 상고 이유가 이유 없음은 변호사 최진의 상고 이유 제3점 아래에서 설명한 것과 동일하기 때문에 그것으로써 이해해야 한다.

같은 상고 이유 추가서 제4점은 다음과 같다.

여러 사람의 증언을 읽어 가고 읽어 오는 사이 그 증언 가운데 앞뒤 모순인 것이 있고, 동일한 사실을 뒤집어 중복하여 문답한 것이 있다. 그런데 상고인의 아내인 김운정의 증언은 한번 읽어 보면 그 전후가 일관되고 일사분란하여 아무튼 진실의 사실을 진술하는 것이라는 신념을 주는 것이므로 그것을 배척하기가 쉽지 않음은 한번 읽은 뒤 바로 느껴지는 바이다. 실제로는 본 변호사가 원심 법원에서 변명한 대로 김운정은 본소(本訴)에 의해 그 스스로가 한 행위가 반격된 것이다. 인정에 따라 말하자면 저 김운정이란 사람은 그 자신의 행위를 비호할 양으로 증언한 것이 도리어 그에 반하는 증언을 한 것으로 발견되었다. 이 사실은 그것을 채택하여 믿을 수밖에 없다. 그런데도 원심 법원이 이러한 김운정의 증언을 배척하는 데 특별히 긴긴 변명을 한 것은 아마 그 증언이 믿을 만한 것이기 때문에 애써 그것을 부인하는 이유를 내보인 것이 아닌가 하는 생각을 금할 수 없다. 이는 원판결을 심리하게 될 때 특별히 최고법원의 현찰(賢察)을 바라지 않을 수 없다. 그리고 원판결은 상고인이 제공한 증언이나 문서 증거를 다 배척하여 원판결이 귀착한 논결로서 상고인의 답변을 배척하는 것이 되었다. 때문에 김운정의 증언, 그리고 피상고인이 성립을 인정한 을 1호, 을 2호, 을 3호, 을 5호와 같이, 그 을 1호는 뚜렷이 상고인이 본건의 이른바 양자를 삼는 데 합의하지 않았고 그 당사자가 아님을 증명하며, 다른 여러 호증들은 추인을 거절하였음을 증명하는 것이어서, 이는 실로 본건에서 상고인의 유일한 방어 방법인 문서 증거인데, 그것들도 또한 배척되었다. 만약 위 증언과 문서 증거를 유효하다고 하게 되면, 원판결의 골자인 상고인이 본건의 양자에 합의하였다는 판시와 서로 양립할 수 없는 것이 된다. 그리하여 위의 것들은 쟁점에 대한 긴요한 증거이므로, 위 증언과 서증은 그냥 그것을 배척해서는 안 되며, 반드시 그것을 배척할 만한 적법한 이유로써 납득할 수 있는 설명을 하여야 한다. 그런데도 증언에 대해서는 앞서 든 것처럼 그 증언의 본지에 부합하지 않는 설명을 하는 데 그치고, 문서 증거에 대해서는 한마디도 그것을 배척하는 이유를 언급하지 않았다. 이는 채증의 규정을 무시함으로써 판결해야 할 요점을 빠뜨린 것이어서 법률에 어긋난 불법의 판결이다.

그렇지만 ○ 을 1, 2, 3, 5호증은 원판결에서 채용하지 않은 것이고, 채용하지 않은 증거에 대하여 그 이유의 설명이 필수적인 것이 아니라 한다면, 위 논지는 이유 없다. 그 밖의 논지는 원심의 직권에 속하는 증거의 취사 판단을 논란하는 데 지나지 않으므로 적법한 상고이유가 아니다.

같은 상고 이유 추가서 제5점은 다음과 같다.

법원이 상고인 선대(先代)의 입양과 본건에서 말하는 입양을 동일시하여 본건 양자결연을 유효하다고 판결한 것은 위법하다. 왜냐하면, 정무총감의 회답서에도 있듯이 조선의 관습에 따르면, 무릇 서자가 있는 때는 양자 들이는 것을 허용하지 않는다. 양자를 들이기 위해서는 예사(禮斜)를 받는 것이 정식이다. 그리고 상고인이 선대의 양자가 된 것은 을 10호증대로 예사를 내린 것임을 증명하였기 때문으로, 이는 선대의 양자와 현대의 양자가 동일하지 않은 것이다. 본건에서는 그냥 이른바 양자를 한 것이므로 예사를 발부받는 것이 당연하며, 그것이 없다면 본건 입양이 부적법한 까닭이 된다. 게다가 서자가 있는 경우에는 양자 들이는 것을 허용하지 않기에 예사의 발부를 청구하는 데에 근거가 없고, 실제로 양자를 할 권한자인 상고인이 없으므로 예사의 발부를 청구하는 데에 근거가 없다. 따라서 그 발부가 없는 것은 당연한 일이다. 그런데도 원심 법원이 이 주요한 점에서 두 건을 비교하여 선대 양자의 경우를 가지고 본건 입양을 적법하다고 판단하는 근거로 하는 것은 정무총감의 회답서를 오해하여 이에 이르게 된 것이기에, 법률에 어긋난 불비의 재판이다.

또 같은 상고 이유 추가서 제6점은 다음과 같다.

원심 법원이 조선의 성문법은 기강이 흐트러진 것이므로 조선인이 멋대로 그것을 준수하지 않았기 때문에 적법한 것처럼 판시한 것은 불법이다. 왜냐하면, 무릇 법률과 관습이 선량하여 공공의 질서에 반하지 않는 경우 누구도 그것을 준수하지 않으면 안 되는 것은 자명한 법리여서, 오직 이러한 법령과 관습이 뒤의 관습에 의하여 변경되고, 뒤의 관습이 계속되어 법률과 같은 효력이 생기기에 이르러서야 비로소 이전 관습에 갈음하는 관습법으로서 인정되는 것임은 법리상의 원칙이기 때문이다. 그런데도 원심 법원은 "예사(禮斜)를 받는 경우는 매우 적다"고 하는 정무총감 회답 한 가지만을 채택함으로써 예사를 받아야 한다는 성문법과 관습이 소멸하였다고 인정하고 또 그것을 가지고 현저한 것이라 하여, 상고인의 항변을 각하한 것이다. 그렇지만 정무총감의 회답은 명확히 예사는 받아야 하는 것이라 적고 있으며, 오직 그것을 받은 자가 적고, 서자가 있는 경우의 양자결연이 무효가 되는 것을 듣지 못하였다고 하는 데 불과하다. 원판결은 왜 그리 인정하였는지, 또 무슨 까닭에 현저하다고 단정하였는지, 관습에 관하여 해야 할 적법한 설명을 하나도 판시하지 않은 이유 불비의 재판이다. 그리고 위 판결은 또 법률에 어긋난 것이다. 왜냐하면, 『대전회통』에는 실제로 본건처럼 서자가 있는 경우에는 예사를 받는 것을 양자결연의 요건으로 하는 것이 명백히 나타나 있기 때문이다.

그렇지만 ○ 위 상고 이유가 이유 없음은 변호사 정명섭의 상고 이유 제3점은 아래에서 설명한 것과 동일하므로 그것으로써 이해할 것이다.

이상의 설명에 의하여 본건 상고는 어떠한 이유도 없으므로 「민사소송법」 제439조와 제77조의 규정에 의하여 주문과 같이 판결한다.

고등법원 민사부

〈자료 98〉 가독상속권(家督相續權) 확인 청구에 관한 건 [1914년(大正 3) 민상 제509호 1915.1.29 판결]

[판결 요지]

1. 조선인 사이에서는 호주인 피상속인에게 그 서출의 아들이 있는 경우라도 다른 곳으로부터 양자를 들일 수 있고, 또한 그 양자는 상속에 관하여 적출의 아들과 동일한 권리를 갖는 관습이 있다. (상고 이유 제2점)

[제1심] 평양지방법원 안주지청
[제2심] 평양복심법원
[상고인] 김영학(金永學)
　　　　소송대리인 김응섭(金應燮)
[피상고인] 김영관(金榮官)

위 당사자 사이의 가독상속 확인 청구 사건에 관하여 1913년 9월 23일 평양복심법원에서 언도한 판결에 대하여 상고인은 상고를 제기하므로 본원은 다음과 같이 판결한다.

[주문]
본건 상고는 이를 기각한다.
소송 비용은 상고인의 부담으로 한다.

[이유]

상고 이유 제1점은 다음과 같다.

원판결은 본 건에서 김성정(金聖廷)이 적출의 아들 없이 1895년(明治 28) 음력 6월 15일에 사망하고, 그 가에 동인의 서출 아들로서 같은 해 정월 출생한 피항소인이 있다는 것에는 다툼이 없으므로, 이에 따라 피항소인은 당연히 김성정의 가독을 상속한 것이라고 주장하지만, 을 제5호증의 12의 기재 및 원심 증인 김명규(金命奎), 김의현(金義賢), 민소사, 당심 증인 김재현(金載賢), 김석진(金碩鎭)의 증언을 종합하면, 성정의 사망에 앞서 동인이 항소인을 양자로 하였다는 항소인의 항변 사실을 인정하여야 한다고 한다. 그러나 상고인의 주장 사실로서는, 상고인의 사망한 아버지 김성정은 친아들[實子]인 상고인으로 하여금 자기 또는 그 부모(상고인의 조부모)의 제사를 지내게 학고, 일체의 상속을 시키며, 단, 그 조부모(상고인의 증조부모)만은 피상고인으로 하여금 제사를 지내게 한 것이다. 그것은 피상속인 김성정 및 그 부모 양대(兩代)는 적출의 자손이 없으므로 서자인 상고인이 그 양대의 제사를 지내게 하여, 이에 따라 성정의 일체 가독을 상속시키고, 김성정의 조부모(상고인 및 피상고인의 증조부)는 이미 적증손(嫡曾孫)인 피상고인으로서 그 조부모의 제사만을 피상고인으로 하여금 봉사하게 한 것은, 성정이 자신의 혈통을 존중하여, 적(嫡)은 서(庶)에 앞선다는 당시의 관례를 유지한 생전의 처분이다. 그렇다면 피상고인은 그 증조부모의 제사만 김성정으로부터 승계한 것이지만, 김성정의 양자로서 동인의 가독을 상속한 것이 아니다. 가령, 피상고인은 일시 그 증조부모의 제사를 승계한 것에 의해 양자와 같이 자칭한 것 및 타인에게 이를 인정한 사실이 있다고 하지만, 이로써 적법한 양자라고 하고 그 친아들인 상고인이 있음에도 불구하고, 김성정의 가독상속권은 피상고인에게 있다고 인정해서는 안 된다. 그리고 원판결은 위에 서술한 바와 같이 상고인의 주장 사실에 관하여 어떠한 이유로 이를 배척한다는 설명이 없이, 단지 갑호 각증의 기재는 이 인정을 번복하기에 부족하다는 문구만으로는 위 쟁점에 대한 판단으로 인정하기 어렵다. 나아가 이에 반하여 피상고인의 주장은 단지 김성정 생존 중 피상고인을 양자로 삼았으므로 가독상속권을 취득하였다고 운운하고 있다. 그렇다면 원심은 이 점에 관하여 피상고인의 양자는 과연 법률상 또는 관습상 유효한 양자인지, 만일 유효하다고 한다면 어떠한 방식에 의하여 양자인 사실 및 가독상속권의 존재를 인정할 수 있는지 정확한 판단을 필요로 한다. 또한 이에 대한 증거로서는 어떠어떠한 인증 및 서증에 의하여 어떠어떠한 사실을 인정한다는 설명을 주지 않을 수 없는 것임에도, 원판결은 그러한 법률상의 쟁점 및 사실 관계에 관하여는 아무런 설명도 없고, 막연히 "을호증 및 증언의 증언을 종합한다면"이라는 설명에 그치는 것으로, 도저히 그 요령(要領)을 얻을 수 있는 판단을 주었다고 인정할 수 없다. 또한 기록 1건을 본다면, 원판결문에 적시된 을호증 및 인증의 증언은 피상고인이 적법한 양자라거나 또는 가독상속권을 갖는 사실을 인정하여야 할 점이 없고, 도리어 상고인의 주장 사실과 일치하는 증거임에 의문이 없다. 따라서 원판결은 이유 불비의 위법이 있는 동시에 적합하지 않은 증언을 인용하여 사실을 오인한 위법한 판결이다.

그러나 ○ 원판결에는 "본건에서 김성정이 적출의 아들 없이 1895년 음력 6월 15일에 사망하고, 그 당시 그 집에 동인의 서출의 아들로서 같은 해 정월 출생한 피항소인이 있었다는 것은 다툼이 없으므로, 이에 의해 피항소인은 당연히 김성정의 가독을 상속한 것이라고 주장하지만, 을 제5호증의 12의 기재 및 원심 김명규, 김의현, 민소사, 당심 김재현, 김석진의 증언을 종합하면, 성정의 사망에 앞서 동인이 항소인을 양자로 하였다는 항소인 항변의 사실을 인정할 수 있고, 갑호 각 증의 기재는 이를 번복하기에 족하지 아니한 것이다"라고 설명하고 있으므로, 원심이 상고인의 주장사실을 부정하여 피상고인을 김성정의 양자로 인정한 것은 진실로 명확하다. 그리고 원심은 이 사실에 기반하여 김성정의 가독상속인을 피상고인이라고 판시하고 서자인 상고인이 아니라고 한 것이므로, 원판결의 이유는 본건의 쟁점을 판단하는 이유로서 조금도 부족하지 않다. 특히 그 인정의 증거에 기반한 것임은 앞서 본 것과 같은 이상, 그 증거의 내용을 설명하거나 하지 않는 것은 원심의 직권 행위에 속하는 것이므로, 그 설명이 없다고 하여 원판결을 불법하다고 말할 수 없다. 또한 앞서 기록한 서증 및 증언의 기재에 비추어 보면, 피상고인이 김성정의 양자가 된다는 사실을 인정하기에 충분하다고 할 기재가 있으므로, 원심이 이러한 증거를 종합하여 앞서 언급한 것과 같은 사실을 인정한 것은 타당하므로, 본 논지는 모두 이유가 없다.

상고 이유 제2점은 다음과 같다.

원판결은 (전략) 그리고 양자라는 것은 적출자의 신분을 취득하는 것이므로, 본건의 경우에 있어서 가령 항소인의 양자가 된 월일이 서자인 피항소인의 출생 후라고 하더라도 성정의 가독상속인은 원래 항소인이고 서자인 피항소인이 위 가독을 상속하는 것이 될 수 없음은 많은 말이 필요 없고, 따라서 이러한 상속을 원인으로 한 피항소인의 청구는 이유가 없는 것이라고 한다. 그러나 종래 조선에서 양자를 삼는 관습으로서는 적자가 없음을 필요로 할 뿐만 아니라, 서자가 없는 것도 요건이 된다. 『경국대전』 「예전」 '입후조'에 "적첩이 모두 아들이 없으면 관에 고하여 동종의 지자로 후사를 삼는다[嫡妾具無子告官立同宗支子爲後]"라고 하고, 같은 『경국대전』 '봉사조'에 "적장자가 후사가 없으면 중자로 중자가 후사가 없으면 첩자로 제사를 봉사케 한다[嫡長子無後則衆子衆子無後則妾子奉祀]"라고 하며, 또한 1894년(開國 503) 6월 28일 의안(議案)에 "적첩이 모두 아들이 없는 후에 양자들이는 것을 허락한다[嫡妾具無子然後許率養]"라고 되어 있고, 구(舊) 『형법대전』 제582조 제2호, 제3호에도 역시 동일한 기재가 있으므로, 서자가 있는 경우에는 양자를 들이는 관습이 없을 뿐만 아니라, 적출자가 없을 때에는 서자가 상속권을 갖는 것은 구한국(舊韓國)의 법칙임은 이미 귀 법원의 판례(1910년(明治 43) 민상 제14호)이다. 그렇다면 가령 김성정은 일시 양자를 들였다는 사실이 있다고 하여도, 법률상의 제재 또는 관습상의 위반에 기한 무효인 행위라고 말해야 한다. 그럼에도 원심은 김성정과 피상고인 간의 입양은 유효한 것처럼 판단을 내리고, 적자의 신분을 취득하고 상속권을 갖는 것으로 판단한 것은 조선에 있어서 종래의 법규 및 관습에 위반하는 위법한 판결이다.

그러나 ○ 조선인 간에 있어서는 호주인 피상속인에게 그 서출의 아들이 있는 경우라도 다른 곳으로부터 양자를 들일 수 있고, 또한 그 양자는 상속에 관하여 적출의 아들과 동일한 권리를 갖는 관습이 있음은 본원이 이를 인정한다. 따라서 원심이 김성정에게 그 서자인 상고인이 있다고 인정함에도 불구하고 피상고인을 김성정의 양자라고 인정하고, 또한 양자라는 것은 적출자의 신분을 취득하는 것이라면…이라고 설명하여 피상고인이 동인의 가독상속인이라고 판시한 것은 타당하다. 그리고 논지가 들고 있는 본원 판례는 피상속인에게 적출자 또는 이와 동일시할 수 있는 양자가 존재하지 아니한 경우에서의 서자의 상속권을 인정한 판지이므로, 당해 판례는 본건의 쟁점에 적절하지 않다. 따라서 본 논지도 역시 그 이유가 없다.

위와 같은 설명과 같이 본건 상고는 그 이유가 없으므로 「민사소송법」 제439조 제1항, 같은 법 제77조에 따라 주문과 같이 판결한다.

고등법원 민사부

〈자료 99〉 가독상속권(家督相續權) 확인 및 민적(民籍) 말소 청구에 관한 건
[1917년(大正 6) 민상 제215호 1917.11.27 판결]

[판결 요지]
1. 조선인 간에 있어서는 호주인 피상속인에게 서출의 아들이 있는 경우라 하여도, 피상속인이 다른 곳에서 양자를 들이고 그 양자는 상속에 관하여 적출의 아들과 동일한 관습 권리를 갖는다는 관습이 있지만(기존의 판례), 이것은 피상속인이 그 생전에 입양하거나 유언으로 양자를 지정하는 경우에 이를 유효한 것으로 하는 것에 불과하고, 피상속인의 처 또는 친족 등이 피상속인에게 서출의 아들이 있음에도 불구하고 피상속인 사망 후 바로 다른 곳에서 양자를 들이고 이로써 피상속인의 가독을 상속시킬 수 있는 일반적인 관습은 없다(상고 이유 제1점, 제2점).
1. 종래 일부 사회, 특히 명문세가에서 서출의 아들이 있음에도 불구하고 피상속인 사망 후 그 유처 등이 곧바로 다른 곳에서 양자를 들이고 이로써 가독을 상속시키는 것과 같은 사례가 없었던 것은 아니지만, 이와 같은 것은 명문세가 각자의 하나의 제멋대로 하는 행위에 불과하고 관습법으로서의 효력을 갖지 아니한다(상고 이유 제1점, 제2점)

[제1심] 경성지방법원
[제2심] 경성복심법원
[상고인] 송순억(宋淳億)
        소송대리인 최진(崔鎭)
[피상고인] 송순극(宋淳極)
        소송대리인 장도(張燾), 윤학영(尹學榮)

위 당사자 간의 〈가독상속권 확인 및 민적 말소 청구 사건〉에 관하여 1917년(大正 6) 7월 4일의 경성복심법원이 언도한 판결에 대하여 상고인으로부터 상고를 신청함에 따라 본원은 다음과 같이 판결한다.

[주문]

원판결을 파기하고 제1심 판결을 폐기한다.

피상고인은 상고인이 죽은 호주 송태현(宋泰鉉)의 가독상속인인 것을 확인하고, 또 민적 중 피상고인이 호주 양부 송태현의 사망에 따라 호주가 되었다는 내용의 등록 말소신청 절차를 이행해야 한다.

소송 비용은 1917년(大正 6) 5월 14일의 구술 변론 기일 변경 신청에 사용된 분은 상고인의 부담으로 하고, 그 나머지는 직권에 의해 증인 김씨의 환문(喚問)[211]에 사용된 비용 금 7전을 합하여 제1심, 제2심 및 상고심을 통하여 피상고인의 부담으로 한다.

[이유]

상고 이유 제1점은 다음과 같다.

상고인은 본건에 관하여 다음과 같이 주장하였다. 죽은 호주 송태현은 생전에 정처(正妻) 김씨와의 사이에 적출의 아들이 없고 또한 첩 손상희(孫相禧)와 동거하였지만 서출의 아들이 없어 그 후 첩 손상남(孫相南)과 동거하였는데, 1895년(明治 28) 12월 9일 상고인인 서출의 아들이 태어났다. 따라서 상고인은 호주 송태현의 가독을 상속하여야 하는 지위에 있는 자이다. 그런데 송태현은 1917년(大正 6) 1월 5일 사망하고 가독상속이 개시됨으로써, 상고인은 법률상 당연히 이를 상속한 것임에도 불구하고, 피상고인은 돌연 송태현의 양자라고 칭하고 같은 달 9일 강원도 춘천에서 경성으로 와 송가 일문 중의 일부와 은밀히 논의하여, 스스로 사망한 호주 송태현의 발상(發喪)을 하고 같은 달 19일 경성부청에, 같은 달 15일 피상고인이 태현의 양자가 되었다는 내용의 민적 신청서를 제출하여 민적상 호주가 되었다.

---

211 소환하여 신문함.

위 피상고인의 행위는 상고인의 가독상속권을 침해한 것이므로 상고인은 본소에서 위 상속권의 확인 및 민적의 말소를 구하는 바라고 진술하고, 상고인은 14세 때 승적(承嫡)의 예를 하여 적출의 신분을 취득하였다고 부언하였다. 망부 송태현은 1905년(光武 9) 6월 중 상고인에 대하여 유언장으로 가독상속권 즉 호주권, 재산·제사권을 부여함에 따라, 망부 생존 중 피상고인을 양자로 삼은 사실이 없다는 내용을 주장하였다.

이에 대해 피상고인은 사망한 호주 송태현이 적출의 아들이 없이 1917년(大正 6) 1월 5일 사망하고 가독상속이 개시된 점, 상고인은 사망한 송태현과 그 첩 손상남과의 사이에 태어난 서출의 아들인 점, 그리고 피상고인은 1917년 1월 19일 송태현의 양자가 되었다는 내용을 경성부청에 민적 신고를 하여 송가의 호주가 된 점을 인정한다. 그러나 상고인은 낭비자로서 지금까지 승적의 절차를 한 일이 없으므로 송태현의 가독상속권을 갖지 아니함은 물론, 피상고인은 1915년 1월경 예로부터의 조선의 관습에 따라 송태현의 생전 중 그의 양자가 되었으나 그 민적 절차를 이행하지 아니하는 사이에 송태현이 사망하였다. 이에 1917년 1월 9일 춘천에서 경성으로 와 피상고인 스스로 발상을 하고 서둘러 민적상 양자의 신고를 할 필요가 있으므로, 사망한 호주 송태현의 주된 친족, 그중에서도 상고인 본인, 사망한 송태현의 정처 김씨, 첩 손상희, 상고인의 생모 손상남, 사망한 송태현의 친동생 송승현(宋昇鉉)과 송복현(宋復鉉)의 연서로서 같은 달 19일 양자 신고를 한 바로서, 피상고인은 관습법상 사망한 호주 송태현의 가독상속인임은 명백하다고 항변하였다. 또한 피상고인은, 사망한 송태현은 원래 강원도 춘천 사람으로서 송재화(宋在華)라는 자의 서자였지만 적출의 남자가 없으므로 같은 사람의 양자가 되고, 결국 송재화의 사망에 의하여 호주가 된 자인데, 송태현도 역시 서자가 있지만 적출의 남자가 없으므로 송태현의 친동생인 송정현(宋鼎鉉)의 적출의 장남을 들여서 양자로 삼은 것으로, 위와 같은 이유에 따라 상고인의 청구에 응할 수 없다는 취지를 항변하였다.

위 각 사실 관계를 기본으로 하여 판단한 원판결의 이유를 보건대, "항소인(상고인)이 죽은 송태현의 서출의 아들로서 위 태현에게는 적출의 아들이 없는 점, 태현은 1917년 1월 5일 사망하고 피항소인(피상고인)이 같은 달 19일 경성부에 태현의 양자라는 내용의 신고 및 호주 변경을 신고하고 민적상 태현의 뒤를 이어 호주가 된 점, 그리고 송문진(宋文晋)에게 장남 재화, 둘째 아들 재원이 있고 재화의 뒤는 태현이 이를 잇고 재원의 뒤는 정현이 이를 상속하였으며, 피항소인이 위 정현의 장남인 점은 당사자 간 아무런 다툼이 없는 바이다. 그리고 항소대리인은 본건에서 죽은 태현은 적출의 아들이 없으므로 항소인은 서자이지만 당연히 그 가독상속인인 지위에 있고, 이에 더하여 태현은 1905년 6월 중 갑 3호증의 유언서를 작성하고 항소인에게 그 가독상속권을 부여하였으며, 또한 항소인 14세인 때(1908년)에 승적의 예를 올리고 그 지위를 확정하였으므로, 1917년 1월 5일 태현의 사망과 동시에 항소인은 당연히 그 가독상속을 한 것임에도 불구하고, 피항소인은 같은 달 9일 춘천에서 경성으로 와 돌연 태현의 양자라고 칭하고 송가 일문 중의 일부와 은밀히 논의하여 스스로 망부의 상을 하고, 같은 달 19일 경성부에 앞에 언급한 신고들을 하여 민적상 호주가 되어 항소인의 상속인으로서의 권리를 무시하였다고 주장한다. 그러나 보통 적출의 아들이 없는 아버지는 서자가 있어도 이를 놔두고 또한 그 아버지의 사망 후라고 하여도 죽은 사람의 처, 친족 등이 바로 다른 곳에서 적당한 양자를 정하여, 그로 하여금 죽은 아버지의 가독상속을 하게 할 수 있는 것은 조선에서 현저한 관습에 속하므로, 항소인은 죽은 태현의 서자로서 태현에게는 적출의 아들이 없지만 만일 피항소인이 태현의 양자가 된 것이라면, 항소인은 그 가독상속권을 주장할 수 없다고 말하지 않을 수 없다. 따라서 피항소인이 유효하게 태현의 양자가 된 사실의 유무에 관하여 판단건대", (중략) "사실 등을 종합하여 고려했을 때, 피항소대리인이 주장하는 바와 같이 피항소인이 송태현의 생존 중 그 양자가 되었다는 사실은 도저히 이를 인정할 수 없지만, 항소인은 아버지 태현의 생존 중에 승적의 예를 올린 일이 전혀 없고, 오히려 항소인은 자질이 불량하고 특히 4, 5년 전 약 3,000원의 재산을 낭비한 이래 아버지 태현은 점차 그를 소원히 대하고 자신의 후계자로 삼는 것을 좋게 생각하지 않았다. 태현은 친동생 정현의 장남인 피항소인을 양자로 삼으려는 의사를 품고 있었지만, 생전 미처 입양하기에 이르지 못하고 1917년 1월 5일 사망하였으므로, 그 처 김씨는 바로 피항소인을 춘천에서 불러 죽은 아버지의 유지에 따라 주요 친족과 논의하여 그 동의를 얻은 후, 피항소인을 입양함으로써 죽은 아버지의 가독을 상속하게 하고, 항소인도 역시 이를 승인하여 위 김씨 및 피항소인이 경성부에 양자 신고 및 호주 변경을 신고할 때 그 신고서에 연서한 사실을 인정하기에 충분하다. 그리고 앞에서 언급한 다툼이 없는 친족 관계에 의하면, 죽은 태현의 가와 정현의 가와는 본가, 지가의 관계에 있음이 명백하고, 장남이라고 하여도 가독상속의 경우에는 양자로서 다른 가에 들어갈 수 있음은 조선의 관습상 일반적으로 인정되는 바이므로, 앞에 기록한 입양은 처음부터 유효한 것이고, 피항소인은 이에 의하여 죽은 태현의 양자가 되고 동시에 그 가독을 상속한 것이라고 인정하여야 한다. 항소인의 입증 중 위 인정 내용에 저촉하는 것은 모두 채용하기 어렵다. 또한 항소대리인 주장 중 앞에 언급한 송태현의 유언 사실은, 갑 제3호증 및 당심에서의 증인 손상남의 이 점에 관한 진술은 신용하기 어려우므로 이를 인정할 수 없고, 나아가 송태현 사망 당시 항소인으로부터 사망신고를 제출한 사실은 위 태현의 사망 후에 피항소인이 그 양자가 된 것을 인정할 수 없게 하는 것이 아니며, 또한 이로써 바로 항소인이 정당하게 태현의 가독을 상속했다는 것의 증거가 되지 아니한다. 그렇다면 항소인이 본소를 제기하여 스스로 죽은 태현의 가독을 상속한 사실을 주장하고, 그 확인 및 민적상 항소인의 호주 등록 말소 절차를 청구하는 것은 불가능하고 배척하여야 한다"고 판시하였다. 그러나 피상속인에게 적자가 없고 서자가 있을 때는, 그 서자가 상속권을 갖는 것은 조선에서의 상속에 관한 법칙으로서, 특히 서자는 승적 절차를 하지 않으면 상속권을 갖지 않는다는 관습이 없음은 귀원도 시인하는 바이다[1910년(明治 43) 민상 제14호, 1913년(大正 2) 민상 제129호 판결 참조]. 따라서 적자가 없을 때는 서자가 상속권을 갖고, 피상속인이 사망 후 그 처라 하여도 서자를 놔두고 따로 양자를 선정하여 피상속인의 가독상속을 하게 하는 것과 같은, 즉 피상속인의 상속 개시와 동시에 서자가 얻은 상속권을 침탈할 수 없음은, 최근의 조선에서의 상속에 관한 법칙이다. 따라서 그러한 경우에 입양은 무효이고, 이 역시 최근의 조선에서의 관습이다[1915년 8월 7일 관통첩 제24호 참조]. 1915년 9월 서자가 있는 경우의 양자 문제에 대한 정무총감의 회답서 중, 죽은 아버지의 처가 죽은 아버지의 양자를 들였을 때는 서자는 상속을 할 수 없다고 되어 있다. 그러나 이것은 30년 전 황해도 지방에서의 관습일 뿐만 아니라, 상속 개시 후 바로 양자를 하는 경우를 의미하는 것으로, 이것을 곧 최근의 일반적 관습이라고 말할 수 없다. 그런데 원심은 위 귀원 판례를 배반하고, 본건에 관하여 상고인의 아버지인 송태현은 적출의 아들이 없고 1917년 1월 5일 사망한 후 태현의 처 김씨가 서자인 상고인을 놔두고 피상고인을 양자로 정하여 태현의 가독을 상속시킨 것은 적법하므로 상고인에게는 위 상속권이 없고, 또한 위 입양은 유효하므로 피상고인이 태현의 가독상속인이 되는 것은, 조선에서의 현저한 관습이라는 취지를 판단하고 상고인의 청구를 배척하였다. 그러나 종래 조선에서 위 판시와 같은 관습이 존재하지 않을 뿐만 아니라, 가장 최근에도 그러한 관습은 존재하지 아니한다. 상고인은 상술한 것과 같은 서자 상속에 관한 일반적인 관습에 의하여 송태현의 상속 개시와 동시에 그 상속권을 취득하였으므로, 피상고인의 본건 입양은 무효임은 두말할 필요가 없다. 그런데 원심은 위 판시와 같이 상고인의 청구를 전부 배척하였음은, 결국 원판결은 조선에서의 상속에 관한 법칙을 적용하지 아니한 위법이 있고 귀원 판례에 배반한 불법이 있으며, 입양에 관한 법칙을 부당하게 적용한 위법이 있다고 믿는다.

상고 이유 제2점은 다음과 같다.

원판결의 모든 내용 및 그 이유 중 특히, "상고인은 죽은 태현의 서자로서, 태현에게는 달리 적출의 남자가 없지만, 만일 피상고인이 태현의 양자가 된 경우에 있어서는, 상고인은 그 가독상속권을 주장할 수 없다고 말하여야 하므로, 피상고인이 유효하게 태현의 양자라는 사실의 유무에 관하여 판단하건대…"라고 판시한 바에 의하면, 상고인의 본건 상속권 주장사실의 당부를 판단함에 있어서, 우선 피상고인의 입양의 성부를 판단하고, 그런 다음 상고인의 상속권 주장을 배척한 것이라고 하여야 한다. 그렇다면 만일 본건에 관하여 피상고인의 입양이 장래 성립되지 아니한다면, 언제까지라도 그 상속인 흠결의 상태로서, 가령 친아들인 상고인이 있다고 하여도 상고인은 굳이 그 가독을 상속할 수 없다는 이치가 된다고 말하여야 한다. 이 역시 한 걸음 더 나아가 논급할 때는, 송태현의 양자가 되는 자가 없는 경우에는, 태현의 가는 여차하면 절가(絶家)가 된다고 말할 수밖에 없다. 따라서 그러한 판결이 타당하다고 한다면, 조선에서 옛날이나 지금이나 상관없이 서자에게는 절대로 상속권을 취득할 법칙이 없다고 말하여야 한다. 바꿔 말하면 서자는 적출의 아들 없이 사망한 아버지의 가독상속권 즉 그 호주권, 제사권, 재산권 모두 승계할 수 없다고 말할 수밖에 없다. 위 판시는 심히 오판이 아닌가. 또는 본건과 같이 송태현이 적자 또는 양자 없이 사망하고 상고인과 같은 한 명의 서자만 있는 경우에, 그 아버지가 사망 후 양자를 선정할 처 또는 친족 등이 이를 선정하지 않는 경우에는, 서자가 승적의 절차를 통해 그 가독을 상속할 수 있는 것이므로, 본 논지와 같이 절대로 서자는 상속권이 없다고 할 수는 없다는 취지로 논박할 수 있다. 그러나 서자가 상속권을 취득하는 데에는 승적의 절차 유무가 필요 없다는 관습이 있으므로, 그러한 논박도 이유가 없는 것이 된다. 또는 본건과 같이 송태현이 생존 중 피상고인을 양자로 하려는 의사를 품고 있었지만, 미처 입양하기에 이르지 못하고 사망한 것이라면, 가령 사망 후라고 하여도 조만간 피상고인은 그 양자가 될 수 있는 가망이 있으므로, 그러한 경우에는 서자에게 상속권이 없다고 말할 수 있지만, 이 역시 이유가 없다고 말하여야 한다. 왜냐하면 피상속인의 사망 후에 양자를 선정할 수 있는 권리를 갖는 자가 절대적으로 양자를 선정한다고 보증할 수 없기 때문이다. 따라서 서자는 절대적으로 아버지의 가독을 상속할 권리가 없다고 한다면 별론으로 하더라도, 만일 서자도 상대적으로 아버지의 가독을 상속할 경우가 있다고 한다면, 본건에 관하여 우선 상고인의 송태현 사망과 동시에 상속권이 상고인에게 발생하였다는 주장, 사실 당부 및 그 법칙의 유무를 판단한 후, 나아가 그 사후양자가 정해질 경우는 상고인의 상속권은 필연적으로 영향을 받는다는 관습의 유무를 언급하여야 한다. 그런데 원심은 이를 하지 아니하고 위 판시와 같이 상고인의 주장을 놔두고 먼저 피상고인의 입양이 성립하였는지만 언급하고, 그것이 유효하게 성립되었으므로 상고인의 청구는 모두 배척한다고 판단하였다. 그러나 본건 상고인은 당당한 관습법에 따라서 태현의 사망과 동시에 그 상속권을 취득한 것이다. 그렇다면 원판결은 결국 이유 불비인 불법이 있고, 또한 조선에서의 상속에 관한 법칙을 오해한 불법한 판결[1910년(明治 43) 민상 제14호, 1913년(大正 2) 민상 제129호 판례 및 1915년 8월 7일 관통첩 제24호 참조]이라고 믿는다는 점이다.

그렇지만 ○ 조선인 간에 있어서는 호주인 피상속인에게 서출의 아들이 있는 경우라 하여도, 상속인이 다른 곳에서 양자를 하고 그 양자는 상속에 관하여 적출의 아들과 동일한 권리를 갖는 관습이 있음은 당원의 판례[1914년(大正 3) 민상 제509호 1914년 1월 29일 판결 '가독상속권 확인 청구 사건' 및 1913년(大正 2) 민상 제8호 1913년 5월 2일 판결 '입양 확인 청구 사건' 참조]로서 판시하는 바이다. 그러나 이것은 피상속인이 서출의 아들이 있음에도 불구하고 그 생전에 입양하거나 유언으로서 양자를 지정하는 경우에 이를 유효로 하는 것에 불과하고, 피상속인의 처 또는 그 친족이 피상속인에게 서출의 아들이 있음에도 불구하고 그 사망 후 바로 다른 곳에서 양자를 들이고, 그에게 피상속인의 가독을 상속시킬 수 있는 일반 관습의 존재는 당원이 인정하지 않는 바이다. 생각건대 피상속인이 적출이 없고 서출의 아들이 있을 때는, 그 서출의 아들이 상속권을 가짐은 조선에서의 상속에 관한 법칙으로서, 승적 절차를 할 필요가 없음은 이 역시 반복하여 당원의 판례[1910년(明治 43) 민상 제14호 1910년 2월 19일 판결 및 1913년(大正 2) 민상 제129호 1913년 7월 25일 판결 참조]로서 판시한 바이다. 서출의 아들은 그 상속 순위에서 적출자에게 앞설 수 없다고 하여도, 무엇보다도 적출자가 없는 한 그 상속권은 적출자의 상속권과 조금도 다른 바가 없다. 피상속인의 상속 개시 때에 소급하여 당연히 그 상속을 하고, 게다가 그 가독상속권은 이를 포기할 수 없음은 물론, 일단 상속을 개시하고 가독을 상속한 이상은 타인이 이를 빼앗을 수 없다. 그뿐만 아니라 호주 스스로 은거에 따라 호주의 지위를 버릴 수 없음은 이 역시 조선에서의 관습이므로, 상속 개시 당시 피상속인에게 서출의 아들만 있고 달리 적출의 아들 또는 생전의 입양 또는 유언에 의한 양자가 없을 때는, 같은 서자가 상속 개시 때로 소급하여 당연히 그 가독상속을 해야 한다. 피상속인의 사망 후에 피상속인의 처 또는 그 밖의 친족이 가독을 상속시키기 위하여 다른 곳에서 양자를 삼고 상속인인 서자가 이에 동의하여도, 이 동의는 아무런 효력이 없고 그 입양은 무효이므로, 일단 상속에 의하여 얻은 서자의 지위에 아무런 영향을 미치지 아니한다. 그렇다고는 하지만 종래의 일부의 사회, 특히 명문세가의 사이에 서자에게 가독을 상속하는 것을 싫어하고, 피상속인에게 서출의 아들이 있음에도 불구하고 그 유처 등이 피상속인 사망 후 바로 다른 곳에서 양자를 하여 이로써 가독을 상속시키는 것과 같은 사례가 없지 아니하지만, 이와 같은 것은 명문세가 각자의 하나의 제멋대로의 행위에 불과하고 관습법으로써의 효력을 갖는 것은 아니다. 그렇다면 원심이 적출의 아들이 없는 아버지가 서출의 아들이 있지만 이를 놔두고 양자를 삼을 수 있다는 취지를 판시한 것은 아무런 위법이 없다. 그러나 그 아버지 사망 후 서자인 아들이 있음에도 불구하고 망부의 처, 친족 등이 바로 다른 곳에서 적당한 양자를 정하고 이로 하여금 가독상속을 하게 할 수 있음은 조선에서의 현저한 관습이라고 설명하고, 나아가 증거에 의하여 피상고인이 송태현의 사망 후 10여 일이 지나 태현의 처 김씨와 입양을 한 사실을 인정하여 태현에게 서출 아들인 상고인이 있음에도 불구하고, 위 입양은 유효라고 하고 피상고인에게 송태현의 상속권이 있다는 취지를 판시한 것은 타당하지 않다. 본 논지는 모두 이유가 있고 원판결은 파기를 면할 수 없다. 그리고 원심은 항소인(상고인을 지칭. 이하 이에 따른다)이 죽은 태현의 서출 아들로서 위 태현에게는 적출자가 없는 점, 태현은 1917년 1월 5일 사망한 점, 피항고인(피상고인. 이하 이에 따른다)은 같은 달 19일 경성부에 위 태현의 양자라는 내용의 신고 및 호주 변경 신고를 하고, 민적상 태현의 뒤를 이어 호주가 된 점, 그리고 피항소인은 송태현 사망 후 태현의 처 김씨와 입양을 한 것으로, 태현의 생전의 양자가 아님은 물론, 그 유언에 따라 양자가 된 것이 아니라는 사실을 확정한 것이다. 따라서 상고인은 송태현의 서출 아들로서 상속권을 갖는 것이고, 그 사망과 동시에 당연히 그 가독을 상속하고 이후 태현의 처 및 피상고인 간에 이루어진 입양이 무효로서 피상고인에게 그 상속권이 없음은 앞의 설명에 따라 명료하다. 그뿐만 아니라 피상고인이 민적상 태현의 양자로서 태현의 사망에 따라 그 뒤를 이어 호주가 된다는 내용을 등록하였음은 원심이 확정한 것과 같은 이상은, 본소 상고인의 청구는 타당하고 상고인은 김씨 및 피상고인의 양자 신고서 및 호주 변경 신고서에 연서한 사실이 있어도 가독상속권은 이를 포기할 수 없다. 그뿐만 아니라 일단 가독상속을 하고 호주가 된 자는 은거를 할 수 없는 것이므로, 그 연서는 아무런 효력이 없고 그 때문에 피상고인의 입양이 유효가 되지 아니함은 이 역시 앞의 설명에 따라 명백하다. 따라서 위의 사실은 본소 청구의 방해가 되지 아니한다. 그렇다면 상고인의 본소 청구를 배척한 원판결 및 제1심판결은 모두 타당하지 아니하고, 본건은 원심이 확정한 사실에 따라 이미 판결하기에 충분한 것으로 인정하며, 그 밖의 논지에 관하여는 설명을 생략하여 「민사소송법」 제447조 제1항, 제451조 제1항, 제78조 제1항, 제75조, 제72조, 「조선민사령」 제45조 등에 의하여 주문과 같이 판결한다.

고등법원 민사부

3) 이혼 관련 재판

해제

 관습의 해석에서 이혼 문제 또한 중요한 쟁점이 되었다. 『관습조사보고서』에서는 조선에는 일본 「민법상」의 이혼 관습 자체가 존재하지 않고 오직 이혼을 금하는 관습만 있다고 판단했다. 남성 일방의 결정에 의해서만 혼인을 해제할 수 있거나 국가가 그것을 강제할 수 있다고 본 것이다. 그러나 조선총독부는 이혼을 금지하지 않았고 일본의 「민법」상의 이혼제도를 조선에서도 용인하였다. 이혼을 협의이혼과 재판이혼으로 분류하고 이를 허용했다. 따라서 관습법을 적용한다고 하였지만 이혼은 용인되고 있었다. 아래 〈이혼청구에 관한 건〉[1915.7.6판결]은 『관습조사보고서』에서는 인정되지 않는다고 기록하였던 여성의 이혼청구권을 인정한 판례이다. 1914년 경성에 거주하는 박숙양은 평소 자신을 학대했을 뿐만 아니라 자신의 어머니를 결박하고 밤새도록 폭행한 남편을 걸어 경성지방법원에 이혼소송을 제기했다. 박숙양은 1, 2심에서 모두 승소했으나 남편이 끝까지 물러서지 않아 이 소송은 당시 최종심인 조선고등법원에까지 올라갔다. 남편 측은 삼종지도를 운운하면서 조선의 '관습'에 따라 아내의 이혼 제기를 인정할 수 없다고 주장했다. 그러나 재판부는 "정당한 사유가 있을 때는 아내도 남편에 대해 이혼을 청구할 권리가 있다"며 아내의 손을 들어주었다. 이 재판은 가족에 관해서는 조선의 관습에 따른다고 하는 관습주의를 채택하였지만, 관습이 무엇인지 명확하지 않은 상황에서 관습의 해석을 두고 논란이 분분했으며 결국 조선총독부가 관습을 새롭게 규정해 가면서 일본 「민법」의 틀에 맞춰 조선의 관습을 변경해 갔음을 보여 준다. 그러나 이러한 관습의 재해석은 단순히 일제의 동화정책의 산물이었다기보다는 이혼소송을 통해 자신의 이해관계를 지키고자 했던 여성들의 요구로 인해 교란된 관습 해석의 문제를 일본 「민법」의 틀 안에서 해결해 나간 과정이었다고 할 수 있다.

 여기에는 관련 소송의 판결문을 번역하여 수록하였다.

⟨자료 100⟩ 이혼청구에 관한 건 [1915년(大正 4) 민상 제140호 1915.7.6 판결]

[판결 요지]

1. 조선인 사이에서도 남편이 아내의 친어머니[實母]를 구타하여 부상을 입히는 등의 행위를 하여 학대를 가하였을 때에는 아내는 그것을 이유로 남편에 대하여 이혼을 청구할 수 있다. (상고 이유 제5점)

[제1심] 경성지방법원
[제2심] 경성복심법원
[상고인] 김정(金晸)
　　　　소송대리인 조천식(趙天植)
[피상고인] 박숙양(朴淑陽)

위 당사자 간의 이혼청구 사건에 관하여 1915년 4월 2일 경성복심법원이 선고한 판결에 대하여 상고인이 상고를 제기하였으므로 다음과 같이 판결한다.

[주문]
본건 상고는 이를 기각한다.
소송 비용은 상고인의 부담으로 한다.

[이유]
상고 이유 제1점은 다음과 같다.

원심 판결은 단지 상고인이 피상고인의 직계존속친에 대하여 학대 또는 중대한 모욕을 가하였음을 이유로 하고 있다. 그러나 상고인이 결혼 당시인 1911년(明治 44)경부터 본건 사실 발생일 즉 1914년(大正 3) 7월경까지 피상고인 및 그 부모 3인을 부양한 사실은 제1, 2심 각 증인의 증언 및 수사복명서(搜査復命書)에 비추어 명백하다. 또한 피상고인은 상고인으로부터 동거를 감내할 수 없는 학대 또는 중대한 모욕을 받은 일이 없다는 것은 제1, 2심에서 인정된 바이다. 또, 수사복명서에도 소송 제기까지는 불화합한 점은 없었다고 되어 있다. 이상의 사실로 미루어 살펴보면, 학대 및 모욕을 처에게도 가하지 아니한 자가 월진승선(越津乘船)[212]하는 것과 같이 그 존속친에 대하여 학대 및 모욕을 가할 이유가 없다는 점이 판명된다. 원심 판결 이유 중 항소인이 피항소인에 대하여 질투심을 품고 때때로 피항소인 및 그 부모를 구타하여 자주 보호원을 제출하였다고 해도, 위 각 증언에 의하면, 1914년 9월 4일 본건 사실 발생에 대하여 고소 및 소송을 제기한 후이다. 그렇다면 본건 소송에 대하여 소급 불능의 증언을 채용한 것은 불법이 현저한 것이고 갑 제1호 중 적용 법조에 「형법」 제208조를 적용하고 있는데, 「형법」 제208조에는 폭행을 가한 자가 사람을 상해하기에 이르지 않은 때에는 구류 또는 과태료에 처한다고 규정하고 있음에 비추어 보면, 갑 제2, 3호증 및 증인 시모무라 시게히데(下村重英), 키토 요시지(鬼頭義二)의 증언 중 상고인이 피상고인의 친어머니를 구타하여 그 상흔으로 손바닥 모양의 멍이 있다는 증언을 채용한 것은 옳지 않다. 그럼에도 불구하고, 그러한 증언을 모두 채용한 것은 심히 불법한 판결이다.

그렇지만 ○ 원심판결에 의하면, 원심은 증인 시모무라, 키토의 증언과 갑 제1호증 내지 3호증의 기재 및 순사 오쿠 토라기치(奧寅吉) 외 1인의 수사복명서 등을 종합하여, 상고인은 그 처인 피상고인과 질투로 인한 싸움을 하여 피상고인을 구타하고, 또한 피상고인의 친어머니 홍씨도 구타하여 부상을 입힌 것에 그치지 아니하고, 흙 묻은 발로 홍씨 부부의 거실에 뛰어 들어가 몽둥이로 기물을 파괴하였고, 이로 인하여 상고인은 북부경찰서에서 구류 7일의 즉결 처분을 받았는데, 그 후에도 피상고인 및 그 부모를 구타하고 폭행을 가한 사실이 있으며, 그러한 행위는 그 배우자의 직계존속친에 대하여 학대를 가한 것으로서, 이는 조선에서도 관습상 이혼을 청구할 수 있는 정당한 원인이 있는 것이라고 판시하여, 피상고인의 본소 청구를 정당하다고 인정한 것으로서, 원심의 증언 채용상에 어떠한 위법이 있는 것이 아니다. 요컨대, 위 주장은 원심의 직권에 속하는 사실인정과 증거 판단을 비난하는 것에 불과하여 적법한 상고 이유가 되지 않는다.

---

212 일을 순서대로 하지 않고 거꾸로 처리한다는 의미로, 나루를 건너고 나서 배를 탄다는 뜻에서 나온 말.

상고 이유 제2점은 다음과 같다.

　원심 판결 이유 중 항소인은 피항소인 및 그 부모에 대하여 질투 및 폭행을 하였다고 하지만, 남편이 아내의 불미스런 점에 대하여 질책하거나 또는 말로 타이를 때에 의사의 충돌로 경우에 따라서는 싸움에까지 이르게 되는 것은 어느 가정에서나 종종 있을 수 있는 일이다. 그런데 예로부터 조선에 전해 오는 말에 가정싸움은 칼로 물을 베는 것과 같아서 잠시 후면 그친다고 하는 격언도 있다. 만약 이와 달리 사건을 중대하게 구성하여 고소 또는 소송을 제기하기에 이른 것은 즉, 폭행 또는 질투에 가까운 것이다. 그리고 증인 시모무라의 증언에서 원고의 부모가 보호원을 제출한 것이 부부싸움의 원인이 되었다고 하고, 증인 키토의 증언에서 피고는 상당한 신분을 가진 자인데 아내가 속옷만 입고 외출하는 것을 힐책한 것이 원인이라고 한다. 이로써 추측해 보면, 일시적인 가정싸움에 불과함에도 홍씨가 갑자기 사실을 구성하여 고소 또는 이혼소송을 제기한 것은 어린 딸을 이용하여 일시 불의한 부귀를 도모할 악계를 품은 것으로서, 그 사실은 증인 정인원(鄭仁源)의 증언에 비추어 명백하다. 또한 자신이 사건을 중대하게 만들고, 한편으로는 애매하게 구성하고 있다는 것은 증인 아키다 요시베에(秋田吉兵衛), 정씨 녀의 증언으로 명확하다. 그럼에도 불구하고, 상고인이 피상고인의 직계존속친에 대하여 학대 또는 중대한 모욕을 가하였다고 판결한 것은, 증거 채용상 중대한 위법이 있는 판결이다.

그러나 ○ 이러한 논지는 원심의 직권에 속하는 사실인정을 비난하고 있는 것에 지나지 않으므로 적법한 상고 이유로 삼을 수 없다.

상고 이유 제3점은 다음과 같다.

　본건 사실에 대하여 다시 직권으로 조사를 한 것은 다소 의문점이 남는다. 그리고 증인 정인원, 시모무라, 키토 및 갑 제1, 2, 3호증이 모두 북부경찰서에서 입증한 것이라면, 이러한 사실 증거의 의문점을 밝히기 위해서는 조사상 반드시 다른 방법이 있을 것임에도 그러한 방법을 취하지 않고서, 또다시 같은 경찰서에 촉탁한 것은 바로 귀를 막고 방울을 훔치는 것

(掩耳盜鈴)[213]과 다름이 없다. 또한, 오쿠 외 1인의 수사복명서를 참조하면, 제옥(齊玉)은 부랑죄로 15일의 구류에 처해졌지만 어떠한 비행도 없었다는 것이다. 그렇다면 같은 경찰서에서는 무죄한 인민에게 형벌을 가한 것이 되는바, 이와 같이 무법한 경찰서에서 상고인도 애매하게 구류의 형을 받았던 것이다. 또, 김정은 이전부터 점점 주색에 빠져 상업에도 열심이지 아니하고 가산을 기울게 해 거액을 투자한 상업을 그만두고, 다시 다른 사람과 동업하였다가 또 실패하고, 그 후 같은 번지에 있는 이순창 상점에 고용되어 금 15원으로 생활을 하였으나, 김정이 주색에 빠진 결과 그 상점도 역시 실패로 끝나게 되었다. 만약 경찰이 책임이 있다고 함으로서 땔나무를 하는 아이와 가축을 치는 노인[樵童牧叟]도 속일 수 없는 것을 사사로운 것을 쫓아 공적인 것을 업신여기는 것[循私蔑公]과 같이 하는 수사복명서가 어디에 있겠는가. 무릇 김정이 주색에 빠져 거액을 투자한 상점을 실패하였다고 한다면, 이웃인 탁기술(卓基術), 이한승(李漢昇)이 이와 같이 신분이 불미스러운 자와 어째서 동업을 한 것인가. 또한 3인의 동업 중 김정 한 명만이 상업에 실패한다는 것도 불가능한 일이다. 더군다나 이순창의 상점에서 고용인의 한 사람인 김정이 실패한 사실이 있다고 해도 김정의 신분에 비추어 그러한 일이 있었다면, 처음부터 고용하지 않았을 것임이 당연할 것이다. 뿐만 아니라, 혹은 그러한 일이 있었다면 이전에 벌써 해고하였을 것이다. 그리고 일개 고용인으로 인해 상점을 실패하였다고 하는 점에서 추측한다면, 본건에 대하여 이전에 같은 경찰서에서 수차례 입증한 것이 허위라는 점을 엄호하는 복명서에 지나지 않는 것이 되는 까닭에 원심이 다시 같은 경찰서에 조사촉탁을 하는 것은, 소위 장량(張良)의 소식을 장량에게 묻는 것과 다를 바 없게 된다. 그럼에도 이에 대하여 단지 그 사실 및 증거 조사의 결과에 대하여 당사자에게 아무런 신문을 하지 아니하고, 갑자기 판결 선고를 하는 것은 「인사소송절차법」 제14조에 위반되는 불법한 판결이다.

그러나 ○ 본건과 같이 조선인 간의 인사소송에서 검사는 사실 및 증거 방법을 제출할 수 있으므로, 원심이 원심 검사로부터 제출된 북부경찰서 순사 오쿠 외 1인의 수사복명서를 증거로 채용한 것은 위법하지 아니하다. 또한 원심 구두변론조서에 비추어 보면, 원심은 위 복

---

213 모든 사람이 그 잘못을 다 알고 있는데 얕은 꾀를 써서 남을 속이려 한다는 뜻.

명서를 당사자에게 제시하고 피상고인이 이를 증거로 인용하였음이 명백하다면, 원심이 그 증거 조사의 결과에 대하여 당사자에게 아무런 신문을 하지 아니하였다고 말하기 어렵다. 그 밖의 논지는 원심의 직권에 속하는 증거의 취사와 그 판단을 비난하고 나아가 사실의 인정을 부당하다고 공격하는 것에 다름 아니다. 따라서 본 논지는 모두 이유 없다.

상고 이유 제4점은 다음과 같다.

원심 증인 북부경찰서 고등계 정인원이 공술한 때에 제출한 초건(抄件)은 광주헌병대에서 행한 박제옥 및 홍씨의 신분소행조사보고와 같은 경찰서에서 같은 해 11월 중 박제옥을 부랑자로서 구류에 처한 때에 동인 부부 및 숙양의 신분조사기록 원본이 그 경찰서의 고등계에 있다고 진술하였다. 그때 조사한 같은 경찰서의 고등계 주임 하시모토 기요시(橋本淸)를 증인으로 하여 위 두 사건 기록을 휴대하고 출두할 것을 신청하였음에도 이를 각하한 것은 향우지탄(向隅之歎)[214]이다. 또한, 을제1호증 박숙양의 신위(身位)에 동인의 친어머니는 정씨라고 기재되어 있고, 같은 호증은 피상고인이 인정하는 바이다. 또, 「민법」 제776조 및 「민적법」 제5항에 의하여 상당한 절차를 구비한 것이고, 또한 증인 정인원의 증언에 박숙양의 친어머니는 원래 정씨 성을 가진 여자로서 이미 남에게 시집갔는데, 박제옥은 이 홍씨와 간통 동거하였다는 진술이 있다. 피상고인은 제1호증을 인정한 이상에는 친어머니는 바로 정씨라고 자인한 것이다. 그 밖에 「민법」 제776조, 「민적법」 제5항 및 증인 정인원의 증언에 비추어 보아도, 박숙양의 친어머니는 정씨임이 명백하다. 그리고 원심 판결 이유 중 상고인이 홍씨에 대하여 학대 또는 중대한 모욕을 가한 사실이 있다고 가정해도, 위와 같이 피상고인의 친어머니가 아닌 홍씨를 배우자의 직계존속친이라고 함으로써 이러한 사실을 간과하고, 단지 상고인이 피상고인의 직계존속친을 학대 또는 중대한 모욕을 가하였다는 이유만을 판결한 것은 사실을 간과하거나 이유 불비의 위법이 있는 판결이다.

---

214 자리에 모인 많은 사람들이 다 즐거워하나 자신만은 구석을 향하여 한탄한다는 뜻으로, 좋은 때를 만나지 못하여 한탄한다는 뜻.

그렇지만 ○ 증인 환문(喚問)[215]의 허부(許否)는 사실 심의 직권에 속하는 것으로, 원심이 상고인의 증인 하시모토에 대한 환문 신청을 각하한 것은 그 직권의 당연한 행사라고 할 것이어서 위 상고 이유 주장의 전단 부분은 그 이유가 없다. 또한 원심 판결이 인용한 제1심 판결의 사실 적시에 비추어 보면, 홍씨가 피상고인의 실모라는 점에 대해서는 당사자의 주장이 일치한다는 것인데, 그렇다면 피상고인이 을 제1호증의 성립을 인정한 것은 단지 서증(書証)[216] 그 자체의 성립을 인정한 것에 지나지 않은 것이지, 홍씨가 친어머니가 아니라는 사실을 인정한 것은 아니다. 그리고 원심이 증거에 기초하여 상고인은 피상고인의 친어머니인 홍씨를 학대하거나 비행이 있었다고 인정한 것이라면, 위 상고 이유 주장의 하단 부분은 결국 원심의 직권에 속하는 사실인정을 비난하는 것이 되므로 적법한 상고 이유가 되지 않는다.

상고 이유 제5점은 다음과 같다.

원심 판결 이유에서는 배우자의 직계존속친을 학대하거나 또는 중대한 모욕을 가한 경우에는 효도를 중요시하는 조선 관습에 따라 이혼을 청구할 수 있는 정당한 원인이 된다는 점을 제시하였으나 이는 조선 상전(常典) 및 관습을 크게 오해한 것이다. 왜냐하면, 효도는 바로 삼강오륜의 일부분이고, 조선 상전 및 관습이 오로지 효도만을 중시하는 것이 아니라, 부부는 오륜의 시작이자 삼강의 근본이므로 공자도 왈 "부부가 있은 후에 오륜이 생긴다"고 하고 있고, 『열녀전』에서도 "남편은 하늘이요, 하늘이 한결같이 그 자리에 있듯이 남편도 헤어질 수 없다[夫者天也天固不可逃夫固不可離]"고 하고 있으며, 또한 "아내는 남편을 하늘로 삼아 우러러 보고 목숨도 기꺼이 바쳐서 부도를 다해야 한다[婦者以夫爲天所仰望而終身死生以之以盡婦道]"고 하고 있다. 『예기』에서는 "한번 함께 되었으면 종신토록 바꾸지 않고, 부인은 곧고 아름답게 평생 한 남편을 섬기며[一與之齊終身不改易象婦人貞吉從一而終]" 또한 부인은 남편이 존재할 때에는 그 부모의 상을 당하여도 호소중복을 입지 않는다고 하고 있다. 이상 서

---

215 소환하여 신문(訊問)함.
216 문서로써 하는 재판상의 증거.

술한 바는 모두 고금을 막론하고 단지 여자에 대하여는 효도를 하도록 하는 것이 불가능하기 때문에 삼강오륜 중 특별히 삼종의 중의(重義)를 별정한 것이다. 이 삼종의 중의는 조선 여자만에 한하여 상전(常典)[217]이 된다고 할 것이 아니라 혼인에 있어 세계 보편적인 원칙이 되는 것이다. 여자에 대하여 이러한 상전의 중의 없이 단지 효도를 중시하도록 한다면, 효도의 의의는 바로 증자(曾子)의 소위 '아침과 저녁에는 반드시 음식을 먹어야 함[昏定而晨省飮食]'에 항상 멀리 떨어지지 아니하여야만 가능하다는 것이 '효'라는 것이 되어 그 여자가 부모의 슬하에서 멀리 떨어져 출가외인이 되면 불효의 죄는 이보다 심한 것이 다시 없게 된다. 그렇다면 원심 판결의 요지와 같이 여자에게 효도만을 중시하게 되면, 오륜의 근본인 부부를 조성할 수 없게 되어 인류의 생식이 멸절되므로 효도라는 개념을 사용하지 않은 것이다. 따라서 삼종의 중요한 의의는 '집에 있을 때는 아버지를 따르고 시집 가서는 남편을 따르고 남편이 죽은 후에는 아들을 따른다[在家從父出嫁從夫夫死從子]'라고 해서 여자로서 출가한 이상에는 그 부모에 대하여 효도를 하도록 하는 것이 불가능하기 때문에 『의례』에서도 "아녀자가 자기 집을 돌보면 바른 예를 넘어선다[婦顧私家踰其正禮]"라고 하고, 『열녀전』에서도 "부모의 명을 어길 수 있으나 남편의 뜻을 거스르지 마라[逆親之命無違夫子]" 또는 "부인으로서 남편을 하늘로 삼아서 남편의 명을 온전히 따라서 비록 죽더라도 사양하지 않는 것이 좋다[可以全夫命雖死不辭]" 또는 "모욕을 참고 부끄러움을 견디어 항상 남편을 주인으로 섬긴다[忍辱含垢常事夫主]"고 하고 있다. 이것은 모두 조선 여자의 본분상 항상 지켜야 하고 잊어서는 안 되는 예의경법(禮義經法)으로서, 이를 단지 관습이라고 하는 것에 대하여는 유속기후(猶屬其后) 왕촉(王蠋)이 "충신은 두 임금을 섬기지 않고 열녀는 두 남편을 섬기지 않는다[忠臣不事二君 烈女不更二夫]"라고 하고, 『의례』에서 "아내가 남편을 섬기는 도리에 다섯 가지가 있다. 하나, 임금과 신하의 의리가 있으니 신하가 임금을 섬기는 것과 무엇이 다르겠느냐. 옛날 열국 때에 하징서가 초왕을 섬겼는데 왕이 보란듯이 그의 어머니를 간음했으니 이것은 아버지의 원수인 것이다. 아버지의 원수를 갚기 위해 그 임금을 배반했다[婦之事夫有五一曰有君臣之義即何異於臣之事君古者列國時徵舒事楚王王宣淫其母此即父之仇也爲報父仇而叛其君]"라고 하며, 『춘추』에서 "임금에 큰 죄를 지어 도리에 어긋난다[大逆不道]"고 하여 특별히

---

217 常規와 동의어. 일반적인 규칙.

반박하고 있다. 이번 피상고인의 소위 효이혼(孝離婚)이라는 것은 말하자면 징서가 그 아버지를 위해 군신의 의를 배반한 것[徵舒之爲父叛君距]과 다르지 아니하다. 지금으로부터 50년 전에 김병국(金炳國) 대신에게 한 청년이 질문하기를, 한 여자가 아버지 및 남편과 동행하여 얼음 위를 건너다가 아버지와 남녀 모두가 하나의 얼음 구멍에 같이 빠졌는데, 여자의 능력으로서는 그 두 사람을 일시에 구하는 것이 불가능하여 한 사람만을 구출하는 외에 다른 도리가 없게 되었다. 그런데 아버지를 구하면 남편이 빠지게 되고, 남편을 구하면 아버지가 빠지게 되는데 어느 쪽을 구하여야 하느냐고 물었다. 대신은 이에 대하여, 남편을 구하고 아버지를 빠지게 하면 이는 불효이고, 그 아버지를 구하고 남편을 빠지게 하면 그것은 삼종의 대의에 위반되므로 회답하기 곤란하나, 그 부인에게 대답하기를 이는 어렵지 않다. 신하가 군주를 섬길 때 반드시 충을 우선하고 효를 나중으로 하는 것[不難猶臣之事君 必先忠後孝]과 같으므로 여자로서 일단 출가종부한 이상은 효도보다도 삼종의 의미가 중대하므로, 남편을 구하여 여자의 본분, 즉 삼종의 중의를 우선한 다음 아버지를 따라 죽음으로서 불효를 사죄하여야 한다고 하였다. 이에 청년은 우리의 어머니가 정말로 그러한 일을 하였지만 아직 포상의 전을 받지 못하였다고 하자, 대신은 즉시 그 문에 기를 꽂고 마을에 알리라고 하였다. 그리고 이것은 '그 남편을 위해 그 아버지를 사지로 빠트렸으나, 오히려 여문에 정표하는 것이 맞다.[爲其夫而陷其父尙可旌門表閭]'고, 이상 각 예사(禮史)에 기록되어 있는 바와 같이 여자로서 출가종부한 후에는 '효를 돌아볼 겨를이 없음[無暇顧孝]'이 명백하다. 그런데 홍씨가 피상고인의 직계존속친이 된다고 가정하여 상고인으로부터 학대 또는 모욕을 받은 사실이 있다고 하여도, 피상고인은 부도(婦道)를 다하여 남편을 감화시키거나, 만약 그것이 불가능하다면 오히려 그 때에 죽어 그 불효를 사죄하는 것이 여자의 당연한 본분이 된다. 그런데도 가정 내의 일시적인 충돌에 불과함에도 돌연 이혼을 구하는 것은 바로 삼강의 근본과 삼종의 대의에 배치된다. 따라서 조선 4천 년의 역사 이래 아무리 사실 관계의 경중을 따지지 않더라도, 아내로서 남편에 대하여 이혼을 청구하기 어렵다는 것은 상전 및 관례상 명백하다. 당초 이혼이라는 두 글자의 문법 및 용어도 듣고 본 적이 없음에도 원심 판결의 요지 중 조선의 관습상 효도를 중시하여 이혼의 청구를 정당하게 하는 원인이 되었다고 한 것은, 관습을 오해하여 조선에서 항상 지켜져야 하는 여자의 중대한 예의를 배척한 절대적으로 불법한 판결이다.

그러나 ○ 조선인 사이에서도 이혼을 청구할 수 있는 정당한 원인이 있으면 아내도 역시 남편에 대하여 그 청구를 할 수 있는 권리가 있다는 것은 본원이 시인하여 온 바이다. 그리고 원심은 증거에 기초하여, 상고인은 자신의 처인 피상고인의 친어머니를 구타하여 부상을 입히는 등의 행위를 하였다고 하고, 그러한 행위는 같은 사람에 대하여 학대를 가한 것이 되므로, 그와 같은 것은 관습상 일방의 배우자가 그 직계존속친을 학대한 다른 배우자에 대하여 이혼을 청구할 수 있는 정당한 원인이 있는 것으로 된다고 판시한 것으로써, 그 판시는 정당하므로 위 상고 이유 주장은 이유 없다.

상고 이유 제6점은 다음과 같다.

원심 판결은 그 이유가 단지 상고인은 피상고인의 직계존속친에 대하여 학대 또는 중대한 모욕을 가한 것을 이유로 하여 판결한 것이다. 그러나 1911년 2월 18일 당사자 사이에 성립된 혼인계약서(을 제2호증)의 취지 중 "어떠한 장애가 생겨도 변하지 않기로 한 금석(金石)의 약속을 서로 승낙하고 이에 서약한다"는 뜻의 기재와, 또 그 계약서 말미에 피상고인의 직계존속친인 주혼자 박제옥(朴齊玉)이 기명 날인하고 있는 점을 종합하여 본다면, 당사자 사이에 혼인계약이 성립한 당시 피상고인의 직계존속친인 박제옥이 그 계약의 취지대로 따르고, 후일 어떠한 장애가 생겨도 변하지 않기로 한 금석의 약속을 서로 허락함을 승낙한 사실이 있음이 명백하다. 그렇다면 가령 원심 판결의 이유와 같이 상고인이 피상고인의 직계존속친에 대하여 중대한 모욕을 가한 사실이 있다고 하더라도 을 제2호증의 취지에 반하여 피상고인은 상고인에 대하여 이혼을 청구할 수 없음이 당연할 뿐만 아니라, 을 제2호증과 같은 혼인계약도 「민법」상 일종의 계약임은 두말할 필요가 없다. 또한 조선의 관습상 혼서지와 같은 서약서라면 그 계약상 어떠한 하자도 없는 이상은 이를 당사자 일방이 임의로 해제할 수 없음은 조선 관습상 특례이고, 또 「민법」상의 원칙이다. 그리고 원심 판결 이유 전부를 살펴보아도 을 제2호증의 계약이 그 당시 당사자 간에 아무런 하자가 없었다고 하는 점과 제1심 이래 피상고인은 을 제2호증의 작성된 취지에 대하여 아무런 이의를 제기한 바 없음에도 불구하고, 원심 법원은 을 제2호증에 대하여는 원심 판결 이유 중에서 아무런 설명도 하지 않은 채 이를 배척하는 판결을 한 것은 이유 불비의 위법한 판결이다.

그렇지만 ○ 을 제2호증의 계약 취지가 과연 상고인의 주장과 같은 의의를 가지는 것이라고 한다면, 그 계약은 절대무효인 것이 되므로 그러한 이유에서 이를 증거로 채용하지 아니한 원심 판결은 정당하다. 그리고 채용하지 아니하는 증거에 대하여는 그 채용하지 아니하는 이유를 설시할 필요가 없는 것이므로, 원심에서 그에 대한 설명을 하지 않았다고 해도 위법이 아니다. 따라서 위 상고 이유 주장도 이유 없다.

상고 이유 제7점은 다음과 같다.

전술한 바와 같이 원심 법원은 상고인이 피상고인의 직계존속친에 대하여 학대 또는 중대한 모욕을 가하였음을 이유로 하여 판결하였다. 그러나 증인 정인원(鄭仁源)의 진술을 살펴보아도 피상고인의 직계존속친이라고 사칭하는 홍씨의 소행이 부정함을 쉽게 추지할 수 있을 뿐만 아니라, 예전에 홍씨는 실제로는 피상고인의 친어머니가 아니라 음분녀(淫奔女)로서 피상고인을 사창가에 출입하도록 한 사실이 있음이 명백하다. 그렇다면 원심 판결 이유와 같이 설령 피상고인의 직계존속이라고 사칭하는 홍씨에 대하여 중대한 모욕을 가한 사실이 있다고 해도, 그 모욕 또는 학대는 홍씨의 부정한 행위로 인하여 자초한 것이다. 그러므로 이를 이혼의 정당한 원인이라고 인정하는 것은 현재의 조선 여자 사회가 단지 여식을 진기한 보화(奇貨)로 인식하여 허영의 욕망을 달성하려고 하는 이때에, 소위 홍씨와 같은 존속친이 여러 가지 악계로서 외부인이 알기 어려운 가정 내의 애매한 사실을 가지고 본건과 같은 이혼 분쟁을 일으키고, 선량한 풍속을 손괴하여 안녕 질서를 유지할 수 없게 되는바, 이는 법률이 허용할 수 있는 것이 아니다. 때문에 조선의 관습상 여자로서 한번 스스로 시집을 간 이상에는 어떠한 사정이 있다 하여도 남편에 대하여 이혼을 청구할 수 없다고 하는 특이한 전례가 있음에도 불구하고, 단지 상고인이 피상고인의 직계존속친에 대하여 학대 또는 중대한 모욕을 가한 것만을 이유로 하여 판결한 것은 조리상 적당하지 아니하고, 또한 관습 및 전례를 무시한 위법한 판결이다.

그렇지만 ○ 위 상고 이유 주장의 앞 부분은 원심 판결이 인정하지 아니한 사실을 주장하고, 이를 전제로 하여 원심의 직권에 속하는 사실의 인정을 비난하는 것이므로 적법한 상고 이유가 되지 않는다. 위 상고 이유 주장의 뒷 부분도 이유가 없음은 상고 이유 제5점에서의 설명을 참조하여 이해할 수 있다.

이상 설명한 바와 같이 본건 상고는 그 이유가 없으므로 「민사소송법」 제439조 제1항, 제77조에 의하여 주문과 같이 판결한다.

참고문헌

이승일, 『조선총독부 법제 정책』, 역사비평사, 2008.
소현숙, 『이혼법정에 선 식민지 조선 여성들』, 역사비평사, 2017.
홍양희, 『조선총독부의 가족정책 - 식민주의와 가족, 법, 젠더』, 동북아 역사재단, 2022.
홍양희, 「식민지시기 친족관습의 창출과 일본민법」, 『정신문화연구』 28-3, 2005.
이정선, 「한국 근대 호적의 호주 및 가족 구성 - 1906년 한성부 호적을 중심으로-」, 『서울과 역사』 92, 2016.
이정선, 「한국 근대 '호적제도(戶籍制度)'의 변천 - '민적법(民籍法)'의 법제적 특징을 중심으로-」, 『한국사론』 55, 2009.
임경택, 「일제의 '국민'만들기 - 민적법에서 창씨개명까지」, 『한림일본학』 9, 2004.
손병규, 「민적법의 '戶'의 규정과 변화 - 일본의 明治戶籍法 시행경험과 '朝鮮慣習'에 대한 이해로부터」, 『대동문화연구』 57-1, 2007.
손병규, 「식민지시대의 호구조사와 민의 대응, 그 전통성의 관점에서」, 『사림』 40, 2011.
오카자키 마유미, 「식민지기 조선 민사법의 호주권 기능」, 『사학연구』 47, 2013.
박병호, 「일제하의 가족정책과 관습법 형성과정」, 『법학』 33-2, 서울대법학연구소, 1992.
정긍식, 「일제의 관습조사와 의의」, 『국역관습조사보고서』 한국법제연구원, 1992.
서호철, 「1890-1930년대 주민등록제도와 근대적 통치성의 형성: 호적제도의 변용과 '내무행정'을 중심으로」, 서울대 박사학위논문, 2007.
법원도서관 역, 『(국역) 고등법원판결록』, 법원도서관, 2004~2018.
윤대성, 「일제지배기의 유산상속에 관한 관습법」, 『지역발전연구』 14-1, 2016.
이대화, 「근대 호적제도의 변화가 종중촌락의 관습에 미친 영향 - 경북 김천시 구성면의 사례를 중심으로」, 『한국민속학』 66, 2017.
정긍식, 『국역관습조사보고서』, 한국법제연구원, 1992.
김상수, 「조선고등법원 판사가 본 조선의 친족상속에 관한 관습」, 『서강법학』 10-1, 2008.
왕현종, 『한국근대국가의 형성과 갑오개혁』, 역사비평사, 2003.

자료목록

자료 번호	자료명	자료(책)명	발행일	본문 쪽수
자료 1	의안(議案)	『(구한국)관보』	1894. 6. 28	22
자료 2	조혼 금지에 관한 건	조칙(詔勅)	1907. 8	23
자료 3	「호구조사규칙」(1896년 9월 1일, 칙령 제61호)	『(구한국)관보』	1986. 9. 4	26
자료 4	「호구조사세칙」(1896년 9월 3일, 내부령 제8호)	『(구한국) 관보』	1896. 9. 8	26
자료 5	「호구조사세칙」 중 개정에 관한 건(1899년 7월 7일, 칙령 제31호)	『(구한국)관보』	1899. 7. 10	29
자료 6	본회(本會)에서 오는[來] 26일 하오 1시에	황성신문	1906. 5. 25	31
자료 7	조혼금지의(早婚禁止議)	황성신문	1906. 7. 18	31
자료 8	자강질문(自强質問)	황성신문	1906. 7. 25	32
자료 9	제의미결(提議未決)	대한매일신보	1906. 10. 20	32
자료 10	일박서안(一拍書案)	대한매일신보	1907. 6. 13	33
자료 11	삼교결심(三校決心)	대한매일신보	1907. 7. 18	33
자료 12	불복일성례(不卜日成禮)	대한매일신보	1907. 8. 18	33
자료 13	시사평론	대한매일신보	1907. 8. 18	34
자료 14	암혼도 못하는 법	대한매일신보	1907. 8. 22	34
자료 15	한중만평(閒中謾評)	황성신문	1907. 8. 23	34
자료 16	조혼의 폐해를 통론(痛論)함	황성신문	1909. 9. 3~4	35
자료 17	고씨결심(高氏決心)	대한매일신보	1910. 5. 4	39
자료 18	부인교육회 의안(議案)	황성신문	1910. 6. 28	40
자료 19	조혼금지	대한매일신보	1910. 5. 31	40
자료 20	교회의 금조혼(禁早婚)	황성신문	1910. 7. 20	40
자료 21	첩두는 자를 경계함	대한매일신보	1910. 5. 8	41
자료 22	습관개량론	《태극학보》 제10호	1907. 5	43
자료 23	동초생(東初生), 「이혼법 제정의 필요」	《서우(西友)》 제17호	1908. 5	45

자료 번호	자료명	자료(책)명	발행일	본문 쪽수
자료 24	「민적법」(1909년 3월 4일, 법률 제8호)	『대한제국 관보』 4318호	1909. 3. 6	51
자료 25	「민적법 집행심득」(1909. 3. 20. 내부 훈령 제39호)	『대한제국관보』 4332호	1909. 3. 23	52
자료 26	내부 경무국(內部 警察局), 『민적법의 설명(民籍法の說明)』	『민적법의 설명』	1909	55
자료 27	내부 경무국(內部 警察局), 『민적사무개요(民籍事務槪要)』	『민적사무개요』	1910	59
자료 28	논설: 민적법의 관계	황성신문	1909. 3. 17	71
자료 29	「민적법」 반포	황성신문	1909. 3. 31	72
자료 30	민적 실시 유고문(諭告文)	황성신문	1909. 4. 3	72
자료 31	최선결정(最善決定)	황성신문	1910. 5. 31	73
자료 32	신고법 엄시(嚴施)	매일신보	1910. 10. 29	73
자료 33	법전조사국(法典調查局) 편, 『관습조사문제(慣習調查問題)』	『관습조사문제』	1908	75
자료 34	법률제정	대한매일신보	1908. 5. 5	92
자료 35	조사원의 9인만 치(寘)	황성신문	1909. 1. 12	92
자료 36	법전조사	황성신문	1909. 4. 3	92
자료 37	관습조사위원 씨명	황성신문	1909. 7. 28	92
자료 38	「민적법」 개정(1915년 3월 20일, 조선총독부령 제17호)			99
자료 39	「민적법 집행심득 개정」(1915년 8월 7일, 조선총독부 훈령 제47호)			99
자료 40	민적사무 취급에 관한 건(1915년 8월 7일 정무총감 → 각 도장관 관통첩 제240호)	『조선총독부 관보』 904	1915. 8. 7	100
자료 41	「민적법」 개정(1916년 7월 24일, 조선총독부령 제56호)	『조선총독부관보』 1192	1916. 7. 24	109
자료 42	결혼 신고 태만자 처태(處笞)	매일신보	1911. 2. 22	110
자료 43	「민적법」 위반자	매일신보	1911. 5. 6	110
자료 44	이전 신고 물태(勿怠)	매일신보	1911. 2. 16	110
자료 45	「민적법」 위반자	매일신보	1914. 12. 1	111
자료 46	축첩, 입적, 이거	매일신보	1911. 9. 26	111
자료 47	변사의 축첩 신고, 변호사의 첩 얻은 신고	매일신보	1912. 4. 21	112

자료 번호	자료명	자료(책)명	발행일	본문 쪽수
자료 48	축첩자의 주의, 첩 두는 자의 주의할 일, 민적에 구애가 없도록	매일신보	1913. 7. 20	112
자료 49	북부경찰서장과 관내의 풍기진숙(風紀振肅), 북부경찰서 관내의 민적 누락자의 주의	매일신보	1914. 11. 4	113
자료 50	민적 벌칙의 엄행(嚴行), 「민적법」어긴 자는 용서 없이 형벌에	매일신보	1914. 12. 5	113
자료 51	민적과 신동정명(新洞町名), 동대문 분서에서 착수	매일신보	1915. 2. 2	114
자료 52	인민은 결코 오해치 말라, 다치바다(立花) 경무총장 담(談)	매일신보	1915. 3. 14	114
자료 53	첩의 이혼소송, 첩으로는 살 수 없다고	매일신보	1915. 3. 25	115
자료 54	여(余)는 이조시대에 민적하였다고 민적부를 파괴	매일신보	1915. 4. 18	116
자료 55	내지 부인과 결혼은 입적됨, 「민적법」 불비점(不備點)의 보정(補定)	매일신보	1915. 8. 14	116
자료 56	민적 등본을 변조, 혼상계전을 먹으려고	매일신보	1915. 8. 14	118
자료 57	첩의 이연소송, 민적 말소 신청하려고	매일신보	1916. 2. 25	119
자료 58	「부(父)를 피고로 소송, 민적에 끼어 달라고」	매일신보	1916. 7. 11	119
자료 59	혼인과 이혼 수, 경성부 민적계의 성적	매일신보	1916. 7. 26	120
자료 60	이혼에 사망신고, 허황한 민적 신고	매일신보	1916. 10. 25	120
자료 61	사망자가 민적계(民籍係)에 출두하여 제적 말소를 신청해, 참 우스운 일	매일신보	1920. 6. 20	121
자료 62	호소야 사다무(細谷定, 조선총독부 경부), 「민적의 부등록(不登錄)과 혼인 성립 시기」	『조선휘보(朝鮮彙報)』	1915. 4	121
자료 63	호소야 사다무(細谷定, 조선총독부 경부), 「조선인 조혼과 관습의 효력」	『조선휘보(朝鮮彙報)』	1915. 5	123
자료 64	「조선민사령」(1912년 3월 18일, 제령 제7호)」	『조선총독부관보』 호외	1912. 3. 18	126
자료 65	「조선민사령」 요지	매일신보	1912. 4. 18	127
자료 66	조선총독부 편, 『관습조사보고서』	『관습조사보고서』	1913	131
자료 67	조선총독부 중추원 편, 『민사관습회답휘집(民事慣習回答彙集)』	『민사관습회답휘집』	1933	217
자료 68	구관조사회 설치	매일신보	1921. 4. 30	334
자료 69	구관조사 개회	매일신보	1921. 8. 7	335
자료 70	친족구관(舊慣) 토의	매일신보	1921. 8. 18	336

자료 번호	자료명	자료(책)명	발행일	본문 쪽수
자료 71	「구관 및 제도조사위원회 결의」	『민사관습회답휘집(民事慣習回答彙集)』	1933	336
자료 72	조선총독부, 『(비)사법관회의자문사항답신서((秘)司法官會議諮問事項答申書)』	『(비)사법관회의자문사항답신서』	1917. 10	372
자료 73	「민사령」·「민적법」 개정의 조사, 「공통법」 대응 준비	매일신보	1918. 1. 27	375
자료 74	「조선민사령」 개정에 대하여, 고쿠분(國分) 사법부 장관 담」	매일신보	1918. 6. 4	375
자료 75	「민적법」 개정의(改正議)	매일신보	1918. 7. 14	376
자료 76	민사민적 개정위원회	매일신보	1918. 8. 9	376
자료 77	내선인(內鮮人)의 결혼이, 불원간 법률상으로 인정된다, 고쿠분사법부 장관 담	매일신보	1919. 1. 13	376
자료 78	조선 친족법	매일신보	1919. 3. 26	377
자료 79	내선인결혼법(內鮮人結婚法) 대략 해결되었다고	매일신보	1920. 4. 27	377
자료 80	「민사령」·「민적법」 개정, 우선 일부를 개정해, 법무당국자 답(談)	매일신보	1920. 5. 14	378
자료 81	내선인(內鮮人)의 결혼법 성안(成案), 내선인의 결혼을 법률로 허락하다	매일신보	1921. 2. 2	379
자료 82	「민적법」·「민사령」 개정, 관계 내선법규(內鮮法規) 공통」	매일신보	1921. 2. 3	379
자료 83	사설: 내선인(內鮮人) 결혼법 실현 미구(未久), 내선융화(內鮮融和)의 첩경	매일신보	1921. 2. 4	380
자료 84	「민적법」 개정에 대하여, 총독부 법무국 민사과장 담(談)	매일신보	1921. 2. 7	381
자료 85	「공통호적법」 개정, 결혼에 대한 구관(舊慣)을 존중, 방금 제령에 대한 연구 중	매일신보	1921. 4. 7	382
자료 86	통혼(通婚) 법안의 경과, 법무국 하라(原) 민사과장 담	매일신보	1921. 4. 8	383
자료 87	능력에 관한 규정, 하라(原) 법무국 민사과장 담	매일신보	1921. 5. 9	384
자료 88	내선통혼 법령, 칙령 발포 가까운가, 요코타(橫田) 법무국장 담	매일신보	1921. 5. 22	384
자료 89	긴급한 「민법」 개정 문제: 금치산법(禁治産法)의 급무, 변호사 김우영(金雨英) 씨 담(談)	매일신보	1921. 5. 22	385

자료 번호	자료명	자료(책)명	발행일	본문 쪽수
자료 90	긴급한 「민법」상의 능력 문제, 만강(滿腔)의 찬의를 표함, 구관(舊慣)을 무시함은 불가, 하라(原) 법무국 민사과장 담	매일신보	1921. 5. 28	386
자료 91	긴급한 「민법」상의 능력 문제, 관습을 존중할 뿐 불비(不備)한 제도는 당연히 개폐(改廢), 요코타(橫田) 법무국장 담	매일신보	1921. 5. 29	388
자료 92	긴급한 「민법」상의 능력 문제, 관습을 존중할 뿐(하), 불비(不備)한 제도는 당연히 개폐(改廢), 요코타(橫田) 법무국장 담	매일신보	1921. 5. 30	389
자료 93	추호(秋湖), 「가정제도를 개혁하라」	《여자계》1-2	1918	392
자료 94	강인택(姜仁澤), 「나의 본 조선 습속의 2, 3」	《개벽》제5호	1920. 11	398
자료 95	유부녀 간통[有夫姦]의 건[1911년(明治 44) 형상 제91호 1911. 8. 21 판결]	『조선고등판결록』	1911. 8. 21	404
자료 96	혼인확인 등 청구 사건(소화 3년 민상 제310호 1928. 10. 26 민사부 판결 상고 기각)	『조선고등판결록』	1928. 10. 26	407
자료 97	양자확인 청구에 관한 건[1913년(大正 2) 민상 제8호 1913. 5. 20 판결]	『조선고등판결록』	1913. 5. 20	412
자료 98	가독상속권(家督相續權) 확인 청구에 관한 건[1914년(大正 2) 민상제509호 1915. 1. 29. 판결]	『조선고등판결록』	1915. 1. 29	428
자료 99	가독상속권(家督相續權) 확인 및 민적(民籍) 말소 청구에 관한 건[1917년(大正 6) 민상 제215호 1917. 11. 27. 판결]	『조선고등판결록』	1917. 11. 27	432
자료 100	이혼청구에 관한 건[大正 4 민상 제140호 1915. 7. 6 판결]	『조선고등판결록』	1915. 7. 6	442

찾아보기

ㄱ

가독상속(家督相續) 86
가독상속인 87
가례 299
가와하라(川原貞季) 404
가정제도 392
가족 개혁 30
가족주의 395
간부(姦夫) 174
간생자(姦生子) 175
갑오개혁 18, 20, 57
강인택(姜仁澤) 398
강태흠(姜泰欽) 115
강한욱(姜漢旭) 121
개가법 35
결혼신고서 110
결혼 연령 333
『경국대전』 129
경무국 민적계 57
경찰부 58
계친자(繼親子) 76
고종 20, 74
고쿠분(國分三亥) 375
공통법 369
공통호적법 382
과녀 재가 274
과부의 개가 금지 18

과부의 재가 허락 20
과부 재가 허용 18
관보 25
관습 69
관습조사 74
관습조사문제(慣習調査問題) 75
『관습조사보고서』 74
관식(觀植) 241
광무호적 24
구관(舊慣) 68
구관및제도조사위원회 332
구관 및 제도조사위원회[舊慣及制度調査委員會] 216
구관조사회 334
구라토미 유자부로(倉富勇三郎) 74
구연수(具然壽) 230
군국기무처 18, 20
규식(奎植) 241
금혼령 이후 34
기토 효이치(喜頭兵一) 216
김가진(金嘉鎭) 230
김교헌(金敎獻) 93
김규집(金奎輯) 118
김동완(金東完) 230
김수경(金壽慶) 114
김영관(金榮官) 428
김영학(金永學) 428
김우영(金雨英) 385
김응섭(金應燮) 428

김정(金鋌) 442
김종일(金鍾■) 118
김종환(金宗煥) 114
김창녀(金昌汝) 110
김홍만(金洪萬) 119

ㄴ

나시모토노미야 마사코(梨本宮方子) 377
나카무라(中村時章) 404
남궁훈(南宮薰) 92
내선결혼 368
내선융화 380
내외법 18, 20
노무라 조타로(野村調太郎) 216

ㄷ

『대명률』 129, 167
대습상속(代襲相續) 208, 279
『대전회통』 129, 416
대전회통 226
대청률 198
대한매일신보 32
대한자강회 31
데릴사위[招婿] 187
동본동성의 혼인 327
동성동본 69

ㄹ

류택(柳澤) 116
류헌영(柳憲永) 118

ㅁ

마스지마 로쿠이치로(增島六一郞) 412
마쓰이 신스케(松井信助) 113
매일신보 380
모리(森肇) 404
목민총서(牧民叢書) 61
문중 193
문회(門會) 210
미성년자 275
마쓰이 시게루(松井茂) 59
미우라 토오타(三浦虎太) 407
미즈노(水野) 335
민법 74
민사관습회답휘집 215
민사령·민적법개정위원회 376
민사소송법 452
민영린(閔泳璘) 423
민영변(閔泳采) 423
민영소(閔泳韶) 33, 34, 423
민영익(閔泳翊) 238, 412
민적 52
민적 말소 청구 소송 119
민적법 25, 49, 98
「민적법」 개정 109
민적법 집행심득 49, 52, 98
민적부 57
'민적사무 취급에 관한 건'(관통첩 240호) 98
민적실사 58
민적제도 57
민준식(閔俊植) 412

ㅂ

박숙양(朴淑陽) 442
박영효 20
박용직(朴容稙) 119
박의병(朴義秉) 119
박제선(朴齊璿) 119
백석녀(白石汝) 407
법전조사국(法典調査局) 74
법제국 369
변의배(邊義培) 111
봉사자 361
부녀자 66
부양 280
부양의무 85, 194
부인교육회 30
분가 70

ㅅ

사례편람(四禮便覽) 299
사법관 회의 자문사항 답신서 371
사생자 34, 175
사이토 레이조(齋藤禮三) 59
상속 195
서양자(壻養子) 80
서자 76, 200
서춘화(徐春化) 40
섭사(攝祀) 259
소학(小學) 35
속대전 179
송순극(宋淳極) 432
송순억(宋淳億) 432
수양자 339

수원 삼일학교 33
숙선옹주(淑善翁主) 241
순사 64
승억(承億) 241
승적자(承嫡子) 246
승한(承翰) 241
신가정 391
신국태(申國泰) 115
신호적 24
심의성 32

ㅇ

아내(妻)의 능력 133
안병규(安炳奎) 92
안상호(安商浩) 230
암혼 30, 34
애국부인교육회 40
양사자(養嗣子) 238
양자 21
양자결연 69
여병현 31
예경(禮經) 35
외국인 237
요코타 고로우(橫田五郎) 379
우메 겐지로(梅謙次郎) 74, 129
우시지마 쇼조(牛島省三) 217
유류분 214
유산상속 88, 204
유언 90, 212
윤방현(尹邦鉉) 112
윤치호(尹致昊) 230
윤학영(尹學榮) 432
은거 79

은거제도 68
의붓자식[加捧子] 281
의안(議案) 20, 22
이규용(李奎鎔) 93
이규은(李奎銀) 275
이동명(李東明) 120
이(李) 왕세자 은(垠) 377
이마무라 도모(今村鞆) 59
이영의(李英儀) 110
이와이 게이타로(岩井敬太郎) 59
이은순(李殷順) 120
이재곤 33
이중하(李重夏) 92
이진택 275
이철영(李喆榮) 67
이춘세(李春世) 93
이토 히로부미(伊藤博文) 129
이혼 45, 69
일가 창립 120
일본 「민법」 332
일본식 이에(家)제도 50
일선청년융화회(日鮮青年融和會) 380
일진회 31
입부혼 77, 80
입부혼인(入夫婚姻) 198
입양 140, 149, 155, 177, 182, 201, 218, 220, 236, 316, 411
입적 신고 112

ㅈ

자강회 32
자유이혼 46
장도(張燾) 432

장예원(掌禮院) 236
장재학(張在學) 116
재산상속 195
재판소구성법 129
적모 76
적자 200
전선변호사회의(全鮮辯護士會議) 385
전안례(奠鴈禮) 167
전영택 392
전적 77
절가(絶家) 80, 159
정명섭(丁明燮) 93, 412
정명옹주 241
정순택(鄭順澤) 120
정진홍(鄭鎭弘) 230
제도구관조사위원회 334
제사상속 195
젠쇼 지로(善生永助) 404
조병국(趙秉國) 112
조선민사령 126
조선민사령 및 민적법 개정조사위원회 368
조선총독부 332
조선총독부관보 126
조선총독부 취조국 216
조선호적령 368
조성구(趙聲九) 59
조성녀 112
조중응 34
조천식(趙天植) 442
조칙(詔勅) 20, 35
조혼 18
조혼 금지 18, 20
종회(宗會) 193
주민등록제도 24

중추원 215
증수 무원록(增修無冤錄) 176

ㅊ

차양자 258
참사관실 216
처칠거 삼불출(妻七去 三不出) 172
첩 41
최강(崔岡) 92
최진(崔鎭) 412, 432
축첩 44
축첩제 18
축첩 폐지 20
친권 83
친족회 85

ㅌ

통감부 19, 33, 129

ㅍ

파양 69, 324
폐가 69
폐습 33
폐절가재흥 70
폐정개혁안 20
폐제(廢除) 87, 322
폭도 토벌 62

ㅎ

하라 다카시(原敬) 369
하라 세이테이(原正鼎) 369
하라 키요사다(原淸鼎) 381
한말호적 24
한석진(韓錫振) 92
한성녀(韓姓女) 110
한성부 92
한성부민회(漢城府民會) 92
한일신협약 74
합근례(合巹禮) 167
헌병 57, 58
헌병대 62
헤이그밀사 사건 74
현은(玄檃) 32, 92
협의이혼 261
형망제급 257
형법대전 32
호경성(胡慶星) 407
호구조사 57
호구조사규칙 19, 24
호구조사세칙 19, 24
호소야 사다무(細谷定) 121
호적 27
호적법 25, 49, 98
호적사무 57
호적제도 19
호주 24, 27
호주권 68
호주상속 195
혼인 38, 45, 69
혼인 연령 403
혼인의 연령 340
홍관식(洪觀植) 241
홍규식(洪奎植) 241
홍필주(洪弼周) 119

홍현주(洪顯周) 241
황성신문 32, 40
후견 84

후견인 190
훈령 57

동북아역사재단 일제침탈사 자료총서 64
사회·문화편

가족제도(1)
– 법과 관습을 통한 통제와 가족의 변화

초판 1쇄 발행 2023년 12월 27일

기획 | 동북아역사재단 일제침탈사 편찬위원회
편역 | 소현숙
펴낸이 | 이영호
펴낸곳 | 동북아역사재단

등록 | 제312-2004-050호(2004년 10월 18일)
주소 | 서울시 서대문구 통일로 81 NH농협생명빌딩
전화 | 02-2012-6065
홈페이지 | www.nahf.or.kr
제작·인쇄 | (주)동국문화

ISBN 979-11-7161-060-0 94910
      979-11-7161-059-4 (세트)

- 이 책은 저작권법으로 보호를 받는 저작물이므로 어떤 형태나 어떤 방법으로도 무단전재와 무단복제를 금합니다.
- 책값은 뒤표지에 있습니다. 잘못된 책은 바꾸어 드립니다.